KB141002

합격으로 가는 하이패스

# 토마토패스

# 물류관리사

## 물류관련이론

**변달수** 편저

예문에듀
EDU

저자직강 동영상강의 www.tomatopass.com

# 저자약력

---

**변달수**

- 제29회 관세사 자격시험 최연소합격(2012)
- 충남대학교 일반대학원 박사과정 수료(국제무역학)
- 서울대학교 국제대학원 FTA전문가과정(FLP) 수료
- 2021 KCA 소비자평가 우수전문인 "관세사" 부분 수상
- 2022 서울본부세관 관세행정발전 표창
- 2023 관세청장 관세행정발전 표창
- 現 다미관세사무소 대표관세사
- 現 대전상공회의소 기업경영 자문위원
- 現 관세청 공익관세사

- 종합물류기업 ㈜티지엘 자문위원
- VHL세한관세법인 대표관세사 역임(前 우림관세사무소, 비디에스관세사무소)
- (주)에쎄코리아 대표이사 역임
- 한국조세재정연구원 세법연구센터 관세연구팀

- 광주본부세관 FTA 컨설턴트
- 네이버 지식IN - 한국관세사회 관세전문가답변 파트너(네이버 Expert)

- 한국법교육센터 법교육 강사
- 공단기 공무원 관세법 강사
- FTA관세무역학원 관세사 관세법 및 환급특례법 강사
- 코트라, 무역협회, 중소기업진흥공단, 상공회의소, 금산군청, 영동미래고 등 기관, 학교 교육

- ■ 보유자격증

  관세사, 보세사, 원산지관리사, 국제무역사, 무역영어1급, 무역관리사, 수입관리사, 국제물류사, 물류관리사, 유통관리사2급, 외환전문역2종

- ■ 논문/연구
  - 조세심판원 결정 사례를 이용한 FTA협정관세 사후추징 가산세에 관한 연구(석사학위논문)
  - 조세심판결정례를 이용한 FTA 가산세 부과기준에 관한 연구[KCI등재](2020, 한국관세학회)
  - 주요국의 통관제도 - 캐나다 통관제도 연구(2021, 한국조세재정연구원)
  - 국제물류환경 변화에 따른 통관업 담당자 관련 제도 비교연구(2020, 한국조세재정연구원)
  - FTA 해외통관애로(2020, 국제원산지정보원)

# 머리말

더 늦기 전에 책을 집필하게 되어 다행입니다.

효율적인 자격증 공부 방법의 부재로 자격증 취득을 위해 먼 길을 돌아가시는 많은 분들이 참 안타까웠습니다. 따라서 이 책은 수험생분들이 먼 길을 돌아가지 않도록 저자가 각종 자격증 시험을 준비할 때 쓰던 방식을 그대로 적용하여 집필되었습니다.

## 첫 번째, 이론을 위한 이론은 확 줄이고 합격을 위한 이론만 구성하였습니다.

쥐를 잡을 때 소 잡는 칼을 사용하는 것은 낭비입니다. 즉, 60점만 넘으면 되는 시험에 100점을 맞기 위한 공부를 하는 것은 불필요합니다. 이에 이론서의 시험 목적상 불필요한 규정은 과감히 생략함으로써 수험생들이 단기간에, 더 쉽게 시험준비를 할 수 있도록 구성하였습니다.

## 두 번째, 물류관리사 시험의 최신 출제경향을 반영하였습니다.

저자가 역대 모든 물류관리사 시험 문제를 직접 풀어보고 그중 중요한 기출문제 및 최근 11년의 모든 기출문제를 분석하여 교재에 반영하였습니다. 파트별로 출제된 개념에 기출 표시를 하는 차원을 넘어서, 문제별 선지까지 모두 분석하여 출제빈도를 체크하여 교재를 구성하였습니다. 또한 시험으로 출제된 문구와 이론서상 문구에 법률 개정으로 인한 괴리감이 존재하는 경우 문구를 법률에 맞게 합치시켰습니다. 결과적으로 이 책은 기출문제를 분석한 내용을 이론서에 반영하였기 때문에 수험생 입장에서 별도의 기출문제 경향 분석이 필요없도록 구성되었습니다.

## 세 번째, 과목 간 연계를 고려하였습니다.

물류관련법규를 제외한 물류관리론, 화물운송론, 국제물류론, 보관하역론은 과목 간 연계되는 개념이 많고, 동일한 내용이 과목마다 중복되어 같은 내용임에도 불구하고 따로 공부하는 경우가 많습니다. 본 교재는 학습자의 편의를 고려하여 중복되는 내용은 통합시켜 한 번에 집중적으로 볼 수 있게 구성하였으며, 과목 간 유기적인 학습을 위해 앞 과목(물류관리론, 화물운송론)에서 쉬운 개념을 공부하고 뒤 과목(국제물류론, 보관하역론)에서 복합개념을 이해할 수 있도록 구성하였습니다.

어떤 일이든 익숙해지기 전까지는 어렵게 느껴집니다.

하지만 이는 실제로 어려운 것이 아니라 익숙하지 않은 것입니다. 자격증 시험도 이와 마찬가지입니다. 어렵다고 생각하지 마시고 익숙해질 때까지 반복하십시오. 반드시 합격할 것입니다.

목표를 위해 부단하게 움직이고 있는 당신을 항상 응원합니다.

관세사 변달수 드림

## 물류관리사 소개

• 물류관리사는 기업의 합리적인 물류체계를 구축하고 물류비를 절감하는 업무를 담당하는 자로서, 물류관리사 시험은 물류와 관련하여 국내에서 가장 어렵고 공신력 있는 시험이다.
• 수행직무 : 물류관리에 대한 전문적인 지식을 가지고 원자재의 조달에서부터 물품의 생산, 보관, 포장, 가공, 유통에 이르기까지 물류가 이동되는 전체영역을 관리한다.

## 물류관리사 시험제도

• 문제형식 : 필기시험(객관식 5지선택형)
• 시험과목 및 배점

| 1교시(120분, 과목별 40문항) | 2교시(80분, 과목별 40문항) |
| --- | --- |
| −물류관리론<br>−화물운송론<br>−국제물류론 | −보관하역론<br>−물류관련법규 |

• 합격기준 : 필기시험에서 매 과목 100점을 만점으로 하여 매 과목 40점 이상, 전 과목 평균 60점 이상 득점
• 응시현황

| 연도 | 응시자 수 | 합격자 수 | 합격률(%) |
| --- | --- | --- | --- |
| 2023 | 6,816 | 3,304 | 48.47% |
| 2022 | 6,053 | 2,474 | 40.87% |
| 2021 | 6,401 | 3,284 | 51.3% |
| 2020 | 5,879 | 2,382 | 40.5% |
| 2019 | 5,495 | 1,474 | 26.8% |
| 2018 | 4,928 | 1,994 | 40.5% |

## 시험일정(2024)

| 구분 | 원서접수 | 시험일 | 합격자발표 |
| --- | --- | --- | --- |
| 제28회 | 2024.06.10.~06.14. | 2024.08.03.(토) | 2024.07.04.(수) |

※ 시험 관련 사항은 변동될 수 있으니 자세한 시험일정은 반드시 시행처(www.q-net.or.kr) 홈페이지를 확인하시기 바랍니다.

## 23년도 물류관리사 직장인 합격후기 - 우*태

### 1. 취득 동기

현재 파렛트 회사에 근무 중인 직장인입니다. 업무 특성상 물류, 유통 관련 기업들과 업무를 진행하다 보니 자연스럽게 물류 쪽에 대한 배경 지식을 쌓고 싶었고, 해당 자격증을 공부하면서 얻은 지식을 업무에 접목시키고 싶어 공부를 시작하게 되었습니다.

### 2. 인강 선택 및 강의의 장점

위에 소개드렸듯 직장인이다 보니 물리적인 시간이 부족했습니다. 때문에 비교적 자유롭게 공부할 수 있는 인강을 선택했습니다. 본격적으로 공부하기 전에 4군데 정도 물류관리사 샘플 강의를 들었습니다. 그중 변달수 강사님의 강의 방식이 저한테 잘 맞았던 것 같습니다. 제일 까다로운 법규를 먼저 시작하다 보니 공부량이나 과목의 관심도도 높아질 수 밖에 없었고, 자격증 취득하는 데 많은 도움이 됐습니다. 또한 **법규 외 일반 과목에서는 강사님이 공부하시면서 느꼈던 중요도를 강의에 잘 녹여주신 것 같습니다.** 덕분에 불필요한 부분은 최대한 배제하고 핵심만 짚어서 공부할 수 있었습니다.

### 3. 공부방법

– 1개월 : 매일 인강 3~4강 듣기, 강의 수가 많기 때문에 한달 안에 완강을 목표로 잡았습니다.
– 2개월 : 매주 2개씩 기출문제 풀이 후 인강 문제풀이 시청 반복, 문제 풀이할 때마다 막히는 문제는 반드시 오답노트 작성, 작성한 오답노트는 매일 보려고 노력했습니다. 추가적으로 취약한 과목은 출근시간을 이용해서 인강을 보거나 음성으로라도 계속 들었습니다.
– 0.5개월 : 오답노트+법규 과목 집중 공부(법규 과목이 정말 점수가 안나와서 마지막 2주 전부터는 법규만 계속 공부했습니다.)

### 4. 합격 팁

자격증을 취득해 보니, **변달수 강사님이 처음부터 끝까지 강조했던 말이 계속 생각이 납니다. '법규' 과목을 잡으면 합격한다는 말인데요.** 저 또한 법규에 가장 많은 시간을 투자했고, 가장 어려워서 고생했던 부분입니다. 해당 과목은 별도 노하우는 없었고, 문제 풀이 인강을 계속 봤습니다. (횟수는 기억 안 나지만 5번 이상은 봤음) 인강을 반복해서 보니까 매년 비슷하게 나오는 부분이 보이더라구요. 해당 부분 정리해서 공부했고, 법규 문구를 눈에 익히기 위해서 책도 여러 번 봤던 것 같습니다.

## 제27회 물류관리사 합격후기(비전공자) - 이×주

### 1. 취득 동기

종합물류회사의 취업을 희망하기 때문에 전문성 취득 및 가산점 확보를 위해 자격증을 취득을 결심했습니다. 무역회사 쪽을 희망한다면 보통 물류관리사+국제무역사+무역영어 이렇게 패키지로 많이 따기 때문에, 저도 물류관리사를 선두로 위 자격증을 모두 취득하기 위해 공부를 시작했습니다.

### 2. 토마토패스 장점

토마토패스의 장점은 **1. 변달수 관세사님의 특유의 입담으로 지루하지 않은 강의, 2. 10년간 출제되었던 선지로만 구성되어 있는 이론서, 3. 최소한의 시간투자로 최대한의 점수를 가져갈 수 있게 짜여진 커리큘럼**입니다. 관세사님이 말씀하시기를 시중에 나와 있는 물류관리사 법규 교재 중에 토마토패스가 가장 얇은 편에 속한다고 하셨어요. 교과서는 알짜배기로 시험에 출제되는 부분만 간추려서 핵심부분만 들어있습니다. 시간이 남으시면 관세사님이 많이 강조하시지 않았거나, 더 공부하고 싶은 부분을 보시고, 시간이 없으시다면 관세사님이 짚어주신 부분만 딱 보세요. 시간이 훨씬 절약될 거예요.

### 3. 공부기간 및 방법

물류관리사는 1달 반~2달 정도는 잡고 공부해야 여유 있다고 해서, 6월 초부터 인강을 들으려고 했지만 학교 기말고사와 기간이 겹쳐 종강하고 집중해서 듣자라는 핑계로 공부를 계속 미뤘습니다. 다른 분들은 일주일에 몰아서 인강을 들으시던데 저는 알바 때문에 평일에는 4개 정도 수강하고, 주말에는 8~9강의 정도 1.4배속으로 수강했습니다. **처음 문제를 풀고 굉장히 점수에 낙담하며 눈물을 머금었지만, 변달수 관세사님의 '원래 처음 문제 풀면 누구나 그 점수 나온다'라는 말로 위안을 삼으며 차근차근 5개년 기출문제를 풀어나갔던 것 같습니다.**

### 4. 합격 팁

- 물류관리론 : 많은 시간을 투자하지 말고, 인강에서 들은 부분을 간단히 복습하시면 80점 이상 가뿐히 나옵니다.
- 화물운송론 : 계산문제가 나와서 어렵게 느껴지는데, 여기서 계산문제 다 버리시면 과락납니다. 관세사님이 풀라고 하는 계산문제 유형은 반복해서 풀어보시고, 시간이 많이 걸린다는 느낌이 오는 문제가 있으면 바로 버리세요.
- 국제물류론 : 양이 제일 많아서 힘들었습니다. 인터컴즈2020은 개정되었기 때문에 개정되기 전 내용과 달라진 부분을 위주로 살펴보시고, 함부르크 규칙이나 로테르담 규칙은 어떤 내용을 담고 있는 국제조약인지 따로 정리해보시기 바랍니다. 기출 선지가 생각보다 많이 출제되었어요!
- 보관하역론 : 양이 적다고 느껴지지만, '보관위치 결정 방식', '재고모형', '수요예측기법', '팔레트 규격', '하역기기' 등 세부적으로 외워줘야 할 것들이 꽤 있어요. 본인이 마인드맵으로 정리해나가면서 암기하면 잘 외워질 거예요.

※ 해당 합격후기는 모두 합격증이 웹상에 인증되어 있으며, 토마토패스 홈페이지 수강후기에서 더 많은 후기들을 확인하실 수 있습니다.

# 이 책의 구성

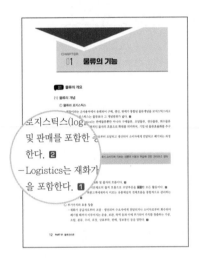

**[중요도(★)]** 최근 약 11개년의 물류관리사 역대 기출문제를 선지별로 분석하고 개정을 반영, 시험에 등장한 빈도와 중요성을 고려하여 표시하였습니다.

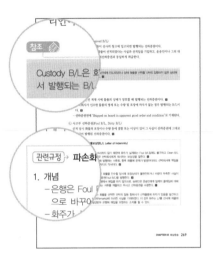

**[참조]** 해당 개념을 공부하면서 시험 목적상 같이 보아야 하는 관련 내용을 수록하였습니다.

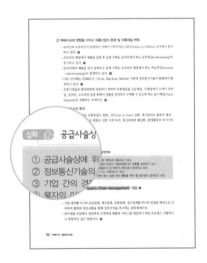

**[심화]** 고득점을 노리는 수험생들을 위해 물류관리사 수험범위에 포함되어 있는 내용이나, 시험 목적상 자주 출제되지 않는 개념을 별도로 구성하였습니다.

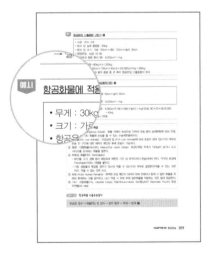

**[예시]** 물류관리사 시험에 출제되는 계산 문제를 대비하기 위하여 사례형 문제를 수록하였습니다.

# CONTENTS
# 목차

# 과목별 공부가이드

## 당부사항

1. 자격증 공부를 처음 하는 초심자의 경우 공부 시작 초반에 교재 앞뒤에 실린 공부 가이드, 공부 방법, 출제 빈도를 중요하게 살펴보곤 합니다. 단언컨대, 이는 교재출판을 위해 구성상 필요할 뿐 실제로 공부를 해보면 시험 합격에 별 도움이 되지 않습니다.
2. 중요 개념, 출제 경향을 안내하는 공부 가이드가 중요한 것이 아니라 그 중요한 개념을 내 것으로 만드는 교재 본문이 중요합니다.
3. 본 교재는 선지별 기출 빈도를 분석하여 반영하고, 과목 간 연계를 고려하여 구성하였으므로 각 개념별 중요도 및 출제 경향을 한눈에 확인할 수 있습니다. 따라서 합격을 위한 공부 가이드, 학습 방법은 오로지 본문을 여러 번 보는 것입니다.
4. 자격증 시험은 뒷심이 중요합니다. 자격증 시험은 초반에는 차분하게 공부하다가 시험 막판에 휘몰아쳐야만 합격합니다.
5. 하기의 공부 가이드는 편안하게 읽고 넘어가시고 본문과 열심히 싸워주시길 간곡히 부탁드립니다.

### 제1과목 물류관리론

• 물류관리론은 물류관리사 시험의 기본과목이며 본 과목을 잘 공부해야 이외의 과목에서 시너지를 낼 수 있다.
• 물류의 기본기능, 물류합리화, 물류관리, 제3자물류, 물류정보시스템, SCM 관련 용어, 물류산업동향 등이 중요 개념이다.
• 고득점 전략과목으로 목표점수는 80점 이상이다.

### 제2과목 화물운송론

• 화물운송론은 공로운송, 철도운송, 해상운송, 항공운송으로 구분할 수 있는데, 이 중 해상운송과 항공운송은 제3과목 국제물류론과 그 범위가 상당히 중첩되므로 국제물류론에서 공부하기로 한다.
• 운송 방법별 특징 및 장단점을 이해하고 구분할 수 있어야 한다.
• 수 · 배송시스템에 대한 이해 및 계산문제에 대한 대비가 필요하다.
• 고득점 전략과목으로 목표점수는 80점 이상이다.

### 제3과목 국제물류론

• 국제무역실무 내용 중 운송, 보험, 결제파트가 주로 출제된다.
• INCOTERMS 2020, 함부르크 규칙과 같은 국제무역협약 등도 주로 출제되므로 조항에 대한 이해도 필수적이다.
• 출제 범위로만 따지면 물류관리사 전체 과목 중 가장 방대하다고 볼 수 있어 수험 목적에 적합하게 공부해야 한다.

### 제4과목 보관하역론

• 물류관리론, 화물운송론과 중첩되는 개념이 자주 등장한다.
• 재고관리, 자재관리, 포장, 하역기기 등이 주요 개념이며, 수요예측기법 등의 파트에서는 계산문제를 대비해야 하나, 이 계산문제를 제외하고는 크게 어렵지 않은 편이다.

### 제5과목 물류관련법규

※ 법규편 교재에서 상세 설명

# 물류관리론

# CHAPTER 01 물류의 기능

## 01 물류의 개요

### (1) 물류의 개념

#### ① 물류와 로지스틱스

- 병참이라는 군사용어에서 유래되어 구매, 생산, 판매가 통합된 물류개념을 로지스틱스라고도 하며 로지스틱스는 물류보다 그 개념범위가 넓다. **2**
- 로지스틱스(logistics)는 판매물류뿐만 아니라 구매물류, 조달물류, 생산물류, 회수물류 및 판매를 포함한 총체적인 물자의 흐름으로 확대를 의미하며, 기업 내 물류효율화를 추구한다. **2**
- Logistics는 재화가 공급자로부터 조달되고 생산되어 소비자에게 전달되고 폐기되는 과정을 포함한다. **1**

> **참조** 🗞
>
> 미국 마케팅협회는 물류를 생산지에서 소비지에 이르는 상품의 이동과 취급에 관한 관리라고 정의하였다. **1**

#### ② 물류의 정의

##### ㉠ 물적 흐름

- 물적유통의 약어로 재화 및 물자의 흐름이다. **2**
- 생산단계에서 소비단계로의 물적 흐름으로 조달부문을 **포함**한 모든 활동이다. **4**
- 공급자로부터 최종고객에게까지 이르는 유통채널의 전체흐름을 통합적으로 관리하는 것이다. **1**

##### ㉡ 부가가치와 효용 창출

- 재화가 공급자로부터 조달 · 생산되어 수요자에게 전달되거나 소비자로부터 회수되어 폐기될 때까지 이루어지는 운송, 보관, 하역 등과 이에 부가되어 가치를 창출하는 가공, 조립, 분류, 수리, 포장, 상표부착, 판매, 정보통신 등을 말한다. **1**

- 기업이 상품을 생산하여 고객에게 배달하기까지, 전 과정에서 장소와 시간의 효용을 창출하는 제반 활동이다. **1**
- 가격조건, 적절한 시간과 장소에서 재화의 가용성을 증대시켜 만족도를 충족시키는 활동이다. **1**
- 물류의 전통적 개념은 사물의 흐름과 관련된 시간적, 공간적 효용을 창출하는 경영활동을 말한다. **1**

ⓒ 계획과 통제
- 포장, 운송, 보관, 하역 등의 활동을 종합적으로 계획·통제하는 것이다. **1**
- 기업이윤을 극대화시키기 위해 물자의 흐름을 시·공간적으로 효율화하여 계획, 집행, 통제하는 일련의 프로세스를 의미한다. **1**
- 원료, 반제품, 완제품을 출발지에서 소비지까지 효율적으로 이동시키는 것을 계획·실현·통제하기 위한 두 가지 이상의 활동이다. **1**

③ 물류에 대한 관심이 높아지는 요인
- 고객욕구의 다양화와 고도화 **1**
- 운송시간과 비용의 상승 **1**
- 제조부문 원가절감의 한계 **1**
- 생산과 판매의 국제화로 물류관리의 복잡성 증대 **1**
- 수발주 단위의 소량·다빈도화에 대한 대응 필요성 증가 **1**
- 운송보안에 대한 서류 및 절차 강화로 추가비용 발생 **1**
- 시장환경 변화에 유연하게 대응할 수 있는 재고관리의 필요성 증대 **1**
- 경쟁력 강화를 위한 물류부문의 우위확보 필요 **1**

④ 물류의 역할
- 고객에게 제품을 공급하여 수요를 충족시킨다. **1**
- 물류서비스의 차별화를 통하여 수요를 증대시킨다. **2**
- 생산과 소비의 수량 불일치를 완화시킨다. **1**
- 보관 및 수송비용의 절감 등으로 원가를 낮춘다. **1**
- 물류 합리화를 통해 유통구조 선진화 및 사회간접자본 투자에 기여한다. **1**
- 생산자와 소비자 사이의 인격적 유대를 강화하고 고객서비스를 높인다. **1**

⑤ 물류의 기본적 기능

| 장소적 기능 | - 장소적 간격을 극복해줌 **1**<br>- 재화의 유통을 원활히 하여 생산과 소비 간의 장소격차 조정 **2** |
|---|---|
| 시간적 기능 | 재화 생산시기와 소비시기의 불일치를 조정하고 재화적기 제공 **3** |

| 수량적 기능 | 재화의 수량을 집하 · 중계 · 배송을 통해 생산단위와 소비단위의 수량 불일치 조정 **3** |
|---|---|
| 품질적 기능 | 재화가공 · 조립 · 포장으로 생산자와 소비자 간의 품질 격차 조정 **2** |
| 가격적 기능 | −물류활동 원활화를 통한 제품원가 절감 및 가격협상을 용이하게 조정 **1**<br>−물류는 운송에서 정보활동에 이르기까지 가격 조정기능과 관련되어 있음 **1** |
| 인적 기능 | 대고객서비스의 향상, 복잡한 유통경제 조직 형성 **1** |

## ⑥ 물류활동별 기능적 작업분류

물류의 기능적 활동 간에는 상충(trade−off)관계도 있기 때문에 기능들 간의 조화를 통한 시스템 통합화가 필요하다. **1**

| 물류<br>활동 | 설명 |
|---|---|
| 수송 | −운송은 생산과 소비의 장소적 차이에 의한 거리를 조정하는 활동이다. **3**<br>−수 · 배송활동이란 물자를 효용가치가 낮은 장소에서 높은 장소로 이동시켜 물자의 효용가치를 증대시키기 위한 물류활동이다. **3**<br>−수송은 국가물류비용 중에서 가장 큰 비중을 차지하는 영역이다. **1** |
| 보관 | −생산과 소비의 시간적 효용을 창출한다. **2**<br>−생산과 소비의 시간적 거리를 조정하는 기능을 한다. **1**<br>−생산과 소비, 공급과 수요의 시점 및 수량적 차이를 조정한다. **2**<br>−물품의 저장을 통하여 생산과 소비의 시간적인 간격을 해소시키는 활동을 말한다. **1**<br>−보관활동은 생산한 제품을 보관함으로써 안정적인 생산과 판매의 조정 및 완충 역할을 수행한다. **1**<br>−보관기능은 재화를 생산하고 소비하는 시기와 수량의 차이를 조정하는 활동이다. **1** |
| 포장 | −생산의 종착점이자 물류의 출발점으로써 표준화, 모듈화의 대상이다. **2**<br>−물자의 수 · 배송, 보관, 거래, 사용 등에 있어서 그 가치 및 상태를 유지하기 위해 적절한 재료, 용기 등을 사용하여 보호하는 물류활동이다. **2**<br>−포장활동은 제품을 보호하고 취급을 용이하게 하며, 상품가치를 제고시키는 역할을 수행한다. **1**<br>−한국산업표준(KST−1001)에 따라 내부포장을 의미하는 속포장과 외부포장을 의미하는 겉포장 그리고 낱포장 3가지로 나누어진다. **1** |
| 하역 | −운송, 보관 및 포장의 물자 취급과 관련된 보조적 활동으로서 기계화, 자동화의 대상이다. **1**<br>−운송과 보관에 수반하여 발생하는 부수작업으로 물품을 취급하거나 상하차하는 행위 등 주로 물자의 선적 · 하역 행위를 말한다. **4**<br>−각종 운반수단에 화물을 싣고 내리는 것과 보관장소나 시설에서 화물을 운반, 입고, 분류, 출고하는 등의 작업과 이에 부수적인 작업을 총칭하는 물류활동이다. **1**<br>−하역활동은 수송과 보관의 양단에서 물품을 처리하는 행위로 수송과 보관의 보조역할을 한다. **2** |
| 유통<br>가공 | −생산자로부터 소비자에 이르기까지 유통과정에서 추가되는 작업을 말하며, 상품유통 전문업자 등이 적극적으로 개입하고 있다. **1**<br>−물자의 유통과정에서 이루어지는 제품의 단순한 가공, 재포장, 조립, 절단 등의 물류활동을 의미한다. **1**<br>−물품 자체의 기능을 변화시키지는 않고 부가가치만을 부여하는 활동이다. **1**<br>−유통가공활동의 목적은 판매촉진, 생산효율지원 및 물류합리화에 있다. **1**<br>−가공 · 조립 · 포장은 생산과 소비의 품질적 거리를 조정하는 기능이 있다. **1** |

| 물류 활동 | 설명 |
|---|---|
| 정보 | - 운송, 보관, 하역 등의 기능을 연계시켜 물류관리 전반을 효율적으로 수행하게 한다. **2**<br>- 물류활동과 관련된 정보 내용을 제공하여 물류관리 기능을 연결시켜 물류관리의 효율화를 추구한다. **1**<br>- 정보관리기능은 물류계획 수립과 통제에 필요한 자료를 수집하고 물류관리에 활용하는 것이다. **1** |

## (2) 물류의 원칙

- 물류활동은 기존의 수송, 보관, 하역 등 기능별 시스템화에서 종합적인 시스템으로 관리할 필요성이 요구된다. **1**
- 물류서비스 향상을 효율적으로 실행하기 위해서는 3S 1L 원칙과 7R 원칙을 고려해야 한다. **1**

### ① 3S 1L

3S 1L 원칙이란 신속성(Speedy), 안전성(Safely), 확실성(Surely), 경제성(Low)이 고려된 원칙이다. **1**

### ② 7R

- 스마이키(E.W. Smykey)가 제창한 물류수행의 원칙이다. **1**
- 물류관리 목적 달성을 위하여 고객서비스 제공과정에서 7R 원칙이 강조되고 있다. **1**
- 7R은 적정상품(Right Commodity), 적정가격(Right Price), 적정품질(Right Quality), 적정양(Right Quantity), 적정장소(Right Place), 적정시간(Right Time), 좋은 인상(Right Impression)으로 이루어진다. **4**

※ Right Safety, Right Promotion, Right Customer는 7R 원칙에 포함되지 않는다.

### ③ 물류관리 원칙 **2**

| 원칙 | 내용 |
|---|---|
| 경제성 | 최소한의 자원으로 최대한의 물자공급 효과를 추구하여 물류관리비용을 최소화하는 원칙 **1** |
| 균형성 | 생산, 유통, 소비에 필요한 물자의 수요와 공급 및 조달과 분배의 균형을 유지하는 원칙 **1** |
| 권한 | 물자를 효과적으로 공급하도록 통제권한이 부여 및 위임되어야 한다는 원칙 |
| 간편성 | 물류조직, 물류계획, 물류수급 체제 및 절차 등을 간단명료 및 단순화해야 능률적이라는 원칙 |
| 보호 | 생산, 유통, 소비분야의 물자저장시설의 보호를 철저히 경계하고, 물자운송과정에서도 도난, 화재로부터 보호되어야 한다는 원칙 |
| 신뢰성 | 생산, 유통, 소비에 필요한 물량을 원하는 시기와 장소에 공급하여 사용할 수 있도록 보장하는 원칙 **1** |

| 원칙 | 내용 |
|---|---|
| 집중지원 | 생산, 유통, 소비분야에서 물자가 요구되는 상황에 따라 물량, 장소, 시기의 우선순위별로 집중하여 제공하는 원칙 **1** |
| 적시성 | 필요한 수량만큼 필요한 시기에 공급하여 고객의 만족도를 향상시키고 재고비용을 최소화하는 원칙 **1** |
| 추진지원 | 생산, 유통, 소비분야 현장에서 중앙에서 지방, 후방현장에서 일선현장으로 지원한다는 원칙 |

## (3) 물류의 흐름 **1**

### ① 순물류(Forward Logistics)

- 물류계획수립 및 실행이 쉽고 재고관리가 편리·정확하다.
- 제품의 수명주기 관리가 가능하고 비용의 투명성이 높다.
- 원산지부터 소비지까지 원자재, 반제품, 완성품 및 정보의 흐름이 효율적이고 동종제품의 포장이 균일하다.

### ② 역물류(Reverse Logistics)

- 녹색물류의 일환으로 출하된 상품 또는 원부자재를 반품, 폐기, 회수하는 물류를 의미하며, 강화되는 환경규제로 인해 이에 관한 관심이 높아지고 있다. **1**
- 소비부터 폐기처리 시까지 상품 및 정보의 효율적인 흐름을 계획, 실행 및 관리하는 과정으로 재고관리 및 제품수명 관리가 어렵고 비용의 투명성이 낮다.
- 폐기물류, 회수물류, 반품물류와 관련이 있다. **5**
- 역물류의 대상으로는 수명종료로 폐기되는 상품, 계약기간 종료 후 반품되는 상품, 제품의 이상으로 리콜대상인 상품, 상품에 문제는 없으나 고객이 교환한 상품 등이 될 수 있다. **1**
- 최종 소비단계에서 발생하는 불량품, 반품 및 폐기되는 제품을 회수하여 상태에 따라 분류한 후 재활용하는 과정에서 필요한 물류활동을 포함한다. **1**

※ 센터에서 다른 센터로 이송되는 정상상품은 역물류의 대상이 될 수 없다.

> **참조** 🔷 **역물류의 단점**
>
> - 역물류 활동이 환경오염을 유발하기도 한다. **1**
> - 반품의 발생시기와 상태에 대한 예측이 어렵다. **1**
> - 발생장소, 수량 측면에서 가시성 확보가 어렵다. **1**
> - 회수되는 시기 및 상태에 관한 정확한 예측이 어렵다. **1**
> - 순물류에 비해 수작업 비중이 높고 자동화가 어렵다. **2**
> - 순물류에 비해 화물 수량을 정확하게 예측할 수 없다. **1**
> - 순물류에 비해 화물의 추적 및 가시성 확보가 어렵다. **2**

## 02 물류의 영역적 분류

| | |
|---|---|
| 조달물류 | - 구매(Purchasing) → 조달(Procurement) → 공급망(Supply Chain)의 개념으로 진화 **1**<br>- 물류의 시발점으로 원부자재의 조달부터 매입자의 물품 보관창고에 입고 · 관리되어 생산공정에 투입되기 직전까지의 물류활동 **3**<br>- 생산에 필요한 원자재나 부품이 협력회사나 도매업자로부터 제조업자의 자재창고에 운송되어 생산공정에 투입되기 전까지의 물류활동 **2**<br>- 제조업자가 원재료와 기계, 자재를 조달하기 위한 물류활동이고, 여기에는 도소매업자가 재판매를 위하여 상품을 구입하는 것도 포함 **1**<br>- 과거에는 조달물류 기능이 주로 기업의 생산 보조 수단으로 활용됨 **1**<br>- 공급자와의 밀접한 관계유지, 글로벌 조달, 공급자의 신제품 개발 참여 등과 같이 구매 관리의 방법이나 환경이 과거와는 달라져 조달물류의 전략적 중요성이 높아짐 **1** |
| 사내물류<br>(생산물류 포함) | - 생산공장 내에서 이루어지는 물류활동 **1**<br>- 물자가 생산공정에 투입될 때부터 제품의 생산과정까지의 물류활동 **1**<br>- 생산물류란 자재가 생산공정에 투입되는 시점부터 제품이 생산 및 포장되어 나올 때까지의 물류활동을 의미 **2**<br>- 생산물류란 자재창고로부터 출고, 생산라인으로 운반, 하역 및 제품창고의 입고에 이르기까지의 물류활동을 포함 **1**<br>- 생산업체에서 생산된 제품이 출하되어 판매창고에 보관될 때까지의 물류활동 **1**<br>- 원자재나 중간재를 사용하여 제품을 생산하는 과정에서 수행되는 물류활동 **2**<br>- 창고에 보관 중인 자재의 출고작업을 시작으로 자재를 생산공정에 투입하고 생산된 완제품을 보관창고에 입고하기까지 수반되는 운반, 보관, 하역, 재고관리 등 사내에서 이루어지는 물류활동을 말함 **2**<br>- 제품의 생산과정에서는 소요시간 단축이 핵심과제이기 때문에 공장 내 운반, 하역 및 창고의 자동화 등이 중요함 **2**<br>- 일반적으로 제품생산 단계에서도 다양한 물류활동이 수반되므로 철저한 사전계획 하에 물류활동이 수행되어야 함 **2**<br>- 생산리드타임의 단축 및 재고량의 감축이 핵심과제임 **1** |
| 판매물류 | - 완제품이 출하되어 고객에게 인도될 때까지의 물류활동 **2**<br>- 공장 또는 물류센터에서 출고되어 고객에게 인도될 때까지의 물류활동 **1**<br>- 생산된 최종제품을 소비자에게 전달하는 수송과 배송활동뿐만 아니라 이에 수반되는 제반 물류활동 **2**<br>- 제품의 판매가 확정된 후 제품을 출고하여 소비자에게 전달하는 일체의 물류활동 **1** |
| 반품물류 | - 고객에게 상품을 인도하는 과정에서 발생 **1**<br>- 소비자의 클레임 제기 등으로 인하여 이미 판매된 제품의 반품과 관련된 물류활동 **1**<br>- 고객요구 다양화 및 클레임 증가, 유통채널 간 경쟁 심화, 전자상거래 확대 등에 따라 중요성이 커지고 있음 **1** |
| 폐기물류 | 파손 또는 진부화된 재고, 포장용기 등을 폐기하는 과정에서 발생 |
| 회수물류 | - 상품의 생산에서 소비로 향하는 통상의 흐름과 반대의 흐름으로 이루어지는 물류활동 **1**<br>- 제품이나 상품의 판매활동에 부수적으로 발생하는 물류용기의 재사용, 재활용 등을 위한 물류활동 **2**<br>- 판매물류에서 발생하는 컨테이너, 팔레트, 빈 용기 등의 재사용을 위한 물류활동 **2**<br>- 대상품목으로는 음료용 알루미늄 캔, 화물용 T-11 팔레트, 주류용 빈병, 운송용 컨테이너 등이 있으며 재활용할 수 없는 일회용 소모성 자재는 미해당 **1** |

# CHAPTER 02 물류합리화

## 01 물류합리화

### (1) 개념

- 물류합리화는 비용과 서비스 사이의 상충관계를 고려하여 그 수준을 적정하게 조정해야 하므로 물류합리화를 위해서는 총비용적 사고가 필요하다.
- 물류합리화를 위해서는 시스템적 접근에 의한 물류활동 전체의 합리화를 추진하여야 한다. **1**
- 물류합리화는 운송, 보관, 포장, 하역뿐만 아니라 물류조직도 그 대상이 된다. **1**
- 물류합리화에는 물류정보의 전달체계의 개선도 포함한다. **1**

> **참조** 📎 **물류비용의 상충관계(Trade Off)**
>
> - 창고의 수가 증가할수록 총비용은 감소하다가 증가한다.
> - 창고의 수가 증가할수록 고객서비스는 증가한다.
> - 창고의 수가 증가할수록 재고비와 재고유지비용은 증가한다.
> - 창고의 수가 증가할수록 시설투자비와 안전재고의 합은 증가한다.
> - 창고의 수가 증가할수록 운송비 및 배송비는 감소한다.
> - 창고의 수는 총비용이 가장 낮은 수준에서 결정된다.
> - 운송리드타임 단축 시 물류서비스는 향상되나 운송비용은 상승한다.
> - 재고를 적게 두면 보관비는 감소하나 서비스 수준은 저하된다.
> - 배송빈도를 상승시키면 배송시간이 짧아져 서비스 수준은 증가하나 차량경비 및 인건비가 증가한다.

### (2) 물류합리화의 필요성

- 경제규모 증대, 물류비 증대 및 노동력 수급상의 문제점 등에 대응한다. **1**
- 제품수명주기의 단축에 대하여 적절히 대응한다. **1**
- 복잡하고 글로벌화되는 고객의 물류서비스 요구에 대응한다. **1**
- 물류서비스 원가 상승에 대응한다. **1**
- 소비자의 다양한 요구 변화에 대응한다. **1**
- 물류거점의 집약화 등 산업계의 변화 요구에 대응한다. **1**
- 물류합리화를 통한 물류비 절감은 소매물가와 도매물가 상승을 억제하는 데 기여한다. **1**

- 물류합리화는 상류합리화에 기여하며, 상거래 규모의 증가를 유도한다. **1**

## (3) 물류합리화의 유형

| 유형 | 설명 |
|---|---|
| 생지능형 | 물류 전반에 걸쳐 지식기능을 갖춘 자동화이다. **1** |
| 생력형 | 단순노동을 기계로 대체하여 그 범위 안에서 합리화를 추진함으로써 인력의 절감 및 노동의 대체를 주요 목적으로 하는 것이다. **1** |
| 비용절감형 | 물류 전반 외에도 전사적 수준에서의 비용합리화를 목적으로 하는 것이다. |
| 경영구조혁신형 | 기존 경영구조로부터 탈피하여 경영구조를 혁신하는 물류합리화이다. |

## (4) 물류합리화 대책

- 동일한 성능 시 저비용(최저원가) 품목을 선택한다. **1**
- 차량이나 창고공간의 활용을 극대화해서 유휴부문을 최소화하는 것도 물류합리화 대책이 될 수 있다. **1**
- 고객서비스 수준의 향상은 비용을 수반하기 때문에 고객의 유형에 따라 서비스 수준을 조정할 필요가 있다. **1**

> **참조** 🔷 **물류시스템 합리화 방안**
>
> - 포장규격화를 고려한 제품설계 **1**
> - 재고관리방법의 개선 **1**
> - 하역의 기계화 및 자동화 **1**
> - 인터넷을 통한 물류정보의 수집 및 활용 **1**
> - 동일한 비용에서 물류서비스 수준 최적화 추구 **2**

> **참조** 🔷 **물류거점 집약화의 효과**
>
> - 공장과 물류거점 간의 운송 경로가 통합되어 대형차량의 이용이 가능하다. **1**
> - 물류거점과 고객의 배송단계에서 지점과 영업소의 수주를 통합하여 안전재고가 줄어든다. **1**
> - 운송차량의 적재율 향상이 가능하다. **1**
> - 물류거점의 기계화와 창고의 자동화 추진이 가능하다. **1**
> - 물류거점에서 재고집약과 재고관리를 함으로써 재고의 편재(분산 불균형)는 해소되고 집약된 거점의 평균재고가 증가하게 되어 결품 확률이 줄어듦으로 재고의 **과부족 발생 가능성이 낮아진다.** **1**

## **02** 물류부문별 합리화 방안

### (1) 조달 · 생산 · 판매물류 합리화 방안

| 구분＼영역 | 조달물류 | 생산물류 | 판매물류 |
|---|---|---|---|
| 단위화 | 외주 팔레트풀 | 유닛로드시스템 | 사내 공동 팔레트풀 |
| 포장 | 포장모듈화, 포장간이화 | 포장모듈화, 무포장화 | 포장모듈화, 포장간이화, 기계화 |
| 보관(창고) | 오더피킹시스템 | 자동반송시스템 | 제품분류작업, 물류센터 · 공동배송단지 |
| 재고관리 | MRP, JIT | 공정창고제로화 | 적정재고 산출 |

### (2) 수배송부문 합리화 방안

적재화물 표준화, 공동 및 계획배송 실시, 적절한 물류거점 확보, 사회간접자본 투자 확대, 최적의 운송수단 선택 등이 있다.

### (3) 운반 · 하역부문 합리화 방안

운반하역 기계화 · 자동화, 범용성 있는 하역시설 구축, 중력 이용, 하역의 표준화, 유닛로드시스템의 구축, 도크(Dock)시설 등이 있다.

### (4) 창고관리부문 합리화 방안

물류거점의 집약화 및 광역화, 물류터미널 및 공동배송센터 건립, 수배송관리기능과 연결 등이 있다.

### (5) 포장관리부문 합리화 방안

① 포장합리화 원칙

- 포장재료의 개선, 포장화물의 단위화, 포장 표준화 및 모듈화, 유닛로드시스템(ULS) 추진이 합리화 방안이 될 수 있다. **1**
  ※ 다중포장은 지양한다.
- 포장의 크기를 대량화, 대형화할 수 있는지 여부를 결정해야 한다. **1**
- 포장을 할 경우, 가능하면 비슷한 길이와 넓이를 가진 화물을 모아 포장 크기를 규격화(표준화)시켜야 한다. **1**

- 내용물의 보호기능을 유지하는 범위에서 사양의 변경을 통한 비용절감이 이루어질 수 있도록 검토해야 한다. **1**
- 물류활동에 필요한 장비나 기기 등을 운송, 보관, 하역기능과 유기적 연결이 가능하도록 해야 한다. **1**

② 포장모듈화

포장의 모듈화는 제품의 치수에 맞추어 **포장치수**, 팔레트 치수를 선택함으로써 ULS(Unit Load System)의 **팔레트화**나 **컨테이너화**를 가능하게 하고, 하역작업의 기계화 및 자동화, 화물파손방지, 적재의 신속화 등의 물류합리화에 기여할 수 있다. **3**

> **참조** 📎 **물류포장**
>
> **1. 포장의 개념**
> - 수송, 보관, 하역, 정보 등의 각 물류활동 요소와 상호 유기적으로 연계시키는 활동이다. **1**
> - 물품의 유통과정에 있어서 그 물품의 가치 및 상태를 보호하기 위해 적합한 재료 또는 용기 등으로 물품을 포장하는 방법이나 상태를 말한다. **1**
> - 화물의 이동성, 보호성을 높이는 등 물류프로세스상에서 중요한 역할을 수행하고 있다. **1**
> - 물류의 규격화, 표준화의 관점에서 중추적인 역할을 담당하고 있다. **1**
> - 물품정보의 전달 및 물품의 판매를 촉진함과 동시에 재료와 형태면에서 포장의 사회적 공익성과 함께 환경에 적합해야 한다. **1**
>
> **2. 상업포장과 공업포장**
> - 상업포장은 판매촉진 기능이 주를 이루는 포장이고, 공업포장은 상품의 품질과 가치 보호가 최우선이다.
> - 공업포장은 **최소**의 비용으로 좋은 상태의 품질을 유지하며 상품을 운반하기 위한 수단이다. **1**

## **03** 물류표준화 및 물류공동화

### (1) 물류표준화

① 물류표준화의 개요

㉠ 개념
- 물류체계의 효율화에 필요한 사항을 물류표준으로 통일하고 단순화하는 것을 말한다. **1**
- 포장, 하역, 수송, 보관, 정보 등 물류활동의 각 단계에서 사용되는 기기, 용기, 설비 등을 규격화하여 상호 간 호환성과 연계성을 확보하는 것이다. **1**
- 단순화, 규격화, 전문화를 통해 물류활동에 공통의 기준을 부여하는 것이다. **1**
- 단위화물체계의 보급, 물류기기체계 인터페이스, 자동화를 위한 규격 등을 고려한다. **1**
- 국제환경변화에 대응하기 위해서는 국제표준화와 연계되는 물류표준화가 요구된다. **1**

물류모듈이란 물류시설 및 장비들의 규격이나 치수가 일정한 배수나 분할 관계로 조합되어 있는 집합체로 물류표준화를 위한 기준치수를 의미한다. **1**

　ⓛ 특징

　　－효율적인 물류표준화를 위해서는 개별기업 단위의 표준화 이전에 국가 단위의 표준화가 선행될 필요가 있다. **1**

　　－물류표준화는 하역보관의 기계화, 자동화 등에 필수적인 선결과제이다. **1**

　　－물류표준화를 위한 유닛로드 시스템을 도입하여 수송 및 적재규격, 포장단위 치수, 운반 하역장비, 보관설비를 표준화할 수 있다. **1**

　　－포장의 표준화를 위해서는 강도표준화에 앞서 치수표준화가 이루어져야 한다. **1**

　　－현재 한국산업표준에는 우리나라 유닛로드용 평팔레트를 1,100×1,100mm, 1,200×1,000mm 두 가지로 규정하고 있다. **1**

② **물류표준화의 필요성** **1**

－운송, 보관, 하역, 포장 정보의 일관 처리로 효율성을 제고하는 것이다. **1**

－물류표준화는 물동량의 흐름이 증대됨에 따라 물류의 일관성과 경제성을 확보하기 위해 필요하다. **1**

－물류표준화를 통하여 기업차원의 미시적 물류뿐만 아니라 국가차원의 거시적 물류의 효율성도 높일 수 있다. **1**

－물류표준화는 물류활동의 효율화, 화물유통의 원활화, 물류의 호환성과 연계성 확보, 물류비의 절감 등의 목적으로 필요하다. **3**

－단순화, 규격화 등을 통하여 물류활동의 기준을 부여함으로써 물류효율성을 높이는 데 목적이 있다. **1**

－물류의 글로벌화에 따라 국제표준(ISO)에 연계되는 물류표준화가 필요하다.

③ **물류표준화의 분류**

－물류공동화는 하드웨어(Hardware) 측면의 공동화, 물류표준화는 소프트웨어(Software) 측면의 공동화라고 할 수 있으며, 물류표준화는 규격의 표준화와 서비스의 표준화 두 가지로 분류한다.

－하드웨어 부문과 소프트웨어 부문에서 독립적이 아닌 전체적으로 표준화가 이루어지는 것이 보다 효율적이다. **1**

| 규격의 표준화 | 서비스의 표준화 |
| --- | --- |
| • 규격의 표준화는 제조업자, 물류업자, 소비자의 상호 협력이 필요<br>• 일관팔레트화<br>• 물류통일 바코드 도입<br>• 화물형태개량, 상품소형화 등 | • 과도한 물류수요 억제<br>• 배송서비스의 표준매뉴얼 작성<br>• 상품별 배송빈도를 미리 지정하여 우발적 발주 제한<br>• 정보시스템화, 규격통일, 유닛화 등 |

### ④ 하드웨어 부문과 소프트웨어 부문의 표준화

| 하드웨어 부문의 표준화 | 소프트웨어 부문의 표준화 |
| --- | --- |
| • 내수용 컨테이너 규격화 <br>• 팔레트, 지게차, 트럭적재함 표준화 <br>• 기타 물류기기 표준화 <br>• 보관시설 표준화(랙, 건물사양)  | • 표준코드 활용<br>• 물류용어 통일 <br>• 포장치수 표준화 <br>• 거래단위 표준화 및 전표표준화  |

> **예시** 물류용어의 통일 및 거래전표의 표준화는 **소프트웨어 부문의 물류표준화**에 **포함**된다.

> **예시** 생산방식, 물류조직은 물류표준화의 대상이 아니다.

## (2) 물류공동화

### ① 물류공동화의 개념

- 물류공동화란 자사의 물류시스템을 타사의 물류시스템과 공유하고 연계시켜 하나의 시스템으로 운영하는 것을 말한다.
- 물류활동에 필요한 인프라를 복수의 파트너와 함께 연계하여 운영하는 것이다.
- 물류공동화의 대상으로는 수배송, 보관, 하역, 유통가공, 정보가 있다.

### ② 물류공동화의 장점 및 효과

- 수송단위의 대량화 및 대량처리를 통해 물류비용을 절감할 수 있다.
- 수 · 배송 효율을 향상시킬 수 있다.
- 물류생산성을 향상시킬 수 있다.
- 안정적인 물류서비스를 제공할 수 있다.
- 인력부족에 대한 대응이 될 수 있다.
- 참여 기업에 **공통된 물류서비스**를 제공한다.
- 중복투자가 감소하여 자금조달능력이 향상된다.
- 물류자원을 최대한 활용함으로써 물류비용 절감이 가능하다.
- 물류환경의 문제점으로 대두되는 교통혼잡, 차량적재 효율저하, 공해문제 등의 해결책이 된다.

③ 물류공동화의 선결조건

- 물류서비스 내용의 명확화 및 표준화 **2**
- 일관 팔레트화 추진 및 업계의 통일전표 사용 **1**
- 자사 물류시스템을 개방하여 외부 물류시스템과 연계 **4**
- 통일된 기준에 근거하여 물류비를 명확하게 산정하고 체계화 **1**
- 통일된 외장표시 및 표준물류심벌(symbol) 사용 및 외부와 교환 가능한 팔레트 등 물류용기 사용 **3**
- 물류자회사와 물류공동회사의 설립 **1**
- 상품특성, 보관특성, 하역특성, 시스템특성 등 유사성이 필요
- 공동집배송센터(물류센터) 필요

④ 물류공동화의 유형

| 수평적 물류공동화 | 동종의 제조업체 간 정보네트워크 공유 등을 통하여 공동으로 물류업무를 처리하는 것 **1** |
|---|---|
| 수직적 물류공동화 | 제조기업에 의한 판매회사 도매점과의 물류공동화 |
| 소매기업에 의한 계열적 공동화 | 대형 소매체인점이 도매점이나 제조업체에서의 납품물류를 통합하여 납품자와 수령 점포 간의 상호이익 도모를 위해 물류센터 등을 건립 |
| 물류기업 간 공동화 | 물류기업이 동업 형식으로 물류시스템을 공동화 |
| 제조업체 간 공동화 | 제조업체는 공급업체의 납품물류를 통합하는 공동 물류센터 운영으로 물류공동화를 실현 **1** |
| 유통업체 간 공동화 | 제조업체와 협업관계를 구축하여 물류공동화를 실현 **1** |

⑤ 물류공동화의 문제점

- 물류서비스 차별화의 한계 **1**
- 배송 순서 조절의 어려움 발생 **1**
- 비용 배분에 대한 분쟁 발생 **1**
- 매출, 고객명단 등 기업 비밀 노출 우려 **2**
- 공동물류시설비 및 관리비용 증대에 대한 우려 및 공동배송 실시주체자에 대한 관리의 어려움 발생

## (3) 물류 보관장소 **1**

① 공동배송센터(Joint Distribution Center)

- 제조업체, 유통업체, 물류업체 등이 공동출자해 설립한 물류거점으로서 이해당사자들이 다이어그램(시간표) 배송과 분류작업 등을 공동으로 수행하는 곳이다. **1**
- 상품의 가격안정에 기여한다. **1**

－공동배송기능 및 공동가공처리기능이 있다. **1**

－물류정보를 종합관리 및 활용하는 물류정보센터의 역할을 한다. **1**

> **심화** 📎 공동집배송 단지
>
> 공동집배송 단지란 동종 및 이종업체 간 또는 유통업체들이 대규모 유통업무단지를 조성하여 도매 거래기능, 유통가공기능, 공동수배송기능, 공동재고관리기능을 수행하는 대규모 물류단지를 말한다.

### ② 공공창고(Public Warehouse)

국가 또는 지방공공단체가 공공의 이익을 목적으로 건설한 창고이다.

### ③ 고층랙(High Stowage/Storage Rack Warehouse)

스태커크레인 등을 사용하여 입출고작업을 하는 창고를 말한다.

> **심화** 📎 DPS(Digital Picking System) **1**
>
> 물류센터의 랙(Rack)이나 보관장소에 점등장치를 설치하여 출고할 물품의 보관구역과 출고수량을 알려 주고, 출고가 완료되면 신호가 꺼져 작업이 완료되었음을 자동으로 알려주는 시스템이다.

## (4) 공동수배송

### ① 개념

－자사 및 타사의 원자재나 완제품을 공동으로 수 · 배송하는 것을 말한다. **1**

－공동수배송은 계획에 따른 배송이기에 긴급배달 요청에 유연하게 대응하지 못한다. **1**

### ② 도입배경

－주문단위의 다빈도 소량화 **4**

－상권 확대 및 빈번한 교차수송 **1**

－화물자동차 이용의 비효율성(배송차량의 적재효율 저하) **2**

－도시지역 물류시설 설치 제약 **1**

－보관 · 운송 물류인력 확보 곤란 **1**

### ③ 추진여건

－공동수배송에 참가한 기업들이 취급하는 제품의 동질성이 높을수록 공동수배송 추진이 용이하다. **2**

－공동수배송에 참가할 기업들 간의 이해관계가 일치할수록 공동수배송 추진이 용이하다. **2**

－배송조건이 유사하고 표준화가 가능할 경우 공동수배송의 추진이 용이하다. **2**

–공동수배송을 위한 주관기업이 있을 경우 공동수배송의 추진이 용이하다. **2**

–일정지역 내에 공동수배송에 참여할 수 있는 복수 기업이 존재할 경우 공동수배송의 추진이 용이하다. **2**

④ 수배송 공동화의 장점 **2**

| 화주 | –공동 수 · 배송에 참여하는 화주기업의 물류비 절감 **4**<br>–물류 아웃소싱을 통한 핵심역량 집중 가능 **1**<br>–물류업무 인원 감소 **3** |
|------|------|
| 운송업자 | –수 · 배송 효율 향상 **1**<br>–소량화물 혼적으로 규모의 경제효과 추구 **1**<br>–설비 및 운송차량의 적재 및 운행효율 향상 **6**<br>–운송화물의 대단위화로 인한 규모의 경제성 **1**<br>–물류시설의 효율적 이용과 작업의 기계화 및 자동화 가능 **1**<br>–운송수단의 활용도 향상 **1**<br>–화물의 안정적인 확보 **2**<br>–대형화물차에 의한 대량운송 확대 **1**<br>–표준화에 따른 작업능률 향상 |
| 사회적 장점 | –환경오염 감소 **4**<br>–중복 · 교차수송의 배제로 물류비 절감과 교통체증 및 교통혼잡 완화 **4**<br>–물류비 절감으로 물가상승 완화 **1**<br>–시설의 집적화로 토지의 효율적인 이용 가능 |

※ 단, 공동수배송은 계획에 따른 배송이므로 긴급배달 요청에 유연하게 대응하지 못한다. **1**

## (5) 유닛로드시스템(Unit Load System) **2**

### ① 개념

–하역합리화 도모를 위해 화물을 일정한 표준의 중량 또는 체적으로 단위화하여 기계를 이용해서 하역하는 시스템을 의미한다. **1**

–유닛로드시스템의 3원칙은 기계화의 원칙, 표준화의 원칙, 최소하역원칙이다.

### ② 장점

–작업효율의 향상, 운반 활성화, 물류비용 감소 등을 기대할 수 있다. **1**

–하역을 기계화하고 운송, 보관 등을 일관화 · 합리화 · 효율화할 수 있다. **2**

–하역과 운송에 따른 화물 손상이 감소한다. **1**

### ③ 전제조건

- 유닛로드시스템의 구축을 위해서 물류활동 간 접점에서의 표준화가 중요하다. **2**
- 포장단위치수, 팔레트, 하역장비, 보관설비, 거래단위, 수송장비 적재함규격 표준화 등의 표준화가 전제되어야 한다. **2**
- 추가적인 전용 설비 및 하역기계가 필요하다. **1**

> **참조** ◈ **팔레트화**
>
> **1. 팔레트화**
> - 팔레트를 통해 하역을 기계화하고 수송, 보관, 포장의 각 기능을 합리화하기 위한 수단으로 사용하는 것이다.
> - 팔레트화 또는 컨테이너화에 의해 적재효율이 감소하고 추가비용이 발생할 수 있다. **1**
> - 표준 팔레트의 종류와 규격은 **국가별**로 상이하다. **1**
>
> **2. 팔레트의 장점**
> ① 하역 및 작업능률 향상 **1**
> ② 물품보호 효과 **1**
> ③ 재고조사 편의성 제공 **1**
> ⑤ 상하차 작업시간 단축으로 트럭의 운행효율 향상 **1**
> ※ 좁은 통로에서는 팔레트의 사용이 어렵다. **1**
>
> **3. 일관팔레트화**
> 일관팔레트화는 생산자에서부터 소비자에게 이르기까지 화물이 일관해서 이동할 수 있는 유닛로드시스템의 기본이 된다.

> **참조** ◈ Unit Load 치수 **1**
>
> - 대표적인 Unit Load 치수에는 NULS(Net Unit Load Size)와 PVS(Plan View Size)가 있다.
> - 배수치수 모듈은 1,140mm×1,140mm Unit Load Size를 기준으로 하고, 최대 허용공차 −40mm를 인정하고 있는 Plan View Unit Load Size를 기본단위로 하고 있다.

## (6) 팔레트풀 시스템(PPS, Pallet Pool System) **1**

### ① 개념

- 팔레트의 규격을 표준화하여 공동으로 사용하는 것을 말한다. **1**
- 일관팔레트화의 실현으로 발송지에서 최종 도착지까지 일관운송이 가능하게 된다. **1**
- 업종 간에 팔레트를 공동으로 이용하여 성수기와 비수기의 팔레트 수요 변동에 대응할 수 있다. **1**
- 팔레트풀 시스템이 운영되기 위해서는 팔레트 규격이 표준화 및 통일화되어야 하고 거래단위가 유닛(Unit)화되어야 한다.

② 팔레트풀 시스템의 특징

　-공팔레트 회수 문제 해소 등 팔레트 관리가 용이하다. **1**

　-화주 및 물류업체의 물류비 부담을 감소시킨다. **1**

　-팔레트가 필요할 때 언제, 어디서나 이용 가능하며 보수가 불필요하다.

③ 팔레트풀 시스템의 운영방법

| | |
|---|---|
| 즉시교환방식 | -송화주는 팔레트화된 화물을 운송사에 위탁하는 시점에서 동일한 수의 팔레트를 운송사에서 인수하고, 수화주는 팔레트화된 화물을 인수할 때 동일한 수의 팔레트를 운송사에 인도해 주는 방식이다. **1**<br>-운송수단의 이용이 복잡할 경우 팔레트의 교환이 원활하게 이루어지지 않을 수 있으며, 팔레트의 적재율이 저조하고 예비 팔레트를 보유해야 할 필요성이 있다. |
| 리스/렌탈방식 | -개별기업에서 각각 팔레트를 보유하지 않고 팔레트풀을 운영하는 기관이 사용자의 요청에 따라 규격화된 팔레트를 사용자가 소재하는 가까운 거점(depot)에 공급해 주는 방식이다. **2**<br>-팔레트의 수리를 렌탈회사가 하기 때문에 팔레트의 품질유지가 용이하고 팔레트의 매수를 최소화하여 운영할 수 있다. **1**<br>-출발과 도착지의 화물불균형으로 인해 팔레트가 특정지역에 집중될 수 있으므로 렌탈회사는 빈팔레트를 배송해야 하는 부담이 있다. |
| 대차결제방식 | -교환방식의 단점을 보완하기 위한 것으로 현장에서 즉시 팔레트를 교환하지 않고 일정 시간 이내에 팔레트를 운송사에 반환하는 방식이다. **1**<br>-반환일수를 초과하거나 분실한 경우에는 정해진 변상금을 지불하게 된다. |

# CHAPTER
# 03 물류관리 및 마케팅 물류

### 01 물류관리

## (1) 물류관리의 개념

### ① 개요

⊙ 개념
- 물류관리는 물류활동에 대한 계획, 조정, 통제활동이다. **1**
- 물류관리활동은 고객서비스 향상과 물류비용의 절감이라는 상반된 목표를 추구한다. **1**
- 물류관리의 목표는 비용절감을 통한 제품의 판매촉진과 수익증대라고 할 수 있다. **1**
- 물류관리활동은 고객서비스 향상 및 물류비용 감소, 시간적 · 공간적 효용가치 창조를 통한 시장경쟁력 강화가 목표이다. **1**
- 상거래의 결과로 발생하는 물류관리는 제품의 이동이나 보관에 대한 수요를 충족시켜 유통기능을 완결시키는 역할을 한다. **1**

ⓛ 대상
- 원자재 및 부품의 조달, 구매상품의 보관, 완제품 유통도 물류관리의 대상이다. **3**
- 물류효율화를 위한 제품설계, 공장입지 선정, 생산계획 등에 관한 관리가 포함된다. **1**
- 소유권이 이전된 이후의 물품도 물류관리활동의 대상에 포함될 수 있다. **1**

ⓒ 특징
- 수송, 보관, 포장, 하역 등의 여러 기능을 종합적으로 고려하여야 한다. **1**
- 물류비용 절감을 통한 이익 창출은 제3의 이익원으로 인식되고 있다. **2**
- 유통관리는 형태 효용, 시간 효용, 장소 효용, 소유 효용을 창출한다.
- 형태 효용은 생산, 시간 효용과 장소 효용은 물류관리, 소유 효용은 마케팅과 밀접한 연관성이 있다. **2**

② 물류관리의 필요성 **1**

    ㉠ 글로벌화

        - 글로벌화로 인해 국제물류의 범위가 확대되었다. **1**

        - 국제적인 경제환경이 변화하면서 물류관리에 대한 중요성이 증대되었다. **1**

    ㉡ 고객요구의 변화

        - 제품의 수명주기가 짧아지고 차별화된 제품생산의 요구 증대로 물류비용 절감의 필요성이 강조되었다. **1**

        - 고객 요구가 다양화, 전문화, 고도화되어 적절한 대응이 필요해졌다. **1**

        - 물품을 신속, 저렴, 안전, 확실하게 거래 상대방에게 전달해야 한다. **1**

        - 다품종, 소량거래 확대로 물류관리의 중요성이 증대하였다. **1**

        - TV 홈쇼핑과 온라인상에서 다양한 형태의 재고정보를 제공함으로써 매출액 증가를 가져올 수 있다. **1**

    ㉢ 이익증대 도모

        - 생산혁신 및 마케팅을 통한 이익 실현이 한계에 달했다. **1**

        - 물류비용 절감과 서비스 향상이 기업경쟁력의 핵심요소로 대두되었다. **1**

        - 효율적인 물류관리를 통하여 해당 기업은 비용을 절감하고 서비스 수준을 향상시킬 수 있다. **1**

        - 물류비용은 기업이 생산하는 제품의 가격경쟁력에 영향을 미치기 때문에 물류활동을 효율화하고 물류비용을 절감하는 것이 중요하다. **1**

③ 물류관리를 통하여 국민경제에 기여할 수 있는 항목 **1**

    - 유통효율의 향상을 통하여 기업의 체질을 강화하고 물가 상승을 억제시킬 수 있다. **2**

    - 식품의 선도 유지 등 각종 상품의 물류 서비스 수준을 높여 소비자에게 질적으로 향상된 서비스를 제공할 수 있다. **1**

    - 물류발전을 통하여 지역 간 균형발전을 도모할 수 있음은 물론 교통체증 완화로 이어져 생활환경이 개선된다. **1**

    - 물품의 원활한 유통을 통하여 지역 간의 균형발전을 도모할 수 있다. **1**

    - 물류 개선을 위한 사회간접자본 및 각종 설비투자의 기회를 부여하여 도시 재개발을 통한 생활환경 개선에 이바지한다.

④ 통합물류관리

    - 원자재의 조달에서 상품판매 이후의 단계까지 각 기능의 상관관계를 고려하여 물류기능의 통합적 관점에서 물류관리를 수행한다. **1**

－물류관리의 수행에서 기업 간 경쟁을 회피하고, 협력관계로 공동 노력한다는 인식을 갖고 전략적 제휴를 추진한다. **1**

－물류관리의 효율화를 추구하기 위하여 거시적 관점으로 기업 간, 산업 간 물류의 표준화, 공동화, 통합화를 추구한다. **1**

－물류관리를 효율화하기 위한 수단으로 각 물류활동분야의 관리지표를 설정하되 종합적인 효과를 고려하면서 지속적으로 점검·관리한다. **1**

## (2) 물류서비스

### ① 개요

㉠ 물류서비스와 고객

－물류서비스는 물품을 이동하는 마지막 단계로서 부가상품(Augmented Product)의 역할을 한다. **1**

－전자상거래의 확산으로 유통배송단계가 점점 줄어들고, 고객맞춤형 물류서비스가 강조되고 있다. **1**

－물류서비스 수준의 향상은 고객과의 장기적인 관계 형성에 도움이 된다. **1**

－물류서비스의 목표는 서비스 향상과 물류비 절감을 통한 경영혁신이다. **1**

㉡ 상충관계

－물류서비스와 물류비용 사이에는 상충관계(Trade－Off)가 존재한다. **2**

－물류관리자는 이익 창출을 위해 비용 절감과 물류서비스의 향상에 주력한다. **1**

－기업들이 최대의 부가가치를 창출하려면 비용을 줄이면서 고객이 만족하는 서비스 수준에 도달할 수 있는 물류시스템 구축이 필요하다. **1**

－고객서비스 수준이 결정되어 있지 않다면 수익과 비용을 동시에 고려하여 최적의 서비스 수준을 결정하는 과정이 선행되어야 한다. **1**

㉢ 모방

한 기업이 경쟁업체의 물류서비스를 모방하는 것은 가능하다. **1**

**심화** 서비스 매트릭스 **1**

> 슈메네(Schmenner)는 고객과의 상호작용(개별화 정도)과 노동집중도(노동집약 형태)에 따라 서비스 프로세스를 분류하였다.

| 구분 | 높음 | 낮음 |
|---|---|---|
| 노동집약도 | • 고용 및 훈련계획에 대한 의사결정<br>• 직무수행 방법과 통제에 관한 의사결정<br>• 인력자원 운영에 대한 스케줄링에 관한 의사결정<br>• 복지후생에 대한 의사결정 | • 토지, 설비, 기기와 같은 자본재 의사결정<br>• 새로운 테크놀로지에 대한 의사결정<br>• 비수기와 성수기 수요에 대한 의사결정 |
| 고객 접촉정도와<br>주문화 | • 일관된 서비스 품질 유지<br>• 종업원 충성심<br>• 소비자와 접촉할 때 종업원의 임무 | • 마케팅<br>• 서비스의 표준화<br>• 서비스 시설 |

| 구분 | | 고객과의 접촉정도와 주문화 | |
|---|---|---|---|
| | | 높음 | 낮음 |
| 노동집약도 | 낮음 | **서비스공장**<br>−항공사<br>−화물운반트럭<br>−호텔<br>−리조트 | **서비스 숍**<br>−병원<br>−자동차 수리소<br>−기타 수리소 |
| | 높음 | **대량 서비스**<br>−소매상<br>−도매상<br>−학교 | **전문 서비스**<br>−변호사<br>−의사<br>−회계사 |

> **예시** 운송서비스는 서비스 프로세스 매트릭스에서 서비스공장(service factory)으로 분류된다.

### ② 물류서비스 결정요인

- 주요 기능별 물류비 사이에도 상충관계(Trade-off)가 있으므로 **총비용이 최소화**되는 시점에서 서비스 수준을 결정해야 한다. **5**
- 일반적으로 물류비용의 책정은 공헌이익이 최대가 되는 시점에서 결정되어야 한다. **1**
- 물류서비스 수준을 결정하기 위해서는 시장 환경이나 경쟁 환경 등을 고려해야 한다. **1**
- 물류서비스 품질은 기대수준과 인지수준 사이의 불일치 정도로 파악할 수 있으며, 고객에게 인지된 서비스와 **고객이 기대했던 서비스**를 비교한 결과로 결정된다. **2**
- 물류서비스 향상은 매출 증가나 이익 창출의 증가와는 관련이 없다.

### ③ 물류서비스의 신뢰성을 높이기 위한 방안

- 신속 정확한 수주정보 처리 **1**
- 조달 리드타임(Lead time) 단축 **1**
- 제품 가용성(Availability) 정보 제공 **1**
- 재고관리의 정확도 향상 **1**

| 구성요소 | 내용 |
|---|---|
| 확신성 **1** | 화주기업에게 전반적인 업무수행에 대해 확신을 주는 능력 |
| 유형성 **1** | 화주기업에게 차량, 장비 등 물류서비스를 원활히 제공해 줄 수 있는 능력 |
| 신속/적시성 **1** | 화주기업에게 정확하고 신속하게 물류서비스를 제공할 수 있는 능력 |
| 커뮤니케이션 **1** | 화주기업과의 원활한 의사소통 능력 |
| 반응성 | 화주의 요구와 불만에 신속하게 반응하는 능력 |
| 효용성 | 업무의 수행으로 발생하는 서비스의 효용결과 |
| 수익성 | 화주기업의 영업이익률을 높여 줄 수 있는 능력 |

## (3) 물류의 고객서비스 요소 **4**

심화 ◇

고객서비스란 고객 주문의 접수, 처리, 배송, 대금 청구, 후처리 업무에 필요한 모든 활동으로 고객의 요구를 만족시키는 활동이며 고객서비스의 구성요소는 거래 전 요소, 거래 발생 시 요소, 거래 후 요소로 구분할 수 있다. 고객서비스의 목표는 고객만족을 통한 고객감동을 실현하는 것이고 고객서비스 수준은 기업의 시장점유율과 수익성에 영향을 미친다.

### ① 거래 전 요소

- 고객서비스에 관한 기업의 정책과 연관되어 있으며, 기업에 대한 고객인식과 고객의 총체적인 만족에 영향을 미칠 수 있음 **2**
- 사전에 명문화된 고객서비스 정책 **2**
- 목표 배송일(target delivery dates) **1**
- 재고 가용성(stock availability)
- 우수한 고객서비스 제공 환경조성
- 재난, 불가항력 등 긴급상황 발생 시 대응계획, 고객서비스정책의 충족을 위한 조직체계 구축, 고객에게 기술적 훈련 제공 등

### ② 거래 시(거래 중) 요소

- 고객에게 제품을 인도하는 데 직접 관련된 서비스 요소로 제품 및 배달의 신뢰도 등을 말함 **1**
- 재고수준 설정(재고품절 수준), 수송수단 선택, 주문처리절차 확립
- 주문이행 비율(order fill rate) **1**
- 정시배달(인도시간, on-time delivery) **1**
- 인도 시 제품상태, 배달의 신뢰도 등

③ 거래 후 요소

- 일반적으로 제품보증, 부품 및 수리 서비스, 고객의 불만에 대한 처리절차 및 제품의 교환 등을 말함 **2**
- 거래발생 후 요소는 제품을 판매한 후에 발생하지만 거래 전이나 거래시점에서 미리 계획해야 함
- 고객 불만(customer complaints) **1**
- 회수 및 클레임(returns and claims) **1**
- 현장의 판매지원의 필요성이 있는 항목(결함제품, 재활용품, 팔레트 등의 포장용기 회수 및 반품 등)

## (4) 물류서비스 품질결정요인 **1**

물류서비스 품질은 고객과 서비스 제공자 간의 상호작용에 의해서 결정된다. **1**

| 물류서비스 품질결정요인 | | |
|---|---|---|
| 서비스 시행 전 **3** | 서비스 시행 중 **6** | 서비스 시행 후 **2** |
| 1. 명시된 회사 정책<br>2. 회사에 대한 고객 평가<br>3. 회사조직 및 조직의 융통성<br>4. 시스템 유연성<br>5. 기술적인 서비스 및 시스템의 정확성 | 1. 재고수준<br>2. 백오더(Back Order) 이용 가능성<br>3. 주문주기 요소들<br>4. 시간<br>5. 환적(Tranship)<br>6. 주문의 편리성<br>7. 제품 대체성<br>8. 시스템의 정확성 | 1. 설치, 보증, 변경, 수리, 부품<br>2. 제품추적 및 주기적 제품점검<br>3. 고객 클레임<br>4. 제품포장<br>5. 수리 중 일시제품 대체 |

## (5) 고객서비스 주문주기시간(OCT, Order Cycle Time) **2**

① 개요

- 고객의 주문발주에서부터 제품을 인수하여 창고에 수령할 때까지 소요된 시간을 말한다. **1**
- 주문주기시간은 주문처리기간이며 주문을 접수한 시점에서 고객이 물건을 받을 때까지의 시간으로 고객서비스 만족에 큰 영향을 미친다.
- 주문주기시간은 재고정책의 개선활동을 통하여 단축될 수 있다. **1**
- 주요 활동의 일부는 동시에 발생할 수 있다.
- order transmittal time → order processing time → order assembly time → stock availability → delivery time **1**

② Order Transmittal Time(주문전달시간)

주문을 주고받는 데 소요되는 시간을 의미한다.

③ Order Processing time(주문처리시간)

적재서류 준비, 재고기록 갱신, 신용장 처리작업, 주문확인, 주문정보를 생산, 판매, 회계부서 등에 전달하는 활동이 포함된다. **2**

④ Order Assembly Time(주문조립시간)

주문받은 정보를 발송부서나 창고 등에 전달한 후부터 주문받은 제품을 발송 준비하는 데 걸리는 시간이며 생산, 인도, 회수는 포함하지 않는다.

> **심화** ◇ 오더피킹(order picking)
>
> 재고로부터 주문품의 인출 · 포장 · 혼재 작업과 관련된 활동으로 출하과정이다. **1**

⑤ Stock Availability(재고가용성)

창고에 보유하고 있는 재고가 없을 때 생산지의 재고로부터 보충하는 데 소요되는 시간이다. **1**

⑥ Order Delivery time(인도시간)

- 주문품을 재고지점에서 고객에게 전달하는 활동이며 이때 걸리는 시간을 의미한다. **2**
- 창고에 재고가 있는 경우에는 공장을 거치지 않고 곧바로 고객에게 전달하는 데 걸리는 시간을 말한다. **1**

⑦ 주문처리시간에 영향을 미치는 요소

- 혼적, 주문일괄처리, 주문처리 우선순위, 오더필링(order filling)의 정확성은 주문처리시간에 영향을 미친다. **2**
- 병렬처리(parallel processing)방식은 순차처리(sequential processing)방식에 비해 총 주문처리시간이 단축될 수 있다. **1**
- 주문을 모아서 일괄처리하면 주문처리비용은 단축되지만 주문처리시간이 증가한다. **1**
- 주문처리에서 오류가 발생하면 확인 및 재처리로 인해 주문처리시간이 증가하므로 오더필링(order filling)의 오류 발생을 줄이기 위해 노력해야 한다. **1**
- 물류정보시스템(예 주문처리시스템)을 활용하여 주문처리시간을 줄이기 위해서는 초기 투자비용이 많이 소요된다. **2**

**02 물류관리전략**

## (1) 물류전략 개요

### ① 물류관리의 전략적 중요성

- 기업의 물류관리는 구매, 생산, 영업 등의 활동과 상호 밀접하다. **1**
- 다품종 소량시대의 도래로 물류비용이 증가하여 효율적인 물류관리 수단이 필요하다. **1**
- 물류의 통합이 기업의 경계를 넘어 공급사슬관리 전체로 확대됨에 따라 데이터와 프로세스 표준화가 필요하다. **1**
- 전체적인 효율화 및 부문 간 유기적인 결합을 위한 물류정보시스템 구축이 필요하다. **1**
- 기업은 효율적인 물류활동을 통하여 원가를 절감할 수 있고, 이를 바탕으로 저가격전략에 의한 시장 점유율 제고 및 수익률 증대를 추구할 수 있다. **3**

### ② 물류관리전략

- 물류관리전략을 설정할 때 우선적으로 고려해야 할 사항은 고객의 니즈(Needs)를 파악하는 것이다. **1**
- 효과적인 물류관리전략은 유연성을 보유하면서 고객의 다양한 요구를 저렴한 비용으로 충족시킬 수 있도록 하는 것이다. **1**
- B2B 거래에서 고객이 원하는 장소로 직접배달, 고객에 대한 교육훈련 등의 서비스 활동은 물류의 경쟁우위를 창출할 수 있는 방안이다. **1**
- 고객의 다양한 요구를 저렴한 비용으로 충족시킬 수 있는 물류시스템을 보유한 경우, 보다 넓은 고객층을 확보할 수 있다. **1**
- 고객주문에 대한 제품가용성, 주문처리의 정확성 등의 물류서비스를 제공함으로써 경쟁우위를 확보할 수 있다. **1**
- 부품공급에서 소비자에 이르는 공급사슬에서 경로구성원 각자의 이익극대화보다는 공급사슬 전체의 이익극대화를 추구해야 한다. **1**
- 물류전략은 기업전략과 함께 수립되어야 한다. **1**
- 상물을 분리함으로써 배송차량의 효율적 운행이 가능하고, 트럭 적재율도 향상된다. **1**

1. FedEx – Hub & Spoke System, Super Tracker System
   ※ Super Tracker : FedEX 직원이 현장에 가지고 다닐 수 있는 소형 컴퓨터로 현장에 있는 직원이 수화물에 대한 정보를 입력하면 각 단계에서 언제라도 수화물을 추적할 수 있도록 한 시스템이다. **1**
2. P&G – Continuous Replenishment Program **1**
3. UPS – 화물추적시스템 및 위치추적시스템에 대한 과감한 투자 **1**
4. Walmart – Point of Sale System **1**
5. ZARA – Quick Response System

## (2) 물류관리 의사결정

- 물류의사결정은 전략·전술·운영의 3단계 계층으로 구성되며, 이 세 가지 의사결정은 상호간에 보완적으로 이루어져야 한다. **2**
- 물류관리계획은 전략계획, 전술계획, 운영계획으로 나누어 단계적으로 수립한다. **1**

| | |
|---|---|
| 전략적 계획<br>(1년 이상 장기계획) | - 최고경영자 등의 관점에서 실시하는 것<br>- 시설입지계획 **1** |
| 전술적 계획<br>(1년 이내 중기계획) | - 전략을 조직에서 실행하는 구체화 단계<br>- 마케팅 전략, 고객서비스 요구사항 등 **1** |
| 운영적 계획<br>(주일 단위 단기계획) | - 하위관리자의 단순하고 반복적이고 구조적인 계획<br>- 수요예측, 주문처리 등은 운영적 의사결정에 해당 **2**<br>- 운영절차, 일정계획 등 **1** |

| 구분 | 전략적 계획 **1** | 전술적 계획 **1** |
|---|---|---|
| 의사결정 종류 | 혁신적 | 일상적 |
| 계획주체 | 최고경영층 | 중간관리층 |
| 기간 | 장기적 | 중기적 |
| 해당 부서 | 전사적 | 부서별 |

| 구분 | Strategy(전략) | Tactics(전술) | Operations(운영) |
|---|---|---|---|
| Transportation | Mode Selection **1** | Seasonal Leasing | Dispatching |
| Inventory | Location | Safety Stock Level **1** | Order Filling |
| Warehousing | Layout Design | Space Utilization | Order Picking **1** |

심화 ✍ 물류계획사항 **1**

- 구체적인 계획실행순서의 결정
- 물류 관련 투자의 자금계획
- 물류담당자의 채용 · 훈련계획
- **물류시설의 건설계획**
- 단기, 중기, 장기계획 수준으로 구성

## (3) 물류관리전략의 수립

| 물류환경의 분석<br>(1단계) | 관련 산업 · 업계 · 경쟁사 · 자사 물류환경, 하드웨어, 소프트웨어, 기술 및 법규 등을 분석한다. **1** |
|---|---|
| 물류목표의 설정<br>(2단계) | 소비자의 니즈(Needs), 필요 수량 · 시기, 요구하는 제품의 디자인 · 품질 · 가격 등을 분석하고 예측한다. **1** |
| 물류전략의 수립<br>(3단계) | 제품설계 및 개발, 원자재 및 부품조달, 생산 및 조립, 일정계획, 재고 관리, 운송 등 소비자에게 제품이 인도될 때까지의 활동을 계획하고 필요한 여러 자원을 검토한다. **1** |
| 물류운영 및 성과 반영<br>(4단계) | 물류관리전략에 따른 물류시스템의 운영과 성과측정을 통하여 이를 기업의 경영전략에 다시 반영하도록 한다. **1** |

심화 ✍ 물류전략 수립 시 고려

① 물류 시스템의 설계 및 범위결정의 기준은 총비용 개념을 고려한다. **1**
② 물류활동의 중심은 운송, 보관, 하역, 포장 등이며, 비용과 서비스 면에서 상충 관계가 있다. **1**
③ 물류시스템에서 취급하는 제품이 다양할수록 재고는 증가하고 비용상승 요인이 될 수 있다. **1**
④ 도로, 철도, 항만, 공항 등 교통시설과의 접근성을 고려해야 한다. **1**

## (4) 물류관리전략 추진 **1**

| 구조적 단계<br>(1단계) | 원부자재의 공급에서 생산과정을 거쳐 완제품의 유통과정까지의 흐름을 최적화하기 위해 유통경로 및 물류네트워크를 설계하는 단계 |
|---|---|
| 전략적 단계<br>(2단계) | 고객이 원하는 것이 무엇인지를 파악하는 동시에 회사이익 목표를 달성할 수 있는 최적의 서비스 수준을 정하는 단계 |
| 기능적 단계<br>(3단계) | 물류거점 설계 및 운영, 운송관리, 자재 및 재고관리를 하는 단계 |
| 실행 단계<br>(4단계) | 정보화 구축에 관련된 정책 및 절차 수립, 정보화 설비와 장비를 도입 · 조작 · 변화관리를 하는 단계 |

## (5) 제품수명주기와 물류전략 ❶

- 제품수명주기란 하나의 제품이 시장에 도입되어 폐기되기까지의 과정을 말한다.
- 제품기술의 발달, 소비자 요구의 다양화로 제품수명주기가 점차 단축되고 있다. ❶
- 제품수명주기에 따라 물류관리전략을 차별화할 수 있다. ❶

### ① 도입기

- 도입기 단계에서는 판매망이 소수의 지점에 집중된 물류 네트워크를 구축하고 제품의 가용성은 제한된다. ❷
- 일반적으로 수요는 매우 불확실하고 공급도 불확실하며 이익은 낮거나 손실이 발생하는 단계이다. ❶
- 시장 진입시기이고 인지도가 형성되며, 높은 수준의 재고가용성과 물류서비스, 시스템유연성 확보가 필요하다.

### ② 성장기

- 대량생산을 통한 가격 인하로 시장의 규모가 확대된다. ❶
- 가격인하 경쟁에 대응하고 수요를 자극하기 위한 촉진비용이 많이 소요된다. ❶
- 제품에 대한 고객들의 관심이 높아지면서 넓은 지역에 걸쳐 제품가용성을 증가시키게 된다. ❶
- 성장기 단계에서는 비용과 서비스간의 상충관계를 고려한 물류서비스 전략이 필요하다. ❶
- 장기적인 수요에 대비하여 유통망의 확대가 필요하나 정보가 충분하지 않아 물류계획을 수립하는 데 어려움이 있다. ❶

### ③ 성숙기

- 제품이 일반화되고 수요 증대에 맞추어 가격은 하향 조정되기 시작하며, 수익은 평준화되다가 감소하기 시작하는 단계이다. ❶
- 제품의 유통지역이 가장 광범위하며 제품가용성을 높이기 위하여 많은 수의 물류거점 및 재고거점이 필요한 시기이다. ❶
- 매출액이 체감적으로 증가하거나 판매량이 성장하여 완화 또는 안정된 상태를 유지하고, 과잉생산능력에 의하여 경쟁이 심화되는 단계이므로 고객별로 차별화된 물류서비스 전략이 필요하다. ❷

### ④ 쇠퇴기

- 비용최소화보다는 위험최소화 전략이 필요하다. ❶
- 가격이 평준화되고 판매량은 감소하며, 이에 따라 이익도 감소하기 시작하는 단계이다. ❶

⑤ 소멸기

재고부족으로 인하여 가격상승현상이 일부 나타날 수도 있으나, 이익은 감소하고 손실이 발생하는 단계이다. **1**

참조 재고거점수 증가 시 **통합물류운영관점에서의 영향**

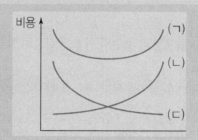

*(ㄱ) 총비용 (ㄴ) 재고비용 (ㄷ) 수송비용

1. 총 물류비용의 **증가** **1**
2. 배송비 감소 **1**
3. 재고유지비용 증가
4. 시설투자비 증가
5. 고객서비스 수준 향상

심화 제품특성과 물류거점수

1. 상품가격이 높아지면 재고비용이 높아지므로 물류거점의 수를 축소한다.
2. 단위화물의 양이 많으면 운송비가 증가하므로 물류거점의 수를 증가시킨다.
3. 배송빈도가 낮으면 재고회전율이 낮으므로 물류거점의 수와 생산기지의 수를 최소화한다.
4. 불규칙적 배송이나 긴급 배송이 잦은 경우에는 물류거점 수를 축소한다.

심화 물류 엔지니어링과 물류 리스트럭쳐링의 비교

| 구분 | 물류 엔지니어링 | 물류 리스트럭쳐링 |
|------|----------------|-------------------|
| 의미 | 정보기술을 활용하여 업무흐름을 재조정함으로서 고객만족을 추구한 상품과 서비스의 흐름을 재설계하는 경영관리기법 | 불량사업의 통폐합, 구조조정, 신규투자 억제 등 기업의 조직개편에 목적을 둔 경영혁신 기법 |
| 목표 | 전사적 최적화 | 개별 최적화 |
| 내용 | - 고객지향적<br>- 기능 변경<br>- 급진적 개혁<br>- 기술혁신을 활용하여 조직개편 | - 경쟁지향적<br>- 기능 유지<br>- 점진적 개선<br>- 기술혁신과 관계없이 조직개편 |

## (6) 상물분리 ❷

### ① 개요

#### ㉠ 상류

- 상류(상적유통, Commercial Distribution)란 상품의 소유권 이전 활동을 말하며, 유통 경로 내에서 판매자와 구매자의 관계에 초점이 있다. ❶
- 상품의 거래활동, 금융, 보험, 정보관리 활동 등의 보조활동은 상적유통에 해당한다. ❸

#### ㉡ 물류

- 쇼(A.W. Shaw)는 경영활동 내 유통의 한 영역으로 Physical Distribution 개념을 정의하였다. ❶
- 물류(물적유통, Physical Distribution)는 물류경로 상에서 이동 또는 보관 중인 물품에 대한 관리활동을 포함한다. ❶
- Physical Distribution은 판매영역 중심의 물자 흐름을 의미한다. ❶
- 화물정보의 전달 및 활용, 판매를 위한 상품의 포장은 물적유통에 해당한다. ❷

### ② 상물분리 효과

- 물류와 영업업무를 각각 전담부서가 수행하므로 전문화에 의한 핵심역량 강화가 가능하다. ❶
- 효율 향상을 위해 상적유통과 물적유통을 구분하여 관리해야 한다. ❶
- 상권이 확대될수록, 무게나 부피가 큰 제품일수록 상류와 물류의 분리 필요성이 높아진다. ❶
- 영업기능과 물류기능 간의 공동책임의식은 약화된다. ❶

#### ㉠ 물류효율측면

- 수주통합으로 배송차량의 적재율이 향상된다. ❶
- 공동화, 통합화, 대량화에 의한 규모의 경제 효과로 물류비 절감이 가능하다. ❶
- 상류와 물류를 분리하면 재고의 편재 및 과부족이 해소되어 재고관리를 효율적으로 할 수 있다. ❶
- 물류거점(물류센터 등)에서 하역의 기계화, 창고자동화 추진이 가능하므로 물류효율성이 증가한다. ❸
- 지점과 영업소의 수주 통합으로 효율적 물류관리가 이루어지고, 리드타임(lead time)이 감소한다. ❶

#### ㉡ 고객서비스측면

- 수송단계의 통합과 운임 할인이 가능하다. ❶
- 상류와 물류를 분리하면 물류거점에서 여러 지점 및 영업소의 주문을 통합할 수 있어 트럭 등 배송차량의 적재율 향상과 효율적 이용이 가능하며 대량 수·배송이 가능하여 고객서비스를 향상시킬 수 있다. ❶

ⓒ 경영측면

　－영업부는 **판매**활동에만 전념하여 도 · 소매업의 매출이 증대된다. **1**

　－재고의 집중적 관리를 통해 재고의 편재 및 과부족을 해소하여 효율적 재고관리가 가능하다. **2**

　－물류거점을 통한 수 · 배송으로 수송경로가 단축되고 대형차량의 이용이 가능하므로 수송비가 **감소**한다. **1**

---

**참조** 🔷 마케팅과 물류

**1. 개요**

　－마케팅이란 마케팅믹스를 통해 소비자의 욕구를 파악해서 충족시킴으로서 만족할 수 있게 하는 것이다.

　－마케팅믹스란 기업이 마케팅 목표를 달성하기 위하여 사용하는 실질적인 마케팅 요소로, 제품(Product), 가격(Price), 유통(Place), 촉진(Promotion)으로 구성되며 보통 4P라고 부른다.

　－마케팅의 기능으로는 상적유통기능, 물적유통기능, 유통조성기능(금융, 보험, 시장조사 등 상적유통과 물적유통을 원활하게 수행되게 하는 보조기능)이 있다.

　－물류는 마케팅믹스의 4P 중 **유통(Place)**과 가장 밀접한 관계가 있다. **3**

**2. 물류와 마케팅**

　－마케팅전략에는 제품전략, 가격전략, 유통전략, 촉진전략이 있다. **1**

　－마케팅전략은 물류를 포함하여 상호 의존성 있는 마케팅믹스를 유기적으로 결합하여 경영전략의 일환으로 추진되고 있다. **1**

　－물류는 포괄적인 마케팅에 포함되면서 물류 자체의 마케팅활동을 실천해야 한다. **3**

　－물류는 마케팅뿐만 아니라 산업공학적 측면, 무역학적 측면, 생산관리 측면 등까지 광범위하게 확대되고 있다. **2**

　－마케팅의 4P에 포장(Packing)을 추가하여 5P's가 되어도 물류와의 연관성은 변함이 없다.

　－기술혁신으로 품질과 가격 면에서 평준화가 이루어진 상태에서는 고객서비스가 마케팅과 물류에서 중요한 비중을 차지한다. **1**

　－생산과 물류의 상호작용에 포함되는 요소로는 공장입지, 구매계획, 제품생산계획 등이 있다. **1**

　－물류역량이 강한 기업일수록 본래 마케팅의 기능이었던 수요의 창출 및 조절에 유리하다. **1**

**3. Pull 방식과 Push 방식**

　－Pull 방식은 제조업체가 최종소비자에 광고 등으로 촉진활동을 함으로써 소비자가 자사제품을 찾도록 하는 것으로 브랜드 인지도가 높은 회사에서 주로 활용한다.

　－Push 방식은 제조업자가 유통기관을 상대로 하여 마케팅 활동을 전개하는 것을 말한다. 유통업자의 힘이 강하고 제조업자의 브랜드 인지도가 낮은 경우 주로 활용한다.

　－Push 방식보다 Pull 방식의 활용이 늘고 있다.

---

## (7) 제3자 물류(3PL)와 제4자 물류(4PL) **2**

### ① 물류아웃소싱

ⓐ 개념

　물류활동을 효율화하기 위해 물류기능을 외부의 전문업체에 위탁하는 것을 말한다. **1**

ⓛ 장점
　　－전문업체와의 계약에 따라 물류서비스의 최적화 유지가 가능하다. **1**
　　－별도의 예비인력 확보 및 물류운영에 대한 부담 해소가 가능하다. **1**
　　－고정 차량 부족 시에도 효율적인 물류업무를 수행할 수 있다. **1**
　　－장기적인 측면에서 유능한 내부 물류전문인력 양성은 어렵지만 핵심활동에서 조직자원을
　　　집중할 수 있다. **1**
　　－인력과 장비의 융통성 있는 활용이 가능하다. **1**
　　－유연성이 있는 고용형태와 급여체계 실현이 가능하다. **1**

ⓒ 단점
　　－기업 핵심정보의 유출 가능성이 있으며 사내에 물류전문지식의 축적이 어려울 수 있다. **3**
　　－고객 불만에 대한 신속한 대처능력이 저하될 수 있다. **2**

② 제3자 물류(Third Party Logistics)

ⓐ 개념
　　－기업들은 제3자 물류를 통해 핵심부분에 집중하고 물류를 전문업체에게 아웃소싱하여
　　　규모의 경제, 전문화 및 분업화, 기업경쟁력 제고 등의 효과를 거둘 수 있다. **3**
　　－국가물류기본계획에 따르면 화주기업이 중·장기적으로 1자 물류를 거쳐 3자 물류로 전
　　　환하도록 유도하고 있다. **1**
　　－화주기업과 물류기업 간 수평적인 파트너십 관계 형성이 필요하다. **1**
　　－제3자 물류업체와 Win－Win전략을 통해 장기적인 협력관계를 구축하는 것이 바람직
　　　하다. **1**
　　－화주기업은 물류아웃소싱 이전에 자사의 물류비 현황을 정확히 파악하는 것이 중요하다. **1**
　　－제3자 물류아웃소싱의 주된 목적과 전략은 조직 전체의 전략과 일관성을 유지해야 한다
　　　는 것이다. **1**
　　－아웃소싱업체에 대하여 적극적이고 직접적인 지휘 통제체계 구축이 필요하지 않다. **1**

ⓑ 장점
　　－제3자 물류의 도입으로 인해 핵심역량에 집중할 수 있어 화주기업의 기업경쟁력 제고에
　　　유리하다. **2**
　　－화주기업의 물류비 및 초기 자본투자를 절약(감소)할 수 있다. **1**

ⓒ 단점
　　－제3자 물류업자와 정보 공유로 고객정보 유출에 대한 리스크가 증가한다. **1**
　　－화주기업은 고객 불만에 대한 신속한 대처가 곤란하고 사내에 물류전문지식 축적의 어려
　　　움을 겪을 수 있다. **1**

② 외주물류(아웃소싱)와 제3자 물류의 비교
- 외주물류는 주로 운영 측면에서 원가절감을 목표로 하는 반면, 3자물류는 원가절감과 경쟁우위 확보 등을 목표로 한다. **1**
- 서비스 범위 측면에서 외주물류는 기능별 서비스(수송, 보관) 수행을 지향하는 반면, 3자물류는 종합물류를 지향한다. **1**
- 외주물류는 단기적 관계를 기반으로 이루어지는 반면, 3자물류는 중장기적 협력 관계를 기반으로 운영된다. **1**
- 외주물류는 주로 중간관리층의 의사결정에 따라 수의계약 형태로 진행되는 반면, 3자물류는 최고경영층의 의사결정에 따라 경쟁계약의 형태로 진행된다. **1**

③ 제4자 물류(Fourth Party Logistics)

㉠ 개념
- 4자 물류는 3자 물류에서 확장된 개념으로 자체의 기술 및 컨설팅 능력을 갖추고 공급체인 전반을 통합·관리 운영한다. **2**
- 세계적인 3자 물류업체 및 컨설팅회사들은 다른 물류기업들과의 인수합병을 통해 글로벌 차원으로 확대하면서 4자 물류서비스를 제공하고 있다. **1**
- 제4자 물류서비스 유형은 운송수단이나 창고시설을 보유하지 않고 시스템 데이터베이스를 통해 물류서비스 및 컨설팅서비스를 제공한다. **1**
- 4자 물류는 장기간의 전략적 제휴형태 또는 합작기업으로 설립한 별도의 조직을 통해 종합적 서비스를 제공한다. **1**

㉡ 특징
- 4자 물류는 전자상거래의 확대 및 SCM 체제의 보편화로 그 필요성이 강조되고 있다. **1**
- 합작투자 또는 장기간의 제휴 형태이다. **1**
- 공급체인의 효율화를 위한 발전적인 방안이다. **1**
- 공통의 목표설정 및 이익분배, 공급사슬상 전체의 관리와 운영, 다양한 기업이 파트너로 참여하는 혼합조직 형태가 특징이다. **3**

참조 🔷 제4자 물류서비스 제공자의 역할

1. 제4자 물류서비스 제공자는 공급사슬 전체를 관리하고 운영하며, 다양한 기업을 파트너로 참여시킨다. **1**
2. 제4자 물류서비스 제공자는 아웃소싱과 인소싱의 장점을 통합한 형태로 최대한의 경영성과를 얻기 위한 조직이다. **1**
3. 솔루션 제공자, 공급체인의 통합자로 다양한 모델을 운용하여 수입을 창출하고 비용을 절감한다. **1**

ⓒ 제3자 물류와의 차이점
  - 3PL(Third Party Logistics), 물류컨설팅업체, IT업체 등이 결합한 형태로 이익분배를 통해 공통의 목표를 관리하고 공급사슬 전체의 관리와 운영을 실시한다. **5**
  - 위탁받은 물류활동을 중심으로 하는 제3자 물류와는 달리 전문성을 가지고 물류프로세스의 개선을 적극적으로 추구하여 세계수준의 전략, 기술, 경영관리를 제공하는 것을 목표로 한다. **1**
  - 전체 SCM상 다양한 물류서비스를 통합할 수 있는 최적의 위치에 있으므로 SCM의 솔루션을 제시할 수 있고, 전체적인 공급사슬에 긍정적인 영향을 미칠 수 있다. **1**
  - 물류전문업체, IT업체 및 물류컨설팅업체가 일련의 컨소시엄을 구성하여 가상물류 형태로 서비스를 제공한다. **1**
  - 제3자 물류보다 광범위하고 종합적이며 전문적인 물류서비스를 제공하여 더욱 높은 경쟁력을 확보할 수 있다. **1**
  - 국내 화물운송의 특징으로 화주기업과 운송인과의 협업적 관계가 미흡하여 제3자 물류나 제4자 물류로 발전하기 위한 정부의 정책적 지원 확대가 필요하다. **1**

**심화** 제4자 물류 기업유형

| 기업유형 | 내용 |
|---|---|
| 거래파트너<br>(Trading partner) | 화주와 서비스제공사 간 조정, 통제역할 수행 **1** |
| 시너지플러스<br>(Synergy plus) | 복수의 화주에게 물류서비스를 제공하는 서비스제공업체의 브레인역할 수행 **1** |
| 솔루션통합자<br>(Solution integrator) | 복수의 서비스제공업체를 통합하여 화주에게 물류서비스를 제공 **1** |
| 산업혁신자<br>(industry innovator) | 복수의 서비스제공업체를 통합하고 산업군에 대한 통합서비스를 제공하여 시너지효과 유발 **1** |

## (8) 품질관리전략

① 제약이론(TOC, Theory Of Constraint)

ⓐ 개요
  - 이스라엘의 골드랫(E.M. Goldratt)이 TOC이론을 제안하였다. **2**
  - 점진적 경영개선기법의 하나로 생산스케줄링 소프트웨어 OPT(Optimized Production Technology)에서 출발하였다.
  - 기업목표달성에 방해가 되는 취약활동요인인 제약요인(constraints)을 찾아 집중적으로 개선하여 기업의 성과를 높이는 경영기법이다. **3**

－병목공정을 집중관리하는 것이다. **1**

－제약요소는 조직의 전체적인 성과를 지배하므로, 보다 많은 이익을 얻기 위해서는 제약요소를 중심으로 모든 관리가 집중되어야 한다는 경영과학이론이다. **1**

ⓛ 주요 개념

－TOC는 기업의 재무적인 성과를 나타내기 위하여 3가지 요소개념을 사용한다. 첫째, **스루풋**은 판매에 의한 기업의 현금 창출 정도를 나타내며 둘째, **재고**는 판매를 위하여 재화에 **투자**된 자금으로 정의되고, 셋째, **운영비용**은 기업이 재고를 스루풋으로 전환하기 위하여 지출한 비용을 말한다. **3**

－TOC는 프로세스 최적화를 위해 DBR이라는 핵심 개념을 적용하며 DBR란 Drum, Buffer, Rope를 의미한다. **1**

－Drum, Buffer, Rope는 공정간 자재의 흐름 관리를 통해 재고를 최소화하고 제조기간을 단축하는 기법으로서 **제약공정**을 중점적으로 관리한다. **1**

－TOC는 SCM에 응용할 수 있다. **2**

－납기준수율이 향상된다. **1**

> **심화** 🖉 제약이론의 지속적 개선 프로세스 **1**
>
> 제약자원 식별 – 제약자원 최대 활용 – 비제약자원을 제약자원에 종속화 – 제약자원 개선 – 개선 프로세스 반복

② 6 - 시그마

ⓐ 개요

－모토로라의 해리(M. Harry)가 창안한 전사적 품질경영혁신운동으로 GE에서 발전시켰다. **2**

－무결점 품질을 목표로 고객에게 인도되는 재화 및 서비스 불량을 줄이는 것뿐만 아니라 회사 내 전 분야에 걸쳐 발생되는 불량의 원인을 찾아 제거하고 품질을 향상시키는 경영 기법이다. **1**

－시그마는 통계학에서 표준편차를 의미한다. **1**

－시그마 앞의 계수 값이 커질수록 불량률은 기하급수적으로 줄어들고, 6 - 시그마는 실제 업무에서 실현될 수 있는 가장 낮은 수준의 에러로 인정된다.

ⓛ 주요 개념

－6 - 시그마 수준은 같은 실험을 100만회 시행했을 때 **3.4회** 정도 오류가 나는 수준이다. **1**

－제조 부문뿐만 아니라 서비스 부문에도 적용할 수 있다. **1**

－수치데이터를 통하여 분석적인 접근방식과 오픈마인드 수행을 요구한다. **1**

－상의하달 방식으로 강력하게 추진하는 것이 보다 효과적이다. **1**

－프로세스 중시형 접근방법이다. **1**

- 기법 활용 시 제품 또는 서비스의 리드타임이 단축되고 재고감축의 효과가 있다. **1**
- 일반적으로 DMAIC이라는 프로세스를 활용하며 DMAIC란 정의(Define), 측정(Measure), 분석(Analyze), 개선(Improve), 관리(Control)를 의미한다. **2**

**심화** 6 - 시그마 프로세스

| 정의(Define) | 고객들의 요구사항과 품질의 중요 영향요인(CTQ, Critical To Quality), 즉 고객만족을 위해 개선해야 할 중요부분을 인지하고 이를 근거로 개선작업을 수행할 프로세스를 선정하는 단계 |
|---|---|
| 측정(Measure) | 현재 불량수준을 측정하여 수치화하는 단계 **1**<br>- 통계적 기법을 활용해서 현재 프로세스의 능력을 계량적으로 파악하고, 품질에 결정적인 영향을 미치는 핵심품질특성(CTQ, Critical to Quality)의 충족 정도를 평가한다. **1** |
| 분석(Analyze) | 불량의 발생 원인을 파악하고 개선대상을 선정하는 단계 **1**<br>- 프로세스의 현재 수준과 목표 수준 간에 차이가 발생하는 원인을 규명한다. **1**<br>- 파레토도, 특성요인도 등의 도구를 활용한다. **1** |
| 개선(Improve) | 개선과제를 선정하고 실제 개선작업을 수행하는 단계 **1** |
| 관리(Control) | 개선결과를 유지하고 새로운 목표를 설정하는 단계 **1** |

※ 6 - 시그마 프로세스에 평가(Evaluate)는 포함되지 않는다.

③ 전사적 품질경영(TQM, Total Quality Management)

- 품질관리 활동이 전사적으로 이루어져 능동적인 품질향상으로 경쟁우위를 실현하는 종합적인 혁신활동이다. **1**
- 생산부문의 품질관리만으로는 기업이 성공하기 어렵기 때문에 모든 부문으로 품질관리를 확대하여 조직 및 구성원 모두가 품질관리의 실천자가 되어야 한다는 것이 적용된 경영기법이다. **1**
- 품질에 대해 지속적인 개선이 이루어진다. **1**
- 고객중심의 품질개념을 도입한 것이다. **1**
- 고객의 범위는 내부 및 외부고객을 포함한다. **1**
- 관리대상은 최종제품뿐만 아니라 조직 내의 모든 활동과 서비스가 포함된다. **1**
- 소비자가 만족할 수 있는 품질의 제품을 만들기 위해 기업 전체가 종합적으로 품질을 관리하는 체제인 TQC(Total Quality Control, 전사적 품질관리)에서 더 발전된 개념이다.

## 03 경영과 물류

### (1) 수요예측관리

기업의 제품과 서비스에 대한 수요를 예측하고 어떻게 충족시킬 것인가를 결정하는 것으로, 수요예측기법에는 정성적 기법과 정량적 기법이 있다.

**예시** 수송 리드타임이 3주이고 1회 발주량이 70개일 때, 4주차 재고량은? (단, 안전재고는 55개)
**[답]** 100개

|      | 수요예측량 | 예정입고량 | 재고량 | 발주량 |
|------|-----------|-----------|--------|--------|
| 현재 | –         | –         | 150개  | 70개   |
| 1주  | 40개      |           | 110개  | 70개   |
| 2주  | 50개      |           | 60개   |        |
| 3주  | 50개      | 70개      | 80개(10+70) |   |
| 4주  | 50개      | 70개      | 100개(70+30) |  |

**심화** 경제적 주문량 모형(Economic Order Quantity) **1**

경제적 주문량은 재고유지비용과 주문비용이 같고 총비용이 최소가 되는 지점이다.
- EOQ(1회 주문량)= $\sqrt{\dfrac{2 \times D \times S}{H}}$
- D : 수요량(연간사용량)
- S : 주문비용
- H : 재고유지비용(단위당 연간유지비용)

### (2) 정성적 수요예측기법 **2**

정성적 수요예측기법은 개인의 주관이나 판단 또는 여러 사람의 의견에 입각하여 수요를 예측하는 방법으로, 주로 중·장기적 예측에 활용된다.

① 판매원 의견통합법

판매원들이 각 관할지역의 판매예측률을 산출한 후, 이를 통합하여 회사의 판매예측률을 산출하는 방법이다.

② 전문가 의견통합법

- **델파이법** : 수요의 정성적 예측기법으로 전문가들을 한 자리에 모으지 않고 일련의 질의서를 통해 각자의 의견을 취합하여 중기 또는 장기 수요의 종합적인 예측결과를 도출해 내는 기법이다. **1**
- 패널동의법 : 패널의 의견을 모아 예측치로 활용하는 기법이다.

③ 구매의도 조사법

구매자에게 구매의도를 질문하여 측정하는 방법이다.

④ 시장조사법 **1**

－수요의 정성적 예측방법 중 가장 계량적이고 객관적인 방법으로 수요의 크기, 제품과 서비스에 대하여 고객의 심리, 선호도, 구매동기 등 질적정보의 확인이 가능한 조사기법이다. **1**
－정성적 기법 중 시간과 비용이 가장 많이 들지만, 비교적 정확하다는 장점이 있다.

## (3) 정량적 수요예측기법 **1**

정량적 수요예측기법은 데이터를 기반으로 수요를 예측하며 주로 단기예측에 활용된다.

① 정량적 기법

㉠ 시계열 분석기법
－일정한 시간, 간격에 나타나는 관측치를 가지고 분석하는 방법으로 추세, 계절적 변동, 순환요인 등으로 구성된다. **1**
－예측하고자 하는 상품의 수요량이 과거의 일정한 기간 동안 어떤 수요의 형태나 패턴으로 이루어졌는지를 분석하며, 미래에도 비슷한 추세로 수요가 이루어질 것이라는 가정하에 이를 적용하여 예측하려는 기법이다.

| 추세변동<br>(T, Trend Movement) | 시간의 경과에 따라 발생하는 시계열의 일반적 추세 또는 경향을 나타내는 것이다. |
|---|---|
| 순환변동<br>(C, Cyclical Fluctuation) | 추세선상의 장기적인 변동, 순환변동을 말한다. |
| 계절변동<br>(S, Seasonal Variation) | 1년을 주기로 하여 전년과 같은 시기에 동일하거나 또는 유사한 양상으로 나타나는 변동이다. |
| 불규칙변동<br>(R, Irregular Movement) | 천재지변, 폐업, 선거 등의 중대한 우연적인 사건의 결과로 인한 변동이다. |

※ 시장변동은 시계열 분석기법의 구성요소가 아니다.

㉡ 인과형 예측기법
－과거의 자료에서 수요와 밀접하게 관련되어 있는 변수들을 찾아낸 다음 수요와 이들 간의 인과관계를 분석하여 미래수요를 예측한다.
－회귀분석, 계량경제모형, 투입－산출모형, 선도지표법 등이 있다.

| 회귀분석 | 한 변수 혹은 여러 변수가 다른 변수에 미치는 영향력의 크기를 회귀방정식으로 추정하고 분석하는 통계적 분석방법 |
|---|---|
| 계량경제모형 | 경제 변수 간의 함수관계를 수식으로 나타내는 경제모형 |
| 투입(산출)모형 | 산업부문 간의 상호의존관계를 파악하여 투입변수와 산출변수 간의 관계를 분석하는 방법 |

## ② 정량적 기법의 종류

### ㉠ 이동평균법 **1**

– 단순이동평균법 : 예측하고자 하는 기간($F_t$)의 직전 일정 기간(N) 동안 실제 판매량($A_t$)들의 단순 평균치를 구하는 방법

$$F_t = A_{t-1} + A_{t-2} + \cdots + A_{t-n}/N$$
$$F_t = 기간\ t의\ 수요\ 예측치,\ A_t = 기간\ t의\ 실제수요$$

– 가중이동평균법 : 직전 N기간의 자료치에 합이 1이 되는 가중치를 부여한 다음, 가중 합계치를 예측치로 사용하는 방법

$$F_t = W_{t-1}A_{t-1} + W_{t-2}A_{t-2} + \cdots + W_{t-n}A_{t-n}$$
$$F_t = 기간\ t의\ 수요\ 예측치,\ A_t = 기간\ t의\ 실제수요,\ W_t = 기간\ t에\ 부여된\ 가중치$$

### ㉡ 지수평활법(Exponential Smoothing) **2**

– 가장 최근의 값에 가장 많은 가중치를 두고, 자료가 오래될수록 가중치를 지수적으로 감소시키면서 예측하는 방법으로 단기예측에 적합하다. **2**

– 오랜 기간의 실적을 필요로 하지 않으며 데이터 처리에 소요되는 시간이 적게 드는 장점이 있다. **1**

– 평활상수를 이용해 현재에서 과거로 갈수록 적은 비중을 주는 방법을 채택하여 가중이동평균법의 단점을 해소한다.

$$F_{t+1} = \alpha A_t + (1-\alpha)F_t$$
$$F_{t+1} : 기간\ t+1에서의\ 예측값,\ \alpha : 평활상수(0 \leq \alpha \leq 1)$$
$$A_t : 기간\ t에서의\ 실측치,\ F_t : 기간\ t에서의\ 예측치$$

---

> **예시** 다음은 어느 전자레인지 제조업체의 최근 5개월 동안의 전자레인지 판매량을 나타낸 것이다. 12월의 전자레인지 판매량을 단순이동평균법, 가중이동평균법, 단순지수평활법을 이용하여 예측하시오. (단, 이동평균법에서 주기는 4개월, 단순지수평활법에서 평활상수는 0.4를 각각 적용한다.)
>
> | 구분 | 7 | 8 | 9 | 10 | 11 | 12 |
> |------|-----|-----|-----|-----|-----|-----|
> | 판매량 | 10 | 4 | 9 | 13 | 15 | |
> | 가중치 | 0.0 | 0.1 | 0.2 | 0.3 | 0.4 | |
>
> 1. 단순이동평균법에 의한 예측치는 (14+9+13+15)/4=12.75이다.
> 2. 가중이동평균법에 의한 예측치는 (14×0.1)+(9×0.2)+(13×0.3)+(15×0.4)=13.1이다.
> 3. 평활상수를 a로 표시하면 지수평활법에 의한 예측치(E)는 'E=a×전기 실적치+(1-a)×전기 예측치'이다.
>
> 본 문제에서는 전기(11월)의 예측치를 알 수 없으므로 단순이동평균치나 가중이동평균치를 예측치로 사용한다. 따라서 4월까지의 단순이동평균치=(10+4+9+13)/4=11.50이므로 E=0.4×15+0.6×11.5=12.90이다.

ⓒ 회귀분석법
  - 인과형 예측기법의 하나로 종속변수인 수요에 영향을 미치는 독립변수를 파악하고, 독립변수와 종속변수 간의 함수관계를 통계적으로 추정하여 미래의 수요를 예측하는 방법이다. **1**
  - 회귀분석은 독립변수들과 종속변수와의 관계는 회귀식이라는 함수에 의해 표현되는데, 여기서는 각 독립변수가 종속변수에 미치는 영향의 정도, 방향 등이 회귀계수로서 나타나게 된다.

## 04 유통경로와 유통기구

### (1) 유통경로(Distribution Channel)

① 개념
  - 유통경로(중간상)는 제품이나 서비스가 생산자로부터 소비자에 이르기까지 거치게 되는 통로 또는 단계이다. **1**
  - 생산자의 직영점과 같이 소유권의 이전 없이 판매활동만을 수행하는 형태도 포함한다. **1**
  - 마케팅 4P 믹스 중 가격(Price)이 가장 큰 탄력성을 가지는 반면에, 유통경로(Place)는 가장 낮은 탄력성을 보유하고 있어서 유통경로가 한 번 결정된 경우 다른 유통경로로의 전환이 어렵다. **1**

② 사회경제적 역할
  - 거래의 효율성을 증대시킨다. **1**
  - 시간적, 장소적 효용뿐만 아니라 소유적, 형태적 효용도 창출한다. **1**
  - 생산자와 소비자 간의 욕구 차이에서 발생하는 제품구색 및 구매량의 불일치를 조절한다. **2**
  - 유통경로에서 중간상은 교환과정의 촉진, 제품구색의 불일치 완화 등의 기능을 수행한다. **1**
  - 거래과정을 정형화 · 표준화시켜 시장에서 거래가 용이하게 한다. **1**
  - 상품 및 시장정보를 제공하는 기능이 있다. **1**

③ 필요성
  - 중간상의 존재로 인해 생산자는 다수의 소비자와의 거래를 단순화시킬 수 있다. **1**
  - 중간상의 개입으로 제조업자와 소비자의 실질적인 비용감소를 제공한다.
  - 중간상은 생산자에 비해 더 많은 소비자들의 욕구를 파악할 수 있으며 소비자에게 한 장소에서 다양한 제품에 대한 정보를 제공해준다. **1**
  - 중간상은 생산자를 대신하여 소비자에게 판매한 후 서비스를 제공하기도 한다. **1**

－유통경로 과정에서 도매상이 소매상의 대량보관기능을 분담하여 사회 전체적으로 상품보관 총량을 감소시키며 마찬가지로 생산자의 재고부담도 감소시킨다. **1**

※ 중간상의 재고부담은 **증가**한다. **1**

### ④ 경로구조 결정이론 **1**

| | |
|---|---|
| **연기－투기 이론** | 경로구성원 중 재고보유의 위험을 누가 감수하느냐에 따라 경로구조가 결정된다. |
| **기능위양이론** | 경로구성원 중 보다 저렴한 비용으로 유통기능을 수행하여 구성원에게 해당 기능을 이전한다. |
| **경로기능모형** | 고객이 원하는 경로기능에 의해 경로구조가 결정된다. |
| **체크리스트법** | 경로구조 결정 시 시장 요인, 제품 요인, 기업 요인, 경로구성원 요인, 통제 요인 등을 고려한다. |
| **대리이론** | 대리인과 의뢰인 간의 대리관계, 즉 의뢰인을 위해 대리인이 취하는 행동에 의뢰인이 의존하는 관계로부터 출발한다. |
| **게임이론** | 제조업체와 중간상이 각자 이익을 극대화하기 위해 상대방과의 행위를 조정하는 과정에서 결정된다. |

※ 최단경로 이론은 수배송 네트워크 모형과 관련이 있다.

## (2) 유통경로의 조직형태

### ① 전통적 유통경로

－제조업자가 유통업자인 도매기관과 소매기관을 통해 상품을 유통시키며, 구성원들 간의 공통 목표의식과 결속력이 약해 유통경로로의 진입과 철수가 쉽다.

－전통적 유통경로 시스템은 수직적 시스템에 비해 구성원 간 결속력은 약하지만 유연성이 높다. **1**

－전통적 유통경로 시스템은 자체적으로 마케팅 기능을 수행하는 독립적인 단위들로 구성된다. **1**

> **참조** 📎 도매기관
>
> －제조업자 도매기관은 제조업자가 직접 도매기능을 수행하며 제조업자가 입지 선정부터 점포 내의 판매원 관리까지 모든 업무를 직접 관리한다. **2**
> －상인 도매기관은 상품을 직접 구매하여 판매한다. **1**
> －대리 도매기관은 제조업자의 상품을 대신 판매·유통시켜주지만 **상품의 소유권은 가지고 있지 않다. 2**

② 수직적 유통경로(마케팅)시스템(VMS, Vertical Marketing System)

　㉠ 개념

　　－생산에서 소비에 이르기까지 유통과정의 흐름을 체계적으로 통합·조정하여 규모의 경제를 실현할 수 있도록 설계된 유통경로의 형태이다. **1**

　　－유통경로상 한 업체가 다른 업체를 법적으로 소유 및 관리하는 유형으로, 세부적으로는 제조업체가 도·소매업체를 소유하거나 도매업체가 소매업체를 소유하는 '전방통합'과 도·소매업체가 직접 제조업체를 소유 및 통제하거나 제조업체가 부품공급업체를 소유하여 계열화하는 '후방통합'이 있다. **2**

　　－수직적 유통경로시스템은 전통적 유통경로시스템의 단점인 경로구성원 간의 업무조정 및 이해상충의 조정을 전문적으로 관리 혹은 통제하는 경로조직이다. **1**

　　－자원 및 원재료 등의 안정적 확보가 가능한 점이 특징이다. **1**

　㉡ 목표

　　－수직적 유통경로시스템을 도입하는 이유는 유통비용의 절감과 날로 심화되는 업체 간의 경쟁에 효과적으로 대응하기 위해서이다. **1**

　　－대량생산으로 인한 대량판매를 위해 도·소매상을 자사의 판매망으로 구축하는 것이 목적이다. **1**

　㉢ 장단점

| 장점 | 단점 |
| --- | --- |
| • 총 유통비용 절감<br>• 자원 안정적 확보<br>• 혁신기술 보유<br>• 신규기업에게 높은 진입장벽 부여 **1** | • 막대한 초기비용<br>• 시장변화에 탄력적 대응 곤란 **1**<br>• 각 유통단계별 전문성 확보 곤란 |

　㉣ 주요 유형

| 유형 | 내용 |
| --- | --- |
| 동맹형 시스템 | 동맹형 VMS는 둘 이상의 유통경로 구성원들이 대등한 관계에서 상호 의존성을 인식하고 자발적으로 형성한 통합시스템 또는 제휴시스템이다. **1** |
| 기업형 시스템 | 기업형 VMS는 한 경로 구성원이 다른 경로 구성원을 법적으로 소유 및 관리하는 결속력이 가장 강력한 유형이다. **2** |
| 계약형 시스템 | －독립적인 유통구성원들이 상호 이익을 위해 계약을 체결하고 그 계약에 따라 수직적 세열화를 꾀하는 시스템이다.<br>－계약형 VMS의 대표적인 형태로는 프랜차이즈 시스템, 도소매기관 지원형 연쇄점, 소매기관 협동조합을 들 수 있다. **2** |
| 관리형 시스템 | 경로리더에 의해 생산·유통단계가 통합되어지는 형태이다. |
| 회사형 유통시스템 | 전방통합 및 후방통합과 같이 유통경로상의 한 구성원이 다음 단계 경로 구성원을 소유에 의해 지배하는 형태이다. |

③ 수평적 유통경로(마케팅)시스템(HMS, Horizontal Marketing System)

동일한 경로 단계에 있는 두 개 이상의 기업이 대등한 입장에서 자원과 프로그램을 결합하여 일종의 연맹체를 구성하고 공생, 공영하는 시스템을 의미하며 공생적 마케팅이라고도 한다.

④ 복수 유통경로(Multichannel Marketing System)

- 상이한 2개 이상의 유통경로를 채택하는 시스템이다.
- 단일시장이라도 각기 다른 유통경로를 사용하여 세분화된 개별시장에 접근하는 것이 더 효과적일 때 이용한다.

## (3) 소매상 유통형태 **2**

① 아울렛(Outlet)

- 가격파괴형 소매형태 중 직매입한 상품을 정상 판매한 이후 남은 비인기상품과 이월상품 등을 정상가보다 저렴하게 판매하는 곳이다. **1**
- 제조업자나 유통업체 등이 자사의 비인기상품, 재고상품, 하자상품, 이월상품 등을 할인된 가격으로 판매하는 상설할인점포를 의미한다. **1**
- 최근에는 이러한 점포들을 한 곳에 모아놓은 쇼핑센터가 증가하고 있다. **1**
- 이러한 쇼핑센터는 관광단지 등에 위치하는 경우가 많다. **1**

② 카테고리 킬러

- 할인형 대규모 전문점을 의미하며, 토이저러스(Toys 'R' Us), 오피스디포(Office Depot) 등이 대표적이다. **1**
- 특정 상품계열에 대하여 전문점과 같이 다양하고 풍부한 구색을 갖추고 낮은 가격에 판매하는 소매 형태이다. **1**
- 한정된 제품계열에서 깊이 있고 풍부한 상품 구색으로 전문점과 유사하나 저렴한 가격으로 판매하는 소매점으로 대량판매, 다점포화, 셀프서비스 방식을 채택하고 있다(**예** 하이마트). **2**

> **심화** 💠 카테고리 관리
>
> **1. 개념**
> - 유통업체와 공급업체 간의 협조를 통해 소비자의 구매형태를 근거로 소비자 구매패턴, 상품 및 시장동향 등을 파악하여 카테고리를 관리함으로써 업무를 개선하는 것이다.
> - 카테고리 관리의 수행 기업은 카테고리 관리자에게 상품구색, 재고, 상품진열 공간 할당, 판촉, 구매 등에 대한 권한을 부여한다.
> - 카테고리 관리는 개별상품이나 브랜드가 아닌 전체 상품군에 대한 이익과 판매를 강조하여, 유통업체와 공급업체가 장기적으로 마케팅활동 및 상품기획활동을 공동 수행하게 한다.

### ③ 할인점(DS, Discount Store)

− 철저한 셀프서비스에 의한 대량판매방식을 이용하여 시중가격보다 20~30% 싸게 판매하는 가장 일반적인 유통업체로 '종합할인점'이라고도 한다.
− 농수산물에서 공산품에 이르기까지 다양한 상품을 구비하여 회원제 창고업 형태와 함께 유통업체를 주도하고 있다.

### ④ 슈퍼마켓

우리나라에서는 주로 주택가 주변에 다점포화 전략을 취하고 있으며 시간, 장소, 상품 구색 등의 편의를 제공한다. **1**

### ⑤ 하이퍼마켓(HM, Hyper Market)

− 식품 중심의 상품군을 구비한 대형슈퍼마켓에서 비식품 품목을 추가하는 대형할인점 형태로 발전하여, 공산품보다 1차식품을 위주로 한 식품류의 비중이 높다는 특징을 가지고 있다.
− 한국에서는 하이퍼마켓이라는 명칭을 사용하지 않고 일반적으로 대형마트 또는 대형할인점이라고 부른다(**예** 까르푸, 월마트, 이마트, 롯데마트 등).

### ⑥ 기업형 슈퍼마켓(SSM, Super Super Market)

대형마트보다 작고 동네 슈퍼마켓보다 큰 300~3,000m$^2$ 규모 정도의 유통매장으로 개인점포를 제외한 대기업 계열 슈퍼마켓을 의미한다. **1**

### ⑦ 백화점

− 주로 교통이 편리한 도심에 위치하여 화려하고 거대한 점포를 갖고 있다.
− 각종 상품을 부문별로 구성하여 관리하고 주로 선매품(shopping goods)을 취급하는 소매점이다. **1**

### ⑧ 창고형 대형마트

회원제로 일정한 회비를 내는 회원에게만 구매할 수 있는 자격을 주고 거대한 창고형 점포에서 할인된 가격에 상품을 판매하는 소매업이다. **1**

⑨ 무점포소매상(non – store retailer)

－인터넷 사용의 증가와 정보기술의 발달로 무점포 소매상 간의 경쟁이 심화되고 있다. **1**

－시간과 장소의 제한을 받지 않고 이용할 수 있다. **1**

－판매자와 소비자 간에 쌍방향 커뮤니케이션에 의한 1대1 마케팅도 가능하다. **1**

－물리적 공간의 제약을 받지 않고 전 세계를 대상으로 다양한 상품의 매매가 가능하다. **1**

> **참조** ◈ 아코디언 이론 **1**
>
> 1. 소매상의 변천과정을 가격이 아니라 상품구색의 변화에 기초하여 설명한다.
> 2. 초기에는 다양한 상품을 취급하다가 일정시간이 지나면 전문화된 한정 상품만을 취급하고, 좀 더 시간이 지나면 다양한 상품을 다시 취급하는 과정을 순환하며 조화를 이루면서 발전한다.
> 3. 상품구색 이외의 변화요인을 설명하지 못하는 한계점을 가지고 있다.

# CHAPTER 04 물류조직과 물류시스템

## 01 물류조직의 형태

### (1) 물류조직 개념

- 기업 내 물류활동을 전문적으로 관리하고 그 물류활동에 관한 책임과 권한을 가지는 조직이며 물류관리상 발생된 문제점을 조정, 통제, 종합한다.
- 분산보다 물류부서의 통합이 물류개선에 효율적이다.
- 제품이나 시장이 동질적인 경우 집중적 조직형태가 효율적이나, 질 높은 서비스는 비교적 분권화된 조직에서 이루어진다.

### (2) 물류조직의 형태

#### ① 물류조직의 구분

발전형태에 따라 직능형 조직, 라인과 스탭형 조직, 사업부형 조직, 그리드(Grid)형 조직 등으로 구분할 수 있다. **1**

#### ② 직능형 조직 **1**

- 스탭 부문과 라인 부문이 분리되지 않은 조직형태이다.
- 물류활동이 다른 부문 활동 속에 포함되며 물류계획, 물류전문화, 물류전문가 양성이 어렵다.

#### ③ 라인(Line) 스태프(Staff)형 조직

- 라인과 스탭형 조직은 작업(업무수행) 부문과 지원 부문을 분리한 조직이다. **1**
- 직능형 조직의 결점을 보완하여 라인과 스탭의 기능을 나누어 세분화한 물류관리조직의 핵심이 되는 조직형태이며 대부분의 기업이 이 형태를 채용하고 있다.
- 물류조직의 관련사항이 영업부분에 속해 있어 물류의 직접 관리가 어렵고 물류의 현장에 대한 고려 없이 계획을 진행하기 쉽다.

④ 사업부제형 조직 **2**

- 기업의 규모가 커지고 최고 경영자가 기업의 모든 업무를 관리하기가 어려워짐에 따라 각 사업단위의 성과를 극대화하기 위해 등장했다. **2**
- 기업규모가 커지고 최고경영자가 기업의 모든 업무를 관리하기 어려울 때 적합한 조직이다. **1**
- 사업부별로 모든 물류활동을 책임지고 직접 관할하므로 물류관리의 효율화 및 물류전문인력 육성이 가능하다. **1**
- 각 사업부는 독립된 형태의 분권조직이다. **1**
- 각 사업부 내에 라인조직과 스태프 조직이 있다. **2**
- 사업부형 조직은 제품별(상품별) 사업부와 지역별 사업부, 그리고 이 두 가지를 절충한 형태 등이 있다. **3**
- 횡적 교류가 아닌 수직적 조직이므로 교류나 인력의 교차 사용이 어렵다. **2**

⑤ 그리드형 조직

- 다국적 기업에서 많이 볼 수 있는 조직형태로 모회사의 권한을 자회사에게 이양하는 형태를 지니며 모회사의 스태프 부문이 자회사의 해당 물류부분을 관리하고 지원한다. **3**
- 그리드형 물류조직은 자회사물류(2PL)의 대표적인 형태이다. **1**

⑥ 매트릭스형 조직 **1**

- 물류담당자들이 평상시에는 자기부서에서 근무하다가 특정 물류문제를 해결하기 위하여 여러 다른 부서의 인원이 모여 구성된 조직이다. **2**
- 기능별 권한과 프로젝트별 권한을 가지므로 권한과 책임의 한계가 불분명하여 갈등이 발생할 수 있다. **1**
- 항공우주산업, 물류정보시스템 개발과 같은 첨단 기술 분야에서 효과적이다. **2**
- 명령, 지시계통인 라인의 흐름이 정체될 수 있다. **1**
- 기능형과 프로그램형의 중간 형태이다. **1**

⑦ 네트워크형 조직

기업의 내부 영역과 외부 영역이 네트워크로 연결된 조직(아웃소싱)이며, 상황 혹은 목적에 따라 조직과 해체가 유연한 수평적 조직이다.

⑧ 프로그램형 조직

물류를 하나의 프로그램으로 보고 기업 전체가 물류관리에 참여하는 조직형태이다. **1**

**참조** 관점에 따른 물류조직 **1**

① 예산관점 : 운송조직, 보관조직, 하역조직, 유통조직 등
② 형태관점 : 사내조직, 독립자회사
③ 관리관점 : 분산형, 집중형, 집중분산형
④ 기능관점 : 라인업무형, 스탭업무형, 라인스탭겸무형, 매트릭스형
⑤ 영역관점 : 개별형, 조달형, 마케팅형, 종합형, 로지스틱스형

**참조** 물류자회사

1. **물류자회사 특징 1**
   - 모회사의 물류관리 업무의 전부 또는 일부를 수행하기 위해 설립된 회사이다. **1**
   - 독립채산제를 취함으로써 물류비용을 철저히 관리할 수 있다. **1**
   - 제3자 물류회사와 같은 물류전문기업으로 발전 가능하다. **1**
   - 모회사의 물류관리 업무 외에도 외부로 물류업무를 확대하여 수익성을 추구하기도 한다. **1**
   - 물류자회사를 위한 SBU*(Strategy Business Unit), VBU**(Venture Business Unit) 제도 등이 있다. **1**
   *SBU : 독립으로 전략수립과 재정집행권한을 지닌 전략사업단위
   **VBU : 조직단위를 세분화한 신규 사업형태

2. **물류자회사 장점**
   - 모회사에서 추구하는 핵심사업에 역량을 집중할 수 있는 여건을 확립한다. **1**
   - 고임금의 물류관련 종업원을 자회사로 전환시켜 임금수준을 조절할 수 있는 완충지대 역할을 수행한다. **1**
   - 모회사의 물류전략을 잘 이해하고 실천할 수 있는 물류자회사를 설립하여 전체적인 비용을 낮추면서 효과적인 서비스를 제공한다. **1**
   - 외부 물류기업에 의뢰하기보다는 물류자회사를 설립하여 운영한다면 현금유출 축소 및 물류, 판매관련 정보수집이 신속하고 용이하다. **1**

## 02 물류시스템

### (1) 물류시스템의 개념

- 제품을 소비자에게 공급하기까지 수송, 보관, 하역, 정보활동 등을 수행하는 요소들의 체계화된 집합체이다.
- 생산지에서 소비지까지 연계되도록 구축해야 한다. **1**
- 생산과 소비를 연결하며 공간과 시간의 효용을 창출하는 시스템이다. **1**
- 하부시스템으로는 운송시스템, 보관시스템, 하역시스템, 포장시스템, 정보시스템 등이 있다. **2**
- 물류시스템에서의 자원은 인적자원, 물적자원, 재무적 자원, 정보적 자원 등이다. **2**
- 고객서비스는 물류시스템의 중요한 산출물 중 하나이다. **1**

## (2) 물류시스템의 구축목적 **1**

- 적은 물류비로 효용 창출을 극대화하는 최적 물류시스템을 구성하는 것이다. **1**
- 물류서비스의 향상과 함께 물류비를 최소화하는 것이다. **1**
- 고객 주문 시 신속하게 물류서비스를 제공하는 것이다. **1**
- 화물 분실, 오배송 등을 감소시켜 신뢰성 높은 운송기능을 수행할 수 있게 한다. **1**
- 화물 변질, 도난, 파손 등을 감소시켜 신뢰성 높은 보관기능을 수행할 수 있게 한다. **1**
- 하역의 합리화로 운송과 보관 등의 기능이 향상되도록 한다. **1**

## (3) 물류시스템의 구축방향

- 수 · 배송, 포장, 보관, 하역 등 주요 부문을 유기적으로 연계하여 구축하여야 한다. **1**
- 물류기술의 혁신을 중심으로 하여 추진하면서 물류제도나 절차 또한 개선하여야 한다. **1**
- 기업 이익을 최대화할 수 있는 방향으로 설계되어야 한다. **1**
- 장기적이고 전략적인 사고를 물류시스템에 도입하여야 한다. **1**
- 물류 전체를 통합적인 시스템으로 구축하여 상충 관계에서 발생하는 문제점을 해결하는 방안을 모색하여야 한다. **1**
- 물류시스템의 구축순서는 '시스템 목표설정 → 시스템 구축을 위한 전담조직 구성 → 데이터 수집 및 분석 → 시스템 구축 → 시스템 평가유지관리'로 이루어진다. **1**

## (4) 물류시스템 설계 시 고려사항 **1**

> **참조** 물류시스템 설계 시 5S
>
> ① 서비스(Service)
> ② 신속성(Speed)
> ③ 공간활용(Space Saving)
> ④ 규모최적화(Scale Optimization)
> ⑤ 재고관리(Stock Control)

### ① 비용과 고객서비스 간 상충(Trade – off)관계

- 대고객서비스 수준을 중요하게 고려한다. **1**
- 특정 기업이 높은 대고객서비스 수준만 고려한다면 고객요구에 즉시 응답하기 위해 많은 수의 입지에 분산된 재고를 보유하게 되므로 비용이 많이 소요된다. **1**
- 고객서비스 관점에서 미배송 잔량을 체크하여 주문충족의 완전성을 확보해야 한다. **1**

② 설비입지

설비입지에서 가장 중요한 사항은 제품의 생산지점으로부터 중간ㆍ재고단계, 소비자 시장에 이르기까지의 소요비용을 최소화시키고 설비의 수, 지역, 크기 등을 결정하여 시장 수요를 할당하는 것이다.

③ 재고정책

재고수준은 설비의 수, 지역 및 크기에 따라 변동되기 때문에 재고정책은 설비의 입지문제와 통합적인 관점에서 계획ㆍ수정되어야 한다.

④ 운송수단과 경로

- 설비입지 결정 후 고객의 수요에 따라 재고수준 등이 결정되고, 이들은 다시 운송수단 및 경로에 영향을 미친다. **1**
- 재고입지의 수가 증가하게 되면 각 재고입지에 부여되는 고객의 수는 감소하게 되나 운송비는 증가한다.
- 차량의 대형화, 루트 설정에 의한 혼재화는 배송비용과 서비스 수준을 동시에 감소시킨다. **1**

⑤ 기업 하부시스템

물류정보시스템 구축을 통해 물류비용의 감소와 서비스 수준 개선을 달성할 수 있다. **1**

⑥ 마케팅 설계

⑦ 목표 및 전략 설계

## (5) 물류시스템 설계 시의 고객서비스 요소

| 요소 | 설명 |
| --- | --- |
| 주문인도시간 | 고객의 요구에 맞는 주문인도시간의 결정 |
| 재고가용률 | 기존 보유 중 재고 대비 고객주문 충족률 |
| 주문크기 제약 | 최저 주문량제도의 여부 |
| 주문편리성 | 주문 시 고객편리 |
| 배송빈도 | 다빈도 배송 요구 고객에 대한 탄력적인 대응 |
| 배송신뢰도 | 약속시간에 따른 배송 |
| 문서의 질 | 사용자들이 이용하기에 편리한 문서의 질 |
| 클레임 처리 | 신속하게 고객의 클레임 처리 |
| 주문충족 완전성 | 미배송 잔량, 부분 출하 확인 |
| 기술지원 | 고장신고 접수 후 현장도달 시간, 최초 방문 수리율 |
| 주문현황정보 | 주문정보를 고객에게 제공 |
| 정시주문충족률 | 고객지정일과 주문에 맞춘 배송건수ㆍ배송된 주문 수 |

## (6) JIT(Just In Time)시스템

### ① 개요

- 제품생산에 요구되는 부품 등 자재를 필요한 시기에 필요한 수량만큼 조달하여 낭비적 요소를 근본적으로 제거하려는 시스템이다. **1**
- 필요한 때, 필요한 것만을, 필요한 만큼 생산하여 생산시간을 단축하고 재고를 최소화하여 낭비를 없애는 JIT 시스템은 물류에서는 적시도착의 의미로 사용된다. **1**
- 미국에서는 낭비가 없거나 적다는 의미로 린(Lean) 생산방식으로도 부른다. **1**

### ② 특징

- 생산소요시간 감소 및 각 공정 간 작업부하의 균일화를 위해 소롯트(lot)가 요구된다. **1**
- 재고를 최소로 유지하기 위해서는 불량 없는 품질 관리가 중요하다. **1**
- 공급되는 부품의 품질, 수량, 납품시기 측면에서 공급업체와의 신뢰성 구축과 긴밀한 협조체제가 요구된다. **1**
- 원활한 활동을 위해 노동력의 유연성과 팀워크가 요구된다. **1**
- 불필요한 부품 및 재공품 재고를 없애는 것을 목표로 한다. **1**
- 한 작업자에게 여러 업무를 수행할 수 있는 다기능공 양성이 필수적이다. **1**

### ③ JIT 요소

- 칸반 시스템(Kanban System)은 부품에 대한 정보가 기록된 생산시스템의 통제 카드로 도요타(Toyata) 자동차의 생산시스템에서 유래된 JIT시스템의 생산통제수단이다. **2**
- 칸반 시스템의 4개 요소 : JIT, 소로트화, 자동화, 현장개선

| 7가지 낭비(Loss)의 배제 | 과잉생산 · 대기시간 · 운반 · 가공 · 재고 · 동작 · 불량 등의 낭비 배제 **1** |
|---|---|
| 4대 전제조건 | 강력한 판매력, 강력한 협력회사의 관리력, 평균화 생산, 생산시스템 정비 |

### ④ JIT - II 시스템

- JIT 시스템의 발전 형태로 미국의 보스(Bose)사에서 처음 도입한 시스템이다. **2**
- Pull 방식에 기반한 공급망관리기법이다. **1**
- 납품회사의 직원이 발주회사의 공장에 파견 근무하면서 구매 · 납품업무를 대행해 효율을 높이는 생산 · 운영시스템이다.
- 공급회사의 영업과 발주회사의 구매를 묶어 하나의 가상기업으로 간주하며 공급회사의 전문요원이 공급회사와 발주회사 간의 구매 및 납품업무를 대행하는 물류관리기법이다. **1**

## 01  물류원가와 물류비

### (1) 물류원가

#### ① 개념

-수송, 보관, 하역 및 정보 등 물류활동에 소요되는 직접비용과 간접비용을 말한다.

-기업의 회계처리 결과인 재무상태(재무회계)에서 극히 일부만 파악된다.

-통일된 법률상의 규제가 없고 자사의 사정과 기준에 따라 산출 및 관리하는 내부 목적의 관리회계분야이다.

#### ② 손익분기점 판매량 **4**

$$\text{손익분기점 판매량}=\frac{\text{고정원가}}{(\text{판매가격}-\text{단위당 변동원가})}=\frac{\text{고정원가}}{\text{단위당 공헌이익}}$$

> **예제 1**  물류회사 A를 창업한 김 사장은 사업계획을 검토하여 보니 연간 1천만원의 고정비가 발생하고, 유통가공 개당 매출(수입)은 1만원, 유통가공 개당 변동비는 매출의 50%로 조사되었다. A사 유통가공사업의 손익분기점 판매량은?
>
> [답] 2,000개 = 10,000 / (10,000 - 5,000)

### (2) 물류비(Physical Distribution Cost)

#### ① 개념

-원재료 조달, 완제품 생산, 거래처 납품 그리고 반품, 회수, 폐기 등의 제반 물류활동에 소요되는 모든 경비이다.

-물류비를 상세하게 파악하기 위해 개별기업의 특성에 적합하도록 제품, 지역, 고객, 운송수단 등과 같은 관리항목을 정의하여 구분한다. **1**

② 물류비의 관리목적

- 물류예산을 편성하고 통제한다.
- 물류관리의 기본 척도로 활용된다.
- 물류활동의 계획, 관리 및 실적 평가에 활용된다.
- 물류활동의 규모를 파악하고 중요성을 인식시킨다.
- 기업 내부의 합리적인 의사결정을 위해 경영관리자 또는 의사결정자에게 유용한 원가자료 및 물류비 정보를 제공한다. ❸
- 물류활동의 문제점을 도출하고 개선하여 기업의 물류비 절감 및 생산성 향상을 도모한다. ❸
- 물류비관리시스템의 **구축 자체만으로는 물류비를 절감할 수 없으나**, 장기적으로는 구축된 물류비관리시스템을 활용함으로써 물류비를 절감할 수 있다. ❶

③ 물류비 절감효과 ❸

> **예시** A 기업이 매출액 1,000억원, 물류비 140억원, 경상이익 20억원일 때 A 기업이 물류비 10% 절감으로 얻을 수 있는 경상이익과 동일한 효과를 얻기 위해 필요한 추가 매출액은 얼마인가?
>
> [답] 700억
>
> 1. 물류비 10% 절감 → 14억원 절감(이익)
> 2. 매출액(1,000억)/경상이익(20억) = 2%(이익률)
> 3. 경상이익(14억)을 얻기 위해서는 추가 매출액 700억을 달성해야 한다(14억/2%).

> **예시** A기업은 매출액이 200억원이고 매출액 대비 이익률은 2%, 물류비는 매출액의 9%이다. A기업이 물류비를 10% 절감한다고 가정할 때, 이 물류비 절감효과와 동일한 이익을 내기 위해 증가시켜야 하는 매출액은 얼마인가?
>
> [답] 90억원
>
> 1. 물류비 = 18억 = 200억 × 0.09
> 2. 물류비 10% 절감 = 1.8억(이익)
> 3. X(매출액) × 0.02(이익률) = 1.8억. 따라서 X는 90억

## 02 기업물류비 산정지침

참조 기업물류비 산정지침의 목적 1

물류기업 및 화주기업의 물류비 계산을 위한 절차와 방법에 대한 기준을 제공함으로써 개별기업의 물류회계표준화를 도모하고 물류비 산정의 정확성과 관리의 합리성을 제고하는 데 있다.

### (1) 물류비의 분류 1

- 물류비의 구성요소는 하역비용, 보관비용, 포장비용, 물류정보 및 관리비용, 수송비용, 보험비용이 있으며, 제품개발비용은 물류비가 아닌 제품원가의 구성요소이다. 1
- 물류활동을 실행하기 위해 발생하는 직접 및 간접 비용을 모두 포함한다. 1
- 현금의 유출입보다 기업회계기준 및 원가계산준칙을 적용해야 한다. 1
- 물류활동이 발생된 기간에 물류비를 배정하도록 한다. 1

| 과목 | | 영역별 2 | 기능별 5 | 지급형태별 3 | 세목별 2 | 조업도별 1 |
|---|---|---|---|---|---|---|
| 계정 | 비목 | • 조달물류비<br>• 생산물류비<br>• 사내물류비<br>• 판매물류비<br>• 역물류비 | • 운송비<br>• 보관비<br>• 포장비<br>• 하역비(유통 가공비 포함)<br>• 물류정보<br>• 관리비 | • 자가물류비<br>• 위탁물류비 (2PL, 3PL) | • 재료비<br>• 노무비<br>• 경비<br>• 이자 | • 고정물류비<br>• 변동물류비 |

### (2) 물류영역별(성격) 분류

| 비목 | 내용 |
|---|---|
| 조달물류비 | - 원재료 등의 조달에서 구매자에게 납품될 때까지의 물류활동에 따른 비용 1<br>- 물자의 조달처로부터 운송되어 매입자의 보관창고에 입고, 관리되어 생산공정에 투입되기 직전까지의 물류활동에 따른 비용 1 |
| 생산물류비 | 원재료 입하 후 생산공정에서 가공을 실시하여 제품으로 완성될 때까지의 물류에 소요된 비용 |
| 사내물류비 | - 매입물자의 보관창고에서 완제품 등의 판매를 위한 장소까지의 물류활동에 따른 비용 1<br>- 완성된 제품에 포장수송을 하는 시점에서부터 고객에게 판매가 최종적으로 확정될 때까지의 물류에 소요된 비용 |
| 판매물류비 | - 생산된 완제품 또는 매입한 상품을 판매창고에서 보관하는 활동부터 고객에게 인도될 때까지의 비용 2<br>- 고객에게 판매를 확정하고 출하해서 인도할 때까지의 물류에 소요된 비용 |
| 역물류비 | 회수물류비, 폐기물류비, 반품물류비로 세분화하며, 반품물류비는 판매된 상품의 반품과정에서 발생하는 운송, 검수, 분류, 보관, 하역 등의 비용 1 |
| 반품물류비 | 고객에게 판매된 제품을 반품하는 가운데 물류에 소요된 비용 |
| 폐기물류비 | 제품 및 포장비 또는 운송용 용기, 자재 등을 폐기하기 위해서 물류에 소요된 비용 |

**예시** A기업은 공급업체로부터 부품을 운송해서 하역하는 데 40만원, 창고 입고를 위한 검수에 10만원, 생산공정에 투입하여 제조 및 가공하는 데 60만원, 출고검사 및 포장에 20만원, 트럭에 상차하여 고객에게 배송하는 데 30만원, 제품홍보와 광고에 50만원을 지출하였다. A기업의 조달물류비는?

[답] 50만원

1. 조달물류비는 공급업체로부터 조달물류거점까지 물류활동에 소요된 비용 일체를 말함
2. 50만원＝40만원(공급업체로부터 부품운송하역)＋10만원(창고입고를 위한 검수)

**심화** 🔷 **역물류비**

- 역물류비는 회수물류비, 폐기물류비, 반품물류비로 세분화한다. **1**
- 회수물류비는 판매된 제품과 물류용기의 회수비용이며 재사용에 들어가는 비용은 **제외**한다. **1**
- 회수물류비에는 팔레트, 컨테이너, 포장용기의 회수비용이 포함된다. **1**
- 환경규제가 점차 강화됨에 따라 회수물류에 대한 관심이 증대되고 있다. **1**
- 반품물류비는 판매된 상품에 대한 물적유통비용을 의미하며 환불과 위약금은 **제외**된다. **1**
- 반품물류비에는 운송, 검수, 분류, 보관비용이 포함된다. **1**
- 제품이 정상적으로 사용된 후 소멸 처리하는 것은 폐기비용으로 **간주한다.** **1**

## (3) 지급형태별 분류 **1**

① **자가물류비** : 자사 설비나 인력을 사용하여 물류 활동을 수행함으로써 소비되는 비용으로 재료비, 노무비, 경비 등이 포함된다. **1**

② **위탁물류비** **1** : 물류활동의 일부 또는 전부를 타사에 위탁하여 수행함으로써 소비된 비용이다(물류자회사, 물류전문업체 지급분).

## (4) 세목별 분류 **1**

세목별로 재료비, 노무비, 경비, 이자 등으로 구분된다. **1**

| 재료비 | 물류와 관련된 재료의 소비에서 발생(포장이나 운송기능) |
| --- | --- |
| 노무비 | 물류활동수행을 위한 노동비용(운송, 보관, 포장, 하역 관리, 조달, 사내, 판매 등 전 영역) |
| 경비 | 재료비, 노무비 이외에 물류활동과 관련된 제비용(물류관리, 회계 및 관리 등의 계정과목 전부) |
| 이자 | 물류시설이나 재고자산에 대한 이자발생분(금리) |

## (5) 조업도별 분류

① **고정물류비** : 물류조업도의 증감과 관계없이 일정한 비용이 발생

② **변동물류비** : 물류조업도의 증감에 따라 변화

## 03 물류비 계산기준과 절차

### (1) 재무회계방식과 관리회계방식

① 물류비 계산기준

　㉠ 재무회계방식

　　외부정보 이용자들에게 효율적인 정보제공의 목적으로 작성

　㉡ 관리회계

　　－내부관리자들에게 물류활동에 투입되는 인력, 자금, 시설 등의 계획 및 통제에 유용한 회계정보의 작성 및 제공 **2**

　　－물류비 계산이 필요한 시기, 장소에 따라 가능 **2**

　　－물류활동의 개선안과 개선항목의 명확한 파악이 가능 **2**

　　－상세한 물류비 분류 및 계산을 위한 사무절차와 작업량이 복잡하고 많음 **2**

　　－관리회계 방식이 재무회계 방식보다 상세하며 정확하게 물류비를 산정할 수 있고, 물류비 절감효과의 측정이 쉬움 **3**

② 일반기준 **1**

　－일반기준에 의한 물류비 산정방법은 관리회계 방식에 의해 물류비를 계산한다. **1**

　－물류비의 인식기준은 원가계산준칙에서 일반적으로 채택하고 있는 발생기준을 준거로 한다. **1**

　－시설부담이자와 재고부담이자에 대해서는 기회원가의 개념을 적용한다. **1**

　－관리항목별 계산은 조직별, 지역별, 고객별, 활동별로 물류비를 집계하는 것이다. **1**

　－인력, 자금, 시설 등의 회계정보를 각각 작성해야 하고 영역별, 기능별, 관리목적별로 정보를 집계한다.

　－운영을 위한 정보시스템 구축이 필요하고 물류활동의 개선방안 도출이 용이하다. **2**

　－일반기준은 기업에서 상세한 물류비 정보를 입수하기 위해 사용되는 기준이므로 일정 이상의 물류비 관리수준을 가지고 있는 기업에서 활용된다.

③ 간이기준 **1**

　－간이기준에 의한 물류비 산정방법은 기업의 재무제표를 중심으로 재무회계 방식에 의해 추산하는 방식으로, 간략하게 물류비를 계산하므로 정확한 물류비의 파악을 어렵게 한다. **1**

　－영역별, 관리항목별, 조업도별로만 간단하게 구분하고 있다. **1**

　－원가회계방식에 의한 원가자료로부터 실적물류비를 발생요인별로 계산한다. **1**

　－실적물류비는 현재까지 물류활동에 투입된 비용을 말한다. **1**

- **손익계산서** 등의 물류활동비를 근거로 물류비를 산정하며 중소기업 등 비교적 물류비 관리 수준이 낮거나 물류비 산정이 초기단계인 기업에서 활용된다.
- 회계장부와 재무제표로부터 간단하게 추산하는 방식으로 재무회계방식에 의한 물류비 계산기준이다.

### 참조 📎 물류비의 계산방법 ❶

**1. 실태파악목적**
- 원가회계방식에 의해 별도로 파악된 원가자료로부터 영역별, 기능별, 지급형태별로 집계한다.
- 물류비 계산은 물류활동과 관련하여 발생된 것이며, 비정상적인 물류비는 계산에서 제외한다.
- 물류활동에 부수적 · 간접적으로 발생되는 물류비는 주된 물류활동과 관련하여 합리적인 배부기준에 따른다.
- 물류비 배분기준은 물류관련 금액, 인원, 면적, 시간, 물량 등을 고려하여 원천별, 항목별, 대상별 등으로 구분 · 설정한다.

**2. 관리목적**
- 물류관리의 의사결정을 지원하기 위해 조업도별, 관리항목별로 계산한다.
- 물류활동 및 물류기능과 관련하여 물류조업도의 변화에 따른 물류비의 변화 분석을 위하여 기능별 물류비를 물류변동비와 물류고정비로 구분하여 집계한다.
- 관리항목별 계산은 조직별, 지역별, 고객별, 활동별 등과 같은 관리항목별로 물류비를 집계하는 것으로, 관리항목별로 직접귀속이 가능한 직접비는 직접 부과하고 직접귀속이 불가능한 간접비는 관리항목별 적절한 물류비 배부기준을 이용하여 배부한다.
- 시설부담이자와 재고부담이자는 별도의 자산명세서와 재고명세서 등의 객관화된 자료와 권위 있는 기관에서 발표되는 이자율 등을 고려하여 계산한다.

### 예시 재고부담이자 및 재고유지비용

어느 기업의 주차별 주말재고량을 조사해 보니 다음과 같았다. 제품의 단가는 개당 10,000원이고 이자율은 연 12%이다. 단위당 월간 재고유지비는 제품가격의 5%이다. 평균재고는 (월초재고＋월말재고)÷2로 산정한다. 이 경우 기업이 부담해야 할 8월의 재고부담이자와 재고부담이자를 제외한 재고유지비용은 각각 얼마인가?

[답] 재고부담이자 : 27,500원 재고유지비용 : 137,500원

| 주차 | 7월 3주 | 7월 4주 | 8월 1주 | 8월 2주 | 8월 3주 | 8월 4주 | 9월 1주 | 9월 2주 |
|---|---|---|---|---|---|---|---|---|
| 주말재고량 (개) | 330 | 300 | 200 | 350 | 220 | 250 | 340 | 270 |

1. 평균재고 : 300(7월 4주)＋250(8월 4주)/2＝275
2. 재고부담이자 : 275×10,000×월 1%(연 12%)＝27,500원
3. 재고유지비용 : 275×0.05%(제품가격의 5%)

**시설부담이자**

A기업이 60억원을 투자하여 물류센터를 건설하였다. 물류센터의 내용연수는 30년이며, 감가상각은 정액상각방식으로 한다. 물류센터 건설 후 10년이 경과한 시점의 물류센터에 대한 연간 시설부담이자는 얼마인가? (단, 시중 연 이자율은 4%를 적용하고, 투자비용의 시간가치와 잔존가치는 고려하지 않는다.)

[답] 1억 6,000만원

[해설]
1. 정액법에 의한 1년분 감가상각비＝(취득원가－잔존가치)/내용연수
   → 물류센터의 정액상각방식에 의한 1년분 감가상각비＝(60억－0)/30년＝2억
2. 10년 경과한 시점의 물류센터는 20억(2억×10년)만큼 감각상각비가 누계되어 40억의 가치를 가지고 있다.
3. 시설부담이자＝40억×4%＝1억 6천

## (2) 물류비 비목별 계산과정 ❶

물류비 계산 욕구 명확화 → 물류비 자료의 식별과 입수 → 물류비 배부기준의 선정 → 물류비 배부와 집계 → 물류비 계산의 보고 ❷

| | |
|---|---|
| 계산 욕구의 명확화 (제1단계) | 물류비 계산의 목표를 해당 기업의 물류비 관리 필요성이나 목표에 의거하여 명확하게 작성한다. |
| 자료의 식별과 입수 (제2단계) | 물류활동에 관련된 기초적인 회계자료는 회계부문으로부터 입수하게 되는데, 이 물류비 관련 자료는 해당 기업의 계정과목을 중심으로 제공되며 이 자료는 세목별 물류비의 기초자료에 해당한다. |
| 배부기준의 선정 (제3단계) | −회계부문으로부터 물류비 회계자료가 입수되면, 계산대상별로 물류비를 계산하기 위해 물류비의 배부기준과 배부방법을 선정한다.<br>−영역별, 기능별, 관리항목별(제품별, 지역별, 고객별 등)로 물류비 계산을 실시하기 위해서는 우선 물류비를 직접물류비와 간접물류비로 구분한다. |
| 배부와 집계 (제4단계) | 직접물류비는 전액을 해당 계산대상에 직접부과하고, 간접물류비는 선정된 배부기준과 배부방법에 의해 물류비의 일정액 또는 일정률을 계산대상별로 배부·집계하여 합산한다. |
| 계산의 보고 (제5단계) | −물류비 계산의 실시에 따른 보고서를 계산대상별로 작성하고 이를 종합하여 물류활동에 관한 물류비 보고서를 작성한다.<br>−영역별·기능별·지급형태별 보고서, 물류센터별·제품별·지역별 등의 관리 항목별, 조업도별 물류비 보고서를 작성하게 되면 물류의사결정이나 물류업적평가에도 매우 유용하게 활용될 수 있다. |

**예시** **물류비의 배부기준과 배부방법**

| 배부기준과 배부방법 | | 예시 |
|---|---|---|
| 배부기준<br>종류 | 물량기준 | • 운송비 : 운송량, 개수, 운송시간<br>• 보관비 : 보관면적, 보관량<br>• 하역비 : 종업원 수, 작업시간, 하역건수<br>• 포장비 : 포장개수, 포장건수, 포장시간<br>• 기타 물류비 : 인력수, 입·출고 수, 전표발행 수 |
| | 금액기준 | 물류서비스의 제공 정도에 관계없이 일정액 배부(금액 : _____원) |
| 복수기준<br>여부 | 단일기준 | 물류비 배부기준 중에서 1개의 기준만 사용 |
| | 복수기준 | 물류비 배부기준 중에서 여러 기준을 사용 |
| 배부방법<br>종류 | 개별배부 | 물류활동의 특성에 따라 물류비를 개별적으로 배부 |
| | 일괄배부 | 물류활동의 특성에 관계없이 물류비를 일괄적으로 배부 |

**참조**  **배부기준에 의한 물류비산정 ❷**

- 총물류비 : 운송비, 보관비, 하역비, 포장비, 기타 물류비 등 각 물류비 항목들의 총합에 각 비목별 비용을 나눠서 계산
- 비목별 물류비 : 운송비, 보관비, 하역비, 포장비, 기타 물류비 등 개별 산정

> 운송비＝운송거리×운송횟수 ❶
> 제품별 운송비 : 제품별 배부율×기본 운임비
> 제품별 배부율 : 특정 제품의 운송비 / 총 운송비

**예시** C물류기업의 물류비 계산을 위한 자료이다. 제품 A와 제품 B의 운송비 비율은? (단, 운송비 배부기준은 거리*중량을 사용함)

[답] 4 : 3

| 지역 | 제품 | 거리 | 중량 | 배부기준 |
|---|---|---|---|---|
| 가 | A | 100km | 200톤 | 100km×200톤＝200톤/킬로미터 |
| | B | | 300톤 | 100km×300톤＝300톤/킬로미터 |
| 나 | A | 300km | 200톤 | 300km×200톤＝600톤/킬로미터 |
| | B | | 100톤 | 300km×100톤＝300톤/킬로미터 |

※ A기업의 합 : 8만 톤/킬로미터, B기업의 합 6만/톤킬로미터

제품 A, B, C를 취급하는 어느 물류업체에 지불한 6월 물류비가 항목별로 다음과 같다. A, B 제품별 물류비는 각각 얼마인가?

[답] A : 3,050만원, B : 3,150만원

| 구분 | 하역비 | 운송비 | 보관비 | 기타물류비 |
|---|---|---|---|---|
| 금액(만원) | 2,000 | 5,000 | 1,500 | 1,500 |
| 배부기준 | 하역건수(건) | 톤 · Km | 부피(m³) | 입 · 출고수(회) |

| 제품 | 하역건수(건) | 무게(톤) | 거리(Km) | 부피(m³) | 입출고수(회) |
|---|---|---|---|---|---|
| A | 200 | 100 | 350 | 2,000 | 100 |
| B | 300 | 150 | 200 | 2,000 | 150 |
| C | 500 | 350 | 100 | 1,000 | 250 |

 다음은 제품 A와 B를 취급하는 물류업체의 연간 물류비의 비목별 자료이다.

| 구분 | 운송비 | 보관비 | 포장비 | 하역비 | 합계 |
|---|---|---|---|---|---|
| 금액(만원) | 6,000 | 1,000 | 1,000 | 2,000 | 10,000 |
| 배부 기준 | 물동량 | 보관면적 | 출고물량 | 입출고물량 | – |

| 제품 | 물동량 (km · ton) | 보관면적 (m²) | 입고물량 (개) | 출고물량 (개) |
|---|---|---|---|---|
| A | 6,000 | 3,000 | 400 | 600 |
| B | 4,000 | 2,000 | 900 | 600 |
| 합계 | 10,000 | 5,000 | 1,300 | 1,200 |

※ 배부 기준에 따라 할당하면,
- 제품 A의 물류비는 5,500만원이다.
→ 5,500 = 운송비 3,600만원(6,000×3/5) + 보관비 600만원(1,000×3/5) + 포장비 500만원 (1,000×1/2) + 하역비 800만원(2,000×2/5)
- 제품 B의 물류비는 4,500만원(10,000 – 5,500)이다.
- 제품 A의 운송비로 3,600만원이다.
- 제품 B의 보관비로 400만원이 배부된다.
- 제품 A와 B의 하역비는 각각 800만원과 1,200만원이다.

### 1. 개념

기업의 물류계획에 대한 예산을 편성·실시하고 비용지출을 조정함과 동시에 비용지출을 통제하는 것으로 물류예산의 종류로는 물류시설예산, 물류요원예산, 물류손익예산 등이 있다.

### 2. 물류의사결정회계

- 물류관리회계시스템에 대한 구조적·수행상의 문제 등에 관하여 그 채산성 여부를 파악하기 위하여 실시하는 분석이다.
- 물류업무개선분석은 물류업무를 중심으로 한 업무개선분석으로 단기적 분석이다.
- 물류경제성분석은 물류설비투자시 등 거액의 자본이 투입되는 경우 미래에 채산성이 있는지 파악하기 위하여 실시하는 분석이다.

[물류원가계산과 물류채산분석의 비교] **1**

| 구분 | 물류원가계산 | 물류채산분석 |
|------|------------|------------|
| 목적 | 물류활동의 업적평가 | 물류활동에 관한 의사결정 |
| 대상 | **물류업무의 전반** | **특정의 개선안, 대체안** |
| 산정방식 | 항상 일정 | 상황에 따라 상이 |
| 계속성 | 반복적 | 임시적 |
| 사용원가 | 실제원가만 대상 | 특수원가도 대상 |
| 기간 | 통상 1년 | 개선사안별 상이 |

### 1. 구매조직

① 중앙집중식 구매조직
- 구매를 한 곳으로 집중하여 수량할인과 배송의 경제성을 얻을 수 있다. **1**
- 구매인력이 하나의 부서에 집중되기 때문에 업무기능의 중복 가능성을 줄일 수 있다. **1**
- 다수의 공급업자 관리가 일원화되어 개별 공급업자에 대하여 높은 수준의 협상력을 가질 수 있다. **1**
- 구매집중화가 이루어져 부서 내 구매경쟁 문제를 방지할 수 있다. **1**

② 분권식 구매조직
보편적으로 관료주의적 행태를 줄이게 되어 더욱 신속한 대응을 가능하게 하고 구매자와 사용자 간 원활한 의사소통에 도움이 된다. **1**

### 2. 구매방법

① 집중구매
- 집중구매는 수요량이 큰 품목에 적합하다. **2**
- 집중구매는 자재의 긴급조달이 어렵다. **1**
- **집중구매는 구매량에 따라 가격할인이 가능한 품목에 적합하다.** **1**
- 본사집중구매는 전문지식을 통한 구매가 가능하다. **1**
- 구입절차를 표준화하여 구매비용이 절감된다. **1**
- 대량구매로 가격 및 거래조건이 유리하다. **1**
- 공통자재의 표준화, 단순화가 가능하다. **1**
- 수입 등 복잡한 구매 형태에 유리하다. **1**

② 분산구매
　　- 분산구매는 구입경비가 많이 든다. **1**
　　- 분산구매는 구매절차가 간편하다. **1**
　　- 분산구매는 자주적 구매가 가능하고, 긴급수요의 경우 유리하다. **2**
③ 기타 구매유형
　　- 일괄구매주문(Blanket Order)을 통해 조달비용을 절감할 수 있다. **1**
　　- 예측구매는 자금의 사장화 및 보관비용이 증가한다. **1**
　　- 상용기성품(COTS, Commercial Off the Shelf) 구매를 통해 개발비용을 절감할 수 있다. **1**

## 3. 구매계약
① 일반경쟁방식
　　- 공급경쟁 참가자를 널리 일반에 구하고 그들 중 가장 유리한 조건을 제시하는 자를 선정하여 계약하는 방식이다.
　　- 특정업체의 경쟁참가를 배제하지 않는다. **1**
　　- 긴급한 경우, 소요시기에 맞추어 구매하기 어렵다. **1**
② 지명제한경쟁방식
　　- 지명된 몇몇 특정인들로 하여금 경쟁을 입찰케 하는 계약방식이다.
　　- 절차의 간소화로 경비절감이 가능하다. **1**
③ 수의계약방식
　　- 경쟁에 붙이지 않고 계약내용을 이행할 자격을 가진 특정인과 계약을 체결하는 방식이다.
　　- 신용이 확실한 거래처의 선정이 가능하지만 공정성이 결여될 수 있다. **2**

## 4. 구매관리
　- 구매의 아웃소싱이 증가하면서 내부고객 만족에 대한 중요성이 증가하고 있다. **1**
　- 구매관리 대상은 원자재, 부품, 가공품, 기계설비 등 다양하고 생산 및 판매 활동 지원을 위한 용역도 구매관리 대상에 포함한다.
　- 구매는 기업의 다른 기능인 마케팅, 생산, 엔지니어링, 재무를 고려하여 **함께 종합적으로** 다루어져야 한다. **1**
　- 최적의 공급자를 선정, 개발 및 유지해야 한다. **1**
　- 구매과정을 효율적이고 효과적으로 관리해야 한다. **1**
　- 기업의 전략과 일치하는 구매전략을 개발해야 한다. **1**

## 5. 구매전략
　- 구매자의 경영목표를 달성하기 위한 공급자와의 정보공유 필요성이 커졌다. **1**
　- 적기에 필요한 품목을 필요한 양만큼 확보하는 JIT(Just-in-Time) 구매를 목표로 한다. **1**
　- 구매자는 구매의 품질을 높이기 위해서 공급자의 활동이 안정적으로 수행되도록 협력한다. **1**
　- 구매전략에는 공급자 수를 줄이는 물량통합과 공급자와의 운영통합 등이 있다. **1**

# 물류정보시스템

## 01 물류정보

### (1) 개념

- 물류정보는 물류활동의 상황인식 및 판단, 미래방향설계의 중요한 정보로 운송, 운반, 포장, 하역, 보관, 유통가공 등 물류활동과 관련한 모든 정보를 의미한다. **1**
- 물류정보는 생산에서 소비에 이르기까지의 물류기능을 유기적으로 결합하여 물류관리 효율성을 향상시키는 데 활용된다. **1**
- 물류정보는 원료의 조달에서 완성품의 최종 인도까지 각 물류기능을 연결하여 신속하고 정확한 흐름을 창출한다. **1**

### (2) 종류

| 물류정보 | 수주, 재고, 생산, 출하, 물류관리정보로 구분할 수 있다. |
| --- | --- |
| 화물운송정보 | 교통상황정보, 지리적 정보, 수 · 배송정보, 실시간 차량 및 화물추적정보 등이 포함된다. **1** |
| 수출화물검사정보 | 검량정보, 검수정보, 선적검량정보 등이 포함된다. **1** |
| 화물통관정보 | 수출입신고정보, 관세환급정보, 항공화물통관정보 등이 포함된다. **1** |
| 화주정보 | 화주 성명, 전화번호, 화물의 종류 등이 포함된다. **1** |
| 항만정보 | 항만관리정보, 컨테이너추적정보, 항만작업정보 등이 포함된다. **1** |

### (3) 특징

- 정보의 절대량이 많고 복잡하다. **2**
- 성수기와 평상시의 정보량 차이가 크다. **3**
- 정보의 발생원, 처리장소, 전달대상 등이 넓게 분산되어 있다. **2**
- 상품의 흐름과 정보의 흐름에 동시성이 요구된다. **2**
- 기업 내 영업, 생산 등 다른 부문과의 관련성이 크다. **2**
- 기술 및 시스템의 발전으로 인해 물류정보의 과학적 관리가 가능하다. **1**

## 02 물류정보시스템

### (1) 물류정보시스템 개요

#### ① 개요

- 물류정보시스템은 운송, 보관, 하역, 포장 등의 전체 물류 기능을 효율적으로 관리할 수 있도록 해주는 정보시스템이다. **2**
- 물류정보시스템의 정보는 발생원, 처리장소, 전달대상 등이 넓게 분산되어 있다. **2**
- 물류정보의 시스템화는 상류정보의 시스템화가 선행되어야만 가능하며, 서로 밀접한 관계가 있다. **1**

#### ② 물류정보시스템 구축요건

- 대량정보를 즉시 입력하는 실시간 입력 시스템이 필요하며 그 처리결과에 대한 정보를 실시간으로 제공해야 한다. **1**
- 물류 계획과 실행을 위한 시스템이므로 다른 시스템과 유기적 연계처리 프로세스를 갖추어야 한다. **1**
- 물류정보시스템은 재고관리 정확도 향상, 결품률 감소, 배송시간 정확도 보장 등과 같은 효과를 기대하며 또한 비용절감을 목표로 한다. **2**
- 물류정보시스템 구축 시 표준화된 솔루션보다 자사 기업에 맞는 물류시스템을 도입해야 한다. **1**
- 물류정보를 효율적으로 입력하고 관리하기 위해서는 바코드나 RFID(전자라벨, 무선인식) 정보 등을 활용하는 물류기기와 연동시킬 필요가 있다. **1**
- 물류정보시스템의 구축에는 상품 코드의 표준화가 선행되어야 한다. **1**

#### ③ 물류정보시스템 구축순서

시스템 목표설정 → 적용범위 설정 → 구축조직 구성 → 업무현상 분석 → 시스템 구축 및 평가

### (2) 물류정보시스템의 종류 **2**

#### ① TMS(Transportation Management System)

출하되는 화물의 양과 목적지(수 · 배송처)의 수 및 배차 가능한 차량을 이용하여 가장 효율적인 배차방법, 운송차량의 선정, 운송비의 계산, 차량별 운송실적 관리 등 화물자동차의 운영 및 관리를 위해 활용되는 수 · 배송관리시스템 **1**

② WMS(Warehouse Management System)

최저비용으로 창고의 공간, 작업자, 하역설비 등을 유효하게 활용하여 서비스 수준을 제고시키는 데 목적이 있으며, 입출고정보, 재고관리, 재고 이동정보 등을 포함하는 시스템 **1**

③ OMS(Order Management System)

고객이 주문한 상품 현황의 확인 및 결제, 배송, 주문 취소, 반품 등을 처리하는 주문관리시스템

> 참조 ◈ 기타 용어
>
> 1. ATIS(Advanced Traveler Information System)는 지능형교통시스템(ITS)의 일종으로 교통여건, 도로상황 등 각종 교통정보를 운전자에게 신속하고 정확하게 제공한다. **1**
> 2. ASP(Application Service Provider)
>    - 기업 운영에 필요한 각종 소프트웨어를 인터넷을 통하여 제공하는 새로운 방식의 비즈니스를 말하며 물류정보시스템에 해당되지 않는다. **1**
>    - 개발이 완료된 시스템을 연결 및 판매(임대)하는 개념이므로 정보시스템을 자체 개발하는 것에 비해 구축기간이 빠르다. **1**
> 3. GIS-T(Geographical Information System for Transportation)
>    - 교통부문에 도입한 지리 정보시스템으로 교통계획, 교통관리, 도로관리, 도로건설, 교통영향평가 등에 활용한 교통지리정보시스템이다. **1**
>    - 디지털 지도에 각종 정보를 연결하여 관리하고 이를 분석, 응용하는 시스템의 통칭이다. 각종 교통정보를 관리, 이용하여 교통정책 수립 시 의사결정을 지원하는 시스템이다. **1**

## (3) 물류정보시스템의 도입 효과

### ① 재고관리 강화

- 재고관리의 정확도 향상 **1**
- 기업 간 정보 공유로 유통재고 최소화 **1**
- 재고부족현상이나 과다한 재고보유현상이 나타나지 않으므로 재고비 절감 **2**
- 신속하고 정확한 판매 및 재고정보 파악으로 생산·판매활동 조율 **2**

### ② 효율성 강화

- 효율적인 물류의사결정을 위한 지원 **1**
- 효율적 수·배송 관리를 통한 운송비 절감 **1**
- 조달, 생산, 판매 등을 포괄적으로 연결하여 전체 물류흐름을 효율적으로 관리 **1**
- 수작업 최소화로 사무처리 합리화 가능 **1**
- 물동량이 증가하여도 신속한 물류처리가 가능 **1**

③ 기업 경쟁력 강화

  - 환경변화에 신속히 대응하여 기업 경쟁력 향상 **1**
  - 신속한 수주처리와 즉각적인 고객대응으로 판매기능 강화 **1**

## (4) 물류정보시스템의 기능별 분류

| 기능 | 내용 |
|---|---|
| 수주시스템 | 물류정보시스템의 주문처리 기능은 주문의 진행 상황을 통합 · 관리 **2** |
| 발주시스템 | 판매에 필요한 물품을 조기발주하여 품절을 방지하고 발주처의 서비스 수준 저하 방지 |
| 입고시스템 | 입하 시에 물품재고의 신속한 반영 및 네트워크의 이용으로 사전에 입고물품의 정보를 재고에 반영 |
| 출고시스템 | 피킹, 집품, 검품시스템으로 구분하며 피킹시스템은 창고 내의 작업에 대한 피킹리스트 출력시점 중시 |
| 재고관리시스템 | - 위치관리시스템과 연계하여 재고의 위치를 파악하고 정보를 표시하는 기능 **1**<br>- 재고관리 기능은 최소의 비용으로 창고의 면적, 작업자, 하역설비 등의 경영자원을 배치 **1** |
| 배차 · 배송시스템 | - 물류정보시스템의 수 · 배송관리 기능은 고객의 주문에 대하여 적기배송체계의 확립과 최적운송계획을 수립 **2**<br>- 물품의 사이즈와 중량을 사전에 등록시켜 배차의 할당품목과 수량 및 배차계획을 마련 |
| 물류지원시스템 | 물류센터시스템을 여러 각도에서 지원 |

## (5) 물류정보시스템 구성요소(모듈) **1**

| 모듈 | 내용 |
|---|---|
| 물류계획 | 물류모델의 구성, 시뮬레이션, 평가 및 분석 |
| 물류비용관리 | 물류예산편성, 물류비 실적집계, 평가 및 분석 |
| 주문처리시스템 **1** | 주문관리, 출하처리 |
| 재고관리시스템 **1** | 재고계획, 재고배치 |
| 수 · 배송시스템 **1** | 수 · 배송계획, 화물추적, 배차계획, 출하계획 |
| 창고관리시스템 **1** | 작업관리, 입출고 기록, 랙관리 |

※ 물류정보시스템의 구성요소 중 생산관리시스템(모듈), 판매지원시스템(모듈)은 없다.

다음은 A상사의 입출고 자료이다. 6월 9일에 제품 25개를 출고할 때 선입선출법(FIFO, First In, First Out)으로 계산한 출고금액과 후입선출법(LIFO, Last In, First Out)으로 계산한 출고금액은? (단, 6월 2일 이전의 재고는 없음)

| 일자 | 적요 | 단가(원) | 수량(개) | 금액(원) |
|---|---|---|---|---|
| 6월 2일 | 입고 | 1,000 | 10 | 10,000 |
| 6월 5일 | 입고 | 1,500 | 20 | 30,000 |
| 6월 9일 | 출고 | - | 25 | - |

- FIFO : 10개×1,000원＋15개×1,500원＝32,500원
- LIFO : 20개×1,500원＋5개×1,000원＝35,000원

## 03 물류정보화 기술

① 전자문서교환(EDI, Electronic Data Interchange) ❷

　㉠ 개념
　　- 기업 간에 데이터를 효율적으로 교환하기 위해 지정한 데이터와 문서의 표준화 시스템이다. ❶
　　- 제한되고 지리적으로 인접한 영역 내에 설치된 고속통신망이다. ❶
　　- 표준화된 상거래 서식으로 작성된 기업 간 전자문서교환시스템이다. ❶
　　- 거래업체 간에 상호 합의된 전자문서표준을 이용한 컴퓨터 간의 구조화된 데이터 전송을 의미한다. ❶

　㉡ 장점
　　- 상호 간의 정확한, 실시간 업무 처리를 가능하게 하여 물류업무의 효율성을 향상시킬 수 있다. ❶
　　- 종이문서 수작업 및 문서처리 오류를 감소시킬 수 있다. ❶
　　- 전자적 자료 교환을 통해 기업의 국제 경쟁력을 강화시킬 수 있다. ❶

② 부가가치통신망(VAN, Value Added Network)

　　- 부가가치를 부여한 음성 또는 데이터를 정보로 제공하는 광범위하고 복합적인 통신망이다. ❶
　　- 전기통신사업자로부터 회선을 차용하여 고도의 통신처리기능 등 부가가치를 붙여 제3자에게 재판매하는 통신망을 말하며 다종/다양한 컴퓨터를 효율적으로 접속시킨다고 하는 사고에서 생겨난 통신망 개념이다.

**[EDI와 VAN의 비교]**

| 구분 | VAN | EDI |
|------|-----|-----|
| 기능 | 전송, 교환, 통신, 정보처리기능 | 전자데이터 교환 |
| 물류 적용 | 정보전달의 효율화, 화물추적 등 대고객서비스 향상 | 물류기관의 컴퓨터에 의한 주문, 배송, 보고 등 |
| 관계 | EDI를 수행하는 효율적인 수단 | VAN을 이용하는 내용물 |

> **심화** LAN, ISDN, WAN
>
> 1. LAN : 비교적 가까운 거리에 위치한 소수의 장치들을 서로 연결한 네트워크
> 2. ISDN : 기존 전화망에서 한 차원 발전된 차세대 기간통신망
> 3. WAN : 원격지를 통신회선으로 연결한 통신망

### ③ 첨단화물운송정보시스템(CVO, Commercial Vehicle Operation) **2**

- 화물 및 화물차량에 대한 위치를 실시간으로 추적 · 관리하여 각종 부가정보를 제공하는 시스템이다. **2**
- 화물차의 운행을 최적화하고 관리를 효율화하기 위한 시스템으로 지능형교통시스템(ITS)의 일환이다. 위성위치정보 · 휴대폰 등을 통해서 화물 및 차량을 실시간으로 추적하여, 실시간 화물차량의 위치정보, 적재화물 종류, 차량운행관리, 수배송 알선 등의 서비스를 제공한다.
- CVO의 하부시스템으로는 화물 및 화물차량관리(FFMS, Freight and Fleet Management System), 위험물차량관리(HMMS, Hazardous Material Monitoring System) 등이 있다. **1**

### ④ CIM(Computer Integrated Manufacturing system)

- 정보시스템을 활용하여 제조, 개발, 판매, 물류 등 일련의 과정을 통합하여 관리하는 생산 관리시스템을 말한다. **1**
- CIM은 부분적으로 자동화되어 있는 각 생산 분야(계획, 설계, 제조, 생산 관리 등)를 통합하고 그 위에 영업, 유통, 연구 분야의 시스템을 구축하여 기업전체의 생산관련 시스템을 유기적으로 통합화함으로써 다양화된 소비자 요구에 신속히 대응하고 고도의 생산성 향상을 도모하려는 시스템이다.

### ⑤ CALS(Computer Aided Acquisition Logistics Support)

설계단계에서 개발 · 구매 · 제조 · 판매 · 재고 · 유지 · 보수에 이르기까지 기업들이 갖고 있는 모든 정보를 표준에 맞춰 디지털화한 뒤 기업 내는 물론 기업 간, 나아가 국제 간에 공유하는 기업정보화 시스템이다.

광속상거래(CALS, Commerce At Light Speed)

1. 개념

제조업체와 협력업체 등 관련 기업들이 공유하며 경영에 활용하는 기업 간 정보시스템이다. 제품의 기획과 설계에서부터, 개발 · 생산 · 부품의 조달 · 유지보수 · 사후관리 · 폐기에 이르기까지 상품의 라이프사이클 전 과정에서 발생되는 각종 정보를 인터넷 및 초고속정보통신망과 연계하여 디지털화한 통합업무환경을 뜻한다.

2. 구성요소 **1**

－조달 : EDI(Electronic Data Interchange)
－설계 : 동시공학(Concurrent Engineering)
－제조 : 품질공학(Quality Engineering)
－운용 : 물류(Logistics)

CALS 개념은 Computer Aided Acquisition & Logistics Support로부터 Commerce At Light Speed로 발전되었다.

⑥ OSI(Open Systems Interconnection)

컴퓨터 · 통신시스템 · 자동화시스템 등 기종 간의 컴퓨터들이 자유롭게 정보를 교환할 수 있도록 멀티벤더의 접속 문제를 해결하기 위해 국제표준화기구(ISO)와 국제전신전화자문위원회(CCITT)가 협력하여 개발, 제정한 국제표준 네트워크 아키텍처이다.

⑦ KT Net(한국무역정보통신)

KT NET은 인터넷의 모든 기능을 비즈니스 측면에서 구현하여, 국내 거래는 물론 국제 거래의 정보 제공 매체의 역할을 담당한다는 목적을 가지고 있다.

⑧ KL Net(한국물류정보통신)

항만운영정보시스템(PORT－MIS)사업자, 철도화물운영시스템(KROIS)연계사업자로서 중요한 역할을 위임받은 우리나라 물류업무 전 부문의 자동화 · 정보화를 담당하는 정보통신회사이다.

철도시스템 관련 용어

1. KROIS(Korean Railroad Operating Information System, 철도화물운영시스템)
－1996년부터 운영되어 온 철도운영정보시스템으로 2011년 말 차세대 철도운영정보시스템으로 발전되었다. **1**
－KL－Net과 연계되어 EDI로 운용되고 철도공사, 화주, 운송업체, 터미널 등이 서비스 대상이 된다. **1**
－차량열차운용시스템, 화물운송시스템, 고객지원시스템, 운송정보시스템 등의 하부시스템으로 구성된다. **1**

⑨ 근거리정보통신망(LAN)

- 기업의 내부에서 컴퓨터, 팩시밀리, 멀티미디어 등을 유기적으로 연결해서 다량의 각종 정보를 신속하게 교환하는 통신망이다.
- 규모는 한 사무실, 한 건물, 한 학교 등과 같이 비교적 가까운 지역에 한정한다.

⑩ 주파수 공용통신(TRS, Trunked Radio System) **1**

- 다수의 이용자가 복수의 무선채널을 일정한 제어하에 공동 이용하는 이동 통신 시스템을 말한다.
- 선박 등 운송수단에 탑재하여 이동정보를 실시간으로 송수신할 수 있는 통신서비스이다.
- 화물추적 통신방지시스템으로서 주로 물류관리에 많이 활용된다.
- TRS의 종류로는 차량위치추적, 신용카드조회, 공중전화망, 음성통화 등이 있다.

> **참조** 🖉 TRS 사용예시 **1**
>
> 무전기가 진화한 기술로서 휴대폰처럼 멀리 떨어진 사람과도 통화할 수 있으면서, 무전기처럼 여러 사람에게 동시에 같은 음성을 전달할 수 있으며 화물트럭 기사에게는 필수적인 도구이다. 화물운송이 필요한 화주가 화물정보센터에 일을 의뢰하면, 센터는 해당 지역에 공차상태로 있는 복수의 트럭 기사에게 일감 정보를 알려준다.

## 04 물류핵심기술

### (1) 무선주파수식별법(RFID, Radio Frequency Identification) **2**

① 개념

- 판독기를 이용하여 태그(Tag)에 기록된 정보를 판독하는 무선주파수인식기술이다. **1**
- 기존 바코드에 기록할 수 있는 가격, 제조일 등 외에 다양한 정보를 인식할 수 있다. **1**
- 원거리 인식 및 여러 개의 정보를 동시에 판독하거나 수정할 수 있다. **2**
- 읽기(Read)만 가능한 바코드와 달리 읽고 쓰기(Read and Write)가 가능하다.
- 장애물 투과기능을 지니고 있기 때문에 교통 분야에 적용도 가능하며 반영구적인 사용이 가능하다. **1**
- 바코드시스템과 마찬가지로 접촉하지 않아도 인식이 가능하다. **2**
- RFID는 주파수대역에 따라 다양한 분야에 응용될 수 있다. **1**

② 구성요소

－RFID시스템은 리더기, 태그 등의 요소로 구성된다. **1**

－RFID 기술은 전파를 매개로 하는 초소형 칩과 안테나를 사물에 태그 형태로 부착한다. **1**

| 구성요소 | 내용 |
|---|---|
| 태그<br>(Tag) | 상품에 부착되며 데이터가 입력되는 IC칩과 안테나로 구성되며, 리더와 교신하여 데이터를 무선으로 리더에 전송하는 역할을 함 |
| 안테나<br>(Antenna) | －다양한 형태와 크기로 제작 가능하며 태그의 크기를 결정하는 중요한 요소<br>－무선주파수를 발사하며 태그로부터 전송된 데이터를 수신하여 리더로 전달 |
| 리더<br>(Reader) | －주파수 발신을 제어하고 태그로부터 수신된 데이터를 해독<br>－안테나 및 무선주파수회로, 변조기·복조기, 실시간 신호처리 모듈, 프로토콜 프로세서 등으로 구성 |
| 호스트<br>(Host) | 한 개 또는 다수의 태그로부터 읽어 들인 데이터를 처리하고 분산되어 있는 다수의 리더 시스템을 관리 |

**참조** 🔖 태그의 유형 **1**

| 수동형<br>(Passive Type) | －전지가 없어서 자신의 전파가 송신 불가 **1**<br>－전파의 수신만 가능하고 구조가 간단 **1**<br>－반영구적으로 사용 가능 **2** |
|---|---|
| 반수동형<br>(Semi-passive Type) | －배터리를 내장하고 있지만 판독기로부터 신호를 받을 때까지는 작동하지 않아 장기간 사용할 수 있음 **1**<br>－지속적인 식별이 필요하지 않는 상품에 사용 **1** |
| 능동형<br>(Active Type) | －자체적으로 배터리를 통해 전력공급을 받아 전파를 송신 **2**<br>－3m 이상의 원거리 전송이 가능하고, 센서와 결합 가능 **1**<br>－배터리에 의한 가격 상승과 동작시간의 상대적 제한이 단점 **1** |

③ RFID 태그의 사용주파수 대역별(bandwidth) 특징 **1**

| 구분 | 저주파 | 고주파 |
|---|---|---|
| 주파수 | 120~140KHz | 13.56KHz |
| 용도 | **근거리용 1**<br>(인식거리가 60cm보다 작음) | 중장거리용 **1**<br>(인식거리 약 60cm) |
| 인식 속도 | 저속 **1** | 고속 **1** |
| 환경(장애물) 영향 | 영향을 적게 받음 **1** | 많은 영향을 받음 |
| 태그 크기 | 대형 | 소형 **2** |
| 시스템 구축비용 | 저비용 **2** | 고비용 |
| 적용분야 | －공정 자동화<br>－출입통제 및 보안 | －수화물 관리<br>－대여물품 관리<br>－교통카드<br>－출입통제 및 보안 |

④ RFID의 장점

- 태그 정보의 변경 및 추가가 용이하다. ❷
- 태그를 다양한 형태와 크기로 제조할 수 있다. ❶
- 태그에는 온도계, 고도계, 습도계 등 다양한 센서 기능을 부가할 수 있다. ❶
- 일시에 다량(복수)의 정보를 빠르게 판독할 수 있다. ❷
- 기존의 무선인식시스템 보다 많은 양의 데이터 저장이 가능하다. ❶
- 화물의 위치를 추적할 수 있다. ❶
- 유통업체 및 제조업체의 재고파악 능력을 향상시킨다. ❶
- 바코드와는 달리 제품의 원산지 및 중간이동과정 등 다량의 데이터를 저장할 수 있다. ❶
- 태그에 대용량의 데이터를 반복적으로 저장할 수 있으며 데이터 인식속도도 타 매체에 비해 빠르다. ❶
- 반영구적인 사용이 가능하다. ❶
- 유지보수가 간편하고, 바코드시스템처럼 유지비가 들지 않는다.

⑤ RFID의 단점

- 바코드에 비해 가격이 고가이며, 보안 및 사생활 및 정보 유출의 위험성이 있다. ❶
- 금속 및 액체 등에 의한 전파장애가 발생할 수 있다. ❶
- 기술적으로 인식의 한계가 있다.
- 국가별 주파수 대역과 국제적 표준화가 필요하다.

⑥ RFID의 물류

- 창고관리에 적용할 경우 유용하게 활용될 수 있다. ❶
- 개별 상품에 부착해서 관리하기 위해서는 상품의 가치와 태그의 가격을 살펴봐야 한다. ❶
- 최근 수출입 컨테이너 및 개별상자 그리고 팔레트 등에 부착하여 신속통관 및 화물추적에 이용되고 있다. ❶
- 장기적 관점에서 채찍효과(bullwhip effect)를 줄이는 데 기여할 수 있다. ❶
- 자동차 제조공정에 응용 가능하다. ❶

(2) 위성추적시스템(GPS, Global Positioning System) ❶

① GPS의 개념

- 인공위성과 통신망을 이용한 위치측정시스템을 의미한다. ❶
- 미국 정부가 군사용으로 개발한 항법지원시스템이다. ❶
- 물류정보시스템에 응용함으로써 화물추적서비스 제공이 용이해진다. ❶
- 화물 또는 차량의 자동식별과 위치추적을 위해 사용하는 방식이다. ❶

- 운행하는 운송수단의 관리와 통제에 용이하게 활용될 수 있다. [1]
- 인공위성으로 신호를 보낼 수는 없고 인공위성에서 보내는 신호를 받을 수만 있다. [1]
- 3개의 위성으로부터 거리와 시간 정보를 얻고, 1개 위성으로 오차를 수정하는 방법이 일반적으로 사용되고 있다.
- 인공위성을 통한 통신망을 구성해서 중앙컴퓨터에서 인식된 배송차량의 위치, 배송 진행과정, 목적지까지의 최적 경로, 배달 예정시각, 각종 편의정보 등을 고객들에게 실시간으로 제공한다.

> **참조** 📌 위치자동측정시스템(AVLS, Automatic Vehicle Location System)
>
> - 차량의 운행상황을 파악하는 위치추적시스템으로 이동 중인 차량을 실시간으로 전자지도에 표시한다.
> - 차량의 GPS안테나와 인공위성을 통해 받은 데이터를 보내주면 전자지도에 운행 중인 차량의 주행경로, 속도 등이 표시되어 차량업무를 관리하고 통제한다.

## 05 바코드(Bar Code)

### (1) 바코드의 개요

① 개념

- 일차원 바코드는 서로 굵기가 다른 흑색의 바와 공간으로 상품의 정보를 표시하고 광학적으로 판독할 수 있도록 부호화한 것이다. [1]
- POS 시스템의 효과적인 이용을 위한 중요한 구성요소이다. [1]
- POS(Point of Sales)는 바코드를 이용하는 대표적인 소매관리시스템이다. [1]
- 바코드는 표준 바코드와 비표준 바코드로 나눌 수 있다. [1]
- 13자리 바코드의 처음 세 자리는 국가코드를 의미한다. [1]

② 바코드 유형

- EAN 코드는 대표적으로 EAN-8형과 EAN-13형이 있다. [1]
- 단축형 KAN-8(EAN-8)은 국가코드 3자리, 업체코드 3자리, 상품코드 1자리이다. [1]
- EAN-13은 다품목을 취급하는 업체를 위한 코드로 우리나라의 국가 식별코드는 880이다. [1]
- EAN-14는 업체 간 거래단위인 물류단위, 주로 골판지박스에 사용되는 국제표준 물류 바코드이다. [1]

EAN-13(표준형 A) 바코드는 취급하는 품목 수가 많은 기업들에게 활용되며, 가장 대중적으로 쓰이는 바코드이다.
① 국가식별 코드 : 3자리로 구성되는데, 1982년 이전 EAN International에 가입한 국가의 식별 코드는 2자리 숫자로 부여받았다.
② 제조업체 코드 : 상품의 제조업체를 나타내는 코드로서 4자리로 구성된다.
③ 상품품목 코드 : 5자리로 구성된다.
④ 체크 디지트 : 판독오류 방지를 위한 코드로서 1자리로 구성된다.

국제표준 바코드는 개별 품목에 고유한 식별코드를 부착해 정보를 공유하는 국제표준체계이다. 현재 세계적으로 사용되는 GS1 표준코드는 미국에서 제정한 코드 UPC와 유럽에서 제정한 코드 EAN 등을 표준화한 것이다.

## (2) 바코드의 장단점 ❶

### ① 장점

- 응용범위가 다양하고 신속한 데이터 수집이 가능하며 도입비용이 저렴하다. ❶
- 제작이 용이하고 비용이 저렴하다. ❶
- 오독률이 낮아 신뢰성 확보가 수월하다.
- 바코드는 포인트 적립, 할인 등의 수단으로 사용 가능할 뿐만 아니라 결제시스템에도 사용될 수 있다. ❶

### ② 단점

- 읽기는 가능하지만 쓰는 것은 불가능하다. ❶
- 인쇄된 바코드는 정보의 변경이나 추가가 불가능하다는 단점이 있다. ❷

## (3) 일차원 바코드의 종류

| Code 39 | 알파벳 문자를 코드화할 수 있는 것으로 대표적인 3 of 9 코드 |
|---|---|
| Code 128 | 전체 ASCII 128 문자를 모두 표현할 수 있는 연속형 심볼로지로, 수치 데이터는 심볼문자당 두 자리로 표현, 현재 사용되고 있는 각종 컴퓨터, 프린터에 적당 |
| Code 93 | 매우 작은 크기의 바코드를 사용해야 할 경우를 위해 개발된 코드이며, Code 39와 호환이 가능하게 고안 |
| Interleaved 2-of-5 코드 | - 숫자 데이터 표현 시 많은 데이터를 짧게 코드화할 수 있고 자체 검사기능이 뛰어나 산업용 및 소매용으로 많이 사용<br>- 1981년 미국 코드관리기관에서는 배송, 포장용 표준 심벌로 채택, 우리나라도 1989년 한국공업규격(KS)으로 공표하여 이용 |

| ISBN **1**<br>(International Standard Book Number) | －출판물의 효율화를 위한 표시 제도로 음성, 영상 등 무형의 자료를 포함하여 종이에 인쇄된 대부분의 출판물에 고유번호를 부여하는 것<br>－출판물 및 문헌정보 유통의 효율화를 위하여 국제적으로 표준화된 방법으로 고유번호를 부여하여 각 종 도서의 일정한 위치에 표시하는 것 **1** |
| --- | --- |

### (4) 이차원 바코드의 종류

① 개요

－2차원 바코드란 X, Y축의 양방향으로 데이터를 배열시켜 평면화한 점자식 또는 모자이크식 코드를 의미한다.
－2차원 코드로 Maxi Code, QR Code, Data Code, Code 16K, PDF－417, 2D Data Matrix 등이 있다. **3**
－데이터 구성방법에 따라 다층형과 매트릭스형 코드로 나뉜다. **1**

| 다층형 바코드<br>(Stacked Bar Code) | Code 16K Code, PDF－417 Code, Code 49 Code |
| --- | --- |
| 매트릭스형 코드<br>(Matrix Code) | Data Matrix Code, QR Code, Maxi Code, Codeone Code |

② 장점

－1차원 바코드에 비해 좁은 영역에 많은 데이터를 표현할 수 있다. **1**
－한국어뿐만 아니라 외국어도 코드화가 가능하다. **1**
－문자, 숫자 등의 텍스트는 물론 그래픽, 사진 등 다양한 데이터를 담을 수 있다. **1**

> **심화** 🔷 QR Code **1**
>
> 일본의 덴소웨이브사에서 개발한 2차원(매트릭스) 형태의 코드로, 많은 정보를 저장할 수 있으며, 일반 바코드보다 인식속도와 인식률, 복원력이 뛰어나다. 기업의 중요한 홍보 및 마케팅 수단으로 활용되면서 온-오프라인에 걸쳐 폭넓게 활용되고 있는 코드이다.

### (5) GS1(Global Standard No.1)

－유통물류를 비롯한 전 산업에 사용되는 '상품 식별용 바코드', '전자문서', '전자카탈로그' 등의 표준화를 주도해 온 민간 국제표준기구이다.
－제품분류(Product Classification)의 수단이 아니라 제품식별의 수단으로 사용된다.

| 종류 | 내용 |
|------|------|
| GTIN<br>(Global Trade Item Number,<br>국제거래단품식별코드) | - GTIN의 종류에는 GTIN-8(8자리), GTIN-13(13자리), GTIN-14(14자리)가 있다.<br>- GS1-14는 물류단위(logistics unit) 중 주로 박스에 사용되는 국제표준 물류 바코드로 생산공장, 물류센터 등에서 입·출하 시 판독되는 표준 바코드이다. **1** |
| SSCC<br>(Serial Shipping Container Code,<br>수송용기 일련번호) | - 물류단위 중에서 주로 팔레트와 컨테이너 같은 대형 물류단위를 식별하기 위해 개발한 18자리 식별코드이다.<br>- GS1 코드의 경우에는 국가코드와 업체코드는 그대로 사용하고 포장용기의 일련번호를 부여한다.<br>- SSCC의 기능으로는 배송단위에 대한 식별 및 추적조회, 재고 관리시스템을 위한 정확한 입고 정보 등이 있다. |
| RSS<br>(Reduced Space Symbology,<br>축소형 바코드) | - 소형상품에 부착할 목적으로 개발한 축소형 바코드이다.<br>- RSS는 GS1-14 코드의 입력을 기본으로 하며, 종류에 따라 부가정보의 추가 입력이 가능하다.<br>- RSS는 4가지(RSS-14, RSS-14 Stacked, RSS-14 Limited, RSS-14 Expanded)로 구분하며 업무성격별로 선택하여 사용한다. |

## 06 기타 정보시스템

### (1) 자동발주시스템(EOS, Electronic Ordering System)

① 개요

- 발주단말기를 이용한 발주데이터를 수주처의 컴퓨터 전화회선을 통해 직접 전송하여 즉시 납품이 가능한 시스템이다.
- 발주시간 단축, 발주오류 감소로 발주작업의 효율성 제고가 가능하다. **1**
- EOS 도입 이후, 오납이나 결품이 발생할 가능성이 적다. **1**
- EOS를 도입한 점포는 한정된 매장 공간에 보다 많은 종류의 상품을 진열할 수 있다. **1**
- EOS를 도입한 소매점의 경우 상품코드에 의한 정확한 발주가 가능하다. **1**
- EOS를 위한 발주작업의 표준화 및 매뉴얼화는 신속한 발주체계 확립에 기여할 수 있다. **1**

② EOS의 등장배경

- 제품 수명주기 단축
- 합리적인 발주에 의한 원가절감
- 소비자의 기호와 요구의 다양화 · 개성화
- 소매업의 양적 팽창으로 업종 내 경쟁심화
- 상품 수명주기 단축 등으로 단품관리 필요성
- 인기상품의 조기파악과 재고부담을 주는 비인기상품의 조기발견

## (2) POS(Point Of Sales, 판매시점정보관리시스템)

① 개념

- 대표적인 소매점 관리시스템 중 하나로서 판매시점에 발생하는 정보를 수집하여 컴퓨터로 자동 처리하는 시스템이다. **2**
- 계산원의 생산성 향상, 입력 오류의 방지, 점포 사무작업의 간소화, 가격표 부착작업의 감소효과가 있으나 생산정보는 파악하기 어렵다. **1**
- 실시간으로 매출을 등록하고, 매출 자료의 자동정산 및 집계가 가능하며, 상품의 발주, 구매, 배송, 재고관리와 연계가 가능한 종합정보관리 시스템이다. **1**

② POS 시스템 장단점

- 상품을 제조회사별, 상표별, 규격별로 구분하여, 상품마다의 정보를 처리하는 과정에서 단품관리가 가능하다.
- POS(Point of Sales) 시스템의 단점 : 바코드를 사용하여 상품의 정보를 간단하게 읽을 수 있고 오류가 감소하므로 인건비가 감소된다. **1**
- POS 시스템으로부터 품목별 · 제조사별 판매실적, 판매실적 구성비, 단품별 판매동향, 기간별 매출액의 정보를 얻을 수 있다. **2**
- POS(Point of Sales)는 소비동향이 반영된 판매정보를 실시간으로 파악하여 판매, 재고, 고객관리의 효율성을 향상시킨다. **1**

③ POS 시스템의 구성

- POS 단말기
- 바코드 스캐너(Bar Cord Scanner)
- 스토어 컨트롤러(Store Controller, 메인서버)

④ POS 도입의 기대효과 **①**

| 구분 | | 노동력 감소효과 | 데이터 활용효과 |
|---|---|---|---|
| 운영면 | 계산 및 판매업무 생력화 | • 계산시간의 단축<br>• 피크타임 처리시간 단축<br>• 등록오류 감소<br>• 판매원 교육시간 단축<br>• 정산시간의 단축<br>• 매출전표 삭감<br>• 현금관리의 합리화 | • 상품정보관리<br> − 매출관리<br> − 상품구색계획<br> − 진열관리<br> − 판촉계획<br> − 발주 · 재고관리 |
| 점포 운영면 | 데이터 수집능력 향상 | • 정보발생시점에서 수집<br>• 정보의 신뢰성 향상<br>• 입력작업의 노동력 감소<br>• 데이터수집 노동력 감소 | • 종업원 정보관리<br> − 판매원 관리<br> − 임금계산 자동화 |
| | 점포운영 합리화 | • 판매대관리 생산성 향상<br>• 가격변환 작업의 신속화<br>• 현금보유고 수시파악<br>• 검수데이터 입력작업 노동력 감소<br>• 전표 삭감 | • 고객정보관리<br> − 적절한 DM관리<br> − 카운트서비스와 A/S |

# CHAPTER 07 물류혁신기법

## 01 전자상거래의 이해

### (1) 전자상거래의 개요

- 전자상거래의 확산은 다빈도, 소량운송으로서의 물류수요를 변화시키고 있다.
- GE에서 만든 전자상거래방법으로서 구매자 대 판매자가 1대 다수의 형태인 것을 TPN(Trading Process Network)라고 한다.

### (2) 전자상거래 시대의 물류

- 전자상거래의 확산으로 인해 온라인 구매 비중이 높아져 배송물류비가 증가하고 있다. **1**
- 인터넷 마켓플레이스(Market Place)에서 인터넷을 통해 모든 서비스가 이루어지기 때문에 물류의 역할과 중요성이 증가하고 있다. **1**
- 전자상거래를 지원하는 물류는 온라인 추적시스템 구축, 글로벌 배송시스템 구축, 주문시스템과의 연동 등이 중요하다. **1**
- 소비자의 다양한 니즈를 충족시킬 수 있는 신속하고 효율적인 물류시스템 구축이 필요하다. **1**
- 소비자의 개인정보 유출 가능성의 증가로 물류시스템 구축 시 보안기능 강화가 필요하다. **1**

### (3) 택배와 유통변화

① 택배의 개념

소형상품을 운송업자의 책임하에 제조업체로부터 인수하여 소비자에게 직접 전달(Door-to-Door)하는 소화물 일괄운송의 형태이다.

② 택배수요에 영향을 미치는 유통산업의 환경 및 유통채널 변화

- 온라인과 오프라인이 연결되어 거래가 이루어지는 O2O(Online to Offline) 상거래가 증가하고 있다. **1**
- 오프라인 매장에서 제품을 살핀 후 실제 구매는 온라인에서 하는 쇼루밍(showrooming)이 증가하고 있다. **1**

- 온라인에서 제품을 먼저 살펴보고 실제 구매는 오프라인 매장에서 하는 역쇼루밍(reverse-showrooming)도 발생하고 있다. **1**
- O2O 상거래는 ICBM(IoT, Cloud, Big data, Mobile) 기반의 정보통신기술이 융합되어 발전하고 있다. **1**
- 유통기업들은 환경변화에 대응하기 위하여 유통채널을 싱글채널, 다채널에서 고객이 모바일, 온라인, 오프라인 등을 통해서 상품을 검색하고 구매할 수 있도록 하는 옴니채널(Omni channel)로 전환하는 추세이다. **1**

③ 택배서비스의 효과

- 공동수배송 효과로 교통혼잡도 완화, JIT(Just in time) 실현, 재고관리로 물류비 절감
- 상물의 분리, 유통구조 변화로 인한 가격 파괴, 통신판매의 활성화, 판매활동의 부가가치 증대 역할

# 02 공급사슬관리의 이해

심화 공급사슬상에서 발생하는 경영환경변화

① 공급사슬상에 위치한 조직 간의 상호 의존성이 증대되고 있다.
② 정보통신기술의 발전은 새로운 시장의 등장과 기업경영방식의 변화를 초래하고 있다.
③ 기업 간의 경쟁 심화에 따라 비용절감과 납기개선의 중요성이 증대되고 있다.
④ 물자의 이동이 국외 및 역외에서 다수 이루어지고 있다.
⑤ 고객의 다양한 니즈에 맞추기 위해 생산, 납품 등의 활동을 해야 할 필요성이 증대되고 있다.

## (1) 공급사슬관리(SCM, Supply Chain Management) 개요 **1**

① 개념 **1**

- 2000년대부터 물류의 개념이 시대적인 요구·변화에 따라 점차 그 영역을 확대하여 SCM(공급사슬관리)으로 변천되어 왔다. **1**
- 기업 내부뿐 아니라 공급업체, 제조업체, 유통업체, 창고업체를 하나의 연결된 체인으로 간주하여 협력과 정보교환을 통해 상호이익을 추구하는 관리체계이다.
- 원자재를 조달해서 생산하여 고객에게 제품과 서비스를 제공하기 위한 프로세스 지향적이고 통합적인 접근 방법이다. **1**
- 물류관리의 진화된 기법으로서 참여기업 간 조정과 협업을 강조하는 공급사슬관리의 중요성이 증가하고 있다. **1**
- 공급사슬의 유연성이나 신속성을 달성하기 위한 방법으로는 직접주문 방식 도입, 전략적 지연, 파트너십 구축, 모듈러 디자인 등이 있다. **1**

- 공급사슬관리의 특징으로는 단절 없는 흐름(Seamless Flow), 협업(Collaboration), 정보의 공유(Information Sharing), 동기화(Synchronization)가 있다. **1**
- 가치사슬의 관점에서 원자재로부터 소비에 이르기까지의 구성원들을 하나의 집단으로 간주하여 물류와 정보 흐름의 체계적 관리를 추구한다. **1**
- 전체 공급사슬을 관리하여 비용과 시간을 최소화하고 이익을 최대화하도록 지원하는 방법이다. **1**
- 정보통신기술을 활용하여 공급자, 제조업자, 소매업자, 소비자와 관련된 상품, 정보, 자금 흐름을 신속하고 효율적으로 관리하여 부가가치를 향상시키는 것이다. **1**
- 공급사슬관리가 등장하면서 기업 내 · 외부에 걸쳐 수요와 공급을 통합하여 물류를 최적화하는 개념으로 확장되었다. **1**
- ※ 공급사슬(supply chain)이 길어지면 다양한 제약요인이 발생할 가능성이 높아진다. **1**

② 필요성

㉠ 전체적인 공급망 최적화 필요
- 부품 및 기자재의 납기 및 품질, 주문의 납기 및 수요 등 외부의 불확실성이 점점 더 심화되고 있다. **1**
- 기업 내부의 조직 · 기능별 관리만으로는 경쟁력 확보가 어렵기 때문이다. **1**
- 기업활동이 글로벌화되면서 공급사슬의 지리적 거리, 물류의 복잡성, 리드타임(Lead Time)이 증가하고 있기 때문이다. **3**
- 제조업체의 경우 전체 부가가치의 약 60~70%가 제조부분 이외의 부분에서 발생하고 있어 공장자동화를 통한 기업내부혁신보다는 전체적인 공급망 최적화의 필요성이 커졌기 때문이다. **3**
- 인터넷, EDI 및 ERP와 같은 정보통신기술의 발전으로 인해 공급망관리를 통한 기업 간 프로세스 통합이 가능하게 되었다. **1**
- 기업의 경영환경이 글로벌화되고 물류관리의 복잡성이 증대되고 있기 때문에 통합적 물류관리의 필요성이 높아졌다. **1**
- 관련 인프라 및 다른 산업분야로의 수평적 확장이 용이하다. **1**

㉡ 고객서비스 확보
- 경쟁력 있는 가치를 제공하여 비용을 절감하고 고객 대응력을 확보해야 한다. **1**
- 거래, 투자비용이 최소화되며 보다 개별화된 고객서비스를 제공할 수 있다.

㉢ 정보왜곡현상 감소
- 기업 간 정보의 공유와 협업으로 채찍효과(bullwhip effect)를 감소시킬 수 있기 때문이다. **2**
- 수요정보의 왜곡현상을 줄이고 그에 따른 안전재고의 증가를 예방(재고감축)하기 위해서이다. **1**

- 정보의 왜곡, 제품수명주기의 단축 등 다양한 요인으로 수요의 불확실성이 증대되기 때문이다. **1**

※ 공급사슬 취약성의 증가 요인은 수요의 변동성 증가, 글로벌화 전략, 아웃소싱 전략이다. **1**

③ 공급사슬의 수익관리전략이 유용한 경우 **1**

- 상품이 쉽게 변질되거나 상품의 가치가 하락될 경우
- 수요가 계절적이거나 특정 시기에 피크(peak)가 발생될 경우
- 상품을 대량단위와 소량단위로 계약할 수 있을 경우
- 상품의 가치가 다양한 시장세분화에 따라 달라질 경우

④ SCM의 솔루션

| SCP(Supply Chain Planning) | SCE(Supply Chain Execution) |
| --- | --- |
| - 가변적인 수요에 대하여 균형 잡힌 공급을 유지할 수 있는 최적화된 계획을 구현하는 시스템이다. **1**<br>- ERP(Enterprise Resource Planning)로부터 계획을 위한 기준정보를 제공받아 통합 계획을 수립한 후 지역별 개별계획을 수립하여 ERP쪽으로 전달한다. **1** | - SCP를 통해 수립·실행된 계획대비실적을 다시 SCP로 피드백하여 SCM 전체에 대한 관리를 수행하는 시스템이다.<br>- 공급사슬 내에 있는 상품의 물리적인 상태나 자재 관리, 그리고 관련된 모든 당사자들의 재원 정보 등을 관리하는 시스템이다. **1**<br>- SCE의 주요 솔루션으로는 창고관리시스템(Warehouse Management System), 운송관리시스템(Transportation Management System) 등이 있다. **1** |

## (2) SCM 전략

① 지연전략(Postponement)

- 공장에서 제품을 완성하는 대신 시장 가까이로 제품의 완성(최종 제품의 조립 등)을 지연시켜 생산리드타임을 단축시키고, 소비자가 원하는 다양한 수요를 만족시키는 전략적 지연을 의미한다. **1**
- 제품 생산공정을 전·후 공정으로 나누고, 마지막까지 최대한 전 공정을 지연시키는 전략이다.

**지연전략 사용례**

- 의류업체 A기업은 원사를 색상별로 염색한 후 직조하는 방식으로 의류를 생산하였으나 색상에 대한 소비자 기호의 변동성이 높아서 색상별 수요예측에 어려움을 겪었다. 이후 염색이 되지 않은 원사로 의류를 직조한 이후에 염색하는 방식으로 제조 공정을 변경하여 예측의 정확성을 높이고 재고를 감소시켜 고객서비스를 향상시킬 수 있었다.
- A사는 프린터를 생산 판매하는 업체이다. A사 제품은 전 세계 고객의 다양한 전압과 전원플러 그 형태에 맞게 생산된다. A사는 고객 수요에 유연하게 대응하면서 재고를 최소화하기 위한 전략으로 공통모듈을 우선 생산한 후, 고객의 주문이 접수되면 전력공급장치와 전원케이블을 맨 마지막에 조립하기로 하여 고객이 원하는 수요를 만족시킬 수 있었다.

### ② 표준화(Standardization)

재고를 증가시키는 상품의 다양성을 피하는 것이다.

### ③ 혼재(Consolidation)

- 소량 화물을 다수의 화주로부터 집하하여 이것을 모아서 대량화물로 만드는 것으로 배송비용을 감소시킬 수 있다.
- 규모의 경제에 기반하며 적재율을 향상시킬 수 있으나 리드타임을 증가시킬 우려가 있다.

**참조** **리스크 풀링(Risk Pooling)**

> 재고위험관리기법 중 하나로 여러 지역의 수요를 하나로 통합했을 때 수요 변동성이 감소한다는 것이다. 이것은 지역별로 다른 수요를 합쳤을 때, 특정 고객으로부터의 높은 수요 발생을 낮은 수요의 다른 지역에서 상쇄할 수 있기 때문에 가능하다. 이 변동성의 감소는 안전재고의 감소를 가져오게 되며 따라서 평균 재고도 감소하게 된다.

**예시** 공통모듈 A를 여러 제품모델에 적용하면 공통모듈 A의 수요는 이 모듈이 적용되는 개별 제품의 수요를 합한 것이 되므로, 개별 제품의 수요변동이 크더라도 공통모듈 A의 수요 변동이 적게 나타나는 Risk Pooling 효과를 얻을 수 있다.

## (3) 공급사슬 성과지표

### ① 현금화 사이클 타임(Cash-to-Cash Cycle Time)

회사가 원자재를 현금으로 구입한 시점부터 제품 판매로 현금을 회수한 시점까지의 시간을 평가한 성과지표이다.

### ② 주문충족 리드타임(Order Fulfillment Lead Time)

고객의 주문 요구에 신속하게 서비스로 대응한 시점까지의 시간을 측정·평가한 성과지표이다.

③ 총공급사슬관리비용(Total Supply Chain Management Cost)

제조사 및 공급업체의 공급망 프로세스와 관련된 고정 및 운영비용 등의 측정치를 평가한 성과지표이다.

④ 완전주문충족율(Perfect Order Fulfillment)

공급사슬 성과지표 중 고객에게 정시에, 완전한 수량으로, 손상 없이, 정확한 문서와 함께 인도되었는지의 여부를 평가하는 성과지표이다. **1**

⑤ 공급사슬 대응시간(Supply Chain Response Time)

공급망이 시장 수요에 신속하게 대응할 수 있는 시간을 측정·평가하는 성과지표이다.

## (4) 채찍효과와 해결방안

① 채찍효과(Bullwhip Effect)

- 최종 고객으로부터 공급망의 **상류**로 갈수록 판매 예측정보가 왜곡되는 현상(Bullwhip Effect)을 말한다. **2**
- 최종소비자의 수요 정보가 공급자 방향으로 전달되는 과정에서 수요변동이 증폭되는 현상을 말한다. **1**
- 시장에서의 수요 정보가 왜곡되는 현상을 말한다. **1**

② 채찍효과의 발생원인

- 공급사슬 구성원들의 독립적 수요예측 **1**
- 부정확한 수요예측, 일괄주문처리, 제품가격의 변동, 과도한 통제에 따른 리드타임의 증가, 결품을 우려한 과다 주문, 가격변동에 의한 선행구입, 정보의 **비가시성**은 채찍효과의 발생원인이다. **3**
- 로트(lot)단위, 일괄주문(batch order)은 수요의 왜곡현상을 발생시키고 채찍효과를 유발할 수 있다. **3**
- 채찍효과가 발생하는 이유 중의 하나는 수요예측이 소비자의 실제 수요에 기반하지 않고 거래선의 주문량에 근거하여 이루어지기 때문이다. **2**
- Promotion 등 가격정책의 영향 또는 공급이 부족한 제품에서 일어나는 가짜 Fantom 수요가 발생할 때 채찍효과가 일어난다.

※ 납품주기 단축과 납품횟수 증대는 채찍효과의 원인이 아니다.

### ③ 채찍효과의 제거방안 ■

- 최종소비자의 수요변동을 감소시키는 영업 전략을 선택한다. ■
- 공급망(공급사슬 참여기업) 전반에 걸쳐 수요정보를 중앙집중화하고 상호 공유하여 공급사슬 전체의 불확실성을 줄인다. ■
- 공급망 전반에 걸쳐 있는 수요정보를 공유함으로써 안전재고를 줄인다. ■
- 제품공급의 리드타임(Lead time)을 단축시킨다. ■
- 상시저가전략(EDLP, Everyday Low Price) 등의 가격안정화 정책을 도입하여 가격변동 폭을 줄임으로써 수요의 변동을 감소시킨다. ■
- 공급망 내 주체 간 단순 계약 관계의 구축보다는 전략적 파트너십을 구축한다. ■
- 전략적 파트너십을 통해 공급망 관점의 재고관리를 강화시킨다. ■
- 협력계획, 예측 및 보충(CPFR, Collaborative Planning, Forecasting, and Replenishment)을 적용한다. ■
- 공급자재고관리(VMI, Vendor Managed Inventory) 등 공급체인 구성원 간에 전략적 관계를 강화한다. ■
- 이외 채찍효과의 대처방안으로는 불확실성 최소화, EDI를 이용한 정보리드타임 단축, 전략적 파트너십, 수요 변동 최소화가 있다. ■
- ※ 일회 주문량을 증가시켜 운송비용을 절감하는 주문방식을 일괄대량주문(Batch 주문, 일괄주문처리, Order batching)이라 하는데, 시장수요에 의한 주문량의 변화가 아닌 물류비용 절감을 위한 배치주문과 같은 일회 주문량의 대량화는 채찍효과를 증대시킨다.

## (5) SCOR(Supply Chain Operation Reference) ■

- 공급사슬의 활동을 계획, 구매, 제조, 배송, 반품의 범주로 구분하여 활동 주체들의 업무프로세스 연계 정도를 분석한다. ■
- SCM 프로세스를 유지·관리하고 정기적으로 효과성과 효율성을 평가해 개선하기 위해 개발된 모델이다.
- 개별 기업의 공급사슬 프로세스가 계획(Plan), 조달(Source), 생산(Make), 배송(Deliver), 회수(Return)의 5가지 프로세스로 구성된다고 정의한다.
- 공급망 구축에 있어 모델을 얻기 쉽다.
- 용어, 프로세스의 표준화로 커뮤니케이션이 용이하다.

## (6) 균형성과표(BSC, Balanced Score Card)

### ① 개요

- 기업의 전략과 관련된 측정지표의 집합이라고 볼 수 있으며, 무형자산을 기업의 차별화 전략이나 주주가치로 변환시킬 수 있는 효과적인 기법이다. ■

- 카플런(R. Kaplan)과 노턴(D. Norton)의 균형성과표(BSC, Balanced Score Card)는 전 조직원이 전략을 공유하고 전략방향에 따라 행동하도록 유도함으로써 회사의 가치창출을 보다 효과적이고 지속적으로 이루기 위한 성과측정 방법이다. **1**
- 기업의 성과 중 재무적 관점, 고객관점, 비즈니스 프로세스 관점, 학습 및 성장의 관점에서 종합적이고 균형적으로 측정하는 성과평가시스템이다. **1**
- 물류기업들이 성공을 위해 비전, 전략, 실행, 평가가 정렬되도록 균형성과표(BSC, Balanced Scorecard)를 도입한다. **1**

### ② 특징

- 조직의 전략을 성과측정이라는 틀로 바꾸어서 전략을 실행할 수 있도록 도와준다. **1**
- 균형성과표의 측정지표는 구성원들에게 목표달성을 위한 올바른 방향을 제시해준다. **1**
- 균형성과표의 성공은 실무자와 경영자 및 관리자가 함께 노력하여야 한다. **1**
- 단기적이고 재무적 성과에 집착하는 경영자의 근시안적 사고를 균형 있게 한다. **1**

### ③ 주요 내용

- 균형성과표는 재무 관점(Financial Perspective), 고객 관점(Customer Perspective), 내부 경영프로세스 관점(Internal Business Process Perspective), 학습과 성장 관점(Learning & Growth Perspective)에서 성과지표를 설정하여 미래성과를 창출하는 것이며 단기성과가 아닌 미래이익에 선행하는 비재무적 성과도 관리한다. **3**
- 균형성과표는 재무측정지표와 고객만족, 내부 프로세스, 조직의 학습 및 성장능력과 관련된 3가지 운용측정지표를 포함한다.
- 균형성과표는 성과측정, 전략적 경영관리, 의사소통의 도구로 사용된다. **1**

## (7) 효율적 공급사슬과 반응적 공급사슬 **1**

| 구분 | 효율적 공급사슬 | 대응적 공급사슬 |
|---|---|---|
| 목표 **1** | 최저가격으로 예측 가능한 수요에 효율적으로 공급 | 예측 불가능한 수요에 신속하게 대응 **1** |
| 제품디자인 **2** | 비용 최소화를 달성할 수 있는 제품디자인 성과 극대화 | - 혁신적 제품<br>- 제품 차별화 및 제품 유연성 확보를 위해 모듈디자인(모듈러디자인) 활용 **1** |
| 재고전략 **1** | 높은 재고회전율과 저비용을 위한 공급사슬 재고 최소화 **1** | 신속한 납기를 위한 부품 및 완제품 안전재고 유지 |
| 리드타임초점 **3** | 비용이 증가되지 않는 범위에서 높은 가동률을 통한 리드타임 단축 | 비용이 증가되더라도 적극적으로 리드타임 단축 |
| 공급자전략 **1** | 비용과 품질에 근거한 공급자 선택, 저가격, 적기 공급 | 속도, 유연성, 신뢰성, 품질에 근거한 공급자 선택 **1** |

| 구분 | 효율적 공급사슬 | 대응적 공급사슬 |
|------|----------------|----------------|
| 가격 전략 | 가격이 주요 경쟁 무기, 저마진 | 가격은 경쟁 무기 아님, 고마진 |
| 생산 전략 | 재고생산, 대량생산, 표준화 | 주문조립, 주문생산, 고객화 |
| 여유생산능력 | 낮음, 높은 설비이용률 | 높음, 유연성 |
| 운송 전략 | 저비용 수단 | 신축성, 대응성이 높은 수단 |

## 03 공급사슬관리(SCM) 응용기법

### (1) 협력설계예측 및 보충(CPFR)

① 개요

- Collaborative Planning, Forecasting and Replenishment ❹
- 유통업체인 Wal-Mart와 Warner-Lambert사 사이에서 처음 시도되었다. ❶
- 협업설계예측 및 보충시스템으로 제조업체가 상호 협업을 통해 함께 계획하고 상품을 보충하는 협업프로세스이다.
- 거래파트너들이 특정시장을 목표로 사업계획을 공동으로 수립하여 공유한다. ❶

② 특징

- CPFR을 도입하는 기업들이 가장 먼저 해야 할 일은 협업관계를 개발하는 것이다. ❶
- 소매업자·도매업자·제조업자가 고객서비스 향상과 업자들 간에 유통총공급망에서 재고를 감소시키려는 경영기술전략이다.
- 결품으로 인한 고객만족도 저하현상에 대응하기 위한 안정적인 재고관리의 수단이다. ❶
- 수요예측이나 판매계획 정보를 유통업체와 제조업체가 공유하여, 생산-유통 전 과정의 자원 및 시간의 활용을 극대화하는 비즈니스 모델이다. ❶
- 제조업체와 유통업체가 판매 및 재고 데이터를 이용하고, 협업을 통해서 수요를 예측하고 제조업체의 생산계획에 반영하며 유통업체의 상품을 자동 보충하는 프로세스이다. ❷
- 생산 및 수요예측에 대하여 제조업체와 유통업체가 공동으로 책임을 진다. ❶

### (2) CRP(Continuous Replenishment Process, 지속적 보충프로그램)

- 주문량에 근거하여 공급업체로 주문하던 Push 방식과 달리 실제 판매데이터와 예측수요데이터를 근거로 상품을 보충시키는 Pull 방식 시스템이다.
- 공급업자와 소매업자 간에 POS 정보를 공유하여 별도의 주문 없이 공급업자가 제품을 보충할 수 있다. ❶

−유통업체의 실제 판매 데이터를 토대로 제조업체에서 상품을 지속적으로 공급하는 방식이다. [1]

−적기에 필요한 유통소매점의 재고 보충을 위해 운영비용과 재고수준이 축소된다.

−재고데이터와 점포별 주문데이터를 공급업체에 전송 시 공급업체는 주문업무를 책임진다.

−전반적인 유통공급과정에서의 상품주문기능을 향상시킨다.

## (3) CAO(Computer Assisted Ordering, 자동발주시스템)

−상품판매대의 재고가 소매 점포에서 설정한 기준치 이하로 떨어지면 자동으로 보충주문이 발생하는 시스템이다.

−소매점포의 컴퓨터시스템은 판매대에 진열된 모든 품목의 입고량과 판매량을 대조하여 각 상품에 대한 재고를 추적·관리한다.

−점포·상품별 판매 예측치는 적절한 재고목표치 설정에 사용되며, 시계열적인 판매데이터, 계획된 판촉행사, 계절조정 등을 기초로 작성된다.

## (4) Cross Docking(크로스도킹) [1]

### ① 개념

−창고나 물류센터로 입고되는 상품을 보관하지 않고 곧바로 소매점포에 배송하는 물류시스템이다. [1]

−물류센터 도착 즉시 점포별로 구분하여 출하하는 시스템으로 적재시간과 비용을 절감할 수 있다. [1]

−크로스도킹 시스템이 도입되면 물류센터는 보관 거점의 기능에서 탈피할 수 있다. [1]

−물류센터에서 제품이 머무르는 시간을 감소시킬 수 있는 장점이 있다. [1]

−미국 월마트에서 도입하여 실행한 공급망관리시스템으로 보관거점 탈출시스템이다. [2]

### ② 특징

−EDI, 바코드, RFID 등과 같은 정보기술의 활용을 통해 보다 효과적으로 실현될 수 있다. [1]

−주문한 제품이 물류센터에서 재분류되어서 각각의 점포로 즉시 배송되어야 하는 신선식품의 경우에 보다 적합하다. [1]

−보관 및 피킹작업 등을 생략하여 물류비용을 절감한다.

−크로스도킹의 효과로는 물류센터의 회전율 증가, 물류센터의 물리적 공간 감소, 공급사슬 전체 내의 저장 공간 감소, 상품공급의 용이성 증대, 재고수준의 감소가 있다.

1. **팔레트 크로스도킹(Pallet Cross Docking)**
   가장 단순한 형태의 크로스도킹으로 한 종류의 상품이 적재된 팔레트 단위로 입고되고 소매점포로 직송되는 형태로 양이 아주 많은 상품에 적합하다.

2. **케이스 크로스도킹(Case Cross Docking)**
   한 종류의 상품이 적재된 팔레트 단위로 소매업체의 물류센터로 입고되고, 입고된 상품은 각각의 소매점포별로 주문수량에 따라 피킹, 팔레트에 남은 상품은 다음 납품을 위해 잠시 보관하게 된다.

3. **사전 분류된 팔레트 크로스도킹**
   사전에 제조업체가 상품을 피킹 및 분류하여 납품할 각각의 점포별로 팔레트에 적재해 배송하는 형태이다. 제조업체가 각각의 점포별로 주문사항에 대한 정보를 사전에 알고 있어야 하므로 제조업체에 추가적인 비용을 발생시킨다.

## (5) ERP(Enterprise Resource Planning, 전사적 자원관리)

### ① 개념

- 기업의 모든 활동에 소요되는 인적, 물적 자원을 효율적으로 관리하는 역할을 한다. **1**
- 생산, 판매, 구매, 인사, 재무, 물류 등 기업업무 전반을 통합 관리하는 경영관리시스템의 일종이다. 이는 기업이 보유하고 있는 모든 자원에 대해서 효과적인 사용 계획과 관리를 위한 시스템이다. **1**

### ② 특징

- 전체 공급사슬의 가시성을 증가시키며 재고를 줄이는 데 기여한다. **1**
- 회계, 생산, 공급, 고객주문 등과 관련된 정보를 통합할 수 있다. **1**
- 생산 및 재고계획, 구매, 창고, 재무, 회계, 인적자원, 고객관계관리 등과 같은 다양한 업무의 종합적인 시스템화를 추구한다. **1**
- 채찍효과(bullwhip effect)를 줄이고 공급사슬 참여자들의 효율적 물류활동 실행에 기여한다. **1**
- ERP패키지는 데이터를 어느 한 시스템에서 입력 시 전체적으로 자동 연결되어 별도 인터페이스 처리의 필요가 없는 통합운영시스템이다.
- 기업의 경영자원을 하나의 체계로 통합적 시스템을 재구축하여 생산성을 극대화하려는 대표적인 기업 리엔지니어링 기법이다.

1. **DRP(Distribution Resource Planning, 유통망관리)**
   고객과 가장 가까운 곳에서 수요데이터를 얻고, 수요를 예측하여 이를 생산계획 수립에 빠르게 반영하며, 완제품 출고 이후 소매점 또는 도매점에 이르는 유통망상의 재고를 줄이는 데 근본적인 목적이 있다. **1**

2. **BPR(Business Process Reengineering)**
   - BPR은 Business Process Reengineering의 약자이다. **1**
   - 기업의 활동과 업무 흐름을 분석화하고 이를 최적화하는 것으로, 반복적이고 불필요한 과정들을 제거하기 위해 업무상의 여러 단계들을 통합하고 단순화하여 재설계하는 경영혁신 기법이다. **2**
   - BPR의 성공을 위해서는 최고경영층의 주도와 구성원의 공감대가 필요하다. **1**
   - 대상 프로세스에 관련된 부서를 주축으로 해야 한다. **1**
   - 업무프로세스를 변화시키는 것이며, 개선이 아닌 **근본적인 혁신**의 형태를 취하는 것이 특징이다. **1**
   - BPR의 궁극적인 목적은 기업중심의 경영체제를 만드는 것보다는 **고객중심의 경영체제**를 만드는 것을 우선으로 하는 데 있다. **1**
   ※ BPR은 경영혁신기법으로 SCM 실현과는 거리가 있다.

3. **Co-petition(코피티션)**
   cooperation(협동)과 competition(경쟁)의 합성어로 기업 간 극단적인 경쟁에서부터 야기될 수 있는 위험요소들을 최소화하고, 자원의 공용화, 공동 R&D 등의 협력을 통해 서로 윈-윈하자는 비즈니스 성공전략이다. **1**

4. **고객관계관리(CRM, Customer Relationship Management)**
   - **공급자가 아닌 소비자들을 고객으로 만들고 장기간 관계를 유지하고자** 하는 기법이다. **1**
   - 고객관계관리는 단계별로 고객관계 형성, 고객관계 유지, 고객관계 강화로 구성된다. **1**
   - 우수고객을 어떻게 파악하고, 획득하며, 유지시켜 고객의 평생가치를 높일 수 있는가에 대한 분석이 필요하다. **1**
   - 고객관련 데이터를 어떻게 획득하고, 축적하며, 분석하고 서비스할 것인가에 관한 고객 전략수립과 인프라 구축에 대한 이해가 필요하다. **1**
   - 동일하지 않은 고객을 분류하여 각기 다른 부분에 속하는 고객에게 차별화된 제품과 서비스를 제공하여야 한다. **1**

5. **공급자관계관리(SRM, Supplier Relationship Management) 전략 실행**
   - SRM 솔루션은 도입기업과 공급자 간 거래 프로세스의 자동화에 기여한다. **1**
   - SRM 소프트웨어 도입을 통하여 공급자와 사용기업의 정보 및 프로세스 흐름의 가시화 수준을 높일 수 있다. **1**
   - SRM 솔루션은 내부 사용자와 외부 파트너를 위해서 다수의 부서와 프로세스 등을 포괄할 수 있도록 설계된다. **1**
   - SRM 솔루션의 운영을 통하여 공급자와 사용기업의 비즈니스 프로세스가 통합되어 외부 **공급자와 사용기업** 사이의 장기적인 협업관계 형성을 가능하게 한다. **1**
   - SRM 전략실행을 통하여 고객중심의 대안을 신속히 제공하게 되어 시장변화에 대한 대응력을 향상시킬 수 있다. **1**

6. **실시간 위치추적 시스템(RTLS, Real-Time Location System)**
   실시간으로 사물의 위치 정보 측위를 통해 다양한 서비스를 제공하는 시스템을 말한다.

### (6) ABC(Activity-Based Costing, 활동기준원가계산)

① 개념

- 기업 내에서 수행되고 있는 프로세스 활동(Activity)을 기준으로 자원(Resource)과 활동(Activity), 활동(Activity)과 원가대상(Cost Object)의 소비 관계를 상호 간의 인과관계에 근거하여 규명함으로써 자원 활동, 원가대상의 원가(Cost)와 성과(Performance)를 측정하는 원가계산기법을 의미한다.
- 업무를 활동 단위로 세분하여 원가를 산출하는 방법이다. **3**
- 활동별로 원가를 분석하여 낭비요인이 있는 물류 업무영역을 알 수 있다 **3**
- 전통적 원가계산방법보다 제품이나 서비스의 실제 비용을 현실적으로 계산할 수 있다. **1**
- 산정원가를 바탕으로 원가유발 요인분석이나 성과 측정을 할 수 있다. **2**

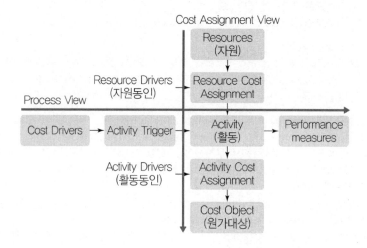

② 특징

- 물류서비스별, 활동별, 유통경로별, 고객별, 프로세스별 수익성을 분석할 수 있다. **2**
- 소품종 대량생산보다 다품종 소량생산 방식에서 유용성이 더욱 높다. **1**
- 제품과 고객의 비용과 이익을 이해하는 도구로 쓰인다.
- 투입한 자원이 제품 또는 서비스로 전환되는 과정을 명확히 파악할 수 있다.
- 업무 활동 단위로 세분하여 원가 및 경비를 산출·분석한 후 물류업무영역을 파악하고, 산정된 원가를 토대로 원가 유발 요인을 분석하고 성과를 측정할 수 있다.

### (7) ECR(Efficient Consumer Response, 효율적 고객대응) - 식품부문에서 시작

① 개념

- 소비자만족에 초점을 둔 공급체인관리의 효율성을 극대화하기 위한 모델이다.
- 제품에 대한 고객들의 반응을 측정하여 재고 관리 및 생산효율을 달성하는 방식이다. **1**

- 제품 생산단계에서부터 유통 · 물류의 전 과정을 하나의 프로세스로 보아 관련 기업들의 긴밀한 협력으로 효율 극대화를 추구하는 효율적 고객대응기법이다.
- 제조업체와 유통업체가 상호 협력하여 비효율적인 거래관행을 제거하고, 고객서비스에 있어서 비효율적 · 비생산적인 요소를 제거하여 효용이 큰 서비스를 소비자에게 제공하려는 전략이다.
- 신속대응과의 차이점은 섬유산업뿐만 아니라 식품 등 다른 산업부문에도 적용 가능하다는 점이다.
- 상품이 생산 · 포장단계에서부터 판매진열대에 이르기까지 전 과정을 필요한 시기에 신속 · 정확하게 이동하기 때문에 재고가 줄어든다.

② ECR 추구전략과 조건

| ECR 추구전략 | ECR 조성조건 |
|---|---|
| • 부가가치 창출<br>• 물류의 통합<br>• 재고 흐름의 자동화<br>• 조달사이클의 통합 | • Cross-Docking 시스템<br>• 유연생산시스템(FMS)<br>• 자동발주시스템(CAD)<br>• ABC(Acticity-Based Costing) |

③ ECR의 구현전략

| 구현전략 | 목표 |
|---|---|
| 효율적인 재고 보충 **1** | • 연속적인 재고보충으로 유통 효율화<br>• 상품조달시스템 활용으로 시간과 비용 최적화 |
| 효율적인 매장진열관리 **1** | • 진열대에서의 공간 활용을 통하여 상품구색 갖춤의 최적화<br>• 재고 및 소비자 접점에서 점포공간의 최적화 |
| 효율적인 판매 촉진 **1** | • 소비자의 적극적 구매요인<br>• 거래 및 소비자 판촉시스템의 효율성 극대화 |
| 효율적 신제품 도입 및 소개 **1** | 신상품 개발 및 상품소개의 효율성 극대화 |

## (8) Postponement(전략적 지연) **2**

공장에서 제품을 완성하는 대신 시장 가까이로 제품의 완성을 지연시켜 소비자가 원하는 다양한 수요를 만족시키는 것이다. **1**

| 전 과정 지연전략<br>(Pull Postponement) | 제조업체 측에서 Push에서 Pull로 전환되는 접점을 가급적 지연 |
|---|---|
| 실행계획 지연전략<br>(Logistics Postponement) | 주문제작(Customization) 시점을 고객과 가까운 단계에서 하도록 미루는 지연전략 |
| 방식 지연전략<br>(Form Postponement) | 부품 또는 사양을 표준화하거나, 프로세스 순서 변경으로 물류 및 제품을 차별화하는 단계 |
| 일시적인 지연전략<br>(Temporal Postponement) | 소비자 요구에 부응하여 최종 제품 완성을 연기하고 부분적 조립, 상표부착, 포장, 조립, 수송, 보관 등으로 나누는 전략 |

1. **신속대응(QR, Quick Response) – 의류부문에서 시작**
   ① 개념
      - 생산 및 유통업자가 전략적으로 협력하여 소비자의 선호 등을 즉시 파악하고, 시장변화에 신속하게 대응함으로써 시장에 적합한 제품을 적시·적소에 적절한 가격으로 제공하는 것을 원칙으로 한다. **1**
      - 생산 및 포장에서부터 소비자에게 이르기까지 효율적인 제품의 흐름을 추구한다. **1**
      - 제조업체와 유통업체 간에 표준상품코드로 데이터베이스를 구축하고, 고객의 구매성향을 파악 공유하여 적절히 대응하는 전략이다. **1**
      - 저가격을 고수하는 할인점, 브랜드 상품을 판매하는 전문점, 통신판매 등을 연계하여 철저한 중앙 관리체제를 통해 소매점업계의 경영합리화를 추구하는 전략이다. **1**
   ② 선결조건
      QR을 실행하기 위해서는 EDI, 바코드, POS 등의 유통정보 기술이 요구된다. **1**
   ③ 장점
      - 조달, 생산, 판매 등 모든 단계에 걸쳐 시장정보를 공유하여 비용을 줄이고, 시장변화에 신속하게 대처하기 위한 시스템이다. **1**
      - 제조업자는 주문량에 맞추어 유연생산이 가능하고, 공급자수를 줄일 수 있으며, 높은 자산회전율을 유지할 수 있다.
      - 시스템 측면에서는 낭비를 제거하고, 효율성을 향상시킬 수 있으며, 신속성도 향상된다. **1**

2. **공급자재고관리(VMI, Vendor Managed Inventory) 2**
   - 공급자 주도형 재고관리로서 유통업체에서 발생하는 재고를 제조업체가 전담해서 주도적으로 관리하는 방식이다. **3**
   - 유통업체가 판매·재고 정보를 EDI로 제조업체에 제공하면 제조업체는 이 데이터를 분석하여 수요를 예측하고 상품의 납품량을 결정하는 시스템 환경이다.
   - 유통업체는 재고관리의 비용절감 효과를 가질 수 있고 제조업체는 적정생산 및 납품을 통해 경쟁력을 유지할 수 있다.

3. **공동재고관리(CMI, Co-Managed Inventory)**
   - 전반적인 업무처리 구조는 VMI와 같은 프로세스이나, CMI의 경우에는 제조업체와 유통업체 상호 간 제품정보를 공유하고 공동으로 재고관리를 한다.
   - VMI는 제조업체가 발주 확정 후 바로 유통업체로 상품배송이 이루어지는 것에 비하여, CMI는 제조업체가 발주 확정을 하기 전에 발주권고를 유통업체에게 보내어 상호 합의 후 발주확정이 이루어지는 처리방식이다.

4. **콜드체인(Cold Chain)**
   - 대상 화물의 온도를 관리하는 공급사슬을 의미한다. **1**
   - 콜드체인 시장은 크게 기능에 따라 냉장 운송시장과 냉장 보관시장으로, 품목에 따라 식품콜드체인과 바이오·의약품 콜드체인으로 구분할 수 있다. **1**
   - 식품콜드체인관리 목적은 크게 식품 안전, 식품의 맛 유지, 식자재 폐기물 발생 억제 등이다. **1**
   - 농산품콜드체인은 식품 특성에 따라 농장에서부터 소비자 식탁에 이르기까지 전 과정의 온도 등을 관리하는 것을 의미한다. **1**
   - 재래시장에서는 비용상의 문제로 모든 농산물에 적용되기는 어렵다. **1**

5. **대량고객화(Mass Customization) 3**
   - 비용, 효율성 및 효과성을 희생시키지 않고 개별 고객들의 욕구를 파악하고 충족시키는 전략으로 대표적인 예로는 미국의 델컴퓨터가 있다. **1**
   - 소비자의 요구가 개별화됨에 따라 종래의 표준화된 제품을 대량생산해서 판매하던 방식에서 개별 고객의 요구에 맞춰 제조, 납품하는 방식으로 변화하여 유통대상 품목이 많아지고 재고 및 물류관리가 복잡해지고 있다. **1**

- 다품종 대량생산을 특징으로 한다.
- 정보기술과 생산기술의 발전에 따라 대두되었다. **1**

6. **효율적고객대응(EHCR, Efficient Healthcare Consumer Response) 전략**
   - ECR 전략을 의료산업에 적용한 것을 말한다. **1**
   - 의료공급체인을 효율적·효과적인 방법으로 관리하여 공급체인 내의 모든 비효율적인 요소를 제거하고, 관련 비용의 최소화와 고객서비스의 극대화를 위한 의료업계 전체의 노력을 말한다.

## (9) e-SCM

### ① 개념

- e-Business의 범위에서 원자재 조달, 생산, 수·배송, 판매 및 고객관리 프로세스의 물류 흐름과 관련 활동의 통합적인 관리기법을 인터넷에 기반하여 실시간으로 신속하고 효율적으로 처리하는 것이다.
- e-Business에서 e-SCM을 구현하면 최적의 의사결정이 가능해지고 SCM에서의 핵심적인 응용기술인 공급사슬계획의 최적화가 가능해진다.

### ② e-SCM 효과 **1**

- 공급자와 구매자 간 신속한 의사소통이 가능하여 중간유통업체의 배제를 통해 제품의 리드타임을 단축할 수 있다. **1**
- 거래비용이 **감소**한다. **1**
- 가상네트워크를 통해 수평적 사업기회의 확대가 가능하다. **1**
- e-SCM의 효과적 운영을 위해서 ERP, CRM 등의 지원이 필요하다. **1**
- 원자재 공급업체, 생산업체, 물류업체 간에 핵심정보의 피드백이 원활하게 된다. **1**
- 업체 간 협업과 실시간 재고관리로 안전재고 유지가 가능하다.

> **참조** 📝 **글로벌 가치사슬(Global Value Chain)**
>
> - 제품의 기획, 생산, 조립, 마케팅, 고객서비스 등 제품의 가치창출을 위한 일련의 활동이 다수의 국가에서 이루어지는 것을 말한다. **1**
> - 글로벌 가치사슬의 형성은 가치창출을 위한 일련의 활동을 최적 분배하여 기업의 생산성을 향상시킨다. **1**
> - 개별 국가의 법적 규제나 가치사슬상의 리더 기업이 적용한 제품·프로세스 기준이 기술무역장벽으로 작용할 수 있다. **1**
> - 발전 배경으로는 WTO 체제의 발족, 수송기술의 발전, ICT 기술발전 및 표준확산 등을 들 수 있다. **1**
> - 글로벌 가치사슬이 심화됨에 따라 다국 간에 걸친 기업 간 분업에서 산업 간 분업으로, 공정 간 분업에서 제품분업으로 진전되고 있다. **1**
> - 글로벌 가치사슬이 심화됨에 따라 생산분업이 활발하게 이루어지고 있으며, 생산단계가 더욱 세분화되고 있다. **1**

> **참조** 글로벌 공급사슬관리시스템의 효율적 설계 및 운영

> – 구성원들이 시스템에 관한 목표를 명확히 정의하여 시스템의 목표를 달성하는 방향으로 의사결정을 내리게 유도한다. **1**
> – 소비자에 대한 서비스수준 향상에 기여할 수 있는 성과측정 장치를 개발하도록 한다. **1**
> – 정보 공유를 통한 의사결정을 이루기 위해서는 부서 간의 **협동이 중요**하다. **1**
> – 물류기업의 물류 하부구조 등에 대한 적극적인 투자를 수행하며 이를 통해 미래 확장가능성에 대비할 수 있어야 한다. **1**
> – 아웃소싱을 적극적으로 활용함으로써 비용과 시간을 절감하며 물류기업의 경쟁력을 최대화하는 방향으로 물류기업의 자원을 서로 결합하여야 한다. **1**

## 04 기타 물류혁신기법

### (1) MRP(Material Requirement Planning, 자재소요계획시스템)

① 개념

– 전산화프로그램으로 재고관리와 생산일정을 계획·통제하고, 적량의 품목을 적시에 주문하여 적정 재고수준을 통제하기 위한 시스템이다.
– MRP시스템은 자재소요계획으로부터 출발하여 회사의 모든 자원을 계획하고 관리하는 전사적 자원 관리로 발전되어 왔다. **1**
– MPS의 변경을 수용할 수 있다. **1**

② 특징 **1**

– 완제품의 수요예측으로부터 시작된다. **1**
– 배치(batch) 제품, 조립품 생산 등에 적합한 자재관리 기법이다. **1**
– 주 구성요소는 MPS(Master Production Schedule), BOM(Bill of Materials), 재고기록철 등이다. **1**
– MPS, 생산물 구조기록, 재고기록상태 등이 기본적으로 입력되어야 하므로 기업의 구성요소에 의해 MPS를 수시로 변경한다.
– MRP Ⅱ로 확장되었다. **1**

③ 고객서비스 최적화 및 안전재고 동시 확보방안

– 가격안정화 전략을 실행
– 수요 불확실성을 줄임
– 공급자와 협업적 관계를 구축
– 리드타임(Lead Time) 변동성 축소
– 정형적인 업무처리인원 축소

**[JIT와 MRP비교] ❷**

| 구분 | JIT | MRP |
|------|-----|-----|
| 관리 | 주문이나 요구에 의한 소요개념 | 계획에 의한 소요개념 |
| 거래 | 구성원 입장에서 장기거래 | 경제적 구매 위주의 거래 |
| 목표 | 낭비의 제거 | 계획 수행 시에 필요량 확보 |
| 통제순위 | 간판의 도착순서 | 작업배정의 순서 |
| 시스템 | Pull 시스템 | Push 시스템 |

## (2) MRO(Maintenance, Repair & Operation, 기업소모성자재) ❶

### ① 개념

－기업에서 제품생산과 관련된 원자재를 제외한 회사 경영 · 관리 · 유지 등에 필요한 모든 소모성 자재나 설비를 의미한다. ❶
－기업의 각종 용품의 구입 및 관리를 전문업체에 위탁함으로써 직접 구매하고 관리하는 데 따른 비효율성과 인적낭비를 제거하려는 것이다. ❶

### ② 특징

－MRO 사업자는 구매자에게 신뢰성 있는 제품정보를 제공하기 위하여 공급업체를 철저히 관리해야 한다. ❶
－MRO 사업자는 구매 대상 품목을 표준화하여 주문관리 효율성을 증진시킨다. ❶
－MRO 사업자는 표준화된 상품 데이터베이스를 구축한다. ❶
－상품 DB의 표준화로 제품 탐색 및 주문관리의 효율성을 증진시킨다. ❶
－MRO 사업자는 운영품목뿐 아니라 유지 · 보수 품목의 확대로 통합 · 토털서비스를 제공해야 한다.
－MRO 사업자는 다빈도 표준화 품목인 MRO의 구매역량을 강화해야 한다.

### ③ MRO 사업의 성공요건

－시스템의 확장성 및 통합성 확보 ❶
－비계획 구매에 대한 효과적인 대응 ❶
－철저한 공급업체의 관리 ❶
－MRO 자재에 대한 토탈 서비스의 제공 ❶

## (3) 린(Lean) 생산방식 ❶

－과잉생산, 과잉재고, 보관기간, 운송시간 등 낭비적 요소를 제거해 종래의 공급사슬의 문제점을 해결하는 전략 ❶

- 생산원가 절감으로 낭비를 최소화하는 생산방식
- 작업공정 혁신과 재고 축소로 비용을 줄이고, 생산성과 효율성의 증대 추구
- 품질에 대한 엄격한 관리 요구

## (4) 애자일(Agile) 생산방식 ❶

- 고객들이 원하는 바를 파악해 이를 개발한 후 시장에 내놓고 반응을 살피는 것으로, 소규모 인원이 신속하게 제품을 개발하고 지속적으로 이를 업데이트하는 전략 ❶
- 시장변화를 민첩하고 즉각적으로 받아들여 변화에 대응
- 제품 설계부터 출하까지 신속한 처리과정
- 급변한 고객의 요구사항에 유연하게 대처하는 응용시스템

**[공급사슬 시스템전략]**

| 린(Lean) 생산방식 | 애자일(Agile) 생산방식 |
|---|---|
| • 불규칙한 수요에 맞춰서 생산량을 조절할 수 있는 유연하면서 효율성 높은 생산방식으로 낭비의 제거 및 속도와 흐름을 증진하기 위한 활동<br>• 린의 목표는 낭비를 제거하고, 재공품 재고를 줄여서 공정 및 제조의 리드타임을 단축함으로써 궁극적으로는 공급망의 속도와 흐름을 높이는 것 | • FMS(Flexible Manufacturing System, 유연생산시스템)의 단점인 저생산성과 기존 전용장비의 단점인 유연성을 보완하는 생산시스템<br>• 제품의 생산주기 시간을 단축하고 설계의 빠른 변경을 통해 시장과 제품 수요에 신속한 대응이 가능한 시스템 |

# CHAPTER

## 08 물류산업동향

### 01 물류산업 발전동향

### (1) 환경친화지향 및 보안강화

- 환경친화 및 안전지향적 물류로 발전 **1**
- 환경문제를 중시하는 그린물류 부상 **2**
- 에너지절감, 친환경물류, 안전·보안을 강화한 물류의 필요성이 증가 **1**
- 도시의 과밀화와 교통사정의 악화 등으로 물류업계의 협업화가 대안으로 제시 **1**
- 물류정책은 물류인프라 확충, 정보화 및 표준화를 통한 물류선진화를 추구하면서 환경과 안전을 중시하는 경향이 증가 **1**
- 종합물류기업 인증제 도입 등 물류산업 육성을 위한 정책적 지원 강화 **1**

> **참조** 🔷 **녹색물류(Green Logistics)와 실천방법 2**
>
> 1. 개념
>    - 녹색물류란 온실가스 배출량을 감소시키는 방안이다. **1**
>    - 조달·생산 → 판매 → 반품·회수·폐기(reverse)상의 과정에서 발생하는 환경오염을 감소시키기 위한 제반 물류활동을 의미한다. **1**
>    - 녹색물류 활동을 통한 비용절감이 가능하며, 기업의 사회적 이미지가 제고된다. **1**
>    - 교토의정서, 몬트리올의정서 등은 온실가스 배출로 인한 지구온난화를 방지하기 위해 추진되었다. **1**
>    - 2005년 교토의정서의 발효 이후 미국, EU, 일본 등 주요 국가들은 $CO_2$ 배출량의 삭감과 모달시프트(Modal Shift) 등 녹색물류를 자국의 물류정책에 적극 반영하고 있다. **1**
>    - 물류활동을 통하여 발생되는 제품 및 포장재의 감량과 폐기물의 발생을 최소화하는 방법 등을 말한다. **1**
>    - 환경보전을 위한 포장에는 감량화(Reduce), 재사용(Reuse), 재활용(Recycle)이 중요시되고 있다. **1**
>
> 2. 실천방향
>    - ㉠ 일반적인 실천방향
>      - 차량급출발, 공회전, 급브레이크 밟기 등을 줄이는 것도 녹색물류 활동이다. **1**
>      - 포장개선, 수·배송개선, 하역개선, 보관개선, 물류공동화 운영, 물류표준화 추진 모두 녹색물류 실행과 관련이 있다. **1**
>      - 온실가스는 이산화탄소($CO_2$), 메탄($CH_4$), 아산화질소($N_2O$), 수소불화탄소(HFCs), 과불화탄소(PFCs), 육불화황($SF_6$) 6가지 가스로 구성된다. **1**
>      - 과도한 단납기 및 소량납품의 물류조건을 개선한다. **1**

- 수송포장의 합리화를 위해서 화주와 물류기업 간의 협력을 강화한다. **1**
- 트럭수송 위주에서 철도 등의 대량 화물수송수단의 활용도를 높인다. **1**
- 제품의 설계단계에서부터 포장표준화 포장재료의 재활용을 고려한다. **1**
ⓒ 우리나라의 실천방향
- 국토교통부는 친환경 물류활동을 하는 기업을 평가하여, 그 대상을 화주기업이나 물류기업을 대상으로 우수녹색물류실천기업으로 인증하고 있다. **1**
- 2020 물류분야 온실가스 감축목표치가 가장 높은 사업은 철도, 연안해운 전환수송(modal shift) (515만 톤), 3PL 및 공동물류활성화(358만 톤) 순이며 철도 · 연안수송으로 전환하는 물량에 대한 보조금을 지원한다. **1**
- 우리나라는 2020년 국가온실가스감축목표를 온실가스배출전망치(BAU, Business As Usual) 대비 30% 감축키로 하였고, '제1차 기후변화대응 기본계획 및 2030 국가온실가스감축 기본로 드맵'에서는 2030년 목표로 BAU 대비 37% 감축키로 하였다. **1**
- 우리나라에서는 폐기물을 다량 발생시키고 있는 생산자에게 폐기물을 감량 및 회수하고, 재활 용할 의무를 부여하는 생산자책임 재활용제도를 운영하고 있다. **1**

## (2) 글로벌화

- 국제물류수요의 증가 **1**
- 세계교역량의 급격한 증가 **1**
- 세계를 연결하는 글로벌물류 추구 **1**
- 글로벌 경제활동에 따른 공급사슬의 복잡화 **1**
- 물류기업의 M&A 및 전략적 제휴 확산 **1**
- 물류산업 국제화가 진행되어 국내시장에서도 세계적인 물류기업과의 경쟁 심화 **2**
- 국제화가 진전됨에 따라 국제 표준화에 대한 적응과 국가 간 규제에 대한 대응력 강화 필요 **1**
- 글로벌 물류시장을 선도하기 위한 국가적 차원의 종합물류기업 육성정책이 시행 **1**

## (3) 서비스제고

- 물류의 소량 다빈도화 **2**
- 고품격 고객맞춤 서비스물류 지향 **1**
- 물류비의 절감과 매출 증대의 중요성 증가 **1**
- 소비자 욕구와 상품구입 방법의 다양화 **1**
- 당일배송 서비스 확대 등 물류의 스피드경쟁 가속화 **1**
- e-비즈니스 확산 등으로 Door-to-Door 일관배송, 당일배송 등의 서비스가 증가 **1**
- 고객맞춤형 기능 제공 등 고부가가치 물류서비스 확산 **2**
- 기업의 유연성 증가와 고정비용의 감소를 위하여 물류부문을 아웃소싱하여 3PL 또는 4PL로 발전하는 경향이 있음 **2**
- 설계 · 개발, 제조 및 유통 · 물류 등 생산과정에 디지털 자동화 솔루션이 결합된 정보통신기술 (ICT)을 적용하여 생산성, 품질, 고객만족도를 향상시키는 지능형 생산공장인 스마트팩토리가

발달하여 다품종 대량생산 가능 **1**
- 소비자 니즈(Needs)의 다양화와 제품 수명주기의 단축에 따라 과잉재고를 지양하려는 경향이 심화되고 있음 **1**

## (4) 물류기술의 발전

- 물류정보화의 진전 및 물류기술의 고도화 **2**
- 제조업체에서 유통업체로의 채널파워 이동 **1**
- 인터넷, 모바일, RFID 등 IT 기술의 급격한 발전 **1**
- 전자상거래의 비중이 늘어남에 따라 신속하고 신뢰성 높은 저비용 물류체계의 구축이 더욱 중요해지고 있음 **2**
- 물류센터의 기능은 단순 보관시설(Storage)에서 유통창고(Warehouse)로 전환되고 있음 **1**
- 소비자 요구 충족을 위해서 수요예측 등 종합적 물류계획의 수립 및 관리가 중요 **1**


## **02** 국제물류 관련용어

① 교토의정서

에너지 사용과 관련된 협약으로 지구온난화 물질에 대한 규제를 담고 있다. **1**

② 국제표준화기구(ISO)

경제활동이 글로벌화되면서 각 기업들은 세계경영을 시도하고 이에 따라 국제표준을 따르는 추세에 있다. **1**
- ISO 9001 : 품질경영시스템 **1**
- ISO 14000 : 환경경영시스템 **1**
- ISO 14001 : 환경경영체제
- ISO 14010 Series : 환경감사
- ISO 14020 Series : 환경라벨링
- ISO 14030 Series : 환경성과평가
- ISO 14040 : 전과정평가
- ISO 22000 : 식품안전경영시스템 **1**
- ISO 26000 : 기업의 사회적 책임표준 **1**
- ISO 28000 : 공급사슬보안경영시스템 **1**

- 국제표준화기구에 의해 국제적으로 보안상태가 유지되는 기업임을 인증하는 보안경영 인증제도이다. **1**
- 국제적인 비정부기구에서 기업 보안관리 표준의 필요성에 부응하여 도입한 물류보안경영의 표준 및 인증제도로 생산자, 운송 · 보관업자 등을 포함하는 공급사슬 내의 모든 기업을 적용 대상으로 한다. **1**
- 수출입 안전관리 역량을 강화시키기 위해서 기업이 비용을 부담하고 도입하는 민간프로그램으로, 보안관리 시스템을 구축하고 인증을 받으면 일정한 보안자격을 갖춘 것으로 인정한다. **1**
- AEO는 정부주도의 무역보안인증이고 ISO 28000은 민간부문의 물류보안인증이다.

③ REACH(Registration, Evaluation, Authorization and Restriction of Chemicals)

- EU의 REACH는 화학물질의 등록, 평가, 허가, 제한을 규정한 제도이다.
- 기존 EU 내 화학물질 관련 법령을 통합한 제도이다. **1**
- 기한 내 사전등록을 하지 않는 기업은 대 EU 수출이 사실상 불가능하다. **1**
- 국내에서는 REACH에 대응하기 위한 법률로서 '화학물질의 등록 및 평가 등에 관한 법률'이 제정되어 있다. **1**
- 국내 기업이 EU로 수출할 경우에 연간 1톤 이상 제조 · 수입되는 기존 화학물질과 완제품 내의 위해성 정보를 등록해야 한다. **1**
- REACH 등 국제환경규제의 도입으로 공급사슬상의 협력업체 간 상호 의존성이 더욱 심화되고 있다. **1**

④ 바젤협약

유해 폐기물의 국가 간 이동을 금지하고 있다. **1**

⑤ 몬트리올의정서

CFC(염화불화탄소) 등 오존층 파괴물질의 생산 및 사용을 규제하고 있다. **1**

⑥ RoHS(Restriction of Hazardous Substances)

전자제품 유해물질(납, 크롬, 카드뮴, 수은 등 6개 물질)에 대한 사용규제 조항을 담고 있다.

⑦ WEEE(Waste Electrical and Electronic Equipment)

생산자의 전기 · 전자제품 폐기에 관한 처리지침을 담고 있다. **1**

⑧ EuP(Energy-using Products)

에너지 사용제품에 대한 에코디자인 요구사항을 정립하려는 친환경제품 설계의무 지침이다.

## 03 물류보안의 강화

물류보안제도는 적용범위에 따라 공급사슬의 특정구간을 적용대상으로 하고 있는 제도와 공급사슬의 전 구간을 적용대상으로 하고 있는 제도로 나눌 수 있다. **1**

### (1) 컨테이너안전협정(CSI, Container Security Initiative)

- 미국 관세국경보호청(CBP, Customs and Border Protection)은 9 · 11테러 이후 반테러프로그램의 일환으로 CSI를 도입하였다. **1**
- 테러에 사용되는 물품이 선박의 컨테이너에 숨겨져 미국에 몰래 반입되는 것을 근본적으로 차단하기 위해 도입하였다. **1**
- 테러의 위험이 있는 컨테이너 화물이 미국으로 선적되기 전에 외국항에서 검사하고 확인할 수 있도록 하는 것이다. **1**
- 미국 관세청 직원을 해외항구에 파견, 위험성이 높은 화물을 미리 검사함으로써 미국행 화물의 안전도를 높이기 위한 조치이다. **2**
- 외국항만에 미국 세관원을 파견하여 미국으로 수출할 컨테이너 화물에 대한 위험도를 사전에 평가하는 컨테이너 보안협정이다. **1**

### (2) 24시간 전 적하목록 제출제도(24Hour Advance manifest Rule)

- 해상화물의 경우 운송인이 선적항에서 선적 24시간 전에 화물적하목록을 제출하도록 규정한 미국 관세국경보호청(CBP)의 규칙이다. **1**
- 24 - hour rule은 컨테이너 선박이 미국에 입항하기 24시간 전에 **운송인**이 컨테이너 화물에 대한 세부정보를 미국 관세청(세관)에 제출하도록 규정한 내용이다. **1**

### (3) C - TPAT(Customs Trade Partnership Against Terrorism)

- 최초의 물류보안제도는 9 · 11테러 이후의 2002 반테러 민관협력제도인 C - TPAT이다. **1**
- 2002년부터 미국 관세청은 국토안보정책의 일환으로 컨테이너 보안협정인 CSI(Container Security Initiative)와 함께 테러방지를 위한 민관협력프로그램인 C - TPAT(Customs - Trade Partnership Against Terrorism)를 시행하였다. **1**
- 세관 · 국경보호청(CBP, Customs and Border Protection)이 도입한 반테러 민 · 관 파트너십 제도로서 미국의 수입업자, 선사, 항공사, 터미널 운영사, 포워더, 통관중개인 등을 적용대상으로 한다. **2**
- 테러 방지를 목적으로 하는 미국 관세청(세관)과 기업의 파트너십 프로그램이다. **2**
- 국제운송 전체의 보안성과 안전성을 제고하여 테러 위협에 대항하기 위해 미국 관세청이 만든 임의참가 형식의 보안프로그램이다. **1**

- 미국으로 화물을 수출하는 모든 제조업자, 화주, 선사 등에게 화물의 공급사슬 전반에 걸쳐 보안성을 확보하도록 하는 것이다. **1**
- 미국 세관이 제시하는 보안기준 충족 시 통관절차 간소화 등의 혜택이 주어지는 민관협력 프로그램이다. **2**

## (4) 세이프 프레임워크(SAFE Framework)

- 9 · 11테러 이후 세계관세기구(WEO)에서 채택된 것이다.
- 세관에서 정한 일정한 기준을 충족하여 물류안전에 관한 공인인증을 받는 사업자의 통관절차를 간소화하여 공정무역을 촉진하며, 위험이 높은 부분은 통관을 엄격히 시행하는 것이 주 내용이다.

## (5) 종합인증우수업체(AEO, Authorized Economic Operator)

### ① 도입배경

- 세계관세기구(WCO)는 무역의 안전 및 원활화를 조화시키는 표준협력으로 AEO를 도입하였다. **1**
- 세계관세기구(WCO)에서 관리 · 운영하는 제도로 우리나라는 2009년에 AEO제도를 관세법에 도입하여 시행하였다.
- 민 · 관협력 바탕의 관세행정 위험관리의 새로운 정책적 수단이다. **1**
- 현재 미국, EU, 중국, 일본 등이 AEO 제도를 시행하고 있다. **1**

### ② 주요 내용

- AEO는 세계적인 물류보안 강화 조치로 인한 무역원활화를 저해하는 문제점을 해소하고자 각국 세관이 수출업자, 수입업자, 제조업자, 관세사, 운송사, 창고업자, 하역업자 등을 대상으로 적정성 여부를 심사하여 우수업체로 공인해 줌으로써 통관상의 혜택을 부여하는 제도이다. **2**
- 수출입과 관련하여 물품의 생산, 운송, 보관 등 수출입 공급망에 포함된 모든 당사자가 참여할 수 있다. **1**
- AEO 상호인정체결국 간 수입통관 시 서류제출 감소, 검사비율 축소, 통관 신속화 등의 혜택을 받을 수 있다. **1**
- AEO 인증을 받은 기업은 상호인증협정(MRA)을 맺은 국가에 수출할 때 인증을 받지 않은 기업에 비해 신속한 통관절차를 받을 수 있다. **1**
  ※ 세관은 공인대상이 아님에 유의한다.

## (6) 선박 및 항만시설 보안규칙(ISPS Code) **1**

- 각국 정부와 항만관리당국, 선사들이 갖추어야 할 보안 관련 조건들을 명시하고, 보안사고예방에 대한 가이드라인을 제시하였다. **1**
- 미국 9 · 11 항공기 테러 사건을 계기로 IMO(국제해사기구)가 해상에서의 테러를 방지하기 위해 제정하였다.

## (7) SFI(Secure Freight Initiative, 화물안보협정)

2006년 12월 미국 국토안보부와 에너지국이 공동발표한 협정으로 세계 주요 항구에 설치된 검색장비 및 선적정보를 취합하여 핵물질 및 방사능 물질 검색능력을 향상시킴으로서 핵무기로부터 자국을 보호하고 무역공급망안전을 도모한다.

## (8) ISF[Importer Sucurity Filing, 10+2(Ten Plus Two Rule)]

- 보안 및 수입자의 책임을 강화하기 위해 적재 24시간 전, 미국 세관에 온라인으로 신고하도록 의무화한 제도이다. **1**
- 기존 24시간 규칙을 강화하기 위한 조치로 항만보안법에 의해 법제화되었다. **1**
- 미국은 9 · 11사건 이후 미국으로 들어오는 화물에 관한 사전 적하목록 정보만으로는 충분한 보안확보가 어렵다고 판단하여 외국항에서 선박에 화물이 적재되기 전에 미국으로 향하는 화물에 관한 자료의 적절한 보안요소를 포함한 추가적인 정보를 전자적으로 전송할 것을 요구하고 있다. **1**
- 10+2 rule에 따르면 운송인은 미국으로 향하는 선박에 적재된 컨테이너에 관한 내용과 선박적부계획을 제출하여야 한다. **1**
- 선적지에서 출항 24시간 전, 미국 세관에 수입업자와 운송업자가 온라인으로 신고를 하도록 한 제도 **1**
- 수입자가 신고해야 할 사항이 10가지, 운송사가 신고할 사항이 2가지로 되어 있어 10+2 rule이라고도 불린다. **1**

> **참조** ◈ 컨테이너 보안기술
>
> - CSD(Container Security Device)는 컨테이너 내부 침입 유무와 화물파손 여부, 이동상황 등을 실시간으로 파악하는 물류보안시스템으로 주로 RFID 기술을 이용하여 컨테이너 보안, 화물추적정보를 제공할 수 있다. **1**
> - E-seal(전자봉인)은 컨테이너의 개봉흔적이나 내부침입 여부를 전자적으로 감지하는 장치이며 재활용이 불가하다.

해상뿐만 아니라 항공 철도 트럭 등의 운송수단을 통해 미국으로 수입되는 화물에 대한 정보를 미국 관세청(세관)에 제출하도록 규정하고 있다.

## 04 국내물류 인식변화

### (1) 기업의 물류관리변화 [1]

#### ① 물류를 통한 비용절감의 중요성 인식

- 기업 활동에서 제조부문의 원가절감이 한계에 달하여 물류의 중요성이 부각되고 있다. [1]
- 환경문제, 교통정체 등으로 인해 기업의 물류비 절감과 매출 증대의 중요성이 강조되고 있다. [1]
- 운송, 보관, 하역, 포장 및 물류정보기술이 지속적으로 발전하면서 기업의 비용절감에 더 많은 영향을 주고 있다. [1]
- 사회간접자본(SOC)과 물류기반시설투자가 부족하면 기업물류비 절감에 부정적인 영향을 끼친다. [1]
- 생산부문의 원가절감이 한계에 달한 기업들은 물류부문에서 원가절감활동을 강화하고 있다. [1]
- 물류서비스의 수준향상과 물류운영 원가절감을 위해 아웃소싱과 3PL이 활성화되고 있다. [1]

#### ② 경영전략으로 고려

- 물류는 기업의 하위시스템이기 때문에 물류계획을 수립함에 있어 기업의 경영전략을 고려하여야 한다. [1]
- 기업의 물류혁신 활동은 이익률을 개선하는 데 영향을 주면서 마케팅, 고객 서비스 만족도 등에도 영향을 준다. [1]
- 물류관리의 중요성이 강조됨에 따라, 일부 기업에서는 판매와 생산부문까지 총괄하는 물류 담당 임원(CLO, Chief Logistics Officer) 제도를 도입하고 있다. [1]
- 구매활동은 물류, 생산, 마케팅활동과 종합적으로 연결되어 전체 물류로서 수행된다. [1]
- 화주기업들은 경쟁우위 확보를 위해 물류아웃소싱을 지속적으로 확대하거나 물류기업과 전략적 제휴를 맺는 사례가 있다. [2]
- 개별기업의 테두리 안에서 물류효율화를 위한 대응 노력에는 한계가 있다. [1]

### (2) 물류 및 유통환경의 변화 [2]

- 고객 요구가 고도화 · 다양화됨에 따라 일반 소화물의 다빈도 정시운송은 물론 서비스 영역도 'door to door' 단계를 지나 'desk to desk' 단계에 이르기까지 점점 확대되어 가고 있다. [1]

- IT의 발전으로 전자상거래 시장이 확대되면서 홈쇼핑, 온라인 시장이 매년 큰 폭으로 성장하고 있고 이에 따라 택배시장이 확대되고 있다. **2**
- 유통시장의 개방 및 유통업체의 대형화로 유통채널의 주도권이 제조업체에서 유통업체로 이전되고 있다. **1**
- 물류환경은 공급자 중심에서 소비자 중심으로 전환되고 있다. **1**
- 제조업 중심의 생산자 물류에서 고객 중심의 소비자 물류로 전환되고 있어, **다품종 소량생산**이 중요시되고 있다.
- 경제규모 확대에 따른 화물량 증가로 사회간접자본 수요는 급증하는 반면 물류 기반시설은 부족하여 기업의 원가부담이 가중되고 있다. **1**

**심화** 신규 물류서비스를 도입하고자 할 때의 추진순서 **1**

고객 목표시장(Target Market) 선정 → 고객 니즈(Needs)에 부합하는 물류서비스 개발 → 물류서비스 실행을 위한 운영전략 수립 → 물류서비스 제공 시스템 구축

**심화** 4차 산업혁명

- 4차 산업혁명 시대에서는 빅데이터(Big data), 인공지능(AI, Artificial Intelligence), 사물인터넷(IoT, Internet of Things), 클라우드컴퓨팅(Cloud Computing) 등 다양한 핵심 기술의 융합을 기반으로 모든 것이 상호 연결되고, 보다 지능화된 사회로 변화할 것이다. **1**
- IoT는 인간과 사물, 서비스의 세 가지로 분산된 환경요소에 대해 인간의 명시적 개입 없이 상호협력적으로 센싱(sensing), 네트워킹, 정보처리 등 지능적 단계를 형성하는 사물 공간 연결망이다. **1**
- 인공지능은 인간의 학습능력과 지각능력, 추론능력, 자연언어의 이해능력 등을 컴퓨터 프로그램으로 실현한 기술이다. **1**
- 초연결성(Hyper-connected)의 사회, 초지능화(Hyper-intelligent)된 시스템, 자율화(Autonomous)된 장비, 예측가능성 증가, 수요자중심 경제는 4차 산업혁명시대의 주요 특징이다. **2**

**참조** 블록체인의 개념

1. 개요
   - 신용거래가 필요한 온라인 시장에서 해킹을 막기 위해 개발되었다. **1**
   - 분산원장 또는 공공거래장부라고도 불리며, 다수의 상대방과 거래를 할 때 데이터를 중앙 서버가 아닌 사용자들의 개인 디지털 장비에 분산·저장하여 공동으로 관리하는 분산형 정보기술이다. **1**
   - 네트워크상의 참여자가 거래기록을 분산·보관하여 거래의 투명성과 신뢰성을 확보하는 기술이다. **1**
   - 퍼블릭(Public) 블록체인, 프라이빗(Private) 블록체인, 컨소시엄(Consortium) 블록체인으로 나눌 수 있다. **1**

2. 활용
   - 이 기술을 물류산업에 적용 시, 화주들이 자신의 화물을 추적하고, 관리 상황을 실시간으로 점검하며 운송 중 관리 부실로 발생할 수 있는 과실에 대한 실시간 파악과 대처를 지원할 수 있다. **2**
   - 최근 항만운송, 항공운송, 관세청 수출통관 등의 분야에서 활용이 추진되고 있다. **1**

# PART 02

CERTIFIED
PROFESSIONAL
LOGISTICIAN

변 달 수 물 류 관 리 사 물 류 관 련 이 론

# 화물운송론

# CHAPTER 01 운송의 이해

## 01 운송 개요

### (1) 운송의 개요

#### ① 운송의 개념

- 운송수단을 통해 한 장소에서 다른 장소로 화물을 이동시키는 물리적 행위이다. **2**
- 전체 물류비 중 운송비가 가장 **높은** 비중을 차지하고 있다. **3**
- 약속된 장소와 기간 내에 화물을 고객에게 전달한다. **1**
- 일반적으로 지리적 관점에서 국내운송과 국제운송으로 구분된다. **1**
- 운송시장에서 물류보안 및 환경 관련 규제가 강화되는 추세이다. **1**
- 저렴한 운송비와 대량운송 기술의 발달은 시장을 확대하고 대량생산과 대량소비를 가능하게 한다. **1**
- 운송은 재화를 효용가치가 낮은 장소로부터 높은 장소로 이전하는 활동을 포함한다. **1**

#### ② 운송의 목표

- 오늘날 운송은 생산지와 소비지 간의 공간적 거리 극복뿐만 아니라 토탈 마케팅 비용의 절감과 고객서비스 향상이라는 관점도 강조하고 있다. **1**
- 물류활동의 목표인 비용절감과 고객서비스의 향상을 추구한다. **1**
- 물류계획과 실행을 일치시킨다. **1**
- 수주에서 출하까지의 작업효율화를 도모한다. **1**
- 판매와 생산을 조정하여 생산계획의 원활화를 도모한다. **1**

#### ③ 운송의 역할

- 운송은 지역적 분업화에 기여한다. **1**
- 제품의 생산과 소비를 연결하는 파이프 역할을 수행한다. **1**
- 운송의 발달로 교역이 촉진되면 제품의 시장가격 차이를 **완화해 준다**. **1**
- 운송의 발달은 분리된 지역의 통합기능을 **촉진**할 수 있다. **1**

④ 운송의 기능

- 유통재고량을 적절한 양으로 유지시킨다. **1**
- 운송에는 재화를 일시적으로 보관하는 기능이 있다. **2**
- 운송은 지역이나 거리를 극복하여 상품 가격의 균일화에 기여한다. **1**
- 제품운송이 있음으로써 소비자들은 원하는 것을 무엇이든 가까운 소매점에서 구할 수 있다. **1**
- 운송 효율화는 생산지와 소비지를 확대시켜 시장을 활성화한다. **1**
- 원재료 이동을 통한 생산비 절감 기능이 있다. **1**
- 지역 간 경쟁력 있는 상품의 생산과 교환, 소비를 촉진시키는 기능이 있다. **1**

⑤ 운송의 특징

- 운송은 물류관리에 영향을 주므로 제품의 수익 및 경쟁우위와 관련이 있다. **1**
- 운송은 제품의 경제적 가치 결정에 영향을 미친다. **1**
- 최적의 운송수단 선택, 정보시스템의 발전, 신규 수송루트의 개발 등으로 운송의 효율성이 향상되었다. **1**
- Modal Shift 등 수송체계의 다변화, 운송업체의 대형화 등을 통해 운송시스템의 합리화가 가능하다. **1**
- 경제적 운송을 위한 기본적인 원칙으로는 규모의 경제 원칙과 거리의 경제 원칙이 있다. **1**
  ※ Modal Shift : 저탄소 녹색경제 실현을 위해 추진 중인, 도로 중심의 운송체계에서 철도 및 연안운송으로의 수송수단 전환을 의미한다. **1**

## (2) 운송서비스의 특징

- 운송수단으로 화물을 이동하는 순간에 운송서비스가 창출되기 때문에 생산과 동시에 소비된다. **2**
- 운송은 수요자의 요청에 따라 공급이 이루어지는 즉시재(Instantaneous Goods)의 성격을 갖는다. **1**
- 운송수단 중에서 기술적으로 대체 가능하다면 가장 저렴한 수단을 선택한다. **1**
- 운송시기와 목적지에 따라 수요가 합해지고 이에 따라 운송서비스 공급이 가능하다. **1**
- 운송공급은 비교적 계획적이고 체계적인 반면, 운송수요는 상대적으로 무계획적이고 비체계적이다. **1**

## (3) 운송의 효용

| | |
|---|---|
| 장소적 효용 | − 운송의 장소적 효용은 공간적 격차를 해소시켜 준다. **2**<br>− 운송은 생산과 소비의 기능을 유기적으로 분담하는 것을 촉진한다. **1**<br>− 재화의 물리적 이동행위로 생산과 소비의 공간적 거리를 극복한다. **1**<br>− 운송은 지역 간 유통을 활성화시켜 재화의 가격조정과 안정을 도모한다. **1**<br>− 운송은 자원과 자본을 효율적으로 배분하고 회전율을 제고한다. **1**<br>− 운송은 원격지 간 생산과 판매를 촉진하여 유통의 범위와 기능을 확대한다. **1**<br>− 장소적 이동이 곧 운송서비스의 생산이므로 운송이 창출하는 장소효용은 고객이 원하는 제품을 원하는 장소에 도착하게 할 때 발생한다. **1**<br>− 한계생산비의 차이를 극복하는 장소적 조절기능이 있다. **1** |
| 시간적 효용 | − 운송의 시간적 효용으로서 재화의 일시적 보관기능을 수행한다. **2**<br>− 운송의 시간적 효용은 생산과 소비의 시간적 격차를 조정해준다. **1**<br>− 제품을 필요한 시점까지 보관하였다가 수요에 따라 공급하는 과정에서 생산과 소비의 시간적 격차를 조정하는 운송효용이 달성된다. **1**<br>− 운송이 창출하는 시간 효용은 고객이 필요한 시간에 제품을 정확히 배송할 때 발생한다. **1** |

## (4) 운송의 3대 요소

운송의 3대 요소는 운송연결점(Node), 운송경로(Link), 운송수단(Mode)이다. **5**
− 운송경로 : 도로, 철로, 해상, 항공 등
− 운송수단 : 선박, 항공기, 자동차, 기차
− 운송장소 : 물류센터, 유통센터, 항만, 공항, 역 등 상호 간 중계기지

## (5) 운송수요

### ① 개념

− 화물의 종류, 운송량, 운송거리, 운송시간, 운송비용 등을 기본적인 구성요소로 한다. **1**
− 운송수요는 다수의 이질적인 개별 수요로 구성되어 있기 때문에 변동성이 크고 유동적이다. **2**
− 운송수요는 집합성을 가질 수 있다. **1**
− 운송수요는 본원적 수요가 아닌 재화에 대한 파생적 수요에 해당한다. **3**
− 운송수요는 제품별로 계절적 변동성을 나타내는 경우도 있다. **1**
※ 운송용역이란 운송수단과 노동력이 결합되어 화물을 목적지까지 이동시키는 것이다. **1**

### ② 특징

− 운송수요의 탄력성은 화물의 대체성 여부에 영향을 받기보다는 운임에 대부분 영향을 받는다. **1**
− 운임비중이 클 경우에 운임상승은 운송수요를 감소시킨다. **1**
− 운임의 비중이 클수록 운임상승은 상품수요를 감소시킴으로써 운송수요를 줄이게 되어 운송수요의 탄력성이 더욱 커지게 된다. **1**

- 운송수요는 운송수단의 대체 가능 여부에 따라 증감하게 된다. [1]
- 운송수요는 운송수단뿐만 아니라 보관, 창고, 포장, 하역 및 정보활동 등과 결합되어야 제대로 충족될 수 있다. [1]
- 운송수단 간 대체성이 높아 운송수요에 대한 탄력적 대응이 가능하다. [1]

**심화** ◇ 수송수요모형

### 1. 수송수요모형

| 수송수요모형 | 세부모형의 종류 |
|---|---|
| 화물발생모형 [1] | 회귀분석법, 원단위법, 카테고리 분석법 |
| 화물분포모형 [1] | 중력모형, 성장인자법, 엔트로피극대화모형 |
| 수단분담모형 [2] | 통행교차모형 |
| 통행배정모형 [1] | 용량비제약모형, 용량제약모형, 반복배정법, 분할배정법 |

주요 세부모형의 개념 [1]
- 회귀모형 : 화물의 수송량에 영향을 주는 다양한 변수 간의 상관관계에 대한 회귀식을 도출하여 장래 화물량을 예측하는 모형이다.
- 중력모형 : 지역 간의 운송량이 경제규모에 비례하고 거리에 반비례한다는 가정에 의한 화물분포모형으로 단일제약모형, 이중제약모형 등이 있다.

### 2. 화물분포모형

| 모형 | 특성 |
|---|---|
| 성장인자법 [1]<br>(Growth factor model) | - 존 간 통행비용을 고려하지 않음 [1]<br>- 존별 통행 발생 및 도착량의 추정 성장률을 적용하는 방법 [1]<br>- Heuristic 기반 모형으로 모형 구조가 비교적 단순 [1]<br>- 기준연도의 O/D표를 근거로 하여 추정하므로 부정확함 [1]<br>- 균일성장률법, 평균성장률법, 프래타법 등이 포함 [1]<br>- 물동량 배분패턴이 장래에도 일정하게 유지된다는 가정하에 지역 간의 물동량을 예측하는 화물분포모형 [1] |
| 중력모형<br>(Gravity model) | - 물리학의 중력이론을 이론적 근거로 함 [1]<br>- 존별 통행 발생 및 도착량을 만족시키며, 통행비용을 최소화하는 통행분포모형 [1]<br>- 통행저항계수에 따라 배분되는 통행량의 분포가 변함 [1]<br>- 지역 간의 운송량은 경제규모에 비례하고 거리에 반비례한다는 가정에 의한 분석모형 [1] |
| 엔트로피 극대화모형<br>(Entropy maximization model) | - 중력모형의 일반 형태로 변환된 모형 [1]<br>- 존별 통행 발생량 또는 도착량을 만족시키며 엔트로피를 극대화하는 통행분포모형 [1]<br>- 제약조건하에서 지역 간 물동량의 공간적 분산 정도가 극대화된다는 가정에 기초한 화물분포모형 [1] |

### 3. 통행배정모형

| 구분 | 경험적 모형 | 수학적 모형 |
|---|---|---|
| 용량비제약모형 | 전량배정법 | Dial 모형 |
| 용량제약모형 | 반복배정법<br>분할배정법<br>수형망 단위분할배정법 | 교통망 평형배정모형 |

## (6) 운송시스템에 의한 분류

### ① 릴레이식 운송시스템

거리가 먼 경우에 일정시간 운행 후 기사를 교대하여 차량을 계속 운행시키는 방식으로 차량 가동시간을 최대화하여 효율적이고 신속한 운송이 가능하다.

### ② Point to Point 시스템

어느 하나의 지역에서 집화한 화물을 그 지역의 터미널로 집결시켜 배송할 지역별로 구분한 후 배송 담당 터미널로 발송하는 운송시스템이다. [1]

### ③ Freight Liner

화물 컨테이너 운송 방식의 하나로 대형 컨테이너를 적재하고 터미널 사이를 정기적으로 고속 운행한다.

### ④ Hub & Spoke 시스템

- 중심지역 또는 집배센터를 허브로 설정한 후 다른 중소도시들을 연결시켜 경유하게 하는 시스템이다.
- 노선이 허브를 중심으로 구축되고 노선 수가 적어 비용 및 운송시간이 단축된다. [1]
- 집배센터에 배달물량이 집중될 경우 충분한 상하차 여건을 갖추지 않으면 배송 지연이 발생할 수 있다. [1]
- 대규모 분류능력을 갖춘 허브터미널이 필요하다. [1]
- 운송노선이 단순한 편이어서 효율성이 높아진다. [1]

## (7) 운송의 환경변화

### ① 운송시장변화

- 운송시장의 국제화 [1]
- 운송시장의 경쟁 심화 [1]

- 전자상거래 증가 **2**
- 국제 복합운송의 확대 **1**

## ② 수요 다양화

- 운송화물의 다품종 소량화 **3**
- 구매고객에 대한 서비스 수준 향상 **3**
- 화주의 요구가 고도화 · 다양화 **1**

## ③ 보안강화

- 보안 관련 규제 강화 **2**
- 물류보안 및 환경 규제 강화 **4**

## ④ 기술변화

- 아웃소싱 시장의 확대 **1**
- 글로벌 아웃소싱의 확대 **2**
- 정보화 사회의 진전 **3**
- 공동수배송시스템의 활용도 향상 **1**

---

**참조** 정보기술의 발달에 따른 화물운송 변화

1. 주문과 재고의 가시성이 확보되면서 차량 배차에 대한 효율성이 증가하여 운송비를 절감할 수 있게 되었다. **1**
2. 다품종 소량 화물이 늘어나면서 정보기술을 활용한 배송체계를 구축하는 사례가 늘어나고 있다. **1**
3. 고객에게 제품 도착 예정 시간을 알려주고, 사후 배송서비스에 대한 고객만족도를 모니터링하는 경우가 늘어나고 있다. **1**
4. 정보통신기기를 활용한 배송정보 조회, 배송완료 통지 등의 부가운송서비스 제공이 늘어나고 있다. **1**

---

**참조** 최근 운송산업의 변화 **1**

- 철도운송은 철도르네상스를 통하여 시간적 제약을 극복하면서 도심으로의 접근성에 대한 우수한 경쟁력으로 항공운송의 대체수단으로 떠오르고 있다.
- 운송수단의 대형화, 신속화 추세에 따라 거점 간의 경쟁이 심화되면서 거점의 수는 줄어들고 그 기능이 복합화되어 가는 새로운 지역경제 협력시대를 열고 있다.
- 기후변화와 관련된 운송수단의 친환경 기술혁신은 조선업의 새로운 부흥 시대를 열고 있다.
- 미국과 중국 간의 정치적 갈등은 글로벌공급망의 재편과 관련하여 최저 생산비보다 안정적인 공급망을 중시하는 방향으로 협업적 관계를 강조하고 있다.

## 02 운송수단별 특징

### (1) 운송수단 선택 시 고려사항 [2]

- 운송수단 선택 시 운송수단의 특성에 따라 최적경로, 배송빈도를 고려하여 운송계획을 수립해야 한다. [1]
- 운송수단 선택 시 물류흐름을 최적화하여 물류비를 절감하고 고객만족서비스를 향상시키도록 하는 전략을 활용해야 한다. [1]

> **참조** 운송수단의 선택에 영향을 미치는 요인
>
> - 운송수단의 선택 시에는 운송물량, 운임, 기후의 영향, 운송의 안전성, 중량, 배차 및 배선 운송비 부담력 등을 고려해야 한다. [1]
> - 화물의 가치, 화물의 안전성, 운송거리, 화물종류 등도 운송수단 선택에 영향을 미친다. [1]
> ※ 제품의 품질은 운송수단 선택에 영향을 미치는 요인이 아니다. [1]

#### ① 최적운송수단 선택기준

| 화물 고려사항 | 운송수단 고려사항 |
|---|---|
| - 화물의 종류 [2]<br>- 화물의 중량 및 용적 [1]<br>- 화물량 [1]<br>- 운임부담력(화물가치) [1]<br>- 운송거리 [1]<br>- 로트 사이즈(Lot Size) [1]<br>- 화물 운송구간의 소요시간 [1]<br>- 운송비용 [1]<br>- 화물의 고유성질<br>- 납기 | - 이용가능성<br>- 신속성<br>- 안전성<br>- 신뢰성<br>- 편리성<br>- 정확성<br>- 경제성 |

> **예시** 클레임 발생 빈도가 높은지 여부, 사고에 의한 화물 손상의 정도가 적은지 여부, 멸실, 손상 등에 대한 보상이 정확히 이행되고 있는지 여부 등은 운송수단 고려사항 중 **안전성**과 관련된 내용이다. [1]

#### ② 운송유형별 선택기준

- 공장과 물류거점 간 **간선운송**에서 운송상 최우선 과제는 운송비 절감이다. [1]
- 물류거점과 소규모 소비자 간 **배송**의 경우에 최우선 과제는 고객의 서비스 수준의 극대화에 있다. [1]

## (2) 운송수단의 종류

운송수단 선택 시 화물유통에 대한 제반여건을 확인하고 운송수단별 평가항목의 내용을 검토해야 한다. **1**

| | |
|---|---|
| 공로운송 | −공로운송은 공공도로를 이용하여 운송하는 방법으로 주로 자동차를 이용한다. **1**<br>−공로운송업체는 영세한 소형업체가 많다. **1**<br>−우리나라는 철도운송에 비해 육상운송이 발달되어 있다. **1**<br>−문전까지 일관수송이 가능하므로 운송탄력성과 완결성이 높다. **1**<br>−공로운송은 접근성이 가장 뛰어나지만 1회 수송량이 적어 운임부담력이 상대적으로 **높다.** **1**<br>−공로운송은 전체 운송수단에서 차지하는 비중이 가장 높다. **1** |
| 철도운송 | −철도운송은 공로운송에 비해 장거리 대량운송에 적합하다. **3**<br>−운송탄력성과 완결성이 낮으므로 문전수송을 위해서는 트럭의 집배송이 필요하다. |
| 해상운송 | −해상운송은 선박을 이용하여 재화의 장소적 이전을 통해 효용을 창출한다. **1**<br>−항만설비로 인해 하역비가 비싸고 기후의 영향을 많이 받는다. |
| 항공운송 | −항공운송은 신속한 운송을 요하는 고가 화물에 많이 이용된다. **1**<br>−항공화물운송은 경량, 고가화물의 장거리 운송에 적합하다. **1**<br>−항공운송은 장거리를 신속하게 운송하며 항공기의 대형화로 운송비 절감을 가져 왔다. **1** |
| 파이프라인<br>운송 | −파이프라인은 장거리, 대량 운송에 적합하다. **1**<br>−유류·가스, 전기 등 운송 등에 이용되는 운송수단으로 화물 및 운송경로에 대한 제약이<br>크기 때문에 다른 운송수단과 연계하여 활용해야 하는 단점이 있다. **2**<br>−다른 운송수단에 비해서 유지비가 저렴하다. **2**<br>−연속으로 대량운송이 가능하다. **1**<br>−컴퓨터 시스템에 의한 자동화가 가능하다. **1**<br>−운송 시 환경오염이 거의 발생하지 않아 친환경 운송수단이다. **1**<br>−초기 시설투자비가 비교적 많이 든다. **2** |
| 복합운송 | −두 가지 이상의 상이한 운송수단을 사용하여 운송하는 형태이며 한 운송인이 일관된 책<br>임을 지는 일관운송시스템이다.<br>−컨테이너화에 의한 화물의 복합운송은 연안운송보다 해상운송뿐 아니라 육상운송과 항<br>공운송에서 일관수송으로 활발히 이루어지고 있다. **1** |

※ 해상운송, 연안운송, 항공운송, 복합운송은 제2과목과 제3과목상 중복되는 내용이 상당하여 제3과목인 국제물류론에서 한 번에 학습하기로 한다.

심화 ◈ **한국해운조합법상 한국해운조합이 수행하는 사업** **1**

조합은 그 목적을 달성하기 위하여 정관으로 정하는 바에 따라 다음 각 호의 사업을 한다.
1. 조합원의 사업을 위한 공동이용시설의 설치 및 이용사업
2. 조합원의 사업을 위한 자재의 가격·구입가능물량 등에 관한 조사, 공동구입 주선 및 공동구입한 자재의 배정
3. 조합원에 대한 사업자금의 대여와 금융기관으로부터의 융자 주선
4. 조합원의 사업수행 중 발생하는 재해에 대비한 공제사업 **1**
5. 조합원의 사업에 관한 경영지도·조사·연구·교육 및 정보제공
6. 조합원의 사업에 대한 정보처리 및 컴퓨터운용과 관련한 서비스사업
7. 국가 또는 지방자치단체가 보조하거나 위탁하는 사업

8. 조합원의 경제적 이익을 도모하기 위한 단체적 교섭 및 계약의 체결
9. 조합원의 항로 조절과 조합원의 사업에 관한 분쟁 조정
10. 조합원 및 조합원이 고용하고 있는 사람에 대한 교육 및 훈련
11. 조합원 및 조합원이 고용하고 있는 사람에 대한 복리후생사업
12. 해양사고 구제사업 **1**
13. 여객선의 운항이 필요한 항로로서 정부가 보조금을 지급하는 낙도 보조항로의 운항
14. 선박 안전관리체제에 관한 사업 **1**
16. 정책물자수송을 위한 조합원에의 배선
17. 「보험업법」에 따른 보험회사, 「선주상호보험조합법」에 따른 선주상호보험조합, 공제사업자 등으로부터 재공제 및 공제업무의 수탁관리
18. 남북교류의 해상수송과 관련한 지원업무
19. 상기 규정한 사업 외에 조합의 목적 달성에 필요한 사업과 조합원의 이익을 대변하는 사업
20. 상기 규정한 사업에 부수되는 사업

**참조** 🖋 운송수단별 특징비교 **1**

| 구분 | 자동차 | 철도 | 항공기 | 선박 |
|---|---|---|---|---|
| 안정성 | 다소 낮음 | 높음 | 낮음 | 낮음 |
| 거리 | 근거리 | 원거리 | 원거리 | 원거리 |
| 소요시간 | 다소 긺 | 다소 긺 | 짧음 | 긺 |
| 운임 | 단거리 유리 | 중거리 유리 | 고가 | 원거리 유리 |
| 일관수송 여부 | 쉬움 | 어려움 | 불가 | 불가 |
| 기후의 영향 | 다소 영향 | 다소 영향 없음 | 많이 받음 | 다소 영향 |

**참조** 🖋 운송수단 간 상관관계

– 화물수량이 적은 경우에는 해상운송보다 자동차 또는 항공운송을 선택한다. **1**
– 자동차운송은 운송거리가 짧을수록 적합하고, 해상운송은 거리가 길수록 합리적이다. **1**
– 운임부담능력이 있는 고가화물은 항공운송을 선택한다. **1**
– 화물가치가 낮고 운임이 저렴하면 해상운송을 선택한다. **1**
– 석유류, 가스제품의 경우에는 파이프라인 운송을 선택한다. **1**
– 철도운송이나 해상운송의 경우, 대량화물을 운송할 때 단위비용이 낮아 항공운송이나 자동차운송보다 유리하다. **1**

## (3) 운송수단과 비용 간의 관계

### ① 개요

– 운송수단별 운송물량에 따라 운송비용에 차이가 있어 비교우위가 다르게 나타난다. **2**
– 운송수단의 선정 시 운송비용과 재고유지비용을 고려한다. **2**
– 합리화된 운송시스템은 재고관리비와 운송비의 Trade-off 측면을 주로 고려하여 설계한다. **1**

② 상충관계

–속도가 빠른 운송수단일수록 운송빈도가 더욱 높아져 운송비(수송비)가 증가한다.

**예시** 항공운송은 운송비가 고가이나 리드타임(Lead Time)이 짧기 때문에 재고유지비용이 감소한다. ②

–속도가 느린 운송수단일수록 운송빈도가 낮아져 보관비가 증가한다.

**예시** 해상운송은 운송기간 중에 재고유지비용이 증가한다.

**심화** 🔷 운송비

1. 개념
    –운송비란 화물을 특정 지점에서 특정 지점까지 운송하는 데 발생하는 비용이다.
    –공간·시간적 이동에 의한 효용과 가치를 창조하기 위해서 발생되는 비용이다.

2. 특징
    –운송비용 중 변동비에는 연료비 및 수리비, 윤활유비, 도로통행료 등이 있으며 고정비로는 **감가상각비**, 보험료, 제세공과금, 인건비 등이 있다. ②
    –운송비는 특히 화물의 밀도, 적재성, 크기 등에 의해 영향을 받으므로, 고정비보다 **변동비 비중**이 높다.
    –용차운송비는 부정기 차량에 의해서 발생되는 비용이다.
    –노선운송비는 정해진 노선일정(schedule)에 의해 정기적인 운행으로 발생되는 비용이다.

**참조** 🔷 국내화물운송 합리화방안

1. 운송 다변화
    –운송체계를 다변화하여 기존에 이용하고 있는 운송수단을 효율성이 높은 다른 운송수단으로 교체한다. ②
    –대량화물을 고속으로 운송하기 위하여 정기직행열차(블록 트레인, Block Train)을 도입한다.
    –수도권과 주요 항만을 연결하는 컨테이너 정기직행열차(Block Train)를 운행한다.
    –물류 특성에 맞게 배송차량을 선택하여 효율성을 높인다.
    –출하단위와 출하처를 일정 이상이 되도록 하여 운송물량을 대형화한다.
    –도로 중심으로 이루어지는 운송을 철도와 연안운송으로 전환한다.

2. 운송업체의 변화
    –운송업체 간 제휴나 M&A를 통하여 운송업체의 대형화 및 전문화를 유도한다. ③
    –경쟁력 제고를 목적으로 자사의 비핵심 업무를 외부에 위탁하는 아웃소싱을 추진한다.
    ※ 자가운송, 자가수송은 운송 합리화 방안에서 지양해야 한다.

3. 물류효율성 향상
    –전체 운행거리에서 화물의 적재효율을 높이기 위하여 **영차율(전체 운행거리에서 화물을 적재하고 운행한 비율)**을 극대화한다.
    –공차율 극소화를 위하여 차량의 배송빈도를 낮춘다.
    –정해진 시간 동안에 차량의 운행시간(또는 운행거리)을 최대한으로 확대하여 운송단위당 고정비 원가를 낮춤으로써 회전율을 극대화시킨다.
    –화물 트럭의 회전율을 높일 수 있도록 상하차 소요 시간을 감소시킨다.

－동일지역의 동종업종을 대상으로 화주들의 공동수배송을 유도한다. **2**
－차량들은 장거리와 단거리를 혼합하여 운송하는 경우가 많아 각각 전담하게 하는 것은 비효율
적이므로 **배차를 분리하지 않는다.**
－상·하차 시간을 최대한 단축하기 위해 하역의 기계화 및 하역 장비의 전용화를 한다. **1**
－상·하차 대기시간을 줄이고, 차량의 도착 예정시간을 미리 통보하여 하역작업을 준비하게 한
다. **1**
－차량운행 경로의 최적화를 추진하고 물류정보시스템을 정비한다. **1**

### 4. 물류네트워크 구축
－운송경로－물류거점－운송수단을 연계한 물류네트워크를 구축한다. **1**
－수송과 배송을 연계하여 물류센터의 재고를 줄인다. **1**
－소량으로 운송되는 화물을 대량으로 운송하기 위해 혼재시스템을 구축한다. **1**

### 5. 운송합리화를 위한 3S1L **1**
① 신속하게(Speedy)
② 안전하게(Safety)
③ 정확하게(Surely)
④ 저렴하게(Low)

## 03 물류시설

### (1) 물류단지

#### ① 개념

－물류단지는 물류터미널－공동집배송단지－도소매단지－농수산물도매시장 등의 '물류시
설'과 정보－금융－입주자편의시설 등의 '지원시설'을 집단적으로 설치하기 위한 일단의 토
지(건물)이다. **2**
－유통구조의 개선과 물류비 절감효과의 저하 및 교통량 증가 문제를 해소하기 위해 도입되
었다. **1**
－물류단지의 입지는 항만－공단－대도시 주변 등 물동량이나 물류시설의 이용 수요가 많은
지역을 대상으로 한다. **1**

#### ② 기능

－물류단지는 환적, 집배송, 보관, 조립－가공, 컨테이너처리, 통관 등 물류기능을 수행한다. **1**
－물류단지는 판매, 전시, 포장, 기획 등 상류기능도 수행한다. **1**

## (2) 물류센터

### ① 개념

수요자와 공급자가 존재하는 물품의 유통 과정에서 이를 계획화하고 효율적인 흐름을 도모하기 위하여 공급자와 수요자의 중간에 설치하여 배송의 효율화를 적극 추진하는 물류시설을 뜻한다.

### ② 기능

- 물품의 장기적·일시적 보관을 통하여 공급과 수요의 완충 및 조정 역할
- 물품을 적기에 납품할 수 있도록 집하배송을 위한 배송기지의 역할
- 운송비 절감을 도모할 수 있는 중계기지의 역할
- 고객의 다양한 요구에 부응하기 위하여 각종 유통가공 기능 또는 조립업무를 수행하고 물품의 품질이나 수량을 확인하는 검품의 역할
- 시장점유율을 높이기 위해 수주 시의 재고 품절이 발생하지 않도록 제품 확보의 역할

### ③ 물류센터의 배치형태

- 집중배치형태 : 배송센터를 집중적으로 배치하여 공동구입과 관리의 일원화 및 계획배송을 실시하는 거점 형태
- 분산배치형태 : 각 생산회사에서 생산된 물품을 인근 영업창고에 적재한 후, 고객이 주문할 경우 상호 간 데이터 전송 등의 방법에 따라 정보시스템을 결합하여 이를 배송하는 형태
- 중앙배치형태 : 중앙에 대형 배송센터를 건립하여 보급거점으로서의 역할을 하게 하고, 소형배송센터를 주변에 분산하여 설치한 후 고객의 주문에 따라 활용하는 배치 형태
- 기능별 구분형 : 재고를 A, B, C로 구분하여 A, B품목은 제1선의 물류센터에 보관하고 C 품목은 지역 블록 담당의 전략창고에 보관하는 형태로서 다품종 제조업자 등이 주로 활용하는 배치형태
- 전략창고 : 지역 블록마다 1개소에 배송센터 4~5개를 배치하는 형태

## (3) 물류터미널

### ① 개념

- 물류터미널이란 화물의 집화·하역 및 이와 관련된 분류·포장·보관·가공·조립 또는 통관 등에 필요한 기능을 갖춘 시설물이다. **1**
- 국내 복합물류터미널은 군포, 양산 등에서 운영하고 있다.
- 일반 물류터미널에는 화물취급장, 보관시설, 관리용 건물, 주차장 등의 시설이 입지한다. **1**

② 기능

- **도매**시장 기능 ※ 소매시장 기능을 하지는 않는다.
- 화물보관 기능
- 운송수단 간 연계 기능
- 화물운송의 중계기지 기능
- 유통가공 기능

## (4) 물류창고

물류창고란 화물의 저장 · 관리, 집화 · 배송 및 수급 조정 등을 위한 보관시설 · 보관장소 또는 이와 관련된 하역 · 분류 · 포장 · 상표 부착 등에 필요한 기능을 갖춘 시설이다. **1**

> **참조** 내륙컨테이너기지(Inland Container Depot)
>
> 1. 개념
>    - ICD란 수출입컨테이너를 취급하는 내륙컨테이너기지로서 통관, 컨테이너의 보관, 철도연계운송 및 하역, 포장 등 항만 터미널과 유사한 기능을 수행하는 물류거점이다. **2**
>    - 항만과 거의 유사한 장치, 보관, 집화, 분류 등의 기능을 수행한다. **1**
> 2. 특징
>    - 주로 항만터미널 및 내륙운송수단과 연계가 편리한 지역에 위치한다. **1**
>    - 내륙운송 연계시설과 컨테이너야드(CY), 컨테이너화물조작장(CFS) 등을 갖추고 있다. **1**
>    - 내륙컨테이너기지는 두 가지 의미로 사용되고 있는데, 하나는 주로 항만터미널과 내륙운송수단 간 연계가 편리한 산업지역에 위치한 컨테이너 장치장을 말하며, 다른 하나는 이들 컨테이너 화물에 **통관기능**까지 부여된 컨테이너 통관기지를 말한다. **1**
>    - 화물을 모아 한꺼번에 운송함으로써 물류비용을 절감할 수 있다. **1**

> **예시** ICD 컨테이너 처리량
>
> ICD에서의 1일 컨테이너 처리 물량이 20피트형 400개, 40피트형 300개, 10피트형 200개일 때 월 25일간 작업할 경우 연간 컨테이너 처리량은?
>
> [답] 330,000TEU

## 01 화물자동차 운송 개요

### (1) 화물자동차 운송의 장단점 2

| | |
|---|---|
| 장점 | −근거리운송에 적합하다. 2<br>−문전에서 문전까지 일관운송이 가능하다. 1<br>−Door−to−Door 서비스와 일관수송이 가능하기 때문에 화물의 수취가 편리하다. 2<br>−도심지, 공업단지 및 상업단지까지 문전운송을 쉽게 할 수 있다. 1<br>−비교적 간단한 포장으로 운송이 가능하다. 1<br>−단위포장으로 팔레트(Pallet)를 사용할 수 있다. 1<br>−화주가 다수인 소량 화물을 각지로 신속하게 운송할 수 있다. 1<br>−도로망이 확충될 때 운송상의 경제성과 편의성이 증대한다. 1<br>−단거리 수송에서는 정차장 비용, 1회 발차 시 소요되는 동력 등의 면에서 철도보다 경제성이 있다. 1<br>−기동성과 신속한 배달이 가능하여 다빈도 소량배송에 가장 적합한 운송수단이다.<br>−자동차는 한 대씩 독립된 운송단위로 운영되기 때문에 운송사업에 대한 투입이 용이하다.<br>−자동차의 경우 규모의 경제에서 오는 이익과의 관계가 적기 때문에 다른 운송수단에 비해 투자가 용이하다.<br>−트럭의 종류가 많고 기동성이 높기 때문에 고객의 다양한 요구를 충족시킬 수 있다.<br>−필요시 즉시 배차가 용이하다. 1<br>−원하는 시기에 맞는 탄력적 배차가 용이하다. 1 |
| 단점 | −대량화물운송에 부적합하다. 2<br>−철도운송에 비해 규모의 경제효과가 낮다. 1<br>−타 운송수단에 비해 고정비보다는 변동비가 높은 편이다. 1<br>−소음, 진동, 배기가스 등 공해문제가 발생한다. |

참조 🔷 화물자동차의 운송 효율화 방안

−운송물량의 대형화 1
−상·하차 대기 시간의 단축 1
−운송장비의 전용화 1
−콘솔(consolidation) 운송시스템의 구축 1
−상·하차 작업의 기계화 1

## (2) 화물자동차 제원에 대한 명칭

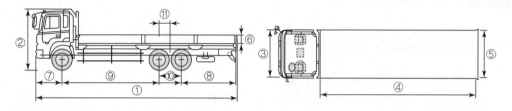

| | |
|---|---|
| ①<br>전장 | −전장이 길수록 화물의 적재 부피가 증가한다. **1**<br>−전장은 팔레트 적재 수, 컨테이너의 적재 여부에 영향을 준다. **1** |
| ②<br>전고 | −전고의 크기는 지하도, 교량의 통과 높이에 영향을 준다. **1**<br>−지하도 및 교량 통과 높이에 영향을 주는 것은 '전고'이다. **1** |
| ③<br>전폭 | 전폭이 넓을수록 주행의 안전성이 향상된다. **1** |
| ④<br>하대길이 | 하대의 길이가 길수록 적재 부피가 증가한다. |
| ⑤<br>하대폭 | 하대폭은 특히 팔레트 적재 수, 컨테이너의 적재 여부에 영향을 준다. |
| ⑥<br>하대높이 | 하대높이는 화물 적재의 안정성에 영향을 준다. **1** |
| ⑦, ⑧<br>전, 후오버행 | 차체의 전면부터 앞바퀴 차축 중심까지의 거리를 프런트 오버행이라 하고, 차체의 후면부터 뒷바퀴 차축 중심까지의 거리를 리어 오버행이라 하는데, 전·후 오버행은 커브 시 안전도에 영향을 준다. **1** |
| ⑨<br>제1축간거리 | 제1축간거리가 길수록 적재함 중량이 앞바퀴에 많이 전달된다. **2** |
| ⑩<br>제2축간거리 | 제2축간거리의 크기는 앞축과 후축 중심의 크기를 결정한다. |
| ⑪<br>오프셀 | 오프 값이 클수록 적재함 중량이 앞바퀴에 많이 전달된다. **1** |

## (3) 화물자동차의 질량 및 하중 제원에 대한 명칭

| | |
|---|---|
| 공차중량<br>(empty vehicle weight) 🔳 | — 공차중량은 **연료, 냉각수, 윤활유 등의 기본적인 것만 채운 상태에서 화물은 적재하지 않은** 상태의 중량이다. 🔳<br>— 공차중량은 연료, 냉각수, 윤활유 등을 포함하여 운행에 필요한 장비를 갖춘 상태의 중량을 말한다. 🔳 |
| 최대적재량<br>(maximum payload) 🔳 | — 최대적재량은 화물을 최대로 적재할 수 있도록 허용된 중량이다. 🔳<br>— 최대적재량은 실질적으로 적재운행할 수 있는 화물의 총량으로 도로법령상 적재 가능한 축하중 10톤과는 직접관계가 없다. 🔳<br>— 자동차연결 총중량은 최대적재량에 트레일러와 트랙터의 무게까지 합산한 중량이다. 🔳 |
| 차량총중량<br>(gross vehicle weight) 🔳 | 차량총중량은 승차정원을 포함하여 화물 최대적재량 적재 시의 자동차 전체 중량이다. 🔳 |
| 축하중(axle weight) 🔳 | 축하중은 차축에 걸리는 전체 하중이다. 🔳 |
| 승차정원 | 승차정원은 운전자를 포함하여 승차 가능한 최대인원수를 말한다. 🔳 |

※ 화물자동차의 운송능력은 최대 적재중량에 자동차의 평균 속도를 곱하여 계산한다. 🔳

**심화** 🔷 화물자동차의 안전기준 🔳

| 항목 | | 기준 |
|---|---|---|
| 제작<br>기준 | 길이 | 단차 13m, 연결차 16.7m 이내 |
| | 너비 | 2.5m 이내 |
| | 높이 | 지상으로부터 4m 이내 |
| | 최저지상고 | 12cm 이상 |
| | 차량총중량 | 40톤 이내 |
| | 전축하중부담율 | 20% 이상 |
| | 축하중 | 10톤 이내 |
| 운행<br>기준 | 길이 | 자동차 길이의 1/10을 더한 길이 이내, 고속도로에서는 19m 이내 🔳 |
| | 너비 | 자동차의 후사경으로 뒤쪽을 확인할 수 있는 범위(후사경의 높이보다 화물을 낮게 적재한 경우에는 그 화물을, 후사경의 높이보다 화물을 높게 적재한 경우에는 뒤쪽을 확인할 수 있는 범위를 말한다)의 너비를 넘지 아니할 것, 고속도로에서는 3m 🔳 |
| | 높이 | 지상으로부터 4m 이내, 고속도로에서는 4.2m 🔳 |
| | 축하중 | 10톤 이내 |
| | 운송중량 | 최대적재량의 11할(110%) 이내 🔳 |
| | 기타 | 편하중 적재, 화물낙하위험이 있는 차량은 고속도로 통행제한 |

※ 승차인원 : 자동차의 승차인원은 승차정원 이내일 것(도로교통법 시행령 제22조) 🔳

## (4) 운송형태에 의한 분류 ❶

| 집배운송 | −거점에서 거점까지, 거점에서 최종 소비지까지의 운송이다.<br>−배송이란 거점에서 거점까지 그리고 거점에서 최종소비자까지의 **집배운송**을 의미한다. ❶<br>−이원적 운송이나 복합운송을 위하여 화물을 화주에서 물류터미널, 터미널에서 화주문 전까지 운송해주는 형태를 말한다. |
| --- | --- |
| 간선운송 | −거점과 거점 사이의 장거리 운송이다.<br>−간선운송은 대량의 화물을 취급하는 물류거점 간에 운송하는 것이다. ❶<br>−화물 터미널, 철도역, 항만, 공항 등 비교적 부지도 넓고, 다수의 물류시설이 위치하며, 복수의 물류업체들이 대량의 화물을 취급하는 물류거점과 물류거점 간 운송을 의미한다. |
| 노선운송 | −노선운송은 정해진 노선과 계획에 따라 운송하는 것이다. ❶<br>−정기화물과 같이 정해진 노선과 운송계획에 따라 운송서비스를 제공한다. |
| 집화운송 | −화주문전 또는 생산공장이나 물류센터에서 화물을 수집하여 주요 철도역, 항만, 공항, 화물 터미널 등 물류거점까지 행해지는 운송을 말한다.<br>−주로 중소형 트럭을 이용한다. |
| 자가운송 | 화주가 직접 차량을 구입하고 그 차량을 이용하여 자신의 화물을 운송하는 것이다. ❶ |
| 지선운송 | 물류거점과 소도시 또는 물류센터, 공장 등까지 운송하는 것이다. ❶ |

**심화** 🔷 화물자동차 운수사업

1. **화물자동차 운수사업**
   화물자동차 운송사업, 화물자동차 운송주선사업 및 화물자동차 운송가맹사업을 말한다. ❶

2. **화물자동차 운송사업**
   −일반화물자동차 운송사업, 개별화물자동차 운송사업, 용달화물자동차 운송사업으로 구분된다. ❶
   −화물자동차 운송사업은 트럭 1대만으로 허가기준을 충족하기 때문에 소규모로 운영이 가능하다. ❶
   −화물자동차운송사업은 영세업체가 많고 전문화. 대형화가 미흡하여 운송서비스의 질이 위협받고 있다. ❶

3. **화물자동차 운송주선사업**
   다른 사람의 요구에 응하여 유상으로 화물운송계약을 중개 · 대리하거나 화물자동차 운송사업 또는 화물자동차 운송가맹사업을 경영하는 자의 화물 운송수단을 이용하여 자기 명의와 계산으로 화물을 운송하는 사업을 말한다. ❶

4. **화물자동차 운송가맹사업**
   허가 기준 대수는 500대 이상(운송가맹점이 소유하는 화물자동차 대수를 포함하되, 8개 이상의 시 · 도에 각각 50대 이상 분포되어야 함)이다. ❶

**심화** 🔷 공로운송의 운행제한(도로법 시행령 제79조 제2항) ❶

−고속도로, 국도, 지방도로를 운행하는 차량 중 총중량 40톤, 축하중 10톤을 초과하거나 적재적량을 초과한 화물을 적재한 차량으로서 중량 측정계의 오차 10%(1할)를 감안하여 그 이상 시 고발 조치하고 일정 벌금을 부과하고 있다.
−이 외에 길이 16.7m 초과 또는 폭 2.5m 초과 및 높이 4m 초과인 화물자동차의 경우 운행이 제한된다. ❶

## 02 화물자동차의 종류

### (1) 유형별 분류

| | | |
|---|---|---|
| 화물<br>자동차 | 일반형 | 보통의 화물운송용인 것 |
| | 덤프형 | 적재함을 원동기의 힘으로 기울여 적재물을 중력에 의해 쉽게 미끄러뜨리는 구조의 화물운송용의 것 |
| | 밴형 | 일반화물자동차의 화물 적재 공간에 박스형의 덮개를 고정적으로 설치한 차량 ❷ |
| | 특수용도형 | 특정한 용도를 위해 특수한 구조로 하거나, 기구를 장치한 것 |
| 특수<br>자동차 | 견인형 | 피견인차의 견인을 전용으로 하는 구조인 것 |
| | 구난형 | 고장, 사고 등으로 운행이 곤란한 자동차를 구난, 견인할 수 있는 구조인 것 |
| | 특수작업형 | 위 어느 형에도 속하지 아니하는 특수작업용의 것 |

### (2) 구조별 분류

| | |
|---|---|
| 보통트럭 | 소형, 중형, 대형 |
| 트레일러 | 세미 트레일러, 풀 트레일러, 폴 트레일러, 더블 트레일러 |
| 전용특장차 | 덤프트럭, 믹서트럭, 분립체 운송차, 액체 운송차, 냉동차, 기타 |
| 합리화특장차 | 실내 하역기기 장비차, 측면전개차, 상하차 합리화차, 시스템 차량 |

① 보통트럭

보통트럭은 일반적으로 화물을 적재하는 적재함을 간단하게 접어 화물이 떨어지지 않도록 문짝을 설치함으로써 적재함을 갖춘 차량이다.

② 트레일러

ㄱ 개요

－일반적으로 트레일러는 자체 동력을 갖추지 않은 적재 부분의 차량을 의미한다.

－트레일러를 견인하는 자동차를 트랙터라 하며, 트랙터＋트레일러를 그냥 트레일러라고 부르기도 한다.

ㄴ 장점

－견인차량 1대에 여러 대의 피견인 차량의 운영이 가능하여 트랙터의 효율적 이용이 가능하다. ❶

－차체 무게의 경량화 노력이 이루어지고 있다. ❶

－컨테이너, 중량물, 장척물 등의 운송이 가능하다. ❶

ⓒ 연결 형식에 따른 트레일러의 유형

※ 모터트럭(motor truck)은 동력부문과 화물적재부문이 <u>붙어 있는</u> 일반 화물자동차이다. **1**

| 종류 | 내용 |
|---|---|
| 풀 트레일러<br>(Full Trailer) | • 풀(full) 트레일러는 트레일러와 트랙터가 완전히 분리되어 있고, 트레일러 자체도 몸체(body)를 가지고 있다. **1**<br>• 트레일러에 적재된 화물의 무게를 해당 트레일러가 100% 부담하여 운송하는 형태의 피견인차량이다.<br>• 피견인차량의 앞부분과 뒷부분에 차량이 자체적으로 균형을 유지할 수 있도록 바퀴가 달려있는 형태의 트레일러이다. |
| 세미 트레일러<br>(Semi‒Trailer) | • 적하중량의 일부가 트랙터에 실리는 트레일러로서 가장 많이 운행되는 유형이다.<br>• 세미 트레일러용 트랙터는 지지력과 견인력을 지녀야 하므로 뒷바퀴를 보통 2배수를 장착하고 연결기를 설치하여 연동, 연결, 분리가 용이하도록 되어 있다.<br>• 컨테이너 새시(container chassis)는 세미 트레일러를 컨테이너 운송 전용으로 사용하기 위해 제작한 전용 트레일러이다. **1** |
| 폴 트레일러<br>(Pole Trailer) | • 1대의 폴 트레일러용 트랙터와 1대의 폴 트레일러로 이루어져 있다.<br>• 트렉터에 턴테이블을 설치하고 트레일러를 연결한 후, 대형파이프나 H형강, 교각, 대형목재 등 장척물의 수송에 사용한다. **1** |
| 더블 트레일러<br>(Double Trailer) | 더블(double) 트레일러는 트랙터가 2개의 트레일러를 동시에 견인하여 화물을 운송할 수 있다. **1** |

피견인차량을 견인할 수 있는 장치와 피견인차량의 브레이크시스템 및 등화시스템을 작동시킬 수 있도록 제반 조건이 갖추어진 차량을 말한다. 견인차량은 자신은 화물을 적재할 수 없는 상태에서 전문적으로 피견인차량(Trailer)만 견인하기 위한 트랙터(Tractor)와 자신도 적재를 하면서 피견인차량을 견인할 수 있는 풀-카고트럭으로 구분할 수 있다.

| 트랙터 | 개념 | • 트레일러를 전문적으로 연결·운송할 수 있도록 제작된 차량<br>• 트랙터는 트레일러와 결합하여 운행을 하지만 2대의 차량으로 제작 및 등록되기 때문에 차량 1대로 제작할 때의 안전기준 13미터를 초과하여 16.7미터까지 (2대 연결 시) 제작이 가능하므로 주로 장척·활대품 운송과 중량물 운송을 위해 이용됨 |
| --- | --- | --- |
| | 장점 | • 길이가 길어 장척물 운송에 적합<br>• 바퀴가 많아 하중의 분산이 잘되고 많은 양을 운송 가능<br>• 연결운행 시 차량의 중간이 굴절되므로 회전반경이 좁음<br>• 적재함과 분리되므로 상하차를 위해 현장에서 대기할 필요 없이 또 다른 운송업무 수행 가능<br>• 운송 도중 고장이 발생하더라도 다른 견인차량으로 교체하여 운송이 가능하기 때문에 운송지연 감소 |
| 풀-카고<br>트럭 | 개념 | • 일반 카고 트럭 형태로 제작되어 독자적으로 운송을 할 수도 있으며 피견인차량을 견인하여 2대의 차량으로도 운송을 할 수 있도록 제작된 차량<br>• 장척물이나 중량물운송을 위해 제작·이용되는 것이 아니라 보다 많은 양의 화물을 저렴하게 운송하기 위하여 활용 |
| | 장점 | • 많은 양의 화물을 운송할 수 있어 운송비 절감<br>• 운송량에 따라 견인차가 운송할 수도 있고 피견인차량과 동시에 운송할 수도 있어 차량가동율이 향상 |

㉣ 트레일러 형상에 따른 유형

화물운송용 트레일러에는 저상식, 평상식 등이 있다. **1**

| 평상식 트레일러<br>(Flat Bed Trailer) | 평상식 트레일러는 하대(적재대)의 상면이 평면으로 된 트레일러로 **일반화물** 및 강재 등의 운송에 적합하다. **2** |
| --- | --- |
| 저상식 트레일러<br>(Low Bed Trailer) | −적재를 용이하게 하기 위하여 높이가 낮은 하대를 가진 트레일러를 의미한다.<br>−일반적으로 불도저, 기중기 등 건설장비 운반에 적합하다. **1** |
| 중저상식 트레일러<br>(Drop bed Trailer) | −중저상식 트레일러(drop bed trailer)는 하대의 중앙 부위가 오목하게 낮게 설계된 트레일러로 중량화물 등의 운송에 주로 이용한다. **1**<br>−일반적으로 대형 핫코일(Hot Coil), 중량블록화물 등의 운반에 편리하다. **1** |
| 스케레탈식 트레일러<br>(Skeletal Trailer) | 스케레탈 트레일러는 컨테이너 운송을 위해 제작된 트레일러(Chassis)로서 전후단에 컨테이너 고정장치가 부착되어 있으며 20피트용, 40피트용 등의 종류가 있다. **2** |
| 밴형 트레일러<br>(Van Trailer) | 하대 부분에 밴형의 보디가 장치된 트레일러로 일반잡화 및 냉동화물 등의 화물운송에 주로 이용한다. **1** |

| 오픈 탑 트레일러<br>(Open Top Trailer) | -오픈 탑 트레일러(open top trailer)는 밴형 트레일러의 일종으로 천장이 개구된 형태이며 주로 석탄 및 철광석 등과 같은 화물에 포장을 덮어 운송하는 경우 이용한다. **2**<br>-일반적으로 고척화물 운반에 적합하다. **1** |
|---|---|
| 특수용도 트레일러 | 덤프 트레일러, 탱크 트레일러, 자동차 운반용 트레일러 등 특수한 목적하에 제작된 트레일러이다. |

### ③ 전용특장차

ⓖ 개요

특수한 장비를 갖추어 특수한 용도에 쓰는 자동차로 소방차, 제설차, 믹서 트럭, 탱크로리 따위가 있다.

ⓛ 장단점

| 장점 | -특장차를 전용으로 이용할 경우에 화물의 포장비가 절감된다. **2**<br>-특장차는 신속한 상·하차가 가능하여 차량의 회전율을 향상시킨다. **1**<br>-화물운송의 안전도를 향상시킨다. **1** |
|---|---|
| 단점 | -차량의 가격이 높은 편이다. **1**<br>-소량화물 운송에는 비효율적이다. **1**<br>-특장차는 복화화물을 확보하는 것이 어렵기 때문에 귀로 시 편도 공차운행을 해야 하는 비효율성이 있다. **2**<br>-특장차는 운송화물의 특성에 맞춰 제작되기 때문에 차체의 무게가 무거워진다. **1**<br>-특장차는 다른 종류의 화물을 수송하기에 부적합하며 화물 부족 시 운영효율이 떨어진다. **1** |

ⓒ 특장차의 종류 **1**

특장차의 종류로는 덤프트럭, 믹서트럭, 분립체수송차(Bulk Truck), 액체수송차, 냉동냉장차, 차량운송용 차량, 동물운송 차량, 활어운송 차량, 중량물운송 차량, 무진동 차량 등이 있다.

### ④ 합리화특장차

운송화물의 범용성을 유지하면서도 적재함 구조를 개선하고 별도의 상하역 조력장치 등을 부착함으로써 화물을 싣고 내리는 하역작업을 보다 효율적으로 수행하고, 운송화물의 안전성을 높이거나 적재함을 보다 효율적으로 활용하기 위한 개선작업을 한 차량을 말한다.

ⓖ 실내 하역기기 장비차(적재함 구조 합리화차)

적재함의 형태를 개선하여 화물을 보다 안전하고 효율적으로 적재하거나, 적재함에 올려진 화물을 적재대 내에서 효율적으로 이동시키기 위한 장치를 한 차량을 말한다.

| 종류 | 내용 |
|---|---|
| 리프트플로어 차량 | 적재함의 바닥에 레일(Rail)형 전동리프트를 장착하여 싣거나 내릴 화물에 레일을 앞 또는 뒤쪽으로 이동시킬 수 있도록 한 차량이다. |
| 롤러컨베이어장치 차량 | 적재함의 중앙에 롤러컨베이어를 장착하여 박스화된 화물을 롤러를 이용하여 앞뒤로 이동시킬 수 있도록 한 차량이다. |
| 롤러베드장치 차량 | 적재함 바닥 전면에 롤러 또는 볼베어링을 설치하여 적재함의 모든 부분 및 방향에서 화물을 용이하게 이동시킬 수 있도록 한 차량이다. |
| 팔레트레일장치 차량 | • 적재함에 바퀴가 달린 스케이트가 이동할 수 있는 홈을 설치하고 스케이트 위에 화물을 적재한 후 홈을 통해 앞뒤로 이동시킬 수 있도록 한 차량이다.<br>• 화물의 이동이 끝나면 스케이트는 탈거하도록 되어 있다. |
| 팔레트슬라이더장치 차량 | • 적재함 바닥에 팔레트를 적재하여 적재함의 앞뒤로 이동할 수 있는 슬라이더가 장착된 차량이다.<br>• 팔레트슬라이더 차량은 슬라이더 위에 화물이 적재된 상태로 운송한다. |
| 행거적재함 차량 | 적재함에 행거를 설치하여 의류를 박스화하거나 구기지 않고도 운송할 수 있도록 제작한 차량이다. |
| 이동식 칸막이 차량 | • 하나의 적재함 내에 서로 다른 종류의 화물을 적재할 수 있도록 적재함의 중간을 특수한 장치로 막을 수 있도록 한 차량이다.<br>• 동일한 화물을 운송할 때는 칸막이를 설치하지 않고 필요한 때만 중간을 막아서 2개의 적재함처럼 이용한다.<br>• 주로 냉동화물과 냉장화물 또는 일반화물을 동시에 운송할 때 많이 활용된다. |
| 화물압착 차량 | • 쓰레기와 같이 부피가 많은 화물을 적재하면서 압축하여 부피를 적게 만들어 운송함으로서 운송비를 줄일 수 있도록 한 차량이다.<br>• 주로 청소차량에 많이 활용된다. |
| 스테빌라이저부착 차량 | • 적재함에 특수한 장치를 부착하여 운송 중인 화물이 흔들리거나 붕괴되지 않도록 유동을 방지할 수 있도록 한 차량이다.<br>• 측면에서 화물을 안정화시키는 방식과 적재함 윗면에서 눌러서 안정화시키는 방식을 사용한다. |
| 워크스루 밴 | 운전기사가 운전석에서 적재함으로 바로 진입할 수 있도록 운전석과 적재함 사이에 출입문이 설치된 차량이다. |

ⓒ 측면 전개차(적재함 개폐 합리화차)

밴형 차량의 단점 즉, 상하차작업을 주로 후문을 이용함으로써 작업시간이 많이 소요되고 하역장비의 사용, 물류센터의 구조 등에 제약을 받는 문제점을 해결하기 위하여 적재함의 개폐방법 및 형식을 개선한 차량을 말한다.

| 종류 | 내용 |
|---|---|
| 윙보디(Wing Body) 차량 | 적재함의 상부를 새의 날개처럼 들어 올릴 수 있도록 한 차량으로 측면에서의 상하차작업이 가능하도록 한 차량이다. |
| 셔터도어 차량 | 문을 여는 방향으로 일정한 공간이 필요하고 문을 여닫는 데 시간이 소요되는 밴형 차량의 문제점을 해결하기 위해 여닫이식 문 대신 상하로 개폐할 수 있는 셔터형으로 제작한 차량이다. |

| 종류 | 내용 |
|---|---|
| 컨버터블<br>(Convertable)<br>적재함 차량 | • 밴형 차량의 적재함 덮개 전체 또는 측면부가 적재함에 설치된 레일을 따라 앞뒤로 개폐될 수 있도록 제작된 차량<br>• 화물을 상하차할 때는 덮개를 앞이나 뒤로 이동시킨 후 작업을 하고 작업이 완료되면 원래대로 복귀시켜 밴형화물 차량과 같은 형태로 운송이 가능하다.<br>• 윙바디 트럭보다 차량 제작가격이 저렴하고 차체가 가벼워 적재량이 증가한다. |
| 슬라이딩도어 차량 | • 밴형 차량의 측문이 하나이거나 한쪽에만 설치되어 있어 측면에서의 상·하차작업이 불편할 뿐만 아니라 지게차에 의한 작업 시 상·하차작업이 곤란한 문제점을 해결하기 위하여, 측면의 문을 미닫이식으로 설치함으로써 측면 전체의 개방이 가능하도록 제작된 차량이다.<br>• 주로 무거운 화물(음료수 등)을 배송하는 중·소형 차량에 적용된다. **1** |

ⓒ 상하차 합리화차

화물의 상하차를 보다 효율적으로 하기 위하여 차제 구조를 개선하거나 상하역 조력장치를 부착한 차량을 말한다.

| 종류 | 내용 |
|---|---|
| 덤프트럭 | • 화물대를 기울여 적재물을 중력으로 내리는 적재함 구조의 전용특장차 **1**<br>• 개발된 지 가장 오래된 합리화 차량 |
| 리프트게이트<br>트럭 **1** | • 적재함 후문에 화물을 싣고 내릴 수 있는 리프트를 장착한 차량<br>• 인력으로 상하역이 곤란한 화물을 운송할 때 지게차 등 하역장비 없이 용이하게 하역 가능 |
| 크레인장착<br>트럭 | • 트럭 적재함의 앞쪽 또는 뒷부분에 크레인을 장착하여 자신이 운송할 화물을 직접 하역하거나 하역장비가 없는 현장에서 다른 차량에 적재할 화물을 실어주는 기능을 하는 차량<br>• 크레인에 너클장치나 후크를 부착하여 다양한 형태로 작업 |
| 세이프로더 | 적재함의 앞부분을 들어 올려 뒷부분이 지면에 닿도록 함으로써 차량 등이 직접 적재함에 올라갈 수 있게 하거나 적재함 앞부분에 윈치를 부착하여 화물을 끌어 올릴 수 있도록 하여 중량물을 용이하게 하역할 수 있도록 한 차량 |

ⓓ 시스템 차량

– 적재한 화물을 이적하지 않은 상태에서 다른 차량을 이용하여 계속적인 연결운송이 가능하도록 하거나 차량과 적재함을 분리하여 상하차시간 및 대기시간 등을 단축할 수 있도록 제작된 차량을 말한다.

– 시스템 차량이 분리형 차량인 트레일러와 다른 점은 트레일러는 견인차와 피견인차로 완전히 분리된 차량인 데 반해 시스템 차량은 적재함 자체만 분리되고 차체는 하나로 되어있다.

⑤ 스왑바디(Swap Body) 차량

- 차량의 적재함을 서로 교체하여 이용할 수 있도록 제작된 차량이다.
- 컨테이너형 적재함이 차체와 분리 및 장착이 가능하도록 만들어 화물을 싣거나 내릴 때 대기시간이 발생하지 않도록 고안되었다.
- 국내에서는 일부 이삿짐업체들이 이사화물의 일시보관용으로 이용하고 있으나 유럽 등에서는 이용이 일반화되어 있다.

⑥ 암롤 트럭(Arm Roll Truck)

- 암롤 트럭은 적재함 자체를 지면에 내려놓은 후 차체에 설치된 적재함 견인용 암(Arm)과 가이드장치로 끌어올리도록 되어 있는 차량이다.
- 쓰레기 수거 차량, 항만에서의 고철 또는 무연탄과 같이 산물로 운송되는 화물에 주로 이용된다.

## 03 화물자동차 운영관리지표

### (1) 생산성

| 운송서비스 생산성 | 운송에 있어서 생산량이란 얼마의 화물을 몇 km 운송했는가로 나타내며 이 단위를 ton·km로 표시한다. |
|---|---|
| 매출 생산성 | 운송 결과에 따른 매출액으로서 운송기업에서 관리하는 지표이다. 운송화물의 운송단가, 거리의 장단, 전체운송량 등에 의하여 결정된다. |

### (2) 운영효율성지표 ❷

| 구분 | 내용 |
|---|---|
| 가동률 | 일정기간 동안 화물을 운송하거나 운송을 위해 운행한 일수 비율을 의미한다.<br><br>가동률 $= \dfrac{\text{실제가동일}}{\text{목표가동일}}$ ❷ $= \dfrac{\text{실운행시간(일수)}}{\text{목표운행시간(일수)}}$ |
| 회전율 | 차량이 일정한 시간 내에 화물을 운송한 횟수로서 운송생산성 측정의 가장 기본이 되는 지표이다. ❶<br><br>회전률 $= \dfrac{\text{총 운송량(총 운반횟수)}}{\text{평균 적재량}}$ ❶ $= \dfrac{\text{총 영차거리}}{\text{평균 영차거리}}$ |
| 영차율 (실차율) | 전체 화물운송거리 중에서 실제로 얼마나 화물을 적재하고 운행했는지를 나타내는 지표로 적재거리를 총운행거리로 나누어 산출한다. ❶<br><br>영차율(실차율) $= \dfrac{\text{영차운행거리(적재거리)}}{\text{총 운행거리}}$ ❶ |

| 구분 | 내용 |
|------|------|
| 복화율 | 편도운송을 한 후 귀로에 복화운송을 얼마나 수행했는가를 나타내는 지표이다. **1**<br><br>복화율 $= \dfrac{\text{귀로 시 영차운행횟수}}{\text{편도 운행횟수}}$ **1** |
| 적재율 | 차량에 화물을 몇 톤을 싣고 운행을 했는가를 나타내는 지표이다.<br><br>총 운행적재율 $= \dfrac{(\text{총 운송량}/\text{총 운행횟수})}{\text{차량 적재정량}}$ **1**<br><br>영차 운행적재율 $= \dfrac{(\text{총 운송량}/\text{적재운행횟수})}{\text{차량 적재정량}}$ |

---

**예시** **가동률, 설치율**

D회사의 15톤 트럭을 이용한 2014년도 화물자동차 운행실적

> • 실제 가동일수 : 210일
> • 적재거리 : 45,000km
> • 목표 가동일수 : 350일
> • 총 운행거리 : 60,000km

– 가동률 : (210일/350일)×100＝60%
– 실차율 : (45,000km/60,000km)×100＝75%

---

**예시** **가동율, 실차율, 적재율**

D회사의 15톤 트럭을 이용한 2014년도 화물자동차 운행실적

> • 누적 주행거리 : 60,000km
> • 실제 적재 주행거리 : 52,000km
> • 실제가동 차량 수 : 300대
> • 누적 실제 차량 수 : 360대
> • 트럭의 적재가능 총 중량 : 15톤
> • 트럭의 적재 중량 : 12톤

– 실차율＝적재 주행거리/총주행거리＝52,000km/60,000km＝86.7%
– 적재율＝**평균 적재 중량/최대 적재 중량** **1** ＝12톤/15톤＝80.0%
– 가동률＝실제 가동 차량 수/누적 실제차량 수＝300대/360대＝83.3%

---

**예시** **가동율, 적재율, 실차율**

D회사의 15톤 트럭을 이용한 2014년도 화물자동차 운행실적

> • 표준 영업일수 : 350일
> • 실제가동 영업일수 : 210일
> • 누적 주행거리 : 50,000km
> • 누적 실제 주행거리 : 42,000km
> • 트럭의 기준 용적 : 10m³
> • 트럭의 1회 운행당 평균 용적 : 8m³

– 적재율 **80**%
– 실차율 **84**%
– 가동율 **60**%

**예시** **가동율, 실차율, 평균운송량, 평균운송거리**

> - 가동일수 : 월간목표 25일, 운행실적 20일
> - 운행거리 : 총 운행거리 12,000km, 실차(영차) 운행거리 9,000km
> - 운행 ton · km : 90,000ton · km
> - 총 운송량 : 200ton

- 가동률＝20/25＝80%
- 실차율＝9,000/12,000＝75%
- 평균운송량＝200/20＝10ton
- 평균운송거리＝90,000/200＝450km

**심화** **비효율성지표 1**

| 구분 | 내용 |
|------|------|
| 톤당 운송비 | 일정 기간 동안 차량 운영과 관련하여 발생한 비용(직접원가)을 운송한 화물량으로 나누어 산출한다. |
| ton · km당 운송비 | - 운송서비스 1단위를 생산하는 데 어느 정도의 비용을 사용하고 있는가를 파악하기 위한 지표이다.<br>- 일정 기간 동안 차량 운영과 관련하여 발생한 비용을 총 운송 ton · km로 나누어 산출한다. |
| 운행거리당 운송비 | 일정 기간 동안의 차량 운영과 관련한 비용을 총 운송거리로 나누어 산출한다. |
| 운행거리당 고정비 | - 차량운영비용 중 고정비에 해당하는 비용을 운행거리로 나누어 산출한다.<br>- 운행거리가 증가할수록 고정비는 낮아지고 효율성은 높아진다. |
| 운행거리당 변동비 | 일정 기간 동안의 변동비를 운행거리 실적으로 나누어 산출한다. |

## (3) 운영효율성 향상방안

운송의 효율성을 향상시킬 수 있는 방안으로는 가동율 극대화, 수송의 대형화, 회전율 극대화, 영차율 극대화가 있다. **3**

※ 공차율 극대화는 운송의 효율성을 향상시키는 방법이 아니다.

| 가동률 극대화 | - 1차량 2기사 승무제도<br>- 예비운전기사 운영<br>- 성능유지관리제도<br>- 안전관리시스템 구축<br>- 운송물량 확보 |
|------|------|
| 회전율 극대화 | - 상하차시간 및 상하차 대기시간 단축<br>- 효율적 배차 |

| 영차율<br>극대화 | -기업 간 운송제휴, 공동배송체제 구축 및 확대 **2**<br>-화물운송정보시스템의 활용 **2**<br>-화물자동차운송가맹사업자의 활용 **1**<br>-복화물량의 확보 **1**<br>-릴레이 운송<br>　*공차운행을 방지하기 위하여 릴레이 운송식으로 최초의 출발지로의 운송물량이 확보<br>　될 때까지 타 지역 물량을 운송함으로써 영차율을 최대화<br>-기본적으로 복화화물을 확보하기 위한 지역별 영업소 운영<br>-화물운송정보시스템 운영 |
|---|---|
| 적재율<br>극대화 | -화물 특성에 맞는 차종 선택<br>-적재 방법 개선<br>-배차 방법 개선 |

## 04 화물자동차 운송임

**참조** 화물자동차의 운송비용

1. **운송비용**
   - 거리가 증가할수록 ton · km 단위당 운송비용은 낮아진다. **1**
   - 1회 운송단위가 클수록 단위당 운송비용은 낮아진다. **1**
   - 취급이 어렵거나 운송에 시간이 많이 소요되는 화물의 경우 운송비용이 높아진다. **1**

2. **화물자동차의 운송원가계산**
   - 운송특성에 맞는 합리적 기준을 설정하고 그 기준에 따른 표준원가를 계산하여야 한다. **1**
   - 고정비는 화물자동차의 운송거리 등과 관계없이 일정하게 발생하는 비용을 말하며 고정비 대상<br>항목으로는 감가상각비, 세금과 공과금, 인건비, **광열수도료**, **복리후생비** 등이 있다. **3**
   - 변동비용은 운송거리, 영차거리, 운송 및 적재량 등에 따라 변동되는 원가를 말하며 변동비는 운전<br>기사의 운전 기량에 따라 차이가 발생할 수 있다. **2**
   - 변동비에는 차량수리비, 연료비, 잡유비, 도로통행료가 포함된다. **2**

### (1) 운임의 적용형태

#### ① 거리기준 운임

㉠ 단일운임(Uniform Rates)

지역과 운송거리에 관계없이 단일운임을 적용하는 것이다.

㉡ 지역(구역)운임(Blanket Rates) **1**

   - 경쟁업자들의 운임에 대처하고, 운임공표와 관리를 단순화하기 위해서 운송업자들이 개<br>발하였다.
   - 출발지에서 특정 지역으로 운송되는 경우에 적용되는 하나의 운임이다.

－장거리 구간에 운송되는 재화와 제품의 생산과 소비가 특정 지역으로 집중되는 경우에 적용되는 가장 일반적인 운임이라고 할 수 있다.

ⓒ 비례운임(Proportional Rates)

운임을 운송거리에 비례하여 지불하는 거리당 운임이다.

ⓔ 체감운임(Tapering Rates)

운송거리가 증가할수록 운송단가가 감소되는 형태의 운임이다.

② 수요기준운임

－운송서비스의 가치(운임부담능력)를 토대로 설정되는 운임이다.
－화주 또는 운송자의 수요에 의해 특정 수송서비스의 운임이 결정된다.

> **참조** 🔖 **화물운임의 부과방법에 따른 구분 🔟**
>
> ① 종가운임 : 운송되는 화물의 가격에 따라 운임의 수준이 달라지는 형태의 운임
> ② 최저운임 : 일정한 수준 이하의 운송량을 적재하거나 일정 거리 이하의 단거리운송 등으로 실운 임이 일정수준 이하로 계산될 때 적용하는 최저 수준의 운임
> ③ 단일운임 : 운송거리, 서비스 수준, 운송량, 운송시간 등에 따라 운임 차이가 발생할 수 있음에도 불구하고 동일한 요율을 적용하는 형태의 운임
> ④ 품목별운임 : 운송하는 품목에 따라 요율을 달리하는 운임
> ⑤ 반송운임 : 목적지에 도착한 후 인수거부, 인계불능 등에 의하여 반송조치하고 받는 운임

## (2) 운임결정요인 🔢

| 운송거리<br>(Distance) | 연료비, 수리비, 타이어비 등 변동비에 영향을 주는 중요한 요소이다. 🔢 |
| --- | --- |
| 운송되는 화물 크기<br>(Volume, Lot size)<br>🔟 | －한 번에 운송되는 화물 단위가 클수록 대형차량을 이용하며, 이 경우에 운송단위당 부담하는 고정비 및 일반관리비는 감소하게 된다. 🔢<br>－Lot 사이즈가 클수록 운송차량의 크기가 커지고, 대형차량일수록 운송원가가 적게 소요되기 때문에 운임단가가 낮아진다. |
| 밀도<br>(Density) | 밀도가 높은 화물은 동일한 용적을 갖는 용기에 많이 적재하여 운송할 수 있다. 🔢<br>※ 밀도가 낮으면 동일한 공간에 중량 기준이 적은 양의 화물을 적재할 수밖에 없어서 운임이 <u>다소 높다.</u> |
| 적재성<br>(Stowability) 🔟 | －적재율이 떨어지면 운송량이 적어져 단위당 운임은 증가한다. 🔟<br>－화물형상의 비정형성은 적재작업을 어렵게 하고 적재공간의 효율성을 떨어지게 한다. 🔟 |
| 취급<br>(Handling) | －운송 중 발생되는 화물의 파손, 부패, 폭발 가능성 등에 따라 운임이 달라진다. 🔢<br>－화물의 취급이 어려울수록 운임은 증가한다. 🔟<br>－취급은 화물을 차량에 싣고 내리거나 차량 내부에서 외부로 이동하는 행위를 말하는 것으로 취급이 용이한 화물의 운송임은 그렇지 않은 화물에 비해 낮은 수준에서 결정된다. |
| 기타 | 책임(Uability), 시장요인(Market Factor) 등 |

## 05 화물자동차의 경제적 효율성

### (1) 화물자동차의 경제효용거리 ❸

- 채트반(Chatban) 공식은 운송거리에 따른 화물자동차 운송과 철도운송의 선택기준으로 활용된다. ❶
- 채트반 공식은 비용요소를 이용하여 화물자동차 경쟁가능거리의 한계(분기점)를 산정한다. ❶
- 채트반 공식으로 산출된 경계점 거리 이내에서는 화물자동차운송이 철도운송보다 유리하다. ❶

$$경제효용거리의 \ 한계(km) = \frac{D}{T-R}$$

- D : 톤당 철도발착비+배송비+하역비+포장비
- T : 트럭의 톤·km당 수송비
- R : 철도의 톤·km당 수송비

### (2) 화물자동차의 철도에 대한 경쟁가능거리

$$y = \frac{t}{m-r}$$

- $y$ : 화물자동차의 경제효용거리의 한계(km)
- $t$ : 톤당 철도운송비와 하역비
- $m$ : 화물자동차의 톤·km당 수송비
- $r$ : 철도의 톤·km당 수송비

### (3) 화물자동차의 분기점 채산도 계산

$$X_p = \frac{F_b - F_a}{V_a - V_b}$$

- $X_p$ : 분기점 채산도
- $F_a$ : A형 차의 고정비
- $F_b$ : B형 차의 고정비
- $V_a$ : A형 차의 변동비
- $V_b$ : B형 차의 변동비

**예시** 다음은 A기업의 화물운송 방식이다. 몇 Km 이상 구간에서 철도운송이 유리한가? [채트반(Chatban) 공식 이용]

> • 자동차운송비 : 8,000원/ton · km
> • 철도운송비 : 7,500원/ton · km
> • 톤당 철도운송 부대비용(철도발착비＋배송비＋화차하역비 등) : 53,000원

※ 자동차운송의 경제적 효용거리(Km)＝D/(T－R)
  D : 톤당 철도운송 부대비용
  T : 자동차운송비
  R : 철도운송비
  자동차운송의 경제적 효용거리(km)＝53,000원/(8,000원－7,500원)＝106km
[답] A기업은 106km 이상 구간에서 철도운송이 유리하다.

**예시** 다음과 같은 조건에서 공로와 철도운송의 경제효용거리 분기점은?

> • 톤당 추가되는 비용(철도역 상 · 하차 비용, 포장비 등) : 12,000원
> • 공로운송의 톤 · km당 운송비 : 120원
> • 철도운송의 톤 · km당 운송비 : 70원

－D : 톤당 철도발착비＋배송비＋하역비＋포장비
－T : 트럭의 톤 · km당 수송비
－R : 철도의 톤 · km당 수송비
경제효용거리의 한계(km)＝D/T－R＝12,000/(120－70)＝12,000/50＝240km

 화주 M사는 A사로부터 아래와 같은 운송조건의 제안을 받고, 채트반(Chatban) 공식을 이용하여 자사의 화물자동차 운송과 비교하였다. 90km 지점에서 두 운송비가 동일해지는 톤당 철도운송 추가비용은?

> • M사의 화물자동차 운송비 : 7,800원/ton · km
> • A사의 철도 운송비 : 6,800원/ton · km
> • 톤당 철도운송 추가비용(철도 발착비＋배송비＋화차 하역비 등) : 83,000원

－톤당 철도운송 추가비용＝(7,800/ton · km×90km)－{6,800/ton · km×90km}＝90,000원
－경제효용거리＝(톤당 철도 발착비＋배송비＋하역비 등)/(화물차의 ton · km당 수송비
    －철도의 ton · km당 수송비)＝83,000원/(7,800원－6,800원)＝83km
[답] 90km 지점에서 두 운송비가 동일해지는 톤당 철도운송 추가비용은 90,000원이다.

 10톤의 화물을 5km 운송하는 데 소요되는 총 수송비는 자동차가 200,000원, 철도가 150,000원이다. 철도의 경우 1톤의 화물에 대한 발착비, 배송비, 화차하역비 및 포장비가 총 250,000원이 추가로 소요될 때 화물자동차가 철도와 비교하여 경쟁우위를 확보할 수 있는 경제적 효용거리는? [채트반(Chatban) 공식 이용]

> • M사의 화물자동차 운송비 : 7,800원/ton · km
> • A사의 철도 운송비 : 6,800원/ton · km
> • 톤당 철도운송 추가비용(철도 발착비＋배송비＋화차 하역비 등) : 83,000원

[답] 250km

다음 조건하에서 100km 지점에서 트럭운송과 철도운송의 운송비가 동일해지는 톤당 철도운송의 추가비용은? [채트반(Chatban) 공식 이용]

> • 트럭의 톤 · km당 운송비 : 1,000원 **1**
> • 철도의 톤 · km당 운송비 : 500원 **1**
> • 톤당 철도운송 추가비용 : 발착비＋배송비＋화차하역비 등 **1**

[답] 50,000원

---

 트럭운송이 철도운송보다 비용이 절감되는 운송구간은 몇 Km까지인가? (단, 수송비는 Ton · Km당 수송비이며, Chatban 공식 이용)

| 트럭운송 | 철도운송 |
|---|---|
| 수송비 : 2,000원 | 수송비 : 1,900원<br>포장비 : 6,000원<br>상하차비 : 4,000원<br>배송비 : 16,000원 |

[답] 260km

---

 H기업의 가구 제조공장에서 판매처까지의 거리가 총 100km이고, 운송량은 5톤인 경우 추가비용, 부대비용, 총운송비는? (단, 기본운임은 거리 및 운송량에 상관없는 고정비임)

| 구분 | | 화물자동차운송 | 철도운송 |
|---|---|---|---|
| 운임 | 기본운임 | 100,000원 | 300,000원 |
| | 톤 · km당 추가비용 | 400원 | 200원 |
| 톤 · km당 부대비용 | | 100원 | 300원 |

1. 추가비용
   - 화물자동차 : 400원/톤 · km×100km×5톤＝200,000원
   - 철도 : 200원/톤 · km×100km×5톤＝100,000원
2. 부대비용
   - 화물자동차 : 100원/톤 · km×100km×5톤＝50,000원
   - 철도 : 300원톤 · km×100km×5톤＝150,000원
3. 총운송비
   - 화물자동차 : 100,000원＋200,000원＋50,000원＝350,000원
   - 철도 : 300,000원＋100,000원＋150,000원＝550,000원

1. **운송관리시스템(TMS, Transportation Management System)**
   화물 운송 때 수반되는 자료와 정보를 신속하게 수집하여 이를 효율적으로 관리하는 동시에, 수 주 기능에서 입력한 정보를 기초로 비용이 가장 적은 수송경로와 수송수단을 제공하는 시스템이다. **1**

2. **화물자동차 적재관리시스템(VMS, Vanning Management System)**
   ① 개념
      - 화물의 특징에 따라 적정한 화물차에 화물이 효율적으로 적재될 수 있도록 차량의 소요, 배차, 적재 위치 등을 지정해주는 적재관리시스템이다.
      - 출하되는 화물의 양(중량 및 부피)에 따라 적정한 크기의 차량선택과 1대의 차량에 몇 개의 배송처의 화물을 적재할 것인지를 계산해 내고, 화물의 형상 및 중량에 따라 적재함의 어떤 부분에 화물을 적재해야 가장 효율적인 적재가 될 것인지를 시뮬레이션을 통하여 알려주는 시스템이다. **1**
   ② 특징
      - 다양한 차량을 이용할 수 있을 때에는 가장 적절한 규모의 차량을 이용한다. **1**
      - 축중 제한을 초과하지 않도록 전체적인 적재화물의 중량을 통제한다. **1**
      - 주문관리시스템(Order Management System)과 연동되는 것이 효율적이다. **1**
      - 편하중에 의한 축중 제한이 발생하지 않도록 적재 위치를 고려한다. **1**

## 06 택배운송사업

### (1) 택배서비스의 특징 **1**

#### ① 화물의 특징

- 주로 다품종 소형 · 소량화물을 취급한다. **2**
- 다품종 소량 생산체제 확산으로 다빈도 배송이 요구되고 있다. **2**
- 일반적으로 1개의 중량이 30kg 이하인 화물로 제한을 두고 있는데, 택배사원이 혼자 힘으로 취급 가능한 정도의 소형 · 소량화물의 운송을 위한 운송체계를 갖추고 있다. **2**
- 개인화물부터 기업화물까지 **불특정다수**의 화물을 대상으로 한다. **1**

#### ② 산업의 특징

- 물류기지, 집배차량, 자동분류기 등 대규모 투자가 필요하다. **1**
- 물류거점, 물류정보시스템, 운송네트워크 등이 요구되는 산업이다. **1**
- 택배사업은 매출액에 비해서 많은 노동력이 소요되는 사업이다. **1**
- 택배운송사업은 장치산업, 네트워크, 정보시스템 및 노동집약적인 특징이 있다. **1**
- 개별화물의 전산관리, 화물추적, 집배차량과의 통신 등이 접목되는 사업이다. **1**
- 집하와 배송이 **동시에** 수행되는 운송사업이다. **1**

### ③ 일관운송

- 송화주의 문전에서부터 수화주의 문전까지 편의 위주의 운송체계이다. **1**
- 운송인은 일관된 책임운송서비스를 제공한다. **3**
- 운송인 책임하에 'Door to Door' 단계를 지나 'Room to Room', 'Desk to Desk' 단계에 이르기까지 확대되는 포괄적인 일관서비스를 제공한다.
- 단일운임, 요금체계로 경제성 있는 운송서비스를 제공, 운송장 작성으로 화물의 분실 및 파손에 대한 손해배상제도를 확립하였다. **1**

### ④ 택배서비스의 문제점

- 대도시 주변은 지가가 높아 택배서비스터미널을 건설할 부지확보가 어렵다.
- 도심지역 집하 및 배송을 위한 임시 주·정차공간이 부족하다.
- 집하화물의 운송 분류와 야간 상하차 작업의 인력 확보가 어렵다.
- 택배서비스의 경우 지입·위탁차량 운영으로 고객서비스 품질이 낮아지고 정보의 연계성이 떨어진다.

> **참조** 📖 택배영업장의 개념 **1**
>
> ① **영업소**는 회사가 점포를 개설하여 직접 운영하는 영업장을 말한다.
> ② **집배센터**는 일정한 지역의 영업거점으로 집배차량 통제 및 집배구역을 관리하고 주로 집배·배송업무를 수행하는 영업장을 말한다.
> ③ **취급점**은 수탁자가 점포, 차량을 준비하여 화물집화만을 수행하는 영업장을 말한다.
> ④ **터미널**은 화물의 분류, 차량의 간선운행 기능을 갖는 영업장을 말한다.
> ⑤ **위탁 영업소**는 회사가 점포와 집배·배송 차량을 제공하고 수탁자가 이를 운영하는 영업장을 말한다.

## (2) 택배의 간선운송시스템

### ① Point-to-Point System

일정한 집하지역 내의 화물을 배달될 지역별로 분류한 후 간선차량을 이용하여 배달할 지역 집배시설에서 배달처리하거나 하위 배달조직으로 연계 처리하는 방식의 화물연계시스템이다.

### ② Hub & Spokes System **1**

- 각 지역의 집배센터와 거리 또는 무게중심에 의한 중심지역에 설치한 대단위 허브터미널을 직접적으로 연계한 운송시스템이다.
- 노선의 수가 적어 운송의 효율성이 높다. **2**
- 집배센터에 배달 물량이 집중되어 상·하차 여건 부족 시 배송 지연이 발생할 수 있다. **2**
- 모든 노선이 중심거점(허브) 위주로 구축된다. **2**
- 대규모의 분류능력을 갖춘 (허브)터미널이 필요하다. **2**

－**셔틀운송이 없고** 간선운송만으로 운영하며 미국 국제택배업체인 Fedex가 효시이다. **1**

## ③ 절충형 혼합식 네트워크 방식

Hub & Spoke 시스템과 Point to Point 시스템을 혼합운영하는 시스템이다. **1**

> **참조** **Milk Run 시스템**
>
> 우유회사가 매일 축산 농가를 돌며 원유를 수거해 온 데서 비롯된 방식으로 일명 '실시간 조달체계' 라고 불린다. 즉, 구입처가 여러 거래처를 돌면서 원재료를 모으는 물류시스템이다. **1**

> **참조** **C2B 택배물류** **1**
>
> －구매한 제품의 A/S를 위한 화물, 구매취소 등의 반품이 주를 이룸
> －판매자의 폐기물 회수
> －전자상거래 증가에 따라 지속적으로 증가할 것으로 예상

관련규정 **택배표준약관(공정거래위원회 표준약관 제10026호, 2020년 개정)**

# 제1장 총칙

**제1조(목적)** 이 약관은 택배사업자와 고객(송화인) 간의 공정한 택배거래를 위하여 그 계약조건을 정함을 목적으로 합니다.

**제2조(용어의 정의)**
① '택배'라 함은 고객의 요청에 따라 운송물을 고객(송화인)의 주택, 사무실 또는 기타의 장소에서 수탁하여 고객(수화인)의 주택, 사무실 또는 기타의 장소까지 운송하여 인도하는 것을 말합니다. **3**
② '택배사업자'(이하 '사업자'라 합니다)라 함은 택배를 영업으로 하며, 상호가 운송장에 기재된 운송사업자를 말합니다. **2**
③ '고객'이라 함은 사업자에게 택배를 보내는 송화인과 받는 수화인을 말합니다. 다만, 약관의 규제에 관한 법률에 따른 '고객'은 송화인을 말합니다. **1**
④ '송화인'이라 함은 사업자와 택배계약을 체결한 자로 운송장에 '보내는 자'(또는 '보내는 분')로 명시되어 있는 자를 말합니다.
⑤ '수화인'이라 함은 운송물을 수령하는 자로 운송장에 '받는 자'(또는 '받는 분')로 명시되어 있는 자를 말합니다. **1**
⑥ '운송장'이라 함은 사업자와 고객(송화인) 간의 택배계약의 성립과 내용을 증명하기 위하여 사업자의 청구에 의하여 고객(송화인)이 발행한 문서를 말합니다. **3**
⑦ '수탁'이라 함은 사업자가 택배를 수행하기 위하여 고객(송화인)으로부터 운송물을 수령하는 것을 말합니다. **1**
⑧ '인도'라 함은 사업자가 고객(수화인)에게 운송장에 기재된 운송물을 넘겨주는 것을 말합니다. **3**
⑨ '손해배상한도액'이라 함은 운송물의 멸실, 훼손 또는 연착 시에 사업자가 손해를 배상할 수 있는 최고 한도액을 말합니다. 다만, '손해배상한도액'은 고객(송화인)이 운송장에 운송물의 가액을 기재하지 아니한 경우에 한하여 적용되며, 사업자는 손해배상한도액을 미리 이 약관의 별표로 제시하고 운송장에 기재합니다. **4**

**제3조(약관의 명시 및 설명)**
① 사업자는 이 약관을 사업장에 게시하며, 택배계약(이하 '계약'이라 합니다)을 체결하는 때에 고객(송화인, 수화인)의 요구가 있으면 이를 교부합니다.
② 사업자는 계약을 체결하는 때에 고객(송화인)에게 다음 각 호의 사항을 설명합니다.
  1. 고객(송화인)이 운송장에 운송물의 가액을 기재하면 사업자의 손해배상 시 그 가액이 손해배상액의 산정기준이 된다는 사항
  2. 고객(송화인)이 운송장에 운송물의 가액을 기재하지 아니하면 사업자의 손해배상 시 제22조 제3항의 손해배상한도액 내에서만 손해배상을 한다는 사항
  3. 운송물의 기본운임 정보, 품목별 할증운임 정보, 배송지역 특성에 따른 부가운임 정보 및 운송물 가액에 따른 손해배상한도액 정보 등에 대한 사항
③ 사업자가 제1항 및 제2항의 규정에 위반하여 계약을 체결한 때에는 당해 약관규정을 계약의 내용으로 주장할 수 없습니다.

**제4조(적용법규 등)** 이 약관에 규정되지 않은 사항에 대하여는 화물자동차운수사업법, 상법 등의 법규와 공정한 일반관습에 따릅니다.

## 제2장 운송물의 수탁

### 제5조(사업자의 의무)

① 사업자는 택배를 이용하고자 하는 자에게 다음 각 호의 사항을 홈페이지 및 모바일 앱, 콜센터, 전화 등으로 알기 쉽게 제공하여야 합니다.
   1. 택배의 접수방법, 취소, 환불, 변경방법
   2. 택배사고 시 배상접수 방법 및 배상기준, 처리절차 등
   3. 송장번호 입력란
   4. 결제방법
   5. 택배이용약관 또는 운송계약서

② 사업자는 고객응대시스템(콜센터, 어플리케이션 등)을 설치, 운영하여야 하며 고객서비스 만족 수준을 제고시키기 위해 노력하여야 합니다.

③ 사업자는 업무상 알게 된 고객(송화인, 수화인)의 개인정보를 개인정보보호법 등 관계법령에 따라 관리하여야 하며, 고객(송화인, 수화인)의 동의 없이 택배업무와 관계없는 제3자에게 제공할 수 없습니다.

④ 위 사항 이외에도 사업자는 대행 업무를 수행함에 있어 선량한 관리자로서의 주의와 의무를 다하여야 합니다.

### 제6조(송화인의 의무)

① 고객(송화인)은 수화인의 주소, 전화번호, 성명, 운송물의 품명 및 표준가액 등을 운송장에 정확하게 작성하여야 합니다.

② 고객(송화인)은 제12조에 의한 규정에 따라 화약류, 인화물질, 밀수품, 군수품, 현금, 카드, 어음, 수표, 유가증권, 계약서, 원고, 서류, 동물, 동물사체 등의 운송물을 위탁하지 않아야 합니다.

### 제7조(운송장)

사업자는 계약을 체결하는 때에 다음 각 호의 사항을 기재한 운송장을 마련하여 고객(송화인)에게 교부합니다.

| 사업자 기재사항 **1** | 고객 기재사항 **1** |
|---|---|
| • 사업자의 상호, 주소 및 전화번호, 담당자(집하자) 이름 | • 송하인(고객)의 주소, 이름(상호) 및 전화번호 **2** |
| • 운송물품 수탁한 당해 사업소(사업자의 본·지점, 출장소 등)의 상호, 주소 및 전화번호 | • 수하인의 주소, 이름(상호) 및 전화번호 **2** |
| • 운송물의 중량 및 용적 구분 **2** | • 운송물의 종류, 수량 및 가액 **2** |
| • 운임, 기타 운송에 관한 비용 및 지급방법 **1** | • 운송물의 인도 예정장소 및 인도예정일 **1** |
| • 손해배상한도액 **1** | • 운송상의 특별한 주의사항 **1** |
| • 문의처 전화번호 | • 운송장의 작성 연월일 **1** |
| • 기타 운송에 관하여 필요한 사항 | |

### 제8조(운임의 청구와 유치권) **1**

① 사업자는 운송물을 수탁할 때 고객(송화인)에게 운임을 청구할 수 있습니다. 다만, 고객(송화인)과의 합의에 따라 운송물을 인도할 때 운송물을 받는 자(수화인)에게 청구할 수도 있습니다. **1**

② 제1항 단서의 경우 고객(수화인)이 운임을 지급하지 않는 때에는 사업자는 운송물을 유치할 수 있습니다. **2**

③ 운송물이 포장당 50만원을 초과하거나 운송상 특별한 주의를 요하는 것일 때에는 사업자는 따로 할증요금을 청구할 수 있습니다. **3**

④ 고객(송화인, 수화인)의 사유로 운송물을 돌려보내거나, 도착지 주소지가 변경되는 경우, 사업자는 따로 추가 요금을 청구할 수 있습니다. **1**

⑤ 운임 및 할증요금은 미리 이 약관의 별표로 제시하고 운송장에 기재합니다. **1**

### 제9조(포장)

① 고객(송화인)은 운송물을 그 성질, 중량, 용적 등에 따라 운송에 적합하도록 포장하여야 합니다. **1**

② 사업자는 운송물의 포장이 운송에 적합하지 아니한 때에는 고객(송화인)에게 필요한 포장을 하도록 청구하거나, 고객(송화인)의 승낙을 얻어 운송 중 발생될 수 있는 충격량을 고려하여 포장을 하여야 합니다. 다만, 이 과정에서 추가적인 포장비용이 발생할 경우에는 사업자는 고객(송화인)에게 추가 요금을 청구할 수 있습니다. **2**

③ 사업자는 제2항의 규정을 준수하지 아니하여 발생된 사고 시 제22조에 의해 고객(송화인)에게 손해배상을 하여야 합니다.

④ 사업자가 운송물을 운반하는 도중 운송물의 포장이 훼손되어 재포장을 한 경우에는 지체 없이 고객(송화인)에게 그 사실을 알려야 합니다. **2**

### 제10조(외부표시) 사업자는 운송물을 수탁한 후 그 포장의 외부에 운송물의 종류 · 수량, 운송상의 특별한 주의사항, 인도 예정일(시) 등의 필요한 사항을 표시합니다. **1**

### 제11조(운송물의 확인)

① 사업자는 운송장에 기재된 운송물의 종류와 수량에 관하여 고객(송화인)의 동의를 얻어 그 참여하에 이를 확인할 수 있습니다.

② 사업자가 제1항의 규정에 의하여 운송물을 확인한 경우에 운송물의 종류와 수량이 고객(송화인)이 운송장에 기재한 것과 같은 때에는 사업자가 그로 인하여 발생한 비용 또는 손해를 부담하며, 다른 때에는 고객(송화인)이 이를 부담합니다.

### 제12조(운송물의 수탁거절) **3**

사업자는 다음 각 호의 경우에 운송물의 수탁을 거절할 수 있습니다. **1**

1. 고객(송화인)이 운송장에 필요한 사항을 기재하지 아니한 경우 **3**
2. 고객(송화인)이 제9조 제2항의 규정에 의한 청구나 승낙을 거절하여 운송에 적합한 포장이 되지 않은 경우 **1**
3. 고객(송화인)이 제11조 제1항의 규정에 의한 확인을 거절하거나 운송물의 종류와 수량이 운송장에 기재된 것과 다른 경우 **2**
4. 운송물 1포장의 크기가 가로 · 세로·높이 세변의 합이 (      )cm를 초과하거나, 최장변이 (      )cm를 초과하는 경우
5. 운송물 1포장의 무게가 (      )kg를 초과하는 경우
6. 운송물 1포장의 가액이 300만원을 초과하는 경우 **6**
7. 운송물의 인도예정일(시)에 따른 운송이 불가능한 경우 **2**
8. 운송물이 화약류, 인화물질 등 위험한 물건인 경우
9. 운송물이 밀수품, 군수품, 부정임산물 등 관계기관으로부터 허가되지 않거나 위법한 물건인 경우
10. 운송물이 현금, 카드, 어음, 수표, 유가증권 등 현금화가 가능한 물건인 경우 **3**
11. 운송물이 재생 불가능한 계약서, 원고, 서류 등인 경우 **2**
12. 운송물이 살아 있는 동물, 동물사체 등인 경우 **2**
13. 운송이 법령, 사회질서 기타 선량한 풍속에 반하는 경우 **1**
14. 운송이 천재, 지변 기타 불가항력적인 사유로 불가능한 경우 **1**

> **예시** **운송물의 수탁을 거절할 수 있는 경우**
>
> 1. A 회사가 B 회사에 보낸 재생 불가능한 계약서
> 2. D 애견회사가 보낸 강아지 2마리
> 3. E 보석상이 보낸 400만원 상당의 금목걸이
> 4 F 총포상이 보낸 화약

# 제3장 운송물의 인도

**제13조(공동운송 또는 타 운송수단의 이용)** 사업자는 고객(송화인)의 이익을 해치지 않는 범위 내에서 수탁한 운송물을 다른 운송사업자와 협정을 체결하여 공동으로 운송하거나 다른 운송사업자의 운송수단을 이용하여 운송할 수 있습니다. **1**

**제14조(운송물의 인도일)**
① 사업자는 다음 각 호의 인도예정일까지 운송물을 인도합니다.
　1. 운송장에 인도 예정일의 기재가 있는 경우에는 그 기재된 날
　2. 운송장에 인도 예정일의 기재가 없는 경우에는 운송장에 기재된 운송물의 수탁일로부터 인도예정 장소에 따라 다음 일수에 해당하는 날
　　가. 일반 지역 : 수탁일로부터 2일 **2**
　　나. 도서, 산간벽지 : 수탁일로부터 3일 **3**
② 사업자는 수화인이 특정 일시에 사용할 운송물을 수탁한 경우에는 운송장에 기재된 인도예정일의 특정시간까지 운송물을 인도합니다.

③ 사업자는 고객(수화인)에 인도 후 운송물 배송의 배송완료 일시, 송장번호 등을 고객(송화인)이 확인할 수 있도록 협력하여야 합니다.

### 제15조(수화인 부재 시의 조치)

① 사업자는 운송물의 인도 시 고객(수화인)으로부터 인도확인을 받아야 하며, 고객(수화인)의 대리인에게 운송물을 인도하였을 경우에는 고객(수화인)에게 그 사실을 통지합니다.

② 사업자는 고객(수화인)의 부재로 인하여 운송물을 인도할 수 없는 경우에는 고객(송화인/수화인)과 협의하여 반송하거나, 고객(송화인/수화인)의 요청 시 고객(송화인/수화인)과 합의된 장소에 보관하게 할 수 있으며, 이 경우 고객(수화인)과 합의된 장소에 보관하는 때에는 고객(수화인)에 인도가 완료된 것으로 합니다.

## 제4장 운송물의 처분

### 제16조(인도할 수 없는 운송물의 처분)

① 사업자는 고객(수화인)을 확인할 수 없거나(수화인 불명), 고객(수화인)이 운송물의 수령을 거절하거나(수령거절) 수령할 수 없는 경우(수령불능)에는, 운송물을 공탁하거나 제2항 내지 제4항의 규정에 의하여 경매할 수 있습니다. ■

② 사업자는 고객(송화인)에게 1개월 이상의 기간을 정하여 그 기간 내에 운송물의 처분에 관한 지시가 없으면 경매한다는 뜻을 명시하여 운송물의 처분과 관련한 지시를 해줄 것을 통지합니다. 다만, 고객(수화인)의 수령거절 또는 수령불능의 경우에는 먼저 고객(수화인)에게 1주일 이상의 기간을 정하여 수령을 요청하고 그 기간 내에도 수령하지 않는 때에 고객(송화인)에게 통지합니다.

③ 사업자는 제2항의 규정에 의한 통지가 고객(송화인)에게 도달된 것으로 확인되는 경우에는, 그 도달일로부터 정한 기간 내에 지시가 없으면 운송물을 경매할 수 있습니다. 그러나 통지가 사업자의 과실 없이 고객(송화인)에게 도달된 것으로 확인될 수 없는 경우에는, 통지를 발송한 날로부터 3개월간 운송물을 보관한 후에 경매할 수 있습니다.

④ 사업자는 운송물이 멸실 또는 훼손될 염려가 있는 경우에는, 고객(송화인, 수화인)의 이익을 위해 고객(송화인, 수화인)에 대한 통지 없이 즉시 경매할 수 있습니다.

⑤ 사업자가 운송물을 공탁 또는 경매한 때에는 지체 없이 그 사실을 고객(송화인)에게 통지합니다.

⑥ 제1항 내지 제5항의 규정에 의한 운송물의 공탁·경매·보관, 통지, 고객(송화인)의 지시에 따른 운송물의 처분 등에 소요되는 비용은 고객(송화인)의 부담으로 하며, 사업자는 운임이 지급되지 않은 경우에는 고객(송화인)에게 운임을 청구할 수 있습니다.

⑦ 사업자는 운송물을 경매한 때에는 그 대금을 운송물의 경매·보관, 통지 등에 소요되는 비용과 운임(운임이 지급되지 않은 경우에 한함)에 충당하고, 부족한 때에는 고객(송화인)에게 그 지급을 청구하며, 남는 때에는 고객(송화인)에게 반환합니다. 이 경우 고객(송화인)에게 반환해야 할 잔액을 고객(송화인)이 수령하지 않거나 수령할 수 없는 때에는, 공탁에 과다한 비용이 소요되지 않는 한, 그 금액을 공탁합니다.

### 제17조(고객의 처분청구권)

① 고객(송화인)은 사업자에 대하여 운송의 중지, 운송물의 반환 등의 처분을 청구할 수 있습니다.

② 사업자는 제1항의 규정에 의한 고객(송화인)의 청구가 있는 때에는, 공동운송 또는 타 운송수단의 이용 등으로 인해 운송상 현저한 지장이 발생할 우려가 있는 경우를 제외하고는 이에 응합니다. 이 경우에 이미 운송한 비율에 따른 운임과 운송물의 처분에 소요되는 비용은 고객(송화인)의 부담으로 합니다.

③ 제1항의 규정에 의한 고객(송화인)의 청구권은 고객(수화인)에게 운송물을 인도한 때에 소멸합니다.

# 제5장 운송물의 사고

### 제18조(사고발생 시의 조치)

① 사업자는 운송물의 수탁 후부터 인도 전까지 전부 멸실을 발견한 때에는 지체 없이 그 사실을 고객(송화인)에게 통지합니다.

② 사업자는 운송물의 수탁 후부터 인도 전까지 운송물의 일부 멸실이나 현저한 훼손을 발견하거나, 인도 예정일보다 현저하게 연착될 경우에는 지체 없이 그 사실을 고객(송화인)에게 통지하고, 일정 기간을 정하여 운송물의 처분 방법 및 일자 등에 관한 지시를 해줄 것을 요청합니다.

③ 사업자는 제2항의 규정에 의한 고객(송화인)의 지시를 기다릴 여유가 없는 경우 또는 사업자가 정한 기간 내에 지시가 없을 경우에는 고객의 이익을 위하여 운송의 중지, 운송물의 반환 기타의 필요한 처분을 할 수 있습니다. 이 경우 사업자는 지체 없이 그 사실을 고객(송화인)에게 통지합니다.

**제19조(사고증명서의 발행)** 사업자는 운송 중에 발생한 운송물의 멸실, 훼손 또는 연착에 대하여 고객(송화인)의 청구가 있으면 그 발생한 날로부터 1년에 한하여 사고증명서를 발행합니다. **1**

# 제6장 사업자의 책임

**제20조(책임의 시작)** 운송물의 멸실, 훼손 또는 연착에 관한 사업자의 책임은 운송물을 고객(송화인)으로부터 수탁한 때로부터 시작됩니다.

**제21조(공동운송 또는 타 운송수단 이용 시 책임)** 사업자가 다른 운송사업자와 협정을 체결하여 공동으로 운송하거나 다른 운송사업자의 운송수단을 이용하여 운송한 운송물이 멸실, 훼손 또는 연착되는 때에는 이에 대한 책임은 사업자가 부담합니다.

### 제22조(손해배상)

① 사업자는 자기 또는 운송 위탁을 받은 자, 기타 운송을 위하여 관여된 자가 운송물의 수탁, 인도, 보관 및 운송에 관하여 주의를 태만히 하지 않았음을 증명하지 못하는 한, 제2항 내지 제4항의 규정에 의하여 운송물의 멸실, 훼손 또는 연착으로 인한 손해를 고객(송화인)에게 배상합니다.

② 고객(송화인)이 운송장에 운송물의 가액을 기재한 경우에는 사업자의 손해배상은 다음 각 호에 의합니다.

　1. 전부 또는 일부 멸실된 때 : 운송장에 기재된 운송물의 가액을 기준으로 산정한 손해액 또는 고객(송화인)이 입증한 운송물의 손해액(영수증 등)

　2. 훼손된 때

　　가. 수선이 가능한 경우 : 실수선 비용(A/S비용)

　　나. 수선이 불가능한 경우 : 제1호에 준함

　3. 연착되고 일부 멸실 및 훼손되지 않은 때

가. 일반적인 경우 : 인도예정일을 초과한 일수에 사업자가 운송장에 기재한 운임액(이하 '운송장 기재 운임액'이라 합니다)의 50%를 곱한 금액(초과일수×운송장 기재 운임액×50%). 다만, 운송장 기재 운임액의 200%를 한도로 함

　　나. 특정 일시에 사용할 운송물의 경우 : 운송장기재운임액의 200

　4. 연착되고 일부 멸실 또는 훼손된 때 : 제1호 또는 제2호에 준함

③ 고객(송화인)이 운송장에 운송물의 가액을 기재하지 않은 경우에는 사업자의 손해배상은 다음 각 호에 의합니다. 이 경우 손해배상한도액은 50만원으로 하되, 운송물의 가액에 따라 할증요금을 지급하는 경우의 손해배상한도액은 각 운송가액 구간별 운송물의 최고가액으로 합니다. ❸

　1. 전부 멸실된 때 : 인도예정일의 인도예정장소에서의 운송물 가액을 기준으로 산정한 손해액 또는 고객(송화인)이 입증한 운송물의 손해액(영수증 등)

　2. 일부 멸실된 때 : 인도일의 인도장소에서의 운송물 가액을 기준으로 산정한 손해액 또는 고객(송화인)이 입증한 운송물의 손해액(영수증 등)

　3. 훼손된 때

　　가. 수선이 가능한 경우 : 실수선 비용(A/S비용)

　　나. 수선이 불가능한 경우 : 제2호에 준함

　4. 연착되고 일부 멸실 및 훼손되지 않은 때 : 제2항 제3호를 준용함

　5. 연착되고 일부 멸실 또는 훼손된 때 : 제2호 또는 제3호에 준하되, '인도일'을 '인도예정일'로 함

④ 운송물의 멸실, 훼손 또는 연착이 사업자 또는 운송 위탁을 받은 자, 기타 운송을 위하여 관여된 자의 고의 또는 중대한 과실로 인하여 발생한 때에는, 사업자는 제2항과 제3항의 규정에도 불구하고 모든 손해를 배상합니다. ❶

⑤ 제1항에 따른 손해에 대하여 사업자가 고객(송화인)으로부터 배상요청을 받은 경우 고객(송화인)이 영수증 등 제2항 내지 제4항에 따른 손해입증서류를 제출한 날로부터 30일 이내에 사업자가 우선 배상합니다. 단, 손해입증서류가 허위인 경우에는 적용되지 아니합니다. ❶

### 제23조(사고발생 시의 운임 등의 환급과 청구)

① 운송물의 멸실, 현저한 훼손 또는 연착이 천재지변, 전쟁, 내란 기타 불가항력적인 사유 또는 고객(송화인, 수화인)의 책임 없는 사유로 인한 것인 때에는, 사업자는 운임을 비롯하여 제18조 제1항 내지 제3항의 규정에 의한 통지, 합의, 처분 등에 소요되는 비용을 청구하지 못합니다. 사업자가 이미 운임이나 비용을 받은 때에는 이를 환급합니다.

② 운송물의 멸실, 현저한 훼손 또는 연착이 운송물의 성질이나 하자 또는 고객(송화인, 수화인)의 과실로 인한 것인 때에는, 사업자는 운임 전액을 비롯하여 제18조 제1항 내지 제3항의 규정에 의한 통지, 협의, 처분 등에 소요되는 비용을 청구할 수 있습니다.

### 제24조(사업자의 면책) 사업자는 천재지변, 전쟁, 내란 기타 불가항력적인 사유에 의하여 발생한 운송물의 멸실, 훼손 또는 연착에 대해서는 손해배상책임을 지지 아니합니다.

### 제25조(책임의 특별소멸 사유와 시효)

① 운송물의 일부 멸실 또는 훼손에 대한 사업자의 손해배상책임은 고객(수화인)이 운송물을 수령한 날로부터 14일 이내에 그 일부 멸실 또는 훼손에 대한 사실을 고객(송화인)이 사업자에게 통지를 발송하지 아니하면 소멸합니다. ❸

② 운송물의 일부 멸실, 훼손 또는 연착에 대한 사업자의 손해배상책임은 고객(수화인)이 운송물을 수령한 날로부터 1년이 경과하면 소멸합니다. 다만, 운송물이 전부 멸실된 경우에는 그 인도예정일로부터 기산합니다. **1**

③ 제1항과 제2항의 규정은 사업자 또는 그 운송 위탁을 받은 자, 기타 운송을 위하여 관여된 자가 이 운송물의 일부 멸실 또는 훼손의 사실을 알면서 이를 숨기고 운송물을 인도한 경우에는 적용되지 아니합니다. 이 경우에는 사업자의 손해배상책임은 고객(수화인)이 운송물을 수령한 날로부터 5년간 존속합니다. **1**

### 제26조(분쟁해결)

① 이 계약에 명시되지 아니한 사항 또는 계약의 해석에 관하여 다툼이 있는 경우에는 사업자와 고객(송화인)이 합의하여 결정하되, 합의가 이루어지지 아니한 경우에는 관계법령 및 일반 관례에 따릅니다.

② 제1항의 규정에도 불구하고 법률상 분쟁이 발생한 경우에는 사업자 또는 고객(송화인)은 소비자기본법에 따른 분쟁조정기구에 분쟁조정을 신청하거나 중재법 등 다른 법률에 따라 운영 중인 중재기관에 중재를 신청할 수 있습니다.

③ 이 계약과 관련된 모든 분쟁은 민사소송법상의 관할법원을 전속관할로 합니다.

---

참조 **일관팔레트화 및 팔레트풀 시스템**

**1. 일관팔레트화**

① 개념
- 송하인이 다수의 화물을 팔레트 위에 적재하여 수하인에게 도착할 때까지 전 운송과정을 팔레트로 운송하는 것을 의미한다.
- 일관팔레트화의 장점으로는 하역작업능률 향상, 물류 효율화 및 원활화, 포장간소화에 따른 포장비 절감 등이 있다.

② 문제점
- 가구, 기계류, 액체물, 분립체 등은 팔레트화가 곤란하다.
- 운송수단의 적재함 규격이 각각 다르다.
- 공팔레트의 회수, 보관, 정리 등의 관리가 복잡하다.
- 제품에 적합한 팔레트의 다종화가 요구된다.

③ 도입요건
- 팔레트 풀 시스템의 구축이 필요하다.
- 수송수단의 규격 통일화가 요구된다.
- 팔레트의 표준규격 통일화가 필요하다.

**2. 팔레트 풀 시스템**

① 개념
- 팔레트 공동 사용을 통해 물류의 효율성을 높일 수 있다. **1**
- 상품 규격과 팔레트 규격의 불일치가 존재할 수 있다. **1**
- 포장비 절감이나 작업능률 향상의 경제적 효과가 있다. **1**
- 계절적인 변동이 심한 제품의 경우 PPS 도입 효과가 크다. **1**

② 도입요건
- 전국적으로 폭넓은 집배망 구축
- 공팔레트의 회수 전문체제 구축
- 팔레트의 지역적 편재 및 계절적 수요파동을 조정할 수 있어야 한다.

③ 팔레트 풀 시스템의 분류
　㉠ 운영 형태에 따른 분류

| 개방적 팔레트 풀 시스템 | 제3자가 소유하는 팔레트를 공동사업소에서 공동으로 이용하여 팔레트의 유통범위를 극대화하는 시스템으로 가장 이상적인 형태이다. |
|---|---|
| 기업 단위 팔레트 풀 시스템 | 기업이 대여전문회사로부터 팔레트를 일괄 대여하여 자사 거래처와의 유통시점까지 독점적으로 사용하는 제도이다. |
| 업계 단위 팔레트 풀 시스템 | 각 기업이 자사의 팔레트를 소유하되 업계의 규율하에 공동 이용하는 시스템이다. |

　㉡ 운영 방식에 따른 분류

| | 교환 방식 (유럽 방식) | |
|---|---|---|
| 교환 방식 (유럽 방식) | 유럽 각국의 국영철도에서 송화주가 국철에 화물을 팔레트로드 형태로 수송하면 국철에서는 이와 동수의 공팔레트를 주어 상계하며, 수하인은 도착역에서 인수한 적하 팔레트와 동수의 팔레트를 국철에 인도하는 방식이다. | |
| | 장점 | 단점 |
| | • 즉시 교환에 따른 분실 방지<br>• 팔레트의 행정관리를 국철에서 시행하여 사무 관리 용이 | • 동일 크기, 품질의 팔레트 교환이 어려움<br>• 파손 · 손상에 대한 책임소재 불분명<br>• 최소한의 교환 예비용 팔레트 준비 필요 |
| 리스 · 렌탈 방식 (호주 방식) | 호주에서 처음으로 시작되어 미국, 캐나다, 일본에서 도입한 방식으로 개별 기업에서 팔레트를 **보유하지 않고** 팔레트 풀 회사에서 일정 규격의 팔레트를 필요에 따라 임대하여 사용하는 방식이다. [1] | |
| | 장점 | 단점 |
| | • 팔레트 품질 유지가 양호<br>• 이용자가 교환을 위한 동질 · 동수의 팔레트를 준비할 필요가 없음 [1]<br>• 팔레트의 품질유지가 쉽고 팔레트 매수의 최소화 운영 가능 [1] | • 반환 시 렌탈료 계산 필요<br>• 렌탈 회사 데포에서 화주까지 공차 수송 필요<br>• 팔레트를 인도하고 반환할 때 다소 복잡한 사무처리 필요 [1] |
| 교환 · 리스 병용 방식 | 1975년 영국의 GKN – CHFP사가 개발한 방식으로 교환 방식과 리스 · 렌탈 방식의 결점을 보완한 방식이다. | |
| | 장점 | 단점 |
| | 사용자 측면에서의 편의성 높음 | 운송회사에 팔레트를 렌탈 · 반환해야 하는 책임으로 인한 운영상의 복잡성 |
| 대차결제 방식 | 1968년 스웨덴의 팔레트 풀 회사에서 교환 방식의 결점을 개량한 방식으로 보통 도착 후 3일 이내에 팔레트를 반환한다. | |
| | 장점 | 단점 |
| | 국철역에서 팔레트를 즉시 교환할 필요가 없음 | 팔레트의 책임소재가 불분명 |

1. **소화물 일관운송의 개념 ❶**
   - 규격화된 포장과 단일운임체계 ❶
   - 소형·소량 화물에 대한 운송체계 ❷
   - 운송업자가 모든 운송상의 책임을 부담하는 일관책임체계 ❷
   - 송화인의 요청에 따라 운송인이 직접 집화, 포장까지 수행하는 운송서비스체계 ❶
   - 문전에서 문전까지 일관된 운송서비스체계 ❷
   - 복잡한 도시 내 집배송에 적합한 운송 서비스 제공 ❶
   - 소화물 일관운송은 특송이나 택배, 문전배달제 서비스 제도로 도시 내 소화물 운송에 매우 적합한 운송시스템임

2. **소화물 일관수송업의 경쟁력 강화 방안**
   - 신속성, 정확성, 안전성, 편리성, 경제성을 갖는 운영의 효율화
   - 공동수배송을 통한 수송효율화
   - 규격화, 기계화, 자동화의 도입
   - 운송물량 확보 등에 의한 규모의 경제 실현으로 적정가격 제공

# 03 철도운송

## 01 철도운송

### (1) 철도운송의 특징 및 장단점

① 특징

- 국내화물운송시장에서 철도운송은 도로운송에 비해 수송분담률이 낮다. **2**
- 화물의 규모에 따라 대량화물 운송과 소량화물 운송으로 구분할 수 있다. **1**
- 화차 및 운송장비 구입비 등과 같은 고정비용은 높지만 윤활유비, 연료비 등과 같은 변동비용은 고정비용에 비해서 상대적으로 낮은 편이다. **1**
- 우리나라에서 철송기지 역할을 하고 있는 ICD는 의왕과 양산이 대표적이다. **2**
- Rail Gauge(철도 노선의 폭)은 국제적으로 표준화되어 있지 않다. **1**
- 표준궤를 사용하는 우리나라 철도 궤간 폭은 1,435mm이다. **1**

② 장점

㉠ 정시성
- 계획운행이 가능하다. **4**
- 도로운송에 비해 전천후적인 운송수단으로 정시성 확보에 유리하다. **1**
- 전국적인 네트워크를 보유하고 있다. **2**

㉡ 경제성
- 장거리 운송과 대량화물의 운송에 적합하다. **5**
- 대량화물을 원거리수송할 경우 화물자동차운송에 비해 저렴하고 경제적이다. **1**
- 화물의 중량에 크게 영향을 받지는 않는다. **1**

㉢ 안전성
- 안전도가 높고 친환경적인 운송수단이다. **1**
- 궤도수송이기 때문에 사고율이 낮고 안전도가 높다. **1**

㉣ 환경친화성
　　　　－화물자동차에 비해 매연발생이 적다. **1**
　　　　－공로운송에 비해 친환경 물류정책에 부합하는 운송수단이다. **1**
　　　　－기후 상황에 크게 영향을 받지 않는다. **1**
　　　　－도로체증을 피할 수 있고, 눈, 비 ,바람 등 날씨에 의한 영향을 상대적으로 적게 받으므로
　　　　　장기적이고 안정적인 수송계획 수립이 가능하다. **1**
　　　　－철도운송은 해상운송과 연계한 다양한 경로(Route)가 개발되어 있다. **1**

③ 단점

　　㉠ 문전운송 부적합
　　　　－문전운송 서비스에 적합하지 않다. **2**
　　　　－철도운송은 운송서비스의 완결성이 부족하고 추가적인 공로운송이 필요하다. **1**
　　　　－철도운송은 문전에서 문전까지의 일관운송서비스를 제공할 수 없기 때문에 적재와 하역
　　　　　시 많은 단계를 필요로 한다. **1**
　　　　－대부분의 철도운송은 화물의 집하 및 인도를 위해 트럭의 도움을 필요로 한다. **1**
　　　　－근거리 운송 시 상대적으로 높은 운임과 문전에서 문전(door－to－door)서비스 제공의
　　　　　어려움이 철도운송의 주요 단점으로 제시되고 있다. **1**

　　㉡ 비용 측면
　　　　－초기 구축비용 등 고정비용이 많이 든다. **1**
　　　　－도로의 인프라 투자에 비해 상대적으로 철도에 대한 투자가 미흡하여 관련 기반시설이
　　　　　부족하다. **1**
　　　　－근거리 운반 시 상대적으로 운임비율이 높고, 운임체계가 탄력적이지 않고 경직적이다. **1**
　　　　－운송기간 중의 재고유지로 인하여 재고유지비용이 증가할 수 있다. **1**

　　㉢ 관리 측면
　　　　－터널과 다리 등을 통과하기 때문에 적재화물의 크기에 대한 제한이 있다. **1**
　　　　－객차 및 화차의 소재관리가 곤란하다. **1**
　　　　－배차의 탄력성이 적고 열차편성에 장시간이 필요하다. **1**

## (2) 철도화물차량 종류 🔳

철도화물 운송 시 필요한 화차는 형태에 따라 유개화차, 무개화차 등으로 분류할 수 있다. 🔳

| 구분 | 내용 |
|---|---|
| 유개화차 | −지붕이 있는 모든 화차로 용적의 제한을 받는다.<br>−보통화차와 특수화차로 구별하며 특수화차에는 냉장화차 및 보온화차, 가축화차, 통풍화차, 비상화차, 소방화차, 차장화차 등이 있다.<br>−유개(화)차 : 포대화물(양회, 비료 등), 제지류 등을 수송하기 위한 차량으로 양측에 슬라이딩 도어를 구비하여 화물하역이 용이하다. 🔳 |
| 무개화차 | −지붕이 없는 화차로 유개화차와 마찬가지로 용적의 제한을 받는다.<br>−비에 젖거나 인화의 우려가 없는 화물(무연탄, 철근 등)을 주로 운송한다.<br>−하차 시에는 기계를 이용하여 퍼내는 방식이나 측면 분출구를 이용한다. |
| 컨테이너화차 | 컨테이너 수송에 적합한 평탄한 화차로 평면의 철도화차 상단에 컨테이너를 고정하여 운송하는 컨테이너 전용 화차를 말한다. |
| 벌크화차 | 시멘트를 운송하기 위한 화차로 벌크 전용 탱크가 설치되어 있다. |
| 탱커(Tanker)<br>화차 | 탱크로리를 장착한 화차로서 원유 등과 같은 액체화물을 운송하기 위해 일체형으로 설계된 화차를 말한다. 🔳 |
| 평판차<br>(Flat Car) | −장물차로 바닥판만 있는 화차를 말하며 주로 기계류, 건설장비 등과 같이 대중량·대용적화물, 장척화물 등을 운송하는 화차를 말한다.<br>−곡형평판차는 중앙부 저상구조로 되어 있으며 대형변압기, 군장비 등의 특대형 화물수송에 적합하도록 제작되어 있다. 🔳 |
| 호퍼(Hopper)<br>화차 | 싣고 내리는 작업의 합리화가 가능한 구조로 되어 있는 화차로 시멘트·사료 등을 운반하는 호퍼차와 석탄을 운반하는 석탄차가 있다. |
| 더블 스택카(DST,<br>Double Stack Train) | 컨테이너를 2단으로 적재하여 운송이 가능한 화차로 우리나라에서는 운행되지 않고 있다. 🔳 |

※ 2단 적재 컨테이너 무개화차(double−stack container flatcar)는 단수의 평판 컨테이너 화차(flatcar)에 2개의 컨테이너를 동시에 적재하여 수송할 수 있도록 설계되어, 결과적으로 각 열차의 수송용량을 두 배로 증가시킬 수 있게 된다. 🔳

## (3) 철도화물운송의 형태

### ① 화차취급

- 일반화물의 장거리 운송에 많이 이용하는 일반적인 화물운송방법이다. 🔳
- 화물을 대절한 화차단위로 운송한다. 🔳
- 운임은 화차를 기준으로 정하여 부과한다. 🔳
- 발·착역에서의 양·하역작업은 화주 책임이다. 🔳
- 특대화물, 위험물 등의 경우에는 할증 제도가 있다. 🔳
- 대절 시 통상 1차 단위를 원칙으로 하지만, 2차 이상의 화차에 걸쳐서 운송할 때는 사용대차를 1단위로 간주한다.

② 컨테이너취급

　－화차취급과 동일한 개념으로 20피트, 40피트, 45피트 컨테이너를 화차에 적재하여 운송하는 것을 의미한다.

　－대량운송을 위한 최적의 운송방법으로 형태·크기·중량이 다른 여러 가지 화물을 섞어서 일정한 단위로 운송하는 것을 말한다.

　－컨테이너운송은 철도운영사 또는 화물자동차 운송회사 등이 소유한 화차를 이용한다. **1**

③ 혼재차취급

　－소운송업자가 화주와 철도의 중간에서 화주가 탁송하여야 할 여러 개의 작은 화물을 혼재한 후에 운임을 수수하고, 혼재된 화물을 다시 철도에 일반차취급 운임을 지급하여 운송되는 방법을 말한다.

　－통운업자가 불특정 다수의 화주로부터 소량화물의 운송을 위탁받고 이를 행선지별로 컨테이너 단위로 재취합하여 철도의 차취급이나 컨테이너취급으로 탁송하는 운송제도이다.

④ 화물취급(KTX 특송서비스)

　KTX 열차를 이용하여 소규모 소화물과 서류 등을 신속히 배송하는 초고속 배송서비스이다.

## (4) 철도하역방식

　－컨테이너의 철도운송은 크게 TOFC 방식과 COFC 방식으로 구분된다. **3**
　－TOFC와 COFC는 트레일러 운송 여부에 따라 구분된다. **1**

① COFC(Container on Flat Car) 방식

　㉠ 개념
　　－컨테이너만을 화차에 적재하는 방식으로 지게차에 의한 방식, 크레인을 이용해 매달아 싣는 방식, 플렉시 밴 방식이 있다. **2**
　　－화차에 컨테이너만을 적재하고 컨테이너를 트레일러로부터 분리하여 직접 플랫카에 적재하는 것이다. **1**
　　－컨테이너 자체만 철도화차에 상차하거나 하차하는 방식이다. **2**

　㉡ 특징
　　－철도운송과 해상운송의 연계가 용이하다. **1**
　　－하역작업이 용이하고 화차중량이 가벼워 보편화된 철도하역방식이다. **1**
　　－철도화차에 컨테이너를 상·하차하기 위해서는 크레인 및 지게차 등의 하역장비가 필요하다. **1**
　　－일반적으로 TOFC에 비해 COFC가 적재효율이 높다. **1**

－COFC가 TOFC보다 보편화되어 있다. **1**

② TOFC(Trailer on Flat car) 방식

㉠ 개념

－화물을 적재한 트레일러(새시)를 화차에 직접 적재하고 운행하는 시스템이다. **2**

－컨테이너를 철도로 운송하기 위하여 사용되는 적양방식의 하나로 철도역에 하역설비가 없는 경우, 컨테이너를 적재한 피견인차가 경사로를 통하여 적재 및 양륙되는 방식이다. **1**

－철도운송과 도로운송을 결합한 운송시스템이다. **1**

㉡ 특징

－TOFC 방식은 컨테이너를 적재한 트레일러를 철도화차(Flat Car)에 다시 적재하여 운송하는 방식으로 이단적열차(double stack train)에 적합하지 않다. 이단적열차는 철도 화차 위에 컨테이너를 2단으로 적재하여 운송하기 때문에 COFC 방식에 의해 운송해야 한다. **1**

－컨테이너가 실린 트레일러를 통째로 화차 위에 적재하는 방식으로 방식의 종류에는 Piggy back system, Kangaroo system, Freight Liner 방식이 있다. **3**

| | |
|---|---|
| 피기백(Piggy Back) 방식 | －화물열차의 대차 위에 트레일러나 트럭을 컨테이너 등의 화물과 함께 실어 운송하는 방식이다. **1**<br>－철도와 트럭의 혼합이용방법으로 트레일러나 컨테이너를 기차의 무개화차에 싣고 운송하는 방법이다. **1**<br>－화차 위에 화물을 적재한 트럭 등을 적재한 상태로 운송하는 방식으로 화물의 적재단위가 클 경우에 이용하며 하역기계가 필요한 것이 단점이다. **1** |
| 캥거루(Kangaroo) 방식 | －열차의 바닥면이 높은 경우 바닥면의 중앙부를 낮춰 트레일러를 집어넣는 방식이며 터널의 높이제한, 차량의 높이제한 등이 있을 경우 피기백 방식보다 높이가 낮아 유리하다. **1**<br>－철도화차에 트레일러 차량의 바퀴가 들어갈 수 있는 홈이 있어 적재높이를 낮게 하여 운송할 수 있는 방식이다. **1** |
| 프레이트라이너 (Freight Liner) 방식 | 영국국철이 개발한 정기적 급행 컨테이너 열차로서 대형 컨테이너를 적재하고 터미널 사이를 고속의 고정편성을 통해 정기적으로 운행하는 방식이다. **3** |

## (5) 열차종류에 따른 서비스 형태

① 블록트레인(Block Train)

－스위칭 야드(Switching Yard)를 이용하지 않고 철도화물역 또는 터미널 간을 직행 운행하는 전용열차의 한 형태로 화차의 수와 타입이 고정되어 있지 않다. **5**

－화차의 수 및 타입이 고정되어 있지 않은 형태이다. **2**

－중간역을 거치지 않고 최초 출발역에서 최종 도착역까지 직송서비스를 제공하는 것이 장점이다. **2**

- 철도 – 공로 복합운송에서 많이 이용되는 서비스이다. **2**
- 물량 등이 충분하며, 조차장이 적은 철도망일 경우 효율적인 서비스 형태이다.
- 열차의 운송시간을 단축할 수 있어, 중·장거리 운송구간에서 도로와의 경쟁력 등을 높일 수 있게 해준다.
- 독일의 함부르크에서 폴란드를 중심으로 하여 동유럽 여러 국가로 블록트레인이 운행되고 있으며 철도회사, 터미널업체, 복합운송업체 등이 주축이다. **1**

② 셔틀트레인(Shuttle Train)

- 철도역 또는 터미널에서의 화차조성비용을 줄이기 위해 화차의 수와 타입이 고정되며 출발지 → 목적지 → 출발지를 연결하는 루프형 구간에서 서비스를 제공하는 방식이다. **3**
- 블록트레인을 보다 더 단순화한 열차로서, 화차의 수 및 구성이 고정되어 있어 터미널에서의 화차취급비용을 절감할 수 있다.
- 두 터미널 간의 수송수요가 충분하고 안정적이어야 한다는 제약으로 인해 비교적 단거리 구간에서 유용한 열차서비스 형태이다.

③ Y – 셔틀트레인(Y – Shuttle Train)

한 개의 중간터미널을 거치는 것을 제외하고는 셔틀트레인(Shuttle Train)과 같은 형태의 서비스를 제공하는 방식이다. **2**

④ Coupling & Sharing Train

- 중·단거리 운송 및 소규모 터미널 등에서 시용할 수 있는 Modular Train(소형열차) 형태의 업차 서비스이다.
- 기존 Single – Wagon Train의 개선책 대안으로 제기된 열차 형태이며, 중간역에서의 화차의 취급을 단순화해서 열차의 조성을 신속·정확하게 할 수 있다.

⑤ Single – Wagon Train

- 복수의 중간역 또는 터미널을 거치면서 운행하는 방식이다. **2**
- 운송경로상의 모든 종류의 화차 및 화물을 수송한다. **1**
- 화주가 원하는 시간에 따라 서비스를 제공하는 것이 아니라 열차편성이 가능한 물량이 확보되는 경우에 서비스를 제공한다. **1**
- 이 서비스의 한 종류로 Liner train이 있다. **1**
- 철도화물의 운송서비스부문에서 가장 높은 비중을 차지하고 있다.
- 목적지까지 열차운행을 하기 위한 충분한 물량이 확보되어 있을 경우에만 운행이 가능하므로 통상적으로 화물의 대기시간이 매우 긴 서비스 형태라 할 수 있다. **1**

⑥ Liner Train

Single-Wagon Train의 일종인 Liner Train은 장거리 구간에 여러 개의 소규모 터미널이 존재하는 경우 마치 여객 열차와 같이 각 기착터미널에서 화차를 Pick-up & Delivery하는 서비스 형태이다. **1**

**심화** 철도운송서비스망 운영전략

| 셔틀트레인에<br>기반 운송축<br>(Corridor) 전략 | -물동량이 많은 화물축에 활용하기 위한 네트워크 운영 전략으로 물량이 충분하며 변동폭이 작은 구간 등에 도입이 용이한 셔틀트레인이 이용된다.<br>-열차의 화차 구성이 고정되어 있으므로 수요에 대해 융통성 있게 대처하기가 곤란하다. |
|---|---|
| 게이트웨이<br>(Gateway) 전략 | -소형터미널 등 다수의 출발지에서 대형터미널로 집송한 후에 대형터미널에서 몇몇의 간선철도망과 연결하는 수송 전략으로서 셔틀트레인으로 서비스하기에는 물량이 충분하지 않을 경우에 채택할 수 있는 전략을 말한다.<br>-대형터미널이 일종의 게이트 역할을 수행하며, 블록트레인, 셔틀트레인, Y-셔틀트레인, 라이너트레인 등의 다양한 열차서비스가 사용된다.<br>-게이트웨이 터미널은 한 국가의 복합운송거점으로 정의된다. |
| Hub-and-Spoke<br>운송 전략 | -다수의 기·종점을 가진 운송망에서 허브터미널에 물량을 집중시킴으로써 규모의 경제를 이용해 운송망 전체의 효율성을 제고하는 네트워크 전략이다.<br>-기·종점별 이용물량규모에 큰 편차가 존재하더라도 융통성 있게 운송서비스를 제공할 수 있다는 점 때문에 교통부문에서 널리 사용되는 운송 전략이다.<br>-물건을 한 번에 모아 배송하기 때문에 규모의 경제 효과를 얻을 수 있고, 노선의 수가 줄어들어 운송의 효율성이 높아진다.<br>-운송 범위가 넓지 않고 협소한 경우에는 적합하지 않은 방식일 수 있다.<br>-유럽에서 적용되고 있는 Hub-and-Spoke 운송 전략은 국제철도운송망에서 적용되는 장거리 수송형태, 국내에서 적용되는 중거리 및 단거리 수송형태로 구분할 수 있다. |

## (6) 철도화물의 운임체계

-철도화물 운임체계는 **화차취급운임, 컨테이너취급운임, 혼재운임**으로 구분하여 운영하고 있다. **2**
-대량화물 등의 경우 별도의 할인제도를 운영하고 있다. **1**

① 화차취급운임

　㉠ 철도운임

　　-레일운임을 기본으로 거리대별 톤당 운임에 운임계산톤수를 곱하여 산정한다. **1**
　　-일반화물운임은 운송거리(km)×운임단가(운임/km)×화물중량(톤)으로 산정한다. 이 경우 1건 기본운임이 최저기본운임에 미달할 경우에는 최저기본운임을 기본운임으로 한다. **4**

- 운임 산출 시 1km 미만의 거리와 1톤 미만의 일반화물은 **반올림**하여 계산한다. **2**
- 일반화물의 화차 1량에 대한 최저운임은 사용화차의 최대 적재중량에 대한 **100km**에 해당하는 운임이다. **3**
- 일반화물의 경우 차급화물은 화차 1량 단위로 운임을 계산하고, 컨테이너 화물은 규격별 1개 단위로 계산한다. **1**
- 특대화물과 위험물 및 귀중품의 경우에는 할증이 적용된다. **2**
- 화물운임의 할인종류에는 왕복수송 할인, 탄력할인, 사유화차 할인 등이 있다. **2**

ⓒ 통운요금
- 발착양단의 발송료와 도착료 및 특별의뢰사항에 대한 통운요금으로 구성된다.
- 정형대량운송이나 일관팔레트의 경우 할인제도가 있다. **1**

② 컨테이너취급운임

- 화차취급운임과 같이 철도운임과 발착양단의 통운요금으로 구성된다.
- 운임액＝운송거리(km)×컨테이너 규격별(종류별) 기본운임률(1km당)×각종 할인 또는 할인율 **2**
- 컨테이너 화물 운임은 컨테이너 규격별(20 feet, 40 feet, 45 feet) 운임단가(원)×수송거리(km)로 산정한다. **1**
- 컨테이너화물의 최저기본운임은 규격별 컨테이너의 100km에 해당하는 운임으로 한다. **2**
- 화물을 넣지 않은 공컨테이너는 규격별로 적(積)컨테이너 운임단가의 **74%**를 적용하여 계산한다. **4**
- 운임 산출 시 1km 미만의 거리와 1톤 미만의 일반화물은 **반올림**하여 계산한다.
- 냉동 및 냉장컨테이너 등의 사용에는 할증제도가 있고 해상컨테이너 운송의 경우에는 할인제도가 있다. **1**

③ 혼재운임

- 발착혼재기지 간의 철도운임에 대한 고객운임과 발착기지 양단의 집하료 및 배달료로 구성된다.
- 품목할증과 특대할증제도가 있으며, 특별한 요청의 경우에는 중개료와 제반요금이 부과된다.

**심화** 🔖 화물차 안전운임제

- 안전운임제는 과로 · 과적 · 과속에 내몰리는 화물운송 종사자의 근로 여건을 개선하고자 국토부가 이해관계자(화물차주, 운송업계 등)와 **협의를 거쳐 제도를** 마련하였다. **1**
- 안전운임제는 위반 시 과태료 처분이 내려지는 '안전운임과 운임 산정에 참고할 수 있는 '안전운송원가' 두 가지 유형으로 구분된다. **1**
- 안전운임은 **컨테이너, 시멘트**에 대하여 3년 일몰제로 도입되었다. **1**
- 안전운송원가는 철강재와 **일반형 화물자동차** 운송품목에 우선적으로 도입된다. **1**
- 화물자동차 안전운임위원회는 4명의 공익대표위원에 화주 운수사업자, 화물차주 대표위원 각 3명씩을 포함하여 **13명**으로 구성되었다. **1**

**심화** 🔖 「철도사업법」 및 「철도산업발전기본법」상 용어

- "사업용철도"란 철도사업을 목적으로 설치하거나 운영하는 철도를 말한다. **1**
- "전용철도"란 다른 사람의 수요에 따른 영업을 목적으로 하지 아니하고 자신의 수요에 따라 특수목적을 수행하기 위하여 설치하거나 운영하는 철도를 말한다. **1**
- 철도사업이란 다른 사람의 수요에 응하여 철도차량을 사용하여 유상으로 여객이나 화물을 운송하는 사업을 말한다. **1**
- 철도운수종사자란 철도운송과 관련하여 승무 및 역무서비스를 제공하는 직원을 말한다. **1**
- 철도사업자란 한국철도공사 및 철도사업 면허를 받은 자를 말한다. **1**
- 선로란 철도차량을 운행하기 위한 궤도와 이를 받치는 노반 또는 공작물로 구성된 시설을 말한다. **1**

# CHAPTER 04 수배송시스템

**참조** 용어의 정의

- **배송** : 화물을 물류 거점에서 화물 수취인에게 보내는 것을 말한다. **1**
- **수송** : 화물을 자동차, 선박, 항공기, 철도, 기타의 기관에 의해 어떤 지점에서 다른 지점으로 이동시키는 것을 말한다. **1**
- **복합일관수송** : 수송 단위 물품을 재포장하지 않고 철도차량, 트럭, 선박, 항공기 등 다른 수송 기관을 조합하여 수송하는 것을 말한다. **1**
- **집하** : 화물을 발송지에 있는 물류 거점에 모으는 것을 말한다. **1**
- **일관수송** : 물류 효율화의 목적으로 화물을 발송지에서 도착지까지 해체하지 않고 연계하여 수송하는 것을 말한다. 대표적으로 팔레트와 컨테이너를 사용한다. **1**

## 01 수배송시스템의 개요

### (1) 화물자동차운송시스템

#### ① 개념

화물이 일정한 장소에서 화물차량에 상차되어 최종 목적지까지 도착하는 과정을 효율적으로 수행하기 위한 취급방법 및 절차를 의미한다.

#### ② 효율적인 화물자동차 운송시스템 설계를 위한 기본 요건 **1**

- 지정된 시간 내에 화물을 목적지에 배송할 수 있어야 한다. **1**
- 운송, 배송 및 배차계획 등을 조직적으로 실시해야 한다. **1**
- **최저주문단위제**를 도입하여 최소한의 배송 주문량 및 주문 횟수를 유지한다. **1**
- 수주에서 출하까지 작업의 표준화 및 효율화를 수행해야 한다. **1**
- 적절한 유통재고량 유지를 위한 다이어그램배송 등을 사용한 체계적인 운송계획을 수립해야 한다. **1**

## (2) 수배송의 개념

### ① 개념

- 수송이란 공장에서 물류센터, 공장에서 대형고객, 광역물류센터에서 지역물류센터 등으로의 완제품 수송, 부품공장에서부터 조립공장으로의 반제품 수송 등 일련의 물품이동 활동을 말한다.
- 배송이란 상거래가 성립된 상품을 고객 또는 고객이 지정하는 수하인에게 전달하는 것을 말한다.

### ② 수 · 배송시스템 설계 시 고려 요소 **1**

- 리드타임 **2**
- 적재율 **2**
- 차량의 회전율 **2**
- 차량운행 대수 **1**
- 차량 적재함의 개선 **1**
- 상하차 자동화기기 도입 **1**
- 운송수단의 선택
- 수배송 범위 및 루트
- 수배송의 비율과 적기배송 방문 스케줄 결정
- 편도수송이나 중복수송 회피 **1**

### ③ 수배송시스템 합리적 설계를 위한 기본조건

- 지정된 시간 내 지정된 목적지에 대한 정확한 운송
- 물류계획의 정확한 실행을 위한 운송, 배송 및 배차계획 등의 조직적이고 체계적인 실시
- 적정한 재고량 유지를 위한 다이어그램 배송 등 운송의 계획화
- 생산계획의 효율적 실행을 위한 판매와 생산 간의 조정
- 수주에서 출하까지 제반 작업의 표준화 및 효율화
- 최저주문단위제의 도입 등 주문의 평준화

### ④ 효율적인 수배송계획을 입안할 때의 고려사항

- 물류채널의 명확화는 물류채널을 이해하고 그 순서도를 명확히 작성하는 것이다. **1**
- 화물특성의 명확화는 화물에 대한 품명, 외장, 단위당 중량, 용적, 포장형태 등을 명확히 하는 것이다. **1**
- 수배송 단위의 명확화는 수배송 지역별이나 제품별로 1일당 수배송 단위가 어떻게 되는지를 명확히 하는 것이다. **1**

- 수배송량의 명확화는 제품별, 수배송 지역별로 **수배송하는 화물량**을 1일간, 1주일간, 1개월 간 혹은 연간 단위로 명확히 하는 것이다. **1**
- 출하량 피크 시점의 명확화는 1일간의 출하량이나 취급량의 시간적 움직임을 명확히 하는 것이다. **1**

⑤ 우리나라 공로수배송의 효율화 방안

- 공로수배송의 효율성을 제고하기 위해서는 육 · 해 · 공 을 연계한 공로수배송시스템을 구축하여야 한다. **1**
- 종합물류정보시스템을 구축하여 공로수배송의 시스템화를 기할 수 있도록 지원해야 한다. **1**
- 공로, 철도, 연안운송, 항공운송 등이 적절한 역할분담을 할 수 있도록 지원하여야 한다. **1**
- 영세한 화물자동차운송업체의 **대형화**, 전문화를 통해 범위의 경제를 실현할 수 있는 기반을 조성하여야 한다. **1**
- 업무영역조정, 요금책정의 자율화 등 시장경제원리에 입각한 자율경영기반 구축을 지원하여야 한다. **1**

> **심화** 배송시스템을 설계함에 있어서 배송루트의 정형화를 어렵게 하는 요인
>
> - 주문량의 변화 **1**
> - 수요처별 배송 요청 시간의 변동성 **1**
> - 불특정 다수에 대한 배송 **1**
> - 교통 흐름의 변화 **1**

⑥ 수배송시스템의 설계 순서 **1**

> 화물의 특성 파악 → 수배송시스템의 질적 목표 설정 → 출하부문의 특성 파악 → 수요처별 특성 파악 → 수요처별 운행 여건 파악 → 차종 판단 → 배차운영계획 → 귀로운행계획

⑦ 수배송합리화 계획수립 시 고려사항 **1**

- 최단 운송루트를 개발하고 최적 운송수단을 선택한다.
- 운송수단의 적재율 향상을 위한 방안을 마련한다.
- 운송의 효율성을 높이기 위해 관련 정보시스템을 활용한다.
- 운송수단의 회전율을 높일 수 있도록 계획한다.
- 배송경로는 상호 교차되지 않도록 한다.

## 02 공동수배송

## (1) 공동수배송의 개요

### ① 개념

- 개별화주가 물품을 개별수송하는 방식에서 화주 또는 트럭사업자가 공동으로 물품을 통합적 재 수송방식으로 바꾸어 수송물류비용의 절감, 차량적재 효율의 향상을 도모하는 시스템이다.
- 공동수배송은 동종업계와의 공동수배송, 지역 내 인근 회사와의 공동수배송 등 다양한 방식을 활용하고 있다. **1**
- 공동수배송의 유형은 배송공동형, 집하배송공동형, 공동납품 대행형 등으로 다양하다. **1**

### ② 기능

- 공동수배송은 물류서비스의 제고, 차량 적재 효율의 향상, 공차율의 감소 및 수송비의 절감 등을 도모할 수 있다. **1**
- 공동수배송은 고객의 소량 · 다빈도 수배송 등 다양한 요구로 인해 그 필요성이 증대되고 있다. **1**
- 공동수배송은 사람, 자금, 시간 등 경영자원을 효율적으로 활용할 수 있게 한다. **1**

> **심화** 🔖 **공동수배송의 발전단계**
>
> 제1단계 : 공동운송의 단계
> 제2단계 : 크로스도킹 단계
> 제3단계 : 공동재고보관 단계
> - 공동집하, 공동보관
> - 개별납품, 공동보관, 공동배송
> - 공동집하, 공동보관, 공동배송
> - 공동수주시스템에 의한 물류공동화

### ③ 공동수배송시스템의 전제조건

- 필요한 화물을 수배송할 수 있는 차량을 보유하여야 한다.
- 공동수배송을 주도하는 중심업체가 있어야 한다. **1**
- 일정지역 내 유사영업과 수배송을 실시하는 복수기업이 존재하는 경우에 공동수배송을 실시할 수 있다. **2**
- 대상화물의 공동배송 조건이 유사해야 한다. **2**
- 공동수배송에 대한 참여 기업들의 이해가 일치해야 한다. **2**
- 물류표준화가 선행되어야 한다. **1**
- 수배송시스템 설계 시 배송범위, 운송계획 등을 고려하여야 효율성을 높일 수 있다. **1**

④ 공동수배송 추진의 장애요인

기업 간의 이해 불일치, 정보공유 기피 등이 공동수배송 활성화의 장애요인이다. **1**

## (2) 공동수배송시스템 효과

| | |
|---|---|
| 화주 측면 | • 참여하는 화주의 운임부담 경감 **1**<br>• 인력 부족에 대처 가능<br>• 수배송업무의 효율화 **1**<br>• 차량 및 시설 등에 대한 투자액 절감 **1**<br>• 수배송 빈도 향상으로 신뢰성 증가 및 판매 증대<br>• 영업활동과 수배송업무의 분리를 통한 영업활동 효율화 |
| 운송 측면 | • 동일 지역에서의 중복 교차배송을 감소시키고, 공차율을 감소시킴 **3**<br>• 수송효율 제고 **1**<br>• 운송의 대형화를 통해 적재율의 향상이 가능 **1**<br>• 취급물량의 대형화로 규모의 경제 구축 **1**<br>• 물류센터나 창고 내 정보시스템의 효율적 사용이 가능 **1**<br>• 다양한 거래처에 대한 공동수배송을 실시함으로써 물동량의 계절적 수요변동에 대한 차량운영의 탄력성 확보<br>• 참여기업에 대한 서비스 수준을 균등하게 유지<br>• 참여기업에 대한 통합된 수배송 KPI(Key Performance Indicator) 제공 |
| 사회적 측면 | • 물류비용 절감 **2**<br>• 교통혼잡 완화와 차량 감소의 효과 **2**<br>• 환경오염 방지 |

## (3) 공동수배송시스템의 유형

① 집배송공동형

- 물류센터에서의 배송뿐만 아니라 화물의 보관 및 집하업무까지 공동화하는 방식으로서 주문처리를 제외한 거의 모든 물류업무에 관해 협력하는 형태이다. **2**
- 집화 · 배송공동형이란 집화와 배송을 공동화하는 것이다. **1**
- 특정화주공동형 : 동일업종의 화주가 조합이나 연합회 등을 결성하여 화주 주도로 집하 및 배송의 공동화를 추진하는 유형이다. **1**
- 운송사업자공동형 : 복수의 운송사업자가 각 지역을 분담하여 불특정 다수의 화물을 공동으로 집하 및 배송하는 유형이다. **1**

② 배송공동형

- 물류센터까지는 각 화주 또는 개개의 운송사업자가 화물을 운반하고 배송만 공동으로 한다. **2**
- 배송은 공동화하고 화물거점시설까지의 운송은 개별 화주가 행하는 것이다. **1**

③ 노선집하공동형

- 노선집하공동방식은 각 노선사업자가 집화해 온 노선화물의 집화부분만을 공동화하는 방식이다. **3**
- 노선의 집화망을 공동화하여 화주가 지정한 노선업자에게 화물을 넘기는 것이다. **1**

④ 납품대행형

- 백화점이나 판매점으로의 납품에 있어서 도매업자 등의 발화주가 개개의 점포별로 납품하는 것이 아니라 수송업자가 다수의 화주상품을 집하해서 발화주를 대신하여 납품하는 형태를 말한다.
- 납품대행방식은 일반적으로 백화점, 할인점 등에서의 공동화 유형이다. **1**
- 공동납품 대행형이란 화주의 주도로 공동화하는 것으로 가공, 포장, 납품 등의 작업을 대행하는 것이다. **1**

## 03 수배송합리화 모형

### (1) 배송계획 수립 시의 설정기준

| 시간기준 | 차량의 출발시간 및 주행시간, 리드타임 |
|---|---|
| 적재량기준 | 최저주문단위제, 적재량의 표준 작성 |
| 루트기준 | 배송루트, 배송의 범위 |
| 작업기준 | 제품에 대한 납품방식의 표준화, 상하차 방법 |
| 차량기준 | 주행 표본, 차량 구성 |

### (2) 공동수배송 시스템의 종류

> **참조** 단일배송 **1**
>
> 하나의 배송처에 1대의 차량을 배차하는 방법으로 보통 주문자가 신속한 배송을 요구할 때 이용한다.

① 다이어그램(Diagram)배송

⊙ 개념

- 정시루트 배송시스템으로 배송처에 대한 도착 및 출발시간을 고정시켜서, 매일 동일한 경로와 시간에 배송하는 방법이다. **1**
- 집배구역 내에서 차량의 효율적 이용을 위하여 배송화물의 양이나 배송처의 거리, 수량, 배송시각, 도로 상황 등을 고려하여 미리 배송경로를 결정하여 배송하는 시스템이다. **1**

−배송의 범위가 비교적 협소하고 배송빈도가 높은 경우에 적용하는 시스템이다.

ⓒ 종류 **1**

| | |
|---|---|
| 고정다이어그램<br>배송 | −고정다이어그램은 과거 통계치에 의존하여 배송스케줄을 설정하고, 적시배달을 중시하는 배송시스템으로 배송범위가 협소하고 빈도가 많은 경우에 유리하다. **1**<br>−과거 통계 또는 경험에 의존하여 주된 배송경로와 시각을 정해 두고 적시배달을 중시하는 배송시스템이다. **1**<br>−일정한 지역에 정기적으로 화물을 배송할 때, 과거의 통계치 또는 경험에 의해 주된 배송경로와 시각을 정해 두고 적재효율이 다소 저하되더라도 고객에 대한 적시배달과 업무의 간편성을 중시하여 배송차량을 고정적으로 운영하는 시스템이다. |
| 변동다이어그램<br>배송 | −배송에 관한 사항을 시간대별로 계획하고 표로 작성하여 운행한다. **1**<br>−운송수단, 배송량 등을 고려하여 경제적인 수배송 경로를 설정하는 방식이다. **1**<br>−배송처 및 배송물량의 변화에 따라 배송처, 방문순서, 방문시간 등이 변동되는 방법으로 배송 관련 기준 설정이 중요시된다. **1**<br>−계획시점에서의 물동량, 가용차량 수, 도로사정 등의 정보를 감안하여 컴퓨터로 가장 경제적인 배송경로를 도출해서 적재 및 운송지시를 내리는 방식을 채용하는 시스템이다.<br>−배송처 및 배송물량의 변화가 심할 때, 매일 방문하는 배송처, 방문 순서, 방문시간 등이 변동되는 방법이다. **2**<br>−VSP, SWEEP, TSP 기법 등이 있다. **1** |

② 루트(route)배송시스템

−일정한 배송경로를 반복적으로 배송하는 방법이며, 비교적 광범위한 지역에 소량화물을 요구하는 다수의 고객을 대상으로 배송할 때에 유리한 방법으로 판매지역에 대하여 배송 담당자가 배송 트럭에 화물을 상·하차하고 화물을 수수함과 동시에 현금수수도 병행하는 방식이다. **5**

③ 혼합수배송시스템

적재율을 기준으로 하여 가장 적합한 수배송방식을 결정하는 시스템이다.

## (3) 변동다이어그램 기법 유형

① VSP(Vehicle Schedule Program) 기법에서의 Saving법

−모든 방문처를 경유해야 하는 차량수를 최소로 하면서 동시에 차량의 총 수송거리를 최소화하는 데 유용하다. **1**

−차량의 통행시간, 적재능력 등이 제한되는 복잡한 상황에서 차량의 노선 배정 및 일정계획 문제의 해결방안을 구하는 한 방법이다. **1**

－세이빙(단축된 거리)이 큰 순위로 차량 운행 경로를 편성한다. **2**

－경로 편성 시 차량의 적재 용량 등의 제약을 고려해야 한다. **2**

| | |
|---|---|
| P를 배송센터, A, B를 배달처, A, B 상호 간의 거리를 a, b, c로 한다. | |
| 가장 단순한 배송방식은 A, B별로 각각 운행에 의한 배송이며 그 거리는 2a+2b라 할 수 있다. | |
| 그러나 같은 루트에서 1대의 차로 배송하면 거리는 a+b+c가 된다. | |

※ 상기 그림처럼 배송방식을 변경하는 경우 배송거리를 (2a+2b)－(a+b+c)＝a+b－c 만큼 절약하게 된다.
  즉, Saving은 a+b－c가 된다. **2**

 유통센터에서 납품처 A, B까지의 배송시간은 각각 45분, 55분이며, 납품처 A에서 납품처 B까지의 배송시간은 25분이다. 기존의 방식은 유통센터에서 납품처 A를 갔다 온 후 다시 납품처 B까지 갔다 오는 배송방식을 사용한다. 유통센터에서 납품처 A, B를 순차적으로 경유한 후 유통센터로 돌아오는 세이빙(Saving) 기법에 의한 배송 절약 시간은?

유통센터를 P라 한다면,
P－A＝45분＝a
P－B＝55분＝b
A－B＝25분＝c
2(a+b)－(a+b+c)＝a+b－c＝45분+55분－25분＝75분(＝1시간 15분)

## ② 스위프(SWEEP)법

### ㉠ 개념

차고지에서 복수의 배송처에 선을 연결한 후 시계 방향 또는 반시계 방향으로 돌려가며 순차적으로 배송하는 방법이다. **1**

### ㉡ 방법

－극좌표상에서 한 지점을 선택하여 그 지점을 배송센터(P)인 기준점으로 선정한다.

－본 점과 기준지점을 연결한 선을 시계방향 혹은 반시계 방향으로 돌린다. 그 선이 휩쓸고 지나간 지점들을 하나의 경로에 하나씩 추가되는데, 그 경로에 포함된 거래선의 전체 물량이 차량의 적재 용량을 초과하지 않을 때까지 계속 휩쓸고 지나간다.

－만일 적재용량을 초과하게 되면 맨 마지막 추가된 거래선이 그 다음 경로를 형성하기 위한 기준지점이 된다.

－이와 같은 요령으로 모든 수요 거래선이 포함될 때까지 반복한다.

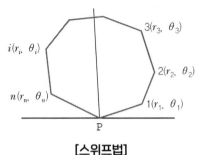

**[스위프법]**

③ TSP(Traveling Salesman Problem)법

－TSP(Travelling Salesman Problem)는 차량이 지역 배송을 위해 배송센터를 출발하여 되돌아오기까지 소요되는 시간 또는 거리를 최소화하기 위한 기법이다. **2**

－TSP는 최단경로법을 이용하여 풀 수 있다.

## (4) 배송경로와 일정계획 수립의 원칙

－가장 근접해 있는 지역의 물량을 함께 싣는다. **1**

－배송날짜가 다른 경우에는 경유지를 엄격하게 구분한다. **1**

－운행경로는 차고에서 가장 먼 지역부터 만들어 간다. **1**

－루트배송에서 제외된 수요지는 별도의 차량을 이용한다. **1**

－출발지 인근 지역부터 시작하여 출발지 인근 지역에서 끝나도록 한다.

－가장 효율적인 경로는 이용할 수 있는 가장 큰 차량을 사용하여 만든다.

－픽업은 배송과 함께 이루어져야 한다.

> **참조** 📎 수송시스템의 종류
>
> 1. 왕복운송시스템
>    －사업용 차량이나 자가용 차량 또는 왕복 영차수송을 위한 방안을 강구해야 한다.
>    －영업용의 경우에는 착지지역의 자기 점포망을 이용 또는 그 지역의 물류터미널 또는 알선업체를 이용하여 귀로의 화물을 알선받거나 착지지역의 화주와 귀로계약을 하는 방법, 업체와 상호 공동으로 운송하는 협정을 체결할 수 있다.
>
> 2. 환결운송시스템
>    －순로의 복화화물이 아니더라도 연속적으로 영차운행을 하여 최초의 출발지점까지 돌아오는 방법을 환결수송시스템이라 한다.
>    －운전기사가 귀가하는 데 장시간이 소요되기 때문에 기사의 불만요소가 된다.
>
> 3. 1차량 2운전원 승무시스템
>    2명의 운전원을 동승시켜 운행하는 제도가 아니라 발지와 착지양단에 운전원을 한 명씩 배치하여 1차 수송이 완료되면 즉시 착지에 대기하고 있던 운전원이 차량을 인계받아 귀로운행을 하는 시스템이다.

### 4. 릴레이식운송시스템

1회의 편도운송거리가 1일 이상 소요되는 운송이나 일정한 도시들을 순회하며 집화나 배달을 하는 경우의 운송에서는 일정한 시간의 운행 후에 운전사를 교대하여 차량을 계속 운행시킴으로써 차량의 가동시간을 최대화하고 화물의 인도시간을 신속하게 하는 시스템이다.

### 5. 중간환승운송시스템

주요 발지와 착지의 중간지점에 터미널을 설치하고 양단에서 도착된 차량을 서로 교체 승무하여 귀로하는 운행시스템이다.

※ 밀크런(milk run)운송시스템 : 방문하는 장소와 시간을 정하여 매일같이 순회하는 운송시스템이다. **1**

## 04 수배송 Network 모형

- 2개 이상의 운송경로가 있고, 복수의 운송거점이 운송경로로 연결되는 운송망과 관련하여 가능한 한 운송구간별로 단위운송비용 또는 단위운송량을 최적으로 배분하기 위한 방법이다.
- 최단거리법, 최대운송량법, 네트워크최소화법 등이 있다.

### (1) 최단거리법(Shortest Route Problem) **6**

① 최단경로 또는 최소비용의 경로를 찾기 위한 방법이다.
② 각 운송구간별로 운송거리 또는 단위운송비용 등이 제시된 운송망(Network)이 있을 때 출발지와 도착지 간 등 그 운송망 위에 있는 두 교점(Node) 사이의 최단거리 또는 최소비용을 도출할 때 사용하는 방법이다.

> **예시** 다음 네트워크에서 A에서 G까지 최단거리의 경로를 선택하여 도착할 경우, 총 소요거리는 얼마나 되는가? (단, 경로(Route)별 숫자는 km임)
>
>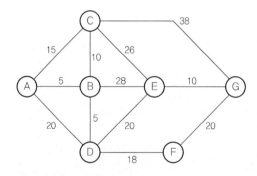
>
> [답] A - B - D - E - G, 최단거리의 경로는 40km이다.

**예시** 다음 네트워크에서 출발지 S로부터 도착지 F까지 최단경로의 거리는 얼마인가? (단, 경로별 숫자는 km임)

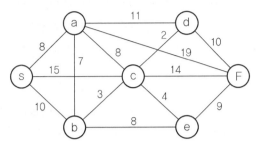

S-b-c-d-F : 10+3+2+10=25km

**예시** 다음과 같은 네트워크에서 노드 S로부터 G까지 모든 노드들에 원유를 공급할 수 있는 가장 짧은 길이의 송유관 네트워크를 구축하고자 할 때, 송유관의 총 길이는 얼마인가? (단, 숫자는 두 노드 상의 거리이며, 단위는 km임)

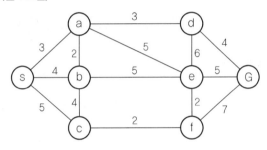

모든 노드에 원유를 공급하는 송유관의 최단 경로는,
-S-a-b-c-f-e=3+2+4+2+2=13km
-a-d-G=3+4=7km
위 두 경로를 합하면, 13km+7km=20km이다.

**예시** 운송회사는 공장에서 물류창고 E, G, I까지 각각 1대씩의 화물차량을 배정하려고 한다. 최단거리로 운송할 경우에 합산한 총운송거리는? (단, 링크의 숫자는 거리이며 단위는 km임)

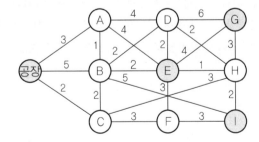

C-B-E : 2+2+2=6
C-H-G : 2+3+3=8
C-H-I : 2+3+2=7
따라서 합산 총운송거리=6+8+7=21km

## (2) 최대수송량계획(Maximal Flow Problem)

각 운송구간의 운송량 제한이 있을 때 전체구간에서의 총 운송량은 가장 운송수용력이 약한 구간의 운송량에 따라 제한된다. 따라서 출발지로부터 목적지로 운송할 수 있는 운송가능량은 총 운송경로의 수와 이들 경로가 가지는 각각의 운송가능량에 의하여 결정되므로 이를 최대화하고자 하는 것이 최대수송량계획법이다.

---

**예기** 다음과 같은 수배송 네트워크가 주어져 있을 때 출발지 S에서 목적지 F까지의 최대 수송량을 목적으로 할 때 용량이 남는 구간은? (단, 각 경로에 표시된 숫자는 경로별 수송용량을 의미하며 모든 수송로를 단독으로 사용한다.)

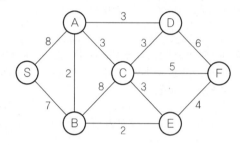

출발지 S에서 목적지 F까지의 최대 수송량
- S→A→D→F : 3
- S→A→C→D→F : 3
- S→A→B→C→F : 2
- S→B→C →F : 3
- S→B→C→E→F : 3
- S→B→E→F : 1

[답] 마지막 B>E 구간의 최대 수송량이 2이므로 수송량 1이 남는다.

---

## (3) 최소비용수송계획 ☑

최소비용수송계획법은 각 운송네트워크의 구간별 최대수송가능량과 단위당 수송비용 및 운송방향이 정해진 운송망이 있을 때, 출발지에서 도착지까지 임의의 두 교점 간 운송 시에 최소운송비용으로 가능한 최대한의 운송량을 파악하는 방법이다. 최대수송량계획법을 기본으로 하여 운송네트워크에서 최대 운송량계획을 수립하고 그 조건에서 최소의 운송비를 구한다.

**예시** A 공장에서 B 물류창고까지 도로망을 이용하여 상품을 운송하려고 한다. 최소비용수송계획법에 의한 A 공장에서 B 물류창고까지의 총 운송비용 및 총 운송량은? (단, 링크의 첫째 숫자는 도로용량, 둘째 숫자는 톤당 단위운송비용임) (단위 : 톤, 천원)

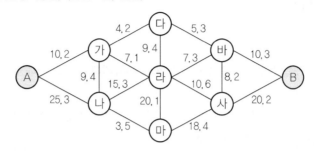

| 경로 | 단위당 비용 | 수송량 | 비용(천원) |
|---|---|---|---|
| A-가-라-바-B | 9 | 7 | 63 |
| A-가-다-바-B | 10 | 3 | 30 |
| A-나-라-마-사-B | 13 | 15 | 195 |
| A-나-마-사-B | 14 | 3 | 42 |
| A-나-가-다-바-사-B | 16 | 1 | 16 |
| 합계 | | 29 | 346 |

**예시** 서울에서 부산까지 화물운송을 위한 최대 운송가능량 및 운송비가 아래와 같이 주어질 경우, 최소비용운송계획법(Least Cost Flow Problem)에 따른 서울에서 부산까지의 최소 총 운송비용은? (단, 각 경로에 표시된 숫자는 구간별 최대 운송가능량, ( )는 해당 경로의 단위당 운송비임)

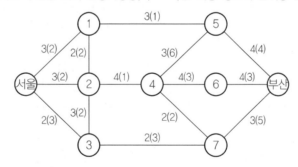

- 서울-1-5-부산 : 3(운송량)×7(운송비)=21
- 서울-2-4-6-부산 : 3(운송량)×9(운송비)=27
- 서울-3-7-부산 : 3(운송량)×9(운송비)=27
- 서울-3-7-부산 : 2(운송량)×11(운송비)=22
  → 최소 총 운송비용 21+27+22=**70**

## 05 수송문제의 해법

### (1) 북서코너법 3

#### ① 개념

- 수송표 좌측상단부터 우측 하단방향으로 차례대로 수요량과 공급량을 고려하여 수송량을 할당해 나가는 방법이다. 1
- 신속하게 최초실행가능 기저해를 구할 수 있다는 장점이 있으나 수송비용을 고려하지 못한다는 단점을 가지고 있다. 1
- 수송표의 왼쪽 상단으로부터 공급망과 수요량에 맞춰 수송량을 배정하는 방법으로 수송표의 각 칸을 채우는 데 있어서 서북쪽에 있는 칸부터 가능한 한 최대의 값을 할당하는 방식이다. 각 행은 공급지를 나타내며 각 열은 수요지를 나타낸다.

#### ② 북서코너법으로 총 운송비 구하기

 다음과 같은 운송조건의 수송표가 주어졌을 때 북서코너법을 이용한 총 수송비는 얼마인가? (단, 각 셀은 단위당 수송비용임)

| 공급지 \ 수요지 | D1 | D2 | D3 | 공급량 |
|---|---|---|---|---|
| P1 | 20 | 40 | 30 | 15 |
| P2 | 50 | 20 | 100 | 12 |
| P3 | 100 | 60 | 40 | 5 |
| 수요량(kg) | 10 | 15 | 7 | 32 / 32 |

P1 → D1 : 10kg
P1 → D2 : 5kg
P2 → D2 : 10kg
P2 → D3 : 2kg
P3 → D3 : 5kg
※ 총수송비 = (10×20,000) + (5×40,000) + (10×20,000) + (2×100,000) + (5×40,000)
= 1,000,000원

### (2) 보겔추정법(VAM, Vogel's Approximation Method) 6

#### ① 개념

수송계획표에서 최적의 수송경로를 선택하지 못했을 때 발생하는 기회비용을 고려하여 물동량을 할당하는 방법이다. 2

② 방법

- 가장 낮은 운송단가와 그 다음으로 낮은 운송단가의 차이를 각 행과 열별로 구한다.
- 단가 차이가 가장 큰 행이나 열에 배정 가능한 최대량을 배정하며, 크기의 순서대로 배정해 나간다.
- 하나의 배정이 완료되면 남은 셀의 단가를 이용하여 다시 기회비용을 구하여 이 기회비용들을 이용하여 다시 가장 기회비용이 큰 셀을 찾아 최대량을 배정한다.
- 모든 운송량의 배정이 끝날 때까지 반복한다.
- 기회비용이 같은 경우에는 임의로 배정한다.

 아래와 같이 공급지의 공급량과 수요지의 수요량이 각각 (100,140, 80)과 (120,100,100)인 수송계획이 있다. 보겔의 추정법을 적용하여 총 수송비용이 최소가 되도록 공급량을 할당한다면 총 수송비용은 얼마인가? (단, 공급지에서 수요지까지의 수송비는 수송표 각 셀의 좌측 상단에 제시되어 있다.) (단위 : 천원)

| 수요지\공급지 | 1 | 2 | 3 | 공급량 |
|---|---|---|---|---|
| 1 | 9 | 5 | 15 | 100 |
| 2 | 12 | 12 | 10 | 140 |
| 3 | 15 | 10 | 12 | 80 |
| 수요량 | 120 | 100 | 100 | 320 |

| 수요지\공급지 | 1 | 2 | 3 | 공급량 |
|---|---|---|---|---|
| 1 | (9) | (5) 100 | (15) | 100 − 100 |
| 2 | (12) 120 | (12) | (10) 20 | 140 − 120 − 20 |
| 3 | (15) | (10) | (12) 80 | 80 − 80 |
| 수요합계 | 120 − 120 | 100 − 100 | 100 − 20 − 80 | 320 |

총 수송비용 = (5×100) + (12×120) + (10×20) + (12×80) = **3,100천원**

 3개 산지의 원재료 공급량이 각각 100, 110, 60이고, 4개 공장의 원재료 수요량이 각각 80, 110, 40, 40인 운송계획이 있다. 산지에서 공장까지의 운송비는 운송표 각 칸의 우측 하단에 제시되어 있다. 보겔추정법(Vogel's Approximation Method)으로 초기해를 구하면 최소 총 운송비용은? (단위 : 원, 톤)

| 수요지\공급지 | 공장 1 | 공장 2 | 공장 3 | 공장 4 | 공급량 |
|---|---|---|---|---|---|
| 산지 1 | 9 | 1 | 18 | 11 | 100 |
| 산지 2 | 12 | 8 | 10 | 19 | 110 |
| 산지 3 | 2 | 12 | 15 | 20 | 60 |
| 수요량 | 80 | 110 | 40 | 40 | 270 |

최소 총 운송비용 : (60×2) + (100×1) + (10×8) + (20×12) + (40×10) + (40×19) = **1,700**

북서코너법(north-west corner method)과 보겔추정법(Vogel's approximation method)을 적용하여 총운송비용을 구할 때 각각의 방식에 따라 산출된 총운송비용의 차이는? (단, 공급지에서 수요지까지의 톤당 운송비는 각 셀의 우측 상단에 제시되어 있음)

| 공급지 \ 수요지 | A | B | C | 공급량 |
|---|---|---|---|---|
| X | 20 | 7 | 15 | 100 |
| Y | 42 | 13 | 28 | 150 |
| Z | 4 | 11 | 17 | 200 |
| 수요량 | 120 | 170 | 160 | 450 |

1. 북서코너법
   총운송비용 = (100 × 20,000) + (20 × 42,000) + 130 × 13,000) + (40 × 11,000) + (160 × 17,000)
   = 7,690,000
2. 보겔추정법
   총운송비용 = (150 × 13,000) + (20 × 7,000) + (80 × 15,000) + (120 × 4,000) + (80 × 17,000)
   = 5,130,000원
3. 총운송비용의 차이
   7,690,000원 - 5,130,000원 = 2,560,000원

## (3) 최소비용법(Least Cost Method) 🖐

### ① 개념

- 수송계획표에서 단위당 수송비용이 가장 낮은 칸에 우선적으로 할당하는 방법이다. ❷
- 운송표상에서 운송단가가 낮은 셀에 우선적으로 할당하되 그 행의 공급능력과 그 열의 수요량을 비교하여 가능한 최대량을 할당하는 방법이다. 가장 낮은 비용의 셀에 할당이 끝나면 순차적으로 그 다음 낮은 셀에 할당한다. 만약 같은 운송비용이 2 이상일 때는 임의로 한 칸을 선택한다.

### ② 방법

- 모든 칸들 중 단위수송비용이 가장 최소인 칸을 찾고 그 칸이 포함된 행의 공급가능량과 열의 수요량을 감안하여 할당이 가능한 최대량을 배정한다.
- 다음 단계는 남은 칸들 중에서 다시 단위수송비용이 최소인 칸을 찾고 그 칸에 할당이 가능한 최대량을 배정한다.
- 각 수요지의 수요량이 모두 충족될 때까지 앞의 두 단계를 반복한다.

운송회사는 공급지 A, B, C에서 수요지 W, X, Y, Z까지 화물을 운송하려고 한다. 최소비용법에 의한 총운송비용과 공급지 B에서 수요지 X까지의 운송량은? (단, 공급지와 수요지간 톤당 단위운송비용은 셀의 우측 상단에 표시됨) (단위 : 천원, 톤)

| 수요지<br>공급지 | W | X | Y | Z | 공급량 |
|---|---|---|---|---|---|
| A | 20 | 11 | 3 | 6 | 50 |
| B | 5 | 9 | 10 | 2 | 100 |
| C | 18 | 7 | 4 | 1 | 150 |
| 수요량 | 30 | 30 | 120 | 120 | 300 |

- 총운송비용 $= (1 \times 120) + (3 \times 50) + (4 \times 30) + (5 \times 30) + (9 \times 30) + (10 \times 40) = 1,210$천원
- 공급지 B에서 수요지 X까지의 운송량은 단위운송비용 9에 할당된 30톤

수송 문제를 해결하기 위하여 최소비용법(least-cost method)을 적용하고자 한다. 아래와 같은 운송조건하에서 최소비용법을 적용할 때 첫 번째 운송구간 할당 후, 두 번째로 할당되는 운송구간과 할당량을 순서대로 나열한 것은? (단, 공급지에서 수요지까지의 운송비는 각 셀의 우측 상단에 제시되어 있음) (단위 : 천원, 톤)

| 수요지<br>공급지 | 1 | 2 | 3 | 공급량 |
|---|---|---|---|---|
| A | 4 | 3 | 5 | 20 |
| B | 7 | 6 | 9 | 50 |
| C | 8 | 5 | 10 | 30 |
| 수요량 | 35 | 20 | 45 | 100 |

- 첫 번째 운송구간 할당 : A-2, 20톤
- **두 번째 운송구간 할당 : B-1, 35톤**
- 세 번째 운송구간 할당 : B-3, 15톤
- 네 번째 운송구간 할당 : C-3, 30톤

최소비용법(Least-Cost Method)과 보겔추정법(Vogel's Approximation Method)을 적용하여 총 운송비용을 구할 때 각각의 방식에 따라 산출된 총 운송비용의 차이는? (단, 공급지에서 수요지까지의 톤당 운송비는 각 셀의 우측 하단에 제시되어 있음)

| 수요지<br>공급지 | X | Y | Z | 공급량(톤) |
|---|---|---|---|---|
| A | 11 | 16 | 20 | 300 |
| B | 5 | 13 | 15 | 100 |
| C | 12 | 10 | 13 | 200 |
| 수요량(톤) | 300 | 200 | 100 | 600 |

1. 최소비용법
   가장 비용이 저렴한 칸부터 차례대로 할당해 나간다.
   총운송비용 = $(5 \times 100) + (10 \times 200) + (11 \times 200) + (20 \times 100) = 6,700$
2. 보겔추정법
   기회비용이 가장 큰 칸부터 할당해 나간다.
   총운송비용 = $(5 \times 100) + (11 \times 200) + (16 \times 100) + (10 \times 100) + (13 \times 100) = 6,600$
3. 총운송비용의 차이 = $6,700 - 6,600 = $ **100**

## 06 기타 계산문제 유형

 서울에서 대전까지 편도운송을 하는 K사의 화물차량 운행 상황은 아래와 같다. 만약, 차량 1대당 1회 적재량을 1,000상자에서 1,200상자로 증가시켜 적재효율을 높였을 경우, K사의 1대당 1일 운송횟수와 월 운송비 절감액은?

| 구분 | 기존 | 개선 후 |
|---|---|---|
| 월 운행일수 | 30일 | 30일 |
| 차량 운행대수 | 4대 | 4대 |
| 1대당 1일 운행횟수 | 3회 | ?회 |
| 1대당 1회 운송비 | 150,000원 | 150,000원 |

– 현재의 월 운행비용 : 30일 × 4대 × 3회 × 150,000원 = 54,000,000원
– 현재 운행횟수 : 4대 × 3회/대 = 12회
– 1일 운송량 : 12회 × 1,000상자 = 12,000상자

차량적재율을 1,000상자에서 1,200상자로 높이는 경우
– 12,000상자/1,200상자 = 10회(1대당 1일 운송횟수 10회/4대 **2.5회**)
– 개선된 월 운행비용 : 30일 × 10회 × 150,000원 = 45,000,000원
– 월 수송비 절감액 = 54,000,000원 − 45,000,000원 = **9,000,000원**

 다음 운송실적을 가지고 있는 적재중량 25ton 화물자동차의 연료소모량은? [단, 실차(영차)운행 시에는 ton · km당 연료소모기준을 적용함]

• 운행실적 : 총 운행거리 24,000km, 공차운행거리 8,000km
• 화물적재량 : 22ton
• 연료 소모기준 : 공차운행 시 0.25ℓ/km, 실차(영차)운행 시 0.4ℓ/ton · km

연료소모량 = $\{(24,000km - 8,000) \times 22ton\} \times 0.4ℓ/km + \{8,000km \times 0.25ℓ/km\} = 142,800ℓ$

**예시** 다음 네트워크에서 7지점의 물류 창고를 모두 연결하는 도로를 개설하려 한다. 최소로 필요한 도로 연장은? [단, 각 구간별 숫자는 거리(km)를 나타냄]

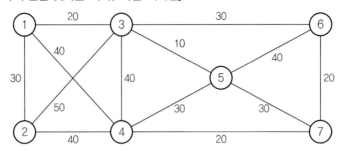

1지점에서 다른 지점까지의 최소거리는 20km 2지점에서는 30km, 3지점에서는 10km, 4지점에서는 20km, 5지점에서는 10km, 6지점에서는 20km, 7지점에서는 20km이다. 따라서, 최소 필요한 도로 연장은 20km+30km+10km+20km+10km+20km +20km= **130kg**

**예시** 산업단지 내에 있는 6개의 물류거점을 모두 연결하는 도로를 신설하려고 한다. 총도로연장을 최소화할 경우에 필요한 도로연장은? (단, 다음은 각 링크의 출발지 물류거점, 도착지 물류거점, 해당 링크 연장을 나타내고 '0'은 해당 링크가 없음을 나타냄)

(단위 : km)

| 출발지 \ 도착지 | A | B | C | D | E | F |
|---|---|---|---|---|---|---|
| A | 0 | 3 | 5 | 4 | 5 | 0 |
| B | 3 | 0 | 6 | 5 | 0 | 0 |
| C | 5 | 6 | 0 | 4 | 3 | 5 |
| D | 4 | 5 | 4 | 0 | 2 | 4 |
| E | 5 | 0 | 3 | 2 | 0 | 3 |
| F | 0 | 0 | 5 | 4 | 3 | 0 |

AB : 3, AD : 4, DE : 2, EF : 3, EC : 3
[답] 15km

**예시** 배송센터 L로부터 모든 수요지점 1~6까지의 최단 경로 네트워크를 구성하였을 때, 구성된 네트워크의 전체 거리는? [단, 각 구간별 숫자는 거리(km)를 나타냄]

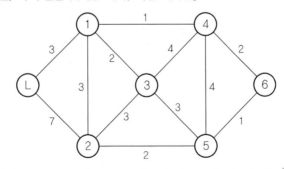

네트워크의 전체 거리=L→1→4→6→5→2→3=3+1+2+1+2+3= **12km**

**예시** 다음 그림에서 숫자는 인접한 노드 간의 용량을 의미한다. 현재 노드 간(c→d)의 용량은 7이다. 만약, 노드 간(c→d)의 용량이 7에서 2로 감소한다고 가정할 때, S에서 F까지의 최대 유량의 감소분은?

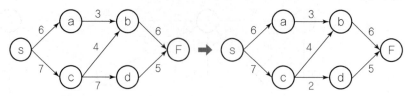

1. c-d 노드간 용량이 7일 때 S-F의 최대 유량
   - S>a>b : 3이고,
   - S>c>b : 3이므로,
   - S>a>b>F : 6이 되고,
   - S>c>d>F : 4가 된다.
   → S>F의 최대 유량 6+4=10
2. c-d 노드간 용량이 2로 감소할 때 S-F의 최대 유량
   - S>a>b : 3이고,
   - S>c>b : 3이므로,
   - S>a>b>F : 6이 되고,
   - S>c>d>F : 2가 된다.
   → S>F의 최대 유량 : 6+2=8
   → S에서 F까지의 최대 유량의 감소분=10-8=2

**예시** 송유관 네트워크로 A 공급지에서 F 수요지까지 최대의 유량을 보내려고 한다. 최대유량은? (단, 링크의 화살표 방향으로만 송유가능하며 링크의 숫자는 용량을 나타냄) (단위 : 톤)

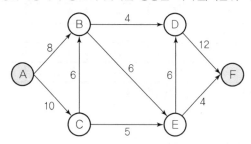

A>B>D>F : 4
A>C>E>F : 4
A>B>E>D>F : 6
따라서 최대유량은 4+4+6=14

**예시** A 플랜트에서 B 지점까지 파이프라인을 통하여 가스를 보내려 한다. 보낼 수 있는 최대 가스량은?
(단, 각 구간별 숫자는 파이프라인의 용량을 톤으로 나타냄)

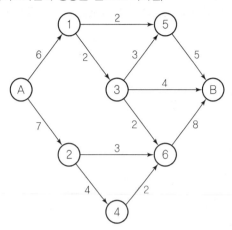

A → 1 → 5 → B : 2톤
A → 1 → 3 → B : 2톤
A → 2 → 6 → B : 3톤
A → 2 → 4 → 6 → B : 2톤
2톤＋2톤＋3톤＋2톤＝9톤

---

**예시** 다음 그림은 5개 지점을 연결하는 도로망이다. 어느 특정 상품에 대한 각 지점의 수요량은 각각 A지점 20톤, B지점 25톤, C지점 15톤, D지점 10톤, E지점 30톤이다. 수요량 가중치를 고려한 평균 운송거리를 최소화하는 위치에 배송센터를 설치하고자 할 때 최적 위치는? [단, 어느 지점에 배송센터를 설치할 경우 배송센터로부터 그 지점까지의 운송거리는 0으로 가정하고, 각 구간별 숫자는 거리(km)를 나타냄]

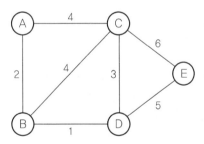

A지점 : 20톤×(4＋2)＝120톤
B지점 : 25톤×(2＋4＋1)＝175톤
C지점 : 15톤×(4＋4＋3＋6)＝225톤
D지점 : 10톤×(1＋3＋5)＝90톤
E지점 : 30톤×(6＋5)＝330톤
즉, 수요량 가중치를 고려한 배송센터의 최적 위치는 D지점이다.

**예시** 다음 수송문제의 모형에서 공급지 1~3의 공급량은 각각 300, 500, 200이고, 수요지 1~4의 수요량은 각각 200, 400, 100, 300이다. 공급지에서 수요지 간의 1단위 수송비용이 그림과 같을 때 제약조건식은? (단, $X_{ij}$에서 $X$는 물량, $i$는 공급지, $j$는 수요지를 나타냄)

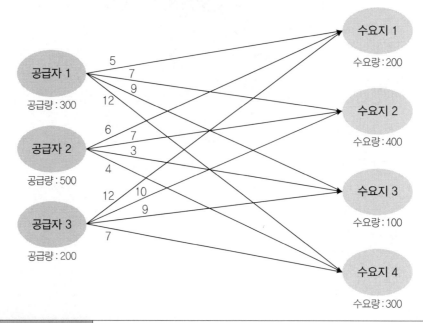

| 공급제약조건 | $-$공급지 1 : $X_{11}+X_{12}+X_{13}+X_{14}=300$ |
| | $-$공급지 2 : $X_{21}+X_{22}+X_{23}+X_{24}=500$ |
| | $-$공급지 3 : $X_{31}+X_{32}+X_{33}+X_{34}=200$ |
| 수요제약조건 | $-$수요지 1 : $X_{11}+X_{21}+X_{31}=200$ |
| | $-$수요지 2 : $X_{12}+X_{22}+X_{32}=400$ |
| | $-$수요지 3 : $X_{13}+X_{23}+X_{33}=100$ |
| | $-$수요지 4 : $X_{14}+X_{24}+X_{34}=300$ |

**예시** 20개의 공항을 보유하고 있는 국가가 허브 앤드 스포크(Hub and Spoke) 네트워크를 구축하려고 한다. 20개의 공항 중 4개를 허브로 선택하여 운영할 경우에 총 몇 개의 왕복노선이 필요한가?

→ 4개의 허브를 중간에 두고 나머지 16개의 공항을 잇는 노선 16개와, 4개의 허브를 모두 잇는 노선 6개를 합하여 모두 22개의 왕복노선이 필요하다.

MEMO

# PART 03

# 국제물류론

# CHAPTER 01 국제물류관리

## (1) 개요

### ① 물류와 무역 간의 관계

- 무역수요는 물류수요를 창출한다. **1**
- 무역계약 조건은 국제운송계약에 영향을 미친다. **1**
- 물류비용 절감은 국제무역 확대발전으로 이어진다. **1**
- 물류기술 발전은 무역거래 비용의 절감으로 이어진다. **1**
- 무역규제 완화는 물류비용 감소로 이어진다. **1**

### ② 국내물류와 국제물류의 비교

- 국내물류에 비해 국제물류는 각국의 언어 · 사회 · 문화 · 정치 · 법적측면에서 영향을 받게 된다. **1**
- 국내물류에 비해 국제물류는 대금결제, 선적, 통관 등의 복잡한 서류절차를 필요로 한다. **1**
- 국내물류에 비해 국제물류는 일반적으로 운송비용이 높다. **1**
- 국내물류에 비해 국제물류는 운송과정에서 위험요소가 크다. **1**
- 국내물류에 비해 국제물류의 리드타임이 길다. **2**

**참조** 🖉 국제물류와 국내물류의 비교 **1**

| 구분 | 국제물류 | 국내물류 |
|---|---|---|
| 운송방법 | 주로 복합운송이 이용된다. | 주로 공로운송이 이용된다. |
| 재고수준 | 주문시간이 길고, 운송 등의 불확실성으로 재고 수준이 높다. | 짧은 리드타임으로 재고 수준이 상대적으로 낮다. |
| 화물위험 | 장기운송과 환적 등으로 위험이 높다. | 단기운송으로 위험이 낮다. |
| 서류작업 | 각종 무역운송서류가 필요하여 서류 작업이 복잡하다. | 구매주문서와 송장 정도로 서류 작업이 간단하다. |
| 재무적위험 | 환리스크로 인하여 재무적 위험이 높다. | 환리스크가 없어 재무적 위험이 낮다. |

③ 국제물류의 기능

| 기능 | 내용 |
|---|---|
| 수량적 기능 | −생산자와 소비자의 수급 불일치를 해소하는 기능 수행 **1**<br>−생산수량과 소비수량의 불일치를 집화, 중계, 배송 등을 통해 조정 |
| 품질적 기능 | −생산물품과 소비물품의 품질을 동일하게 유지하는 기능 수행 **1**<br>−생산자가 제공하는 재화와 소비자가 소비하는 재화의 품질을 가공, 조립, 포장 등을 통해 조정 |
| 가격적 기능 | 생산자와 소비자를 매개로 운송에서 정보활동에 이르기까지의 모든 비용을 조정 |
| 인적 기능 | 생산자와 소비자가 인적으로 다르고 분업으로 발생하는 복잡한 유통경제조직을 운송과 상거래로 조정 **1** |
| 시간적 기능 | 재화의 생산시기와 소비시기의 불일치 조정 **2** |
| 장소적 기능 | −생산지와 소비지의 장소적, 거리적 격차를 단축시키는 기능 수행 **1**<br>−생산지와 소비지의 장소적 차이를 조정 |

④ 국제물류의 필요성

−물류가 국내제품의 수출경쟁력 증가에 기여하기 때문이다. **1**
−물류정보시스템의 발전하면 물류관리의 효율성이 증가한다. **1**
−해외고객의 다양한 요구에 신속하고 정확하게 반응하기 위해서이다. **2**
−제품의 수명주기가 짧아짐에 따라 국제물류의 신속성이 요구되기 때문이다. **1**
−해외거점 확대, 해외조달, 아웃소싱이 증가함에 따라 공급망이 국내에서 해외로 확장되기 때문이다. **1**
−해외시장으로의 상품인도시간을 단축시킨다. **1**
−수출업자의 물류비를 절감시킨다. **1**
−해외시장 고객에 대한 서비스 활동을 향상시킨다. **1**
−국제 간 상품의 가격을 평준화시킨다. **1**
−국제물류는 국가 경제발전과 물가안정에 기여한다. **1**

⑤ 국제물류관리의 특징

−국제물류는 해외고객에 대한 서비스향상에 기여한다. **1**
−국제물류는 국가 경제발전과 물가안정에 기여한다. **1**
−국내물류보다 운송절차가 복잡하여 관리가 어렵다. **1**
−신제품을 해외시장에 공급하는 경우 리드타임을 감소시키는 것이 수익창출과 밀접한 관계가 있다. **1**
−국가 간 물류시스템 설비 장비가 표준화되어 있지 않아 관리상 제약이 많다. **1**
−Hub & Spoke 방식이 확대되는 추세이다. **1**
−국제물류는 국가 간 수출입 통관절차가 복잡하여 국내물류와 비교할 때 물류관리가 더 어렵다. **1**

⑥ 국제물류관리 효율화 방안

－운송수단 내 적재효율을 높이고 운송경로는 최단거리를 선택한다. **1**

－포장은 견고하게 하되 과포장을 피한다. **1**

－화물의 재고 현황을 파악하기 위해 POS 시스템과 같은 IT 기술을 활용한다. **1**

－혼재를 통해 운송의 효율을 높인다. **1**

－효율적인 하역작업을 위해 하역횟수를 줄이고 1회당 하역량을 늘려야 한다. **1**

## (2) 국제물류환경

### ① 최근 국제물류환경 변화

㉠ 글로벌화

－기업의 국제경영활동이 증가하고 있다. **1**

－통합된 국제물류체계 구축을 위한 경영자원의 필요성이 증가하고 있다. **1**

－국내외 물류기업 활동의 글로벌화로 국제물류의 중요성이 증대되고 있다. **1**

－IoT 등 정보통신기술의 발전으로 국내외 물류기업들은 국제물류체계를 플랫폼화 및 고도화하고 있다. **2**

－국제물류시장의 치열한 경쟁상황은 국내외 물류기업들 간 전략적 제휴나 인수·합병을 가속화시키고 있다. **1**

－국제물류시장의 치열한 경쟁으로 물류기업 간 수평적 통합과 수직적 통합이 가속화되고 있다. **1**

－기업들은 SCM체제를 구축하여 효율적 재고관리를 통한 빠른 고객대응을 추구하게 되었다. **1**

－다국적기업의 글로벌생산네트워크 확대로 국제물류에 대한 수요가 증가하고 있다. **1**

－지역주의 확산에 따른 세계경제가 블록화되고 있다. **1**

－생산시설의 글로벌화에 따른 글로벌 물류네트워크 구축 추세 **1**

㉡ 물류서비스 수요 다양화

－물류서비스에 대한 수요의 고급화·다양화·개성화되고 있다. **1**

－글로벌시장의 수평적 분업화로 다품종 소량생산으로 변화하는 추세이다. **1**

－국내외 화주기업들은 물류전문업체를 적극 활용하고 있다. **1**

－생산시설의 글로벌화에 따른 글로벌 물류네트워크를 구축하는 추세이다. **1**

㉢ 물류관리의 중요성 증대

－물류의 신속과 정확성이 중시되면서 물류관리가 기업의 성패요인으로 부각되고 있다. **1**

－기업경영의 글로벌화가 보편화되면서 글로벌 공급사슬에 대한 중요성이 증대되고 있다. **1**

－물류비 절감차원에서 재고축소형 전략이 확산되고 있다. **1**

- 비용절감, 규모의 경제 달성 등을 위해 물류업체 간의 전략적 제휴와 인수합병이 확대되고 있다. **2**
- 국제물류의 기능변화에 따라 공급사슬 전체를 관리하는 제3자 물류(3PL)업체들의 역할이 강화되고 있다. **1**

② 기술의 발달
- 컨테이너 선박이 대형화됨에 따라 항만도 점차 대형화되고 있다. **1**
- 운송거점으로서의 허브항만이 지역경제 협력의 거점으로 다각화되고 있다. **1**
- 선박대형화에 따른 항만효율화를 위해 Post Panamax Crane이 도입되었다. **1**
- 비용절감과 수송시간의 단축을 위하여 주요 거점항만 및 공항을 중심으로 Hub&Spoke 시스템이 구축되고 있다. **1**
- 제품의 수명주기가 짧아짐에 따라 신속한 국제운송이 요구되고 있다. **1**
- e-Logistics의 활용으로 물류 가시성이 높아지고 있다. **1**
- 위치기반기술의 발전으로 인하여 실시간 화물추적과 운행관리가 가능해졌다. **1**
- 선박대형화에 따라 항만의 수심이 깊어지고 있다. **1**
- 전자상거래의 발전으로 온라인 정보망과 오프라인 물류망 간 동조화가 강화되고 있다. **1**

⑩ 환경과 보안강화
- 9·11테러 이후 국제물류 전반에서 물류보안이 강화되고 있다. **2**
- 최근 강화된 물류보안제도는 물류 보안 인증제도 시행, 컨테이너 화물 사전검색 강화, 컨테이너 전자봉인장치 도입, 선박 및 항만 시설에 대한 보안 강화, 화물 정보의 사전신고제도 시행이 있다. **1**
- 환경친화적 물류관리를 위하여 세계적으로 환경오염에 대한 규제가 강화되고 있다. **1**
- 재화의 소비 이후 재사용 및 폐기까지 환경유해요소를 최소화하는 환경물류의 중요성이 증대되고 있다. **1**
- 온실가스 감축을 위해 메탄올 연료를 사용하는 선박 건조가 증가하고 있다. **1**

**참조** 글로벌 소싱의 확대

- 기업들은 글로벌 소싱을 활용하여 공급사슬을 확대하고 외부 조달비용 절감을 시도하는 구매전략을 확대하고 있다. **1**
- 구매가격을 낮추기 위하여 외국의 공급자로부터 자재와 부품을 구매할 수 있다. **1**
- 글로벌 소싱은 품질과 납기 등을 개선시킬 기회가 될 수 있다. **1**
- 해외공급자 파악, 선정, 평가 등의 추가적인 노력이 요구된다. **1**
- 정보통신기술의 발달되더라도 글로벌 구매 시 국제운송, 수입통관절차가 추가되므로 국내 구매와 동일한 절차는 아니다. **1**
- 글로벌 소싱의 이유로는 ① 비용절감 ② 상품개발과 생산기간 단축 ③ 핵심역량에 집중 ④ 조직 효율성 개선 등이 있다. **1**

② 국제물류관리에 영향을 줄 수 있는 환경변화

- 해운동맹(shipping conference)은 그 수가 감소하고 있다. **1**
- 항공기와 선박 등 운송수단의 효율성이 높아지고 있다. **1**
- 물류보안의 강화로 엄격한 통관기준이 적용되는 추세이다. **1**
- 탄소배출권거래제도 참여 의무와 같은 환경장벽의 확대에 따라 국제운송비가 증가하는 추세이다. **1**

③ 해외직접구매의 확산이 물류부문에 미치는 영향

- 물류정보시스템의 필요성 증가 **1**
- 해외직구 활성화로 배송대행서비스 등 물류전문기업들이 증가 **1**
- 통관업무를 담당하는 전문 인력에 대한 수요 증가 **1**
- 정확하고 체계적인 다빈도 소량 운송의 필요성 증가 **1**
- 글로벌공급망관리의 필요성 증가 **1**

④ 보호무역주의 확산이 글로벌생산업체에 미치는 영향

- 현지국 내의 공급사슬관리 체제가 강화된다. **1**
- 부품수입량이 감소하고 생산일정 관리가 어려워진다. **1**
- 지역별로 전개하는 글로벌 분업체제가 강화된다. **1**
- 연구개발 및 생산에서 규모의 경제가 약화된다. **1**
- 표준화된 글로벌 제품의 대량생산체제가 어려워진다. **1**

⑤ 최근 국제운송의 발전 방향과 그 사례의 연결

- 고속화 : 일본의 TSL(Techno Super Line) **1**
- 무인자동화 : AGV Supervisor 시스템 **1**
- 빅데이터화 : Samsung SDS의 Cello **1**
- 스마트화 : 함부르크항 smartPORT **1**
- 친환경화 : IMO MEPC MARPOL Annex VI(대기오염방지협약) **1**

⑥ 최근의 선박대형화가 해운항만에 미치는 영향

- 하역장비의 대형화 **1**
- Hub & Spoke 운송시스템의 증가 **1**
- 대형선박 투입으로 기항항만 수 감소(허브항만 경쟁심화) **2**
- 항만생산성 제고 압력 증대 **1**
- 항만운영에 있어서 자본투입 증가 **1**

⑦ 해운항만산업의 변화

- 미국의 신해운법(Shipping Act, 1984)이 제정되면서 운임동맹의 가격카르텔 기능이 약화되어 선사 간 운임경쟁이 가속화되었다. **1**
- 세계 주요 선사들은 초대형선을 다투어 건조하여 선박건조비와 운항비의 단가를 낮추는 규모의 경제를 추구하게 되었다. **1**
- 각국 정부의 적극적인 지원에 따라 세계 도처의 여러 항만이 첨단화되고, 고생산화되는 현상이 나타나고 있다. **1**
- 부가가치 물류가 진전됨에 따라 화주, 선사, 항만, 항만배후지를 연계하는 공급사슬의 중요성이 부각되고 있다. **1**

---

**심화** 🔖 최근 주요국의 글로벌 물류정책

- 중국은 일대일로 계획을 통해 해상과 육상 실크로드를 구축하여 유라시아 국가들과의 경제협력을 추진하고 있다. **1**
- 일본 : 해운조선 합리화 심의위원회에서 구조조정을 주도하면서 12개의 선사를 6개로 합병하고 **민간금융기관**들과 연결된 종합상사, 조선소 등을 포함시키는 **통합정책**을 실행하였다.
- 한국은 인천국제공항 확장과 배후단지를 개발하여 동북아 허브공항 육성전략을 실행하였다. **1**
- 아랍에미리트는 DPW(Dubai Port World)를 설립하고 M&A를 통한 글로벌 터미널 운영전략을 실행하였다. **1**
- 싱가포르는 국영기업인 PSA(Port of Singapore Authority)를 통해 해외 항만개발 사업을 실행하고 있다. **1**

---

**참조** 🔖 북극해항로(Northern Sea Route)

- 북극해항로는 러시아 연안을 항해하는 북동항로와 **캐나다 연안을 지나는 북서항로**가 있다. **1**
- 북극해항로를 이용할 경우 수에즈운하를 이용하는 항로에 비해 운항거리와 운항시간을 단축하는 효과가 있다. **1**
- 북극해항로는 얕은 수심으로 인해 초대형 컨테이너선 운항에 어려움이 있다. **1**
- 북극해항로의 상업적 이용을 위해서는 해당지역의 항만시설 개선과 쇄빙선 이용료의 인하 등이 필요하다. **1**
- 북극해항로는 북극지역의 광물 및 에너지자원 활용차원에서 초기에는 부정기선 위주로 활용될 전망이다. **1**

---

**참조** 🔖 한국정부의 '신북방정책'

- 유라시아 지역 국가들과 상호협력을 통해 미래 성장동력을 창출하는 것이 목적 중 하나이다. **1**
- 한·러 협력사업으로 조선, 항만, 철도 등 9개 분야 '나인 브릿지(9-Bridge)' 전략을 추진하고 있다. **1**
- 신북방정책의 지리적 범위에는 러시아, 중앙아시아, CIS국가 그리고 중국 동북3성이 포함된다. **1**
- 2017년 한국은 제휴 회원이었지만 2018년 키르기스스탄에서 열린 국제철도협력기구 장관급 회의에서 한국의 **정회원** 가입이 만장일치로 통과되었다. **1**
- 항만분야는 극동 러시아지역 항만 현대화가 주요 사업이다. **1**

⑧ 국제물류의 일반적인 국제화단계

　－1단계 : 국내에서 해외로 수출하는 단계로 물류효율화에 중점을 두는 단계
　－2단계 : 기업의 현지생산을 위해 근거리운송 등의 효율화에 중점을 두는 단계
　－3단계 : 현지 물류법인의 설립과 전문물류기업에 위탁하여 운송서비스를 제공하는 단계
　－4단계 : 글로벌 물류체계를 구축하여 종합물류서비스를 제공하는 단계

> **참조** 🔷 그린물류(Green Logistics)의 달성을 위한 제도
>
> 1. Modal Shift : 기존에 도로를 통해 운송하던 여객 또는 화물을 친환경운송수단인 철도 또는 연안 해운으로 운송수단을 전환하는 것을 말한다. **1**
> 2. Clean Development Mechanism : 개도국의 지속 가능한 개발을 지원하고 기후변화협약의 궁극적인 목표 달성에 기여하며, 동시에 교토의정서에 의해 선진국이 지고 있는 온실가스 배출 감축의무의 달성을 돕는 데 있다. **1**
> 3. Emission Trading System : 지구온난화를 막기 위한 교토의정서에서 도입한 배출권 거래 제도를 말한다. **1**
> 4. Onshore Power Supply : 항만 대기오염 저감을 위한 육상전원설비를 말한다. **1**

> **심화** 🔷 국제물류관리체계의 변화
>
> | 물류체계 | 특징 | 물류체계 |
> | --- | --- | --- |
> | (1970년대) 수출입 중심 | 수출입 중심의 일련의 물류활동을 관리하는 단계 | 수출입체계 |
> | (1980년대) 현지국 중심 | 국가별 현지의 자회사를 중심으로 물류, 생산 활동 수행단계 | 현지국 물류시스템 이용 (자체/현지물류) |
> | (1990년대) Hub & Spoke 기반거점 중심 | 지역물류, 생산거점을 중심으로 지역경제권 전체를 담당하는 물류체계 | 거점중심 물류체계 (물류전문업자 이용) |
> | (1990년대 후반) SCM 기반 글로벌네트워크 중심 | 조달, 생산, 물류, 판매 등 전 경영체계의 글로벌화 | 글로벌 네트워크 물류체계 (3자&4자 물류 대두) |

## (3) 국제물류시스템의 형태

| 형태 | 내용 |
| --- | --- |
| 고전적 시스템 (Classical System) | －수출국 기업에서 해외의 자회사 창고로 상품을 출하한 후, 발주요청이 있을 때 해당 창고에서 최종 고객에게 배송하는 가장 보편적인 시스템이나 보관비용이 많이 든다는 단점이 있다. **1**<br>－기업은 해외 자회사 창고까지 저속 · 대량운송수단을 이용하여 운임을 절감할 수 있다. **1** |

| 형태 | 내용 |
|---|---|
| 통과 시스템<br>(Transit System) | −수입국 자회사 창고는 단지 통과센터로의 기능만 수행한다.<br>−수출기업으로부터 출하빈도가 높기 때문에 해외자회사 창고에서의 보관비가 상대적으로 절감되는 장점이 있다. **1**<br>−이 시스템에서는 예상치 않은 수요와 품절에 대비해 일정 수준의 안전재고를 설정한다. **1**<br>−단점은 출하가 빈번하여 시설 사용 예약, 하역과 선적 및 통관 비용이 증가하며 혼재수송 가능성이 낮아져 운임의 할인 혜택이 적어진다. **1** |
| 직송 시스템<br>(Direct System) | −수출국의 공장 또는 배송센터로부터 해외 자회사의 고객 또는 최종소비자나 판매점으로 상품을 직송하는 형태이다. **1**<br>−해외 자회사는 상거래 유통에는 관여하지만 물류에는 직접적으로 관여하지 않는 시스템이다. **1**<br>−재고 전부를 출하국의 1개 장소에 집중시켜 보관비가 줄어든다. |
| 다국적(행) 창고 시스템<br>(Multi−country<br>Warehouse System) | 1. 개념<br>　−상품이 생산국 창고에서 출하되어 특정경제권 내 물류거점 국가에 설치된 중앙창고로 수송된 다음 각국의 자회사 창고나 고객 또는 유통경로의 다음 단계로 수송되는 국제물류시스템이다. **1**<br>　−다국적기업이 해외 각국에 여러 개의 현지 자회사를 가지고 있는 경우 어느한 국가의 현지 자회사가 지역물류거점의 역할을 담당하여 인접국에 대한 상품공급에 유용한 허브창고를 갖고 상품을 분배하는 시스템이다. **1**<br>　−세계 여러 나라에 자회사를 가지고 있는 글로벌기업이 지역물류거점을 설치하여 동일 경제권 내 각국 자회사 창고 혹은 고객에게 상품을 분배하는 형태이다. **1**<br>　−유럽의 로테르담이나 동남아시아의 싱가포르 등 국제교통의 중심지에서 인접국가로 수배송서비스를 제공하는 형태이다. **1**<br>2. 특징<br>　−이 시스템은 한 기업이 다수 국가에 자회사를 가지고 있으며 해당하는 나라들 모두에 제품공급이 가능한 중앙창고를 보유할 수 있다. **1**<br>　−이 경우 제품생산 공장으로부터 중앙창고로 수송되어 자회사 창고 또는 고객에게 배송하는 형태이다. **1**<br>　−허브창고에서 수송거리가 먼 자회사가 존재하는 경우 수송비용증가 및 서비스수준 하락을 가져올 수 있다. **1**<br>　−고전적 시스템보다 재고량이 감축되어 보관비가 절감된다. **1**<br>　−국내 생산공장에서 허브창고까지의 상품수송은 대량수송과 저빈도 수송형태이다. **1**<br>　−해당 물류시스템은 창고형뿐만 아니라 통과형으로도 사용 가능하다. **1** |

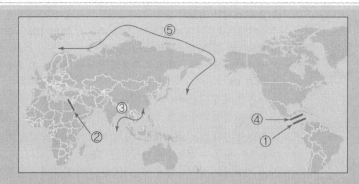

① 파나마운하 : 선박대형화 추세에 대응하기 위해 현재 2016년 운하 확장공사가 완공되어 10,000급 이상 초대형 컨테이너선박의 운항 TEU이 가능하게 된다. **1**

② 수에즈운하 : 150년 넘게 이집트경제의 중심으로 역할해 왔으며 현재 2015년 제2의 수에즈운하가 개통되었다. **1**

③ 말라카해협 : 세계 주요 해상항로 중 하나로 아시아와 유럽을 이으며 중국의 일대일로전략의 주요 해상운송로에 포함된다. **1**

④ 니카라과운하 : 니카라과 정부와 **홍콩** 니카라과 운하개발이 2014년에 착공하였다. **1**

⑤ 북극해항로 : 러시아연안을 항해하는 북동항로와 캐나다 연안을 지나는 북서항로가 있다. **1**

# CHAPTER
## 02 무역실무

### 01 무역계약의 조건

#### (1) 품질조건

##### ① 품질결정방법

◯ 견본매매(Sales by Sample)
- 거래될 물품의 견본에 의하여 품질을 결정하는 방법이다. [1]
- 공산품과 같이 생산될 물품의 정확한 견본의 제공이 용이한 물품의 거래에 주로 사용된다. [1]

ⓛ 명세서매매(Sales by Specification)
기계류나 선박 등의 거래에서 거래대상 물품의 소재, 구조, 성능 등에 대해 상세한 명세서나 설명서 등에 의하여 품질을 결정하는 방법이다. [1]

ⓒ 상표매매(Sales by Trademark)
- 세계적으로 널리 알려진 유명한 상표(trade mark)와 상표명(brand name)을 거래할 때 사용되는 매매이다.
- 견본을 따로 제시할 필요 없이 그 상표나 상표명으로서 품질기준을 삼으며 통명매매 · 브랜드매매라고도 한다.

ⓔ 표준품매매(Sales by Standard)
수확예정인 농수산물이나 광물과 같은 1차 산품의 경우에는 특정 연도와 계절의 표준품을 기준으로 등급(Grade)을 결정하는 방법이다. [1]

| 방법 | 설명 |
|---|---|
| Fair Average Quality [1] (FAQ) | - 해당 연도의 출하품 가운데 평균적인 중등품질을 표준으로 하여 거래 목적물의 품질이 결정되는 조건이다. [1]<br>- 곡물매매에서 많이 사용되며, 선적지에서 해당 계절 출하품의 평균중등품을 표준으로 한다. [1] |

| 방법 | 설명 |
|---|---|
| Good Merchantable Quality (GMQ) | 목재, 원목, 냉동어류 등과 같이 물품의 잠재적 하자나 내부의 부패 상태를 알 수 없는 경우, 상관습에 비추어 수입지에서 판매가 가능한 상태(판매적격)일 것을 전제조건으로 하여 거래물품의 품질을 결정하는 방법이다. ❷ |
| Usual Standard Quality (USQ) | 공인검사기관이나 표준기관이 인증한 통상적인 품질을 표준품으로 결정하는 조건이다. ❶ |

ⓜ 규격매매(Sales by Type) : 국제적으로 통일된 규격으로 품질을 결정하는 매매방식(ISO, KS 등)이다.

ⓗ 점검매매(Sales by Inspection) : 매수인이 현품을 점검하고 하는 매매방식이다.

② 품질결정방식

㉠ 선적품질조건(Shipped Quality Term)
  - 매도인이 계약에 규정된 대로의 품질의 물품을 선적하면 추후 그 물품이 양하 시에 손해가 있더라도 책임은 부담하지 않는다는 조건이다.
  - 일반적으로 인코텀즈상 C조건, F조건의 규칙, 표준품 매매의 FAQ 조건, 곡물의 TQ 조건은 별도의 합의가 없는 한 선적품질조건에 따르는 것으로 본다. ❶

㉡ 양륙품질조건(Landed Quality Term)
  - 매도인이 계약된 물품을 양륙 시까지 보장하는 조건이다.
  - 인도물품의 품질이 계약과 일치하는지의 여부를 목적항에서 물품을 양륙한 시점에 판정하는 조건이다. ❶
  - 선적품질조건에서는 이러한 거증책임이 매도인에게 있으며, 그리고 양륙품질조건인 경우에는 매수인에게 품질수준의 미달 또는 운송중의 변질에 대한 거증책임이 귀속된다. ❶
  - 일반적으로 인코텀즈상 D조건, 표준품 매매의 GMQ 조건, 곡물의 RT조건은 별도의 합의가 없는 한 선적품질조건에 따르는 것으로 본다.

㉢ SD(Sea-Damaged Terms)
  곡물거래에 주로 사용되는 것으로, 원칙적으로는 선적품질 결정방법이지만, 운송 중 해수에 의한 물품의 손해는 매도인이 부담하기로 하는 조건이다. ❶

③ 특수품질조건

㉠ RT(Rye Terms)
  Rye Terms는 호밀(rye) 거래에서 사용되기 시작한 것으로 물품 도착 시 손상되어 있는 경우 그 수송 도중의 변질에 대한 손해를 매도인이 책임지는 양륙품질조건이다. ❶

ⓒ TQ(Tale Quale Terms, Such as it is) **1**

곡물의 선적품질 조건이 되며, 매도인은 선적 시의 품질은 보장하나 양륙 시의 품질상태에
대하여는 책임을 지지 않는다.

## (2) 수량조건

### ① 수량단위

㉠ 총중량조건(Gross Weight) : 속포장과 겉포장을 포함한 조건
㉡ 순중량조건(Net Wight) : 총중량조건에서 겉포장을 뺀 순중량 조건
㉢ 정미순중량조건(Net Net Weight) : 속포장과 겉포장을 모두 뺀 내용물만의 중량

### ② 과부족용인조건(More or Less Clause)

㉠ Bulk Cargo에서와 같이 운송 중 수량의 변화가 예상되는 물품에 대해 약정된 허용 범위
내에서 과부족을 인정하는 조건이다. **2**

> **예시** 무역계약서의 수량조건에서 "100 M/T, but 3% more or less at seller's option"이라 표현되었
> 다면, 매도인은 98M/T 수량을 인도해도 계약위반이 아니다. **1**
> ─과부족용인규정에 따른 정산 시 정산기준가격에 대한 아무런 약정을 하지 않았을 경우 수량
> 은 5%의 과부족 변동을 매도인의 임의선택으로 허용하는 것이 일반적인 상관례이다.

㉡ 물품수량 관련하여 About,, Approximately, Circa 등 이와 유사한 표현을 신용장 금액
또는 상품의 수량이나 단가 앞에 사용한 경우에는 10%의 과부족을 허용한다.

> **예시** 매매계약서 물품명세란에 "Grain about 10,000 MT"라고 기재된 경우, 신용장통일규칙(UCP
> 600)상 매도인이 인도해야 하는 물품의 최소량은 9,000 MT이다. **1**

㉢ 신용장 방식에 의한 거래에서 벌크 화물(bulk cargo)에 관하여 과부족을 금지하는 문언이
없는 한 신용장 금액의 한도 내에서 5%까지의 과부족이 용인된다. **1**

## (3) 가격조건 → ※ INCOTERMS 2020에서 학습

## (4) 선적조건

### ① 선적시기

특정일, 특정월, 즉시선적조건(Immediate, Prompt)으로 정한다.

### ② 분할선적(Partial Shipment)

─'Partial shipments are prohibited'는 분할선적이 허용되지 않음을 의미한다. **1**

- 신용장거래에서는 신용장상에 분할선적을 금지하는 문언이 없는 한 분할선적은 허용하는 것으로 본다. **1**

　　　- UCP 600에서는 동일한 장소 및 일자, 동일한 목적지를 위하여 동일한 특송운송 업자가 서명한 것으로 보이는 둘 이상의 특송화물수령증의 제시는 분할선적으로 보지 않는다. **1**

　　　※ 할부선적 : 계약에서 선적횟수와 선적수량을 구체적으로 나누어 약정한 경우를 할부선적이라고 한다.

### ③ 환적(Transshipment)

해상운송에서 운송 중 화물을 다른 운송수단에 옮겨 싣는 것이다.

### ④ 지연선적

　　- 지연선적이 매도인 귀책사유로 발생되면 계약위반으로 매수인은 계약해제가 가능하다.

　　- 불가항력으로 선적이 지연되는 경우 매도인은 면책되며 매도인이 불가항력의 사실을 입증할 책임이 있다.

## (5) 결제조건

### ① 선지급조건방식(Advanced Payment)

단순송금방식은 주문과 동시에 T/T, M/T 등에 의한 방법으로 수입대금을 송금하는 방식이다.

> **참조** 🔖 우편환(Mail Transfer)
>
> - 수표를 사용하지 않고 우편으로 외국의 은행에 대하여 특정금액의 지급에 대하여 지시하는 방법이다. **1**
> - 선대신용장방식(Red Clause L/C) : 거래상대방인 수입업자로부터 수출대금 중 일부를 미리 받아 물품을 구입 또는 생산하여 수출한 후 나머지 대금을 회수하는 거래방식을 말하며, 이러한 선수금 허용순번이 적색으로 기재되어 있어 Red-Clause L/C라고 한다.

### ② 서류인도결제방식(CAD, Cash Against Document)

매도인이 화물을 선적한 후 선적서류를 매수인이나 그 대리인에게 인도하면서 대금을 결제받는 무역거래조건이다. **1**

### ③ 상품인도결제방식(COD, Cash On Delivery)

양륙지에서 계약물품을 매수인에게 전달하면서 현금으로 결제받는 방식이다. **1**

### ④ 청산계정방식(Open Account)

무역거래에서 그때 그때 현금결제를 하지 않고 대차관계를 장부에 기록했다가 매년 정기적으로 그 대차차액만을 현금결제하는 제도이다.

⑤ 신용장방식에 의한 결재(L/C, Letter of Credit)

수입업자가 개설은행에 의뢰하여 자신의 신용을 보증(대금지급확약)하는 증서를 작성하게 하고, 이를 상대국 수출업자에게 보내어 그것에 의거 어음을 발행하게 하면 신용장 개설은행이 그 수입업자의 신용을 보증하고 있으므로 수출지 은행(매입은행)은 안심하고 어음을 매입할 수 있다.

⑥ 추심결재방식(D/A, D/P)

　㉠ D/P(Documentary Against Payment, 지급인도조건)
　　－화환어음의 송부를 받은 은행이 화물인수에 필요한 선적서류를 어음대금지급과 상환으로 인도하는 조건을 말한다.
　　－수입업자는 미리 신용장을 개설할 필요가 없고 화물과 함께 송부된 선적서류를 외국환은행에서 대급지급과 동시에 인수할 수 있다.

　㉡ D/A(Documentary Against Acceptance, 인수인도조건)
　　－관련 서류가 첨부된 기한부(Usance) 환어음을 통해 결제하는 방식이다. **1**
　　－'D/A at 150 Days after Sight'는 일람 후 150일째에 대금결제를 용인하는 외상거래이다.

> **참조** 신용장과 추심결제방식의 비교
>
> | 구분 | 신용장 | D/P, D/A |
> |---|---|---|
> | 환어음 지급인 | 개설은행 | 수입상 |
> | 결제방식 | 매입 | 추심(Collection) |
> | 지급확약 | 개설은행의 지급확약 | 은행의 지급확약 없음 |

⑦ 팩토링(Factoring)방식

거래기업이 외상매출채권을 팩토링 회사(Factor)에 양도하고 팩토링 회사는 거래기업을 대신하여 채무자로부터 매출채권을 추심 및 신용위험을 인수하는 동시에 이에 관련된 채권의 관리 및 장부작성 등의 행위를 인수하는 단기금융의 한 방법이다.

> **참조** 포장조건 - 화인(Shipping Marks)
>
> － 화인은 주화인(Main Mark), 부화인(Counter Mark), 중량표시(Weight Mark), 목적항표시(Port Mark), 번호(Case Number), 원산지표시, 주의표시(Caution Mark)가 기재되어 있다.
> － 화인은 화물과의 대조를 위해 선하증권 및 상업송장에도 기재된다. **1**
> － 화인을 표시하지 않음으로써 발생하는 손해에 대해서는 해상보험에서 담보하지 않는다. **1**
> － Counter Mark는 주화인의 보조로서 화물의 등급이나 규격표시 등에 사용된다. **1**
> － Port Mark에는 **목적항**이나 **목적지**를 표기하며 경유지까지 표시하는 경우도 있다. **1**
> － Case Number는 화물의 총 개수를 일련번호로 표기한 것이다. **1**

## (6) 보험조건

- 보험금액은 보험자와 피보험자 간에 상호 협의하여 정하고 실무적으로는 상업송장 금액에 희망이익을 가산한 금액으로 정한다.
- 해상적하보험에서 보험금액은 송장금액의 110%를 부보하는 것이며, 아무런 언급이 없으면 신용장통일규칙상 CIF 또는 CIP 가격의 110%를 부보하는 것이 원칙이다.

---

**심화** ◈ 계약서상 결재조건 및 보험조건 예시

(1) Payment : Draft shall be drawn at 30 d/s under Irrevocable Letter of Credit which should be opened in favor of Seller immediately upon contract, for the invoice value with full set of shipping documents and other documents which each contract requires.
**결제** : 환어음은 매매계약체결 직후에 매도인을 수익자로 하여 개설되는 **취소불능신용장**에 의거하여 송장금액에 대하여 **일람 후 30일 출급환어음** 조건으로 발행한다. 또한 운송서류 일체, 즉 선하증권, 보험증권, 상업송장 및 매매계약에서 요구하는 기타 서류를 첨부한다.

(2) Marine Insurance : All shipments shall be covered on A/R including War Risks and T.P.N.D. for the invoice amount plus 10(ten) percent. All policies shall be made out in U.S. Dollar and claims payable in New York.
**해상보험** : 모든 선적물은 송장금액의 110%를 보험금액으로 하여 전쟁위험과 T.P.N.D(도난, 발하, 불착위험)을 특약한 전위험 담보조건으로 부보한다. 모든 보험증권에 금액표시는 달러화로 표시하고 **지불가능 배상청구지**는 뉴욕으로 작성한다.

---

**심화** ◈ 신용장상 요구하는 보험조건 예시

Insurance policy or certificate in duplicate, endorsed in blank for 110% of invoice value. Insurance policies or certificates must be expressly stipulated that claims are payable in the currency of draft and must also indicate a claim settling agent in Korea. Insurance must include ICC(A/R) Institute War Clauses and Institute S.R.C.C. Clauses.

- 보험증권 또는 보험증명서는 2통을 발행하여야 한다.
- 보험증권은 백지배서에 의해 양도될 수 있게 발행되어야 한다.
- 보험금액은 송장금액의 110%로 부보되어야 한다.
- 보험의 담보조건은 협회적하약관(A/R)조건에 전쟁담보약관과 S.R.C.C.담보약관을 포함하여야 한다.

---

## (7) 중재조건 → ※ 상사중재 파트에서 학습

## 02 정형거래조건(INCOTERMS 2020)

### (1) 인코텀즈 2020의 주요 특징

① 개념

- 인코텀즈(INCOTERMS 2020, International Commercial Terms)란 국제매매계약에서 이용되고 있는 전형적인 무역조건, CIF · FOB 등 무역용어의 해석을 통일하기 위하여 국제상업회의소(ICC)가 정한 규칙이다.
- Incoterms 2020은 국제무역환경의 변화를 반영하고자 '인코텀즈 2010'을 개정한 것으로 2020년 1월 1일부터 시행하였다.
- Incoterms에서는 매도인의 책임과 의무에 대해서 A1~A10까지, 매수인의 책임과 의무에 대해서는 B1~B10까지 규정하였다.
- Incoterms는 이미 존재하는 매매계약에 편입된(incorporated) 때 그 매매계약의 일부가 된다. **1**

> **참조** 인코텀즈에서 다루지 않는 사항
>
> - Incoterms는 매매물품의 소유권 이전, 관세의 부과, 대금지급의 시기 · 장소 · 방법에 대한 문제를 다루지 않는다. **2**
> - Incoterms는 매매계약 위반에 대하여 구할 수 있는 구제수단 및 분쟁해결의 방법, 장소 또는 준거법을 다루지 않는다. **2**

### [사용 가능한 운송수단에 의한 구분]

| 구분 | 정형거래조건 | |
|---|---|---|
| 복합운송조건<br>(Rules for Any Mode of Transport) **1** | • EXW(공장도인도조건)<br>• CPT(운송비지급인도조건)<br>• DAP(목적지인도조건)<br>• DDP(관세지급인도조건) | • FCA(운송인인도조건)<br>• CIP(운송비 · 보험료지급인도조건)<br>• DPU(도착지양하인도조건) |
| 해상 및 내수로운송조건<br>(Rules for Sea and Inland Waterway Transport) **2** | • FAS(선측인도조건)<br>• CFR(운임포함조건) | • FOB(본선인도조건)<br>• CIF(운임보험료포함조건) |

### [위험 및 비용부담의무에 따른 구분]

- 양극단(two extremes)의 E규칙과 D규칙 사이에, 3개의 F규칙과 4개의 C규칙이 있다. **1**

| E조건 | Departure(출발지) | EXW |
|---|---|---|
| F조건 | Main Carriage Unpaid(주운임 미지급) | FCA, FAS, FOB |
| C조건 | Main Carriage paid(주운임 지급) | CFR, CIF, CPT, CIP |
| D조건 | Arrival(도착지) | DAP, DPU, DDP |

> 수출통관 이행 : 수출과 관련된 통관의무는 매도인의 의무이나, EXW 조건에서는 매수인의 의무이다.
> 수입통관 이행 : 수입과 관련된 통관의무는 매수인의 의무이나, DDP 조건에서는 매도인의 의무이다.

② 주요 개정사항

㉠ 당사자 의무 조항 비교(Incoterms 2010/2020)

− A1/B1에서 당사자의 기본적인 물품제공/대금지급의무를 규정하고, 이어 인도조항과 위험이전조항을 보다 두드러진 위치인 A2와 A3으로 각각 옮겼다. **1**

− 비용규정을 A9/B9에 배치하였다.

| 구분 | Incoterms 2010 | Incoterms 2020 |
|---|---|---|
| A1/B1 | General obligations **1** | General obligations |
| A2/B2 | Licenses, Authorization, Security clearances and other formalities | Delivery |
| A3/B3 | Contract of carriage & insurance | Transfer of risks |
| A4/B4 | Delivery **1** | Carriage |
| A5/B5 | Transfer of risks **1** | Insurance |
| A6/B6 | Allocation of costs | Delivery/Transport document |
| A7/B7 | Notices | Export/Import clearance |
| A8/B8 | Delivery/Transport document **1** | Checking/Packaging/Marking |
| A9/B9 | Checking/Packaging/Marking | Allocation of costs |
| A10/B10 | Assistance with information and related costs | Notices |

㉡ CIP 최대부보의무 변경

− 적하보험가입 시 CIF의 최소부보의무(C)가 유지되나, CIP는 최대부보의무[ICC(A)]를 부담해야 한다.

− 인코텀즈는 구속력이 없으므로 필요한 경우 당사자들은 상호합의를 통해 낮은 수준의 보험가입이 가능하다.

| 조건 | 인코텀즈 2010 | 인코텀즈 2020 |
|---|---|---|
| CIF | 매도인의 최소부보 의무 ICC(C) | • 매도인의 최소부보 의무 ICC(C) **1**<br>• 높은 수준의 담보조건부보 합의 가능 |
| CIP | 매도인의 최소부보 의무 ICC(C) | • 매도인의 최대부보 의무 ICC(A) **1**<br>• 낮은 수준의 담보조건부보 합의 가능 |

㉢ FCA 본선적재표기 선하증권

− FCA에서 본선적재 선하증권에 관한 옵션 규정을 신설하였다. **1**

- FCA 조건이 해상운송에 적용될 때 매도인 또는 매수인이 본선적재부기(On board notation)가 있는 선하증권(On board B/L)이 필요할 수 있다.
- FCA의 물품인도는 본선적재 전에 완료되나 운송인은 운송계약상 물품이 실제로 선적된 후에 비로소 선적선하증권을 발행할 의무와 권리가 있다.

② DAT → DPU 변경 **1**
- DAT를 DPU(Delivered at Place Unloaded)로 변경하고, 순서는 DAP, DPU, DDP 순으로 재정렬하였다.
- DAT(Delivered at Terminal)는 터미널에서 양하 · 인도해주는 조건이었으나 DPU (Delivered at Place Unloaded)는 인도장소(목적지)가 터미널로 제한되지 않는다.
- DAP(Delivered at Place)는 지정된 장소까지 가져다주지만 짐을 내리지 않고 인도하는 조건으로 DPU는 운송수단에서 양하한 후 인도하고 DAP는 양하하지 않고 매수인 처분 하에 둠으로써 인도한다.

⑩ 자가운송수단 허용
- FCA, DAP, DPU 및 DDP에서 매도인 또는 매수인 자신의 운송수단에 의한 운송을 허용하고 있다. **1**
- FCA의 경우 매수인은 지정인도장소에서 물품을 수취하기 위해 자신의 운송수단을 사용할 수 있다.
- DAP, DPU, DDP의 경우 매도인은 지정목적지까지 운송을 제3자에게 위탁하지 않고 자신의 운송수단을 사용하여 운송할 수 있다.

⑪ 운송 · 수출통관 · 비용규정에 보안관련 의무를 삽입
운송의무 및 보험비용 조항에 보안관련 요건을 삽입하였다. **1**

⑫ 사용자를 위한 설명문 및 소개문(Introduction) 강화
인코텀즈 규칙에 대한 사용지침(Guidance Note)을 설명문(Explanatory Note)으로 변경하여 구체화하였다. **1**
※ 소개문은 인코텀즈 2020 규칙 자체의 일부를 구성하지 않음에 유의한다.

**심화** 인코텀즈상 Carrier 및 Delivery

- Carrier : The Carrier is the party with whom carriage is contracted. **1**
- Delivery : This concept has multiple meanings in trade law and practice, but in the Incoterms® 2010 rules, it is used to indicate where the risk of loss of or damage to the goods passes from the seller to the buyer. **1**

## (2) 인코텀즈 2020의 개별조건

### ① EXW(Ex Works, 공장인도규칙)(Insert named place of delivery)

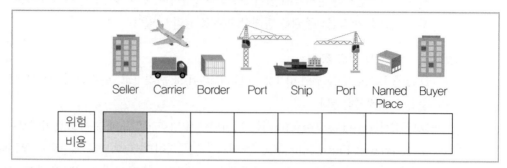

| | Seller | Carrier | Border | Port | Ship | Port | Named Place | Buyer |
|---|---|---|---|---|---|---|---|---|
| 위험 | | | | | | | | |
| 비용 | | | | | | | | |

"EX Works" means that the seller delivers when it places the goods at the disposal of the buyer at the sellers premises or at another named place(i.e.. works, factory, warehouse, etc.).

The seller does not need to load the goods on any collecting vehicle, nor does it need to clear the goods for export, where such clearance is applicable.

EXW represents the minimum obligation for the seller, and the buyer has to bear all costs and risks involved in taking the goods from the agreed point, if any' at the named place of delivery.

[해설] "EXW"란 매도인이 계약물품을 자신의 영업장 구내 또는 기타 지정된 장소(작업장, 공장, 창고 등)에서 매수인의 임의처분상태로 둘 때 인도하는 것을 의미한다. ❶

매도인은 물품을 수취용 차량에 적재하거나 수출물품에 대한 통관절차를 이행할 의무가 없다.

EXW 조건은 매도인을 위한 최소한의 의무를 나타내며, 매수인은 합의된 지점, 만약에 있다면 인도의 지정된 장소로부터 물품을 인수하는 데에 수반되는 모든 비용과 위험을 부담해야 한다.

> [관련규정]→
> EXW 규칙에서 지정인도장소 내에 이용 가능한 복수의 지점이 있는 경우에 매도인은 그의 목적에 가장 적합한 지점을 선택할 수 있다. ❶

② FCA(Free CArrier, 운송인인도규칙)(Insert named place of delivery)

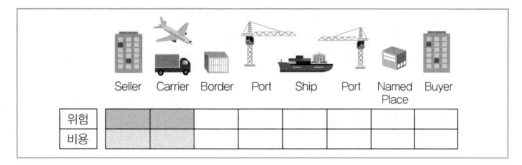

"Free Carrier" means that the seller delivers the goods to the buyer in one or other of two ways.

First, when the named place is the seller's premises, the goods are delivered when they are loaded on the means of transport arranged by the buyer.

Second, when the named place is another place, the goods are delivered when, having been loaded on the seller's means of transport, they reach the named other place and are ready for unloading from that seller's means of transport and at the disposal of the carrier or of another person nominated by the buyer. **1**

[해설] "운송인인도"는 다음의 두 가지 방법 중에 하나 또는 다른 방식으로 매수인에게 물품을 인도하는 것을 의미한다.

첫째, 지정장소가 매도인의 영업구내라면 물품은 매수인이 준비한 운송수단에 적재될 때 인도된다.

둘째, 지정장소가 그 밖의 장소인 경우 물품은 매도인의 운송수단에 적재되어서 지정장소에 도착하고 양하 준비된 상태로 매수인이 지정한 운송인이나 제3자의 처분하에 놓인 때 인도된다. **1**

> (관련규정)→
> − "운송인인도규칙"(FCA)은 인도가 매도인의 영업장 구내에서 이루어지면 매도인은 매수인이 제공한 운송수단 위에 물품을 적재할 의무가 있다. **2**
> − 매도인이 수출통관하고 상품을 지정된 장소에서 매수인이 지정한 운송인이나 제3자에게 물품을 인도할 때 매도인의 위험과 비용의 분기점이 종료된다.
> − 의무사항은 아니지만 당사자 간에 합의가 있는 경우 매수인은 그의 운송인에게 본선적재표기가 있는 선하증권(본선적재 선하증권)을 매도인에게 발행하도록 지시해야 한다.
> − FCA규칙에서 매도인의 구내가 아닌 그 밖의 장소에서 물품의 인도가 이루어지는 경우 매도인은 도착하는 운송수단으로부터 물품을 양륙할 의무가 없다. **1**

③ CPT(Carriage Paid To, 운송비지급인도규칙)(Insert named place of destination)

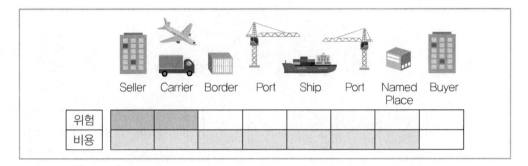

"Carriage Paid To" means that the seller delivers the goods to the carrier or another person nominated by the seller at an agreed place(if any such place is agreed between the parties) and that the seller must contract for and pay the costs of carriage necessary to bring the goods to the named place of destination. **1**

[해설] "운송비지급"은 매도인이 합의된 장소(양 당사자의 합의장소)에서 자신에 의해 지정된 운송인이나 다른 당사자에게 물품을 인도하는 것을 말하며, 매도인은 지정된 도착지까지 물품을 운송하기 위해 필요한 운송비를 지불하는 것에 대한 계약을 체결해야 한다.

> 관련규정
> −CPT와 CIP매매에서 위험은 물품이 최초운송인에게 교부된 때 매도인으로부터 매수인에게 이전된다. **1**
> −수출지에서 매도인이 지정한 운송인에게 수출통관된 물품을 인도할 때 위험이 이전되고 물품의 인도 후 발생되는 멸실·손상에 대한 위험은 매수인에게 이전된다.
> −CPT규칙에서 목적지에서 물품의 양륙비용을 운송계약에서 매도인이 부담하기로 한 경우에는 매도인이 이를 부담하여야 한다. **1**

④ CIP(Carriage and Insurance Paid to, 운송비·보험료지급인도규칙)(Insert named place of destination)

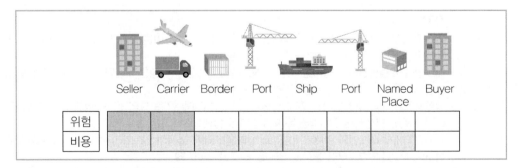

"Carriage and Insurance Paid To" means that the seller delivers the goods −and transfers the risk−to the buyer by handing them over to the carrier contracted by the seller or by procuring the goods so delivered.

[해설] "운송비 · 보험료지급"은 매도인은 매도인과 계약을 체결한 운송인에게 물품을 교부함으로써 또는 그렇게 인도된 물품을 조달함으로써 매수인에게 물품을 인도(위험을 이전)한다.

---

관련규정 →

– "CIP" means that the seller delivers the goods to the carrier or another person nominated by the seller at an agreed place(if any such place is agreed between the parties) and that the seller must contact for and pay the costs of carriage necessary to bring the goods to the named place of destination. **1**
– CPT조건에 운송보험의 부보의무가 추가되었다.
– CIF조건과 마찬가지로 매도인이 보험계약을 체결하고 목적지까지 발생하는 모든 비용을 부담하여야 한다.
– 매도인이 보험을 부보할 때 협회적하약관 ICC(A) 또는 이와 유사한 담보범위의 조건으로 보험을 부보하여야 한다(단, 당사자 간 합의에 따라 더 낮은 수준의 담보조건으로 보험에 부보하기로 합의가 가능하다.).

---

⑤ DAP(Delivered At Place, 도착지인도규칙)(Insert named place of destination)

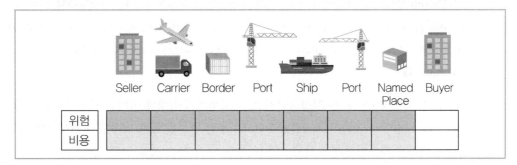

"Delivered At Place"means that the seller delivers when the goods are placed at the disposal of the buyer on the arriving means of transport ready for unloading at the named place of destination. The seller bears all risks involved in bringing the goods to the named place. **1**

[해설] "목적지인도규칙"(DAP)이란 물품이 지정목적지에서 도착운송수단에 실린 채 양하준비된 상태로 매수인의 임의처분 하에 놓이는 때에 매도인이 인도한 것으로 된다. 매도인은 지정목적지까지 물품을 운송하는 데 발생하는 모든 위험을 부담한다. **2**

---

관련규정 →

DAP상 매도인은 목적지의 양하비용 중에서 오직 운송계약상 매도인이 부담하기로 된 비용을 부담하고 해당되는 경우에 수출국과 통과국(수입국 제외)에 의하여 부과되는 모든 통관절차를 수행하고 그에 관한 비용을 부담한다. **1**

---

⑥ DPU(Delivered At Place Unloaded, 도착지양하인도조건)(Insert named place of destination)

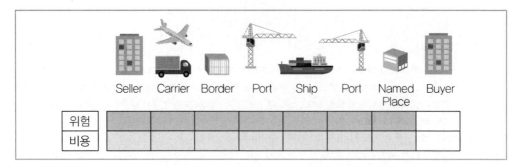

| | Seller | Carrier | Border | Port | Ship | Port | Named Place | Buyer |
|---|---|---|---|---|---|---|---|---|
| 위험 | | | | | | | | |
| 비용 | | | | | | | | |

"Delivered at Place Unloaded" means that the seller delivers the goods—and transfers risk—to the buyer when the goods, once unloaded from the arriving means of transport, are placed at the disposal of the buyer at a named place of destination or at the agreed point within that place, if any such point is agreed. The seller bears all risks involved in bringing the goods to and unloading them at the named place of destination. Should the parties intend the seller not to bear the risk and cost of unloading, the DPU rule should be avoided and DAP should be used instead. **1**

[해설] "도착지양하인도"는 지정목적지 또는 지정목적지 내에 어떠한 지점이 합의된 경우에는 그 지점에서 물품이 도착운송수단으로부터 양하된 채로 매수인의 처분하에 놓인 때 매도인이 매수인에게 물품을 인도(위험을 이전)하는 것을 말한다.

매도인은 지정목적지까지 가져가서 그곳에서 물품을 양하하는 데 수반되는 모든 위험을 부담한다. 당사자들이 매도인이 양하의 위험과 비용을 부담하기를 원치 않는 경우에는 DPU를 피하고 그 대신 DAP를 사용하여야 한다.

> 관련규정
> - DPU is the only Incoterms rule that requires the seller to unload goods at destination. The seller should therefore ensure that it is in a position to organise unloading at the named place. **1**
> - 인코텀즈에서 물품을 양하하도록 규정한 유일한 규칙이다. **1**

⑦ DDP(Delivered Duty Paid, 관세지급인도규칙)(Insert named place of destination)

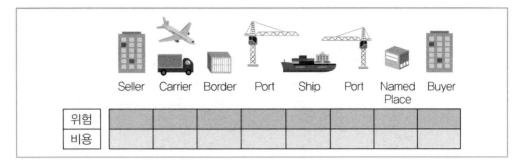

| | Seller | Carrier | Border | Port | Ship | Port | Named Place | Buyer |
|---|---|---|---|---|---|---|---|---|
| 위험 | | | | | | | | |
| 비용 | | | | | | | | |

"Delivered Duty Paid"means that the seller delivers the goods when the goods are placed at the disposal of the buyer, cleared for import on the arriving means of transport ready for unloading at the named place of destination.

The seller bears all the costs and risks involved in bringing the goods to the place to destination and has an obligation to clear the goods not only for export but also for import, to pay any duty for both export and import and to carry out all customs formalities. **1**

[해설] "관세지급인도"란 매도인이 지정목적지에서 수입통관을 이행하고 도착된 운송수단으로 부터 양륙하지 않은 상태로 매수인의 임의처분 하에 둔 때 물품이 인도되는 것을 말한다. 매도인은 목적지로 물품을 운송하는 데 포함되는 모든 비용과 위험을 부담하고 물품의 수출통관뿐 아니라 수입통관에 대한 의무가 있으며, 수출·수입관세 모두를 납부하고 모든 통관절차를 이행해야 하는 의무를 가진다. **1**

> **관련규정**
> − Likewise, with DDP, the seller owes some obligations to the buyer which can only be performed within the buyer's country, for example obtaining import clearance. It may be physically or legally difficult for the seller to carry out those obligations within the buyer's country and a seller would therefore be better advised to consider selling goods in such circumstances under the DAP or DPU rules. **2**
> − DDP는 매도인에 대한 최대 의무를 나타내며 매도인에게 가장 많은 비용과 위험이 부담된다.
> − 당사자들은 매도인이 직접 또는 간접적으로 수입허가를 취득할 수 없을 때에 DDP를 사용해서는 안 된다.

⑧ FAS(Free Alongside Ship, 선측인도규칙)(Insert named port of shipment)

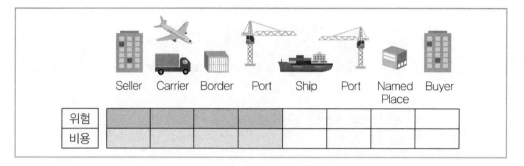

"Free Alongside Ship" means that the seller delivers when the goods are placed alongside the vessel (e.g., on a quay or a barge) nominated by the buyer at the named port of shipment. The risk of loss of or damage to the goods passes when the goods are alongside the ship, and the buyer bears all costs from that moment onwards.

[해설] "선측인도"란 물품이 지정선적항에서 매수인이 지정한 선박의 선측(부두나 바지선)에 물품이 놓인 때 매도인이 물품을 인도하는 것을 말한다. 물품의 멸실 또는 훼손의 위험은 물품이 선측에 놓인 때 이전하고, 매수인은 그 순간부터 향후의 모든 비용을 부담한다.

⑨ FOB(Free On Board, 본선인도규칙)(Insert named port of shipment)

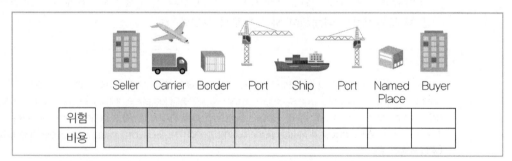

"Free On Board" means that the seller delivers the goods on board the vessel nominated by the buyer at the named port of shipment or procures the goods already so delivered.

The risk of loss of or damage to the goods passes when the goods are on board the vessel, and the buyer bears all costs from that moment onwards.

[해설] "본선인도"는 물품을 지정선적항에서 매수인이 지정된 **본선상**에 적재함으로써 또는 이미 그렇게 인도된 물품을 조달함으로써 인도하여야 한다. **2**

물품의 멸실 또는 훼손의 위험은 물품이 선박에 적재된 때 이전하고, 매수인은 그 순간부터 향후의 모든 비용을 부담한다.

> **관련규정** →
> ─FOB 조건에서 적용 가능한 경우에, 매수인은 물품의 수입에 부과되는 모든 관세, 세금, 기타 공과금과 수입통관비용 및 제3국을 통과하여 운송하는 데 드는 비용을 부담하여야 한다. **1**
> ─실무적으로 CIF 조건과 함께 가장 많이 쓰이는 조건으로 현물매매 인도가격으로 볼 수 있다.

## ⑩ CFR(Cost and Freight, 운임포함인도규칙)

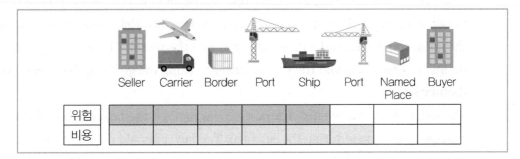

| | Seller | Carrier | Border | Port | Ship | Port | Named Place | Buyer |
|---|---|---|---|---|---|---|---|---|
| 위험 | | | | | | | | |
| 비용 | | | | | | | | |

"Cost and Freight" means that the seller delivers the goods on board the vessel or procures the goods already so delivered. The risk of loss of or damage to the goods passes when the goods are on board the vessel.

The seller must contract for and pay the costs and freight necessary to bring the goods to the named port of destination. **1**

[해설] "운임포함인도"란 매도인이 물품을 선박에 적재하거나 또는 이미 그렇게 인도된 물품을 조달하는 것을 의미한다. 물품의 멸실 또는 훼손의 위험은 물품이 선박에 적재된 때 이전한다. 물품이 선박에 적재될 때 물품에 대한 멸실 또는 손상에 대한 위험은 양도된다. 매도인은 반드시 지정된 목적항까지 운송하는 데 필요한 운임과 비용을 지급하고 계약을 체결해야 한다.

> **관련규정** →
> ─FOB 조건과 같이 상품이 선적항의 본선상에 인도될 때 매도인의 인도의무는 완료되지만 매도인은 목적항까지의 운임(비용)을 부담한다.
> ─CFR은 FOB+목적항까지의 운임이라고 할 수 있다.
> ─CFR 규칙에서는 인도장소에 대한 합의가 없는 경우, 예를 들어, 인천에서 부산까지는 피더선으로, 부산에서 롱비치까지는 항양선박(Ocean Vessel)으로 운송한다면 위험은 인천항의 선박적재 시에 이전한다. **1**

⑪ CIF(Cost, Insurance and Freight, 운임 · 보험료포함인도규칙)(Insert named port of destination)

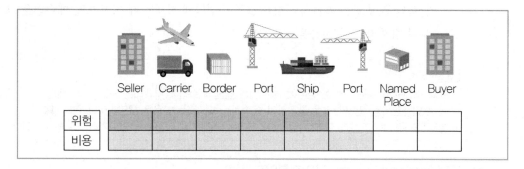

| | Seller | Carrier | Border | Port | Ship | Port | Named Place | Buyer |
|---|---|---|---|---|---|---|---|---|
| 위험 | | | | | | | | |
| 비용 | | | | | | | | |

"Cost, Insurance and Freight" means that the seller delivers the goods on board the vessel or procures the goods already so delivered. The risk of loss of or damage to the goods passes when the goods are on board the vessel. The seller must contract for and pay the costs and freight necessary to bring the goods to the named port of destination.

The seller also contracts for insurance cover against the buyer s risk of loss of or damage to the goods during the carriage. The buyer should note that under CIF the seller is required to obtain insurance only on minimum cover. Should the buyer wish to have more insurance protection, it will need either to agree as much expressly with the seller or to make its own extra insurance arrangements.

[해설] "운임 · 보험료 포함인도"는 매도인이 선박에 적재하거나 또는 이미 그렇게 인도된 물품을 조달하는 것이다. 물품에 대한 멸실 또는 손상에 대한 위험은 물품이 본선상에 인도된 때 양도된다. 매도인은 반드시 지정된 목적항에 물품을 운송하는 데 필요한 운임과 이를 지급하는 계약을 체결해야 한다.

매도인은 또한 운송 중에 물품이 멸실되거나 손상되는 매수인의 위험에 대하여 보험계약에 대하여 보험계약을 체결한다. 매수인은 CIF 조건하에서 매도인이 최소한의 부보에 근거한 보험계약 체결이 요구된다. 매수인이 이보다 더 큰 부보조건을 원한다면 그는 매도인과 명시적으로 담보의 정도를 합의하거나, 자신의 부담으로 추가 보험계약을 체결할 필요가 있다.

---

관련규정 →

- 매도인은 ICC(C) 조건이나 이와 유사한 수준의 보험에 부보하여야 한다(단, 당사자 간 합의에 따라 더 높은 조건의 보험에 부보하도록 협의 가능하다).
- 물품의 멸실 및 손상의 위험은 물품이 선박에 적재된 때 이전된다. ❶
- 해상운송이나 내수로운송에만 사용된다. ❶
- 해당되는 경우에 매도인이 물품의 수출통관을 해야 한다. ❶

- 매수인은 매도인에 대하여 운송계약을 체결할 의무가 없다. **1**
- CIF 조건에서 매도인은 물품을 본선상에 적재하여 인도하거나 이미 그렇게 인도된 물품을 조달함으로써 인도하여야 한다. **1**
- CIF 조건에서 보험금액은 최소한 매매계약에서 약정된 대금에 10%를 더한 금액이어야 하고, 보험의 통화는 매매계약의 통화와 같아야 한다. **1**
- CIF 조건에서 **매도인**은 자신의 비용으로 통상적인 조건으로 운송계약을 체결하여야 하며 매매물품의 품목을 운송하는 데 통상적으로 사용되는 종류의 선박으로 통상적인 항로로 운송해야 한다. **1**
- 보험손해가 발생 시 선적 전의 손해는 매도인에게 보상청구권리가 있고 선적 후 발생하는 보험손해의 청구권리는 매수인에게 있다.
- 보험계약을 체결할 때는 보험계약자와 피보험자 모두 매도인으로 동일하며, 선적 후에는 보험증권에 배서하여 보험금 청구권리를 매수인에게 양도하므로 최종적인 피보험자는 매수인으로 변경한다.

**심화** ◈ **비엔나협약(CISG, 1980)**

### 1. 적용제외대상 **1**
국제물품매매계약에 관한 유엔협약(CISG) 제2조(협약의 적용 제외) 규정에 따라 이 협약은 다음과 같은 매매에는 적용되지 아니한다.
① 개인용, 가족용 또는 가사용으로 구입되는 물품의 매매. 다만 매도인이 계약의 체결 전 또는 그 당시에 물품이 그러한 용도로 구입된 사실을 알지 못하였거나 또는 알았어야 할 것도 아닌 경우에는 제외한다.
② 경매에 의한 매매 **1**
③ 강제집행 또는 기타 법률상의 권한에 의한 매매 **1**
④ 주식, 지분, 투자증권, 유통증권 또는 통화의 매매
⑤ 선박, 부선, 수상익선, 또는 항공기의 매매
⑥ 전기의 매매 등

### 2. 청약과 승낙
- 청약은 그것이 취소 불능한 것이라도 어떠한 거절의 통지가 청약자에게 도달한 때에는 그 효력이 상실된다. **1**
- 청약은 그것이 취소 불능한 것이라도 그 철회가 청약의 도달 전 또는 그와 동시에 피청약자에게 도달하는 경우에는 이를 철회할 수 있다. **1**
- 승낙은 절대적으로 무조건적이어야 하며(Mirror Rule, 완전일치의 원칙) 부분승낙으로는 계약이 성립하지 않고 침묵이나 무행위도 승낙으로 간주하지 않는다. **1**
- 승낙의 경우 도달주의를 적용한다.
- 승낙을 위한 기간이 경과한 승낙은 원칙적으로 계약을 성립시킬 수 없다. **1**
- 서신에서 지정한 승낙기간은 서신에 표시되어 있는 일자 또는 서신에 일자가 표시되지 아니한 경우에는 봉투에 표시된 일자로부터 계산한다. **1**

### 3. 매수인의 구제권리 **1**
- 대체품인도청구권
- 하자보완청구권
- 대금감액권
- 조기이행거절권
※ 매수인은 손해배상 이외의 구제를 구하는 권리행사로 인하여 손해배상을 청구할 수 있는 권리를 박탈당하지 아니한다. **1**

## 03 신용장(L/C, Letter of Credit)

### (1) 신용장의 개념

수입업자가 개설은행에 의뢰하여 자신의 신용을 보증(대금지급확약)하는 증서를 작성하게 하고, 이를 상대국 수출업자에게 보내어 그것에 의거 어음을 발행하게 하면 신용장 개설은행이 그 수입업자의 신용을 보증하고 있으므로 수출지 은행(매입은행)은 안심하고 어음을 매입할 수 있다.

### (2) 신용장 거래의 당사자

| 당사자 | 내용 |
|---|---|
| 개설의뢰인<br>(Applicant) | 매수인이며 수입지에서 거래은행에 신용장의 개설을 의뢰하는 자로 화물의 수하인이고 환어음의 결제자 |
| 수익자<br>(Beneficiary) | 매도인이며 신용장의 수취인으로서 신용장 조건을 이행하고 대금을 인수하는 자인 수출업자 |
| 개설은행<br>(Issuing Bank) | 수입업자의 요청에 따라 수출자 앞으로 신용장을 개설하고 대금지급을 확약하는 자 |
| 확인은행<br>(Confirming Bank) | 개설은행이 신용이 불확실한 경우, 신용장 대금의 지급(지급, 인수, 매입)을 추가로 확약(보증)하는 자 |
| 통지은행<br>(Advising Bank) | 개설은행의 요청으로 신용장 개설 시 그 내용을 수출자에게 직접 통지하는 은행으로 원칙적으로 신용장 개설을 단순히 통지하고 거래의 책임을 지진 않으나 인수은행이나 지급은행 또는 확인은행을 겸하는 경우도 있다. |
| 매입은행<br>(Negotiating Bank) | 수익자가 요구하는 환어음의 매입은행 |
| 지급은행<br>(Paying Bank) | 지급신용장에 경우 지급을 위탁받은 은행으로 단순히 대금지급 역할만 수행한다. |
| 인수은행<br>(Accepting Bank) | 기한부신용장에 의해 발행된 기한부어음을 인수하는 은행이며 해당 어음의 지급은행이 된다. |
| 상환은행<br>(Reimbursing Bank) | 신용장의 결제통화가 제3국의 통화일 경우는 제3국에 있는 개설은행의 예치환 거래은행이 결제은행(Settling Bank)이 되는데 이를 상환은행이라 한다. |

> **심화** 권리관계에 따른 매도인과 매수인의 명칭

| 구분 | Exporter(수출업자) | Importer(수입업자) |
|---|---|---|
| 신용장 | Beneficiary(수익자) | Applicant(개설의뢰인) |
| 매매계약 | Seller(매도인) | Buyer(매수인) |
| 화물 | Shipper/Consignor(송하인) | Consignee(수하인) |
| 환어음 | Drawer(환어음발행인) | Drawee(환어음지급인) |
| 계정 | Accounter(대금수령인) | Accountee(대금결제인) |

## (3) 신용장거래 흐름도

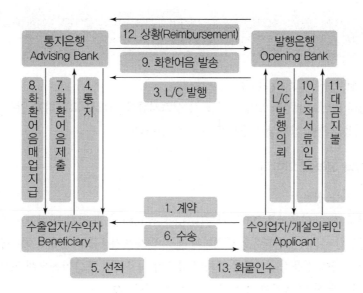

## (4) 신용장의 종류

### ① 취소 가능 여부에 의한 구분

ⓐ 취소 불능(Irrevocable) 신용장
 - 신용장이 수익자에게 통지된 이후 신용장상 유효기한 내 신용장 관계당사자 전원의 합의 없이는 신용장의 취소 또는 신용장의 조건변경이 불가능한 신용장이다.
 - 신용장은 취소 가능(Irrevocable) 혹은 불가능에 관한 아무런 표시가 없으면 취소 불가능한 것으로 간주한다. **2**

ⓑ 취소 가능(Revocable) 신용장
 신용장의 개설은행이 수익자에 대해 일방적으로 신용장 자체를 취소하거나 신용장조건을 변경할 수 있는 신용장이다.

> **관련규정 → 신용장의 부분승낙과 선적기일 연장**
> - 신용장 당사자의 합의에 의해 신용장조건을 변경하는 경우, 조건변경의 부분승낙은 허용되지 않으며 거절로 간주한다. **1**
> - 신용장의 유효기일과 신용장에 규정된 선적기일이 지정된 은행의 휴업일에 해당하는 경우 신용장은 다음 최초영업일까지 연장되나, 선적기일은 연장이 금지된다. **1**

### ② 선적서류 필요 여부에 의한 구분

ⓐ 상업화환신용장(Commercial Documentary L/C)
 수익자가 수출대금회수를 위하여 발행한 환어음의 매입·인수·지급 시 Invoice, B/L 등 선적서류를 첨부하여 개설은행 및 매입은행 등에 제시할 것을 요구하는 신용장이다.

> 어음 작성자(발행인)가 제3자(지급인)에 대하여 어음에 기재된 금액을 일정한 기일에 어음상의 권리자(수취인 또는 지시인)에게 지급할 것을 무조건으로 위탁하는 증권이다.

ⓒ 무화환신용장(Clean L/C)

은행의 환어음 매입·인수·지급 시 선적서류를 별도로 요구하지 않을 것을 조건으로 하는 신용장으로 실무상 사용빈도는 적은 편이다.

③ 양도 가능 여부에 의한 구분

㉠ 양도 가능 신용장

- 양도 가능 신용장은 "양도 가능(transferable)"을 특별히 명기한 신용장을 말한다. **1**
- 양도된 신용장은 양도은행에 의하여 제2수익자가 사용할 수 있도록 하는 신용장을 말한다. **1**
- 양도 가능 신용장은 1회에 한하여 양도가 허용되며 분할어음발행 또는 분할선적이 허용되는 한 제2수익자에게 분할 양도될 수 있다. **1**
- 양도된 신용장은 제2수익자의 요청에 의하여 그 이후 어떠한 수익자에게도 재양도될 수 없으므로 양도권은 최초의 수익자만 가지고 있다. **1**
- 양도 시에 달리 합의하지 않는 한 양도와 관련된 비용(수수료, 요금, 비용, 경비)은 제1수익자(원수익자)에 의하여 지급되어야 한다. **1**

㉡ 양도 불능 신용장

신용장상 'Transferable'이란 문구가 없으면 양도가 불가한 신용장이다.

④ 만기어음에 의한 구분

㉠ 일람출급신용장(Sight L/C)

- 개설의뢰인이 선적서류인수와 동시에 대금을 지급하여야 하는 신용장이다.
- 일람출급신용장하에서 발급되는 어음은 일람출급어음이 된다.
- 신용장 본문상 "We hereby issue in your favor this documentary which is available by negotiation of your draft at ×××sight …"로 표시된다.

㉡ 기한부신용장(Usance L/C)

- 신용장에 의해 발행되는 환어음의 기간이 기한부인 신용장이다.
- 수입업자의 입장을 고려해 개설은행이나 수출업자가 대금결제를 일정기간 유예해 주는 신용장으로, 이 신용장으로 발행된 어음을 기한부환어음 또는 유전스빌(usance bill)이라고 한다.
- 수입업자가 상품의 대금을 약정한 기간에 지급하는 조건의 신용장으로, 약정기간은 30일, 60일, 90일, 120일 등이 많이 사용된다.

⑤ 매입은행제한 여부에 따른 구분

신용장은 이용 가능한 해당 은행과 모든 은행을 이용할 수 있는지 여부를 **명시하여야 한다.** ❶
　㉠ 자유매입신용장(Freely Negotiation L/C) : 환어음 매입은행을 제한하지 않은 신용장
　㉡ 매입제한신용장(Restricted L/C) : 환어음 매입은행을 제한 또는 한정한 신용장

⑥ 구상무역에 사용되는 신용장

　㉠ 동시개설신용장(**Back‑to‑Back L/C**) ❶
　　－원신용장의 수익자가 해외에서 양도 불능 신용장을 받았을 경우 이 신용장을 원만하게
　　　이행하도록 하기 위하여 자기 책임으로 원신용장을 견질로 하여 제2의 신용장을 개설하
　　　는 것을 말한다.
　　－오로지 원신용장의 Beneficiary가 자기 책임하에 원신용장을 담보로 수출지 거래은행
　　　(Back to Back L/C의 개설은행)의 동의하에 개설하는 것이므로 제2의 신용장의 수익
　　　자는 원신용장의 개설은행측과 아무런 관계도 없다.

　㉡ 기탁신용장(**Escrow L/C**) ❶
　　－수입상품에 대한 대금결제용으로만 사용할 수 있게 한 신용장으로 에스크로신용장이라
　　　고도 한다.
　　－Escrow란 제3자에게 물건을 위탁하고 일정한 조건을 충족할 경우 그 위탁한 물건을 양
　　　도할 것을 의뢰하는 신탁행위를 말한다.

　㉢ 토마스신용장(**Tomas L/C**) ❶
　　일반 신용장과 다름이 없으나 수출상이 선적 후 Nego에 들어갈 때에는 수입상 앞으로 '언
　　제까지 Counter L/C를 개설하겠다'는 내용의 보증서를 차입하도록 제한하고 있는 신용
　　장이다.

⑦ 그 외 신용장

　㉠ **회전신용장**(Revolving L/C) ❶
　　일정한 기간 동안 일정한 금액이 자동적으로 갱신되어 사용할 수 있는 신용장을 말한다. ❶

　㉡ **보증신용장**(Stand‑by L/C) ❶
　　수출입거래에 수반되는 상품대금 결제를 목적으로 하는 화환신용장과는 달리 금융 또는 채
　　무보증 등을 목적으로 발행되는 특수한 형태의 무화환신용장(clean L/C)을 말한다.

　㉢ 선대신용장(Advance Payment L/C)
　　수출편의를 위하여 신용장 개설과 동시에 **수출상**으로 하여금 일정액의 금액을 미리 지급받
　　을 수 있도록 하는 방식의 신용장이며 Red Clause L/C라고도 한다. ❶

ㄹ **내국신용장**(Local L/C)

- 내국신용장은 국내거래에서 사용되는 신용장이다. **1**
- 내국신용장은 수출신용장을 가진 수출업자가 국내에서 수출용 원자재나 완제품을 조달하고자 할 때 사용하는 증서를 말한다. **1**

> 관련규정 → **구매확인서**는 외화획득용 원료 · 기재를 구매하려는 경우 또는 구매한 경우 외국환은행의 장 또는 전자문서기반사업자가 내국신용장에 준하여 발급하는 증서를 말한다. **1**

> 관련규정 → **수입화물선취보증서**(L/G, Letter of Guarantee)
> - 선하증권보다 수입화물이 목적항에 먼저 도착하여 화물 인수 지연에 따른 통관이 지연되어 화물 변질, 보관료 증가, 판매기회 상실 등의 부담이 발생할 우려가 있을 때, 이러한 불편을 해소하기 위해 수하인이 사용할 수 있는 서류이다. **2**
> - 근거리 무역의 경우 수입화물은 먼저 도착되었으나 운송서류가 아직 도착하지 않아 수입업자가 화물의 인수가 불가능할 때 수입상과 신용장 개설은행이 연대 보증한 서류를 선박회사에 제출하여 수입화물을 인도받을 수 있도록 하는 서류이다.
> - L/G에는 선하증권이 도착하면 이를 지체 없이 선박회사에 제출할 것을 명시하고 L/G에 의해 인도된 화물에서 발생되는 모든 손해는 화주 및 보증은행이 책임진다.
> - L/G가 발급되면 차후에 도착한 운송서류가 하자서류여도 신용장 개설은행은 지급 또는 인수를 거절할 수 없다.

> 관련규정 → **수입화물대도**(T/R, Trust Receipt) **1**
> - 선적서류의 소유권은 담보물로서 그것을 보유하고 있는 은행에 있다는 것을 인정하고 그 선적서류를 대도받기 위하여 은행소정의 수입화물대도(T/R)신청서에 필요사항을 기재하고 은행에 제출한다.
> - 은행은 수입화물대도와 상환으로 선적서류를 수입자에게 대도한다. 즉, 수입화물대도는 은행은 담보권을 확보한 채로 수입자에게 담보물을 대도하고 수입자는 화물매각대금으로 대금결제 또는 차입금을 상환하는 신탁계약(Trust Contract)이다.

## (5) 신용장통일규칙상 규정(UCP 600)

### ① 기간 및 일자 관련 해석

ㄱ The words "to", "until", "till", "from" and "between" when used to determine a period of shipment include the date or dates mentioned, and the words "before" and "after" exclude the date mentioned. **1**

[해석] 선적일자와 관련하여 사용되는 용어에 있어 'to', 'until', 'till', 'from', 'between'은 당해 일자를 포함하고, 'before', 'after'는 언급된 당해 일자를 제외한다. **3**

> **예시** **활용예시**
> - 'Shipment : Until May 10, 2019.'는 선적을 2019년 5월 10일까지 완료해야 한다. **1**
> - 'Shipment : Before May 10, 2019.'는 선적을 2019년 5월 9일까지 완료해야 한다. **1**

ⓒ The words "from" and "after" when used to determine a maturity date **exclude** the date mentioned.

[해석] 만기일 결정을 위해 사용된 'from'과 'after'는 언급된 해당일자를 제외한다.

ⓒ 'first half '는 그 해당 개월의 1일부터 15일까지, 'second half'는 그 월의 16일부터 말일까지로 해석한다.

ⓔ 'on or about'은 사건이 명시된 일자 이전의 5일부터 그 이후 5일까지의 기간 동안 발생한 약정으로 초일과 말일을 포함한다.

참조

'Shipment shall be made on or about May 10, 2019.'인 경우 on or about 용어가 지정일자와 함께 표시된 경우에는 지정일자 이전 5일과 이후 5일을 더하여 총 11일간을 선적기한으로 본다. 따라서 선적은 2019년 5월 5일~5월 15일까지 이행해야 한다.

예시 매매계약서상 'Shipment should be effected on or about June 10, 2020.' 기재 시 신용장통일규칙상 송하인의 선적이행기간은 2020.6.5.~2020.6.10.이다.

② 연지급신용장의 할인허용

환어음과 환어음이 발행되지 않는 연지급신용장에 따라 수익자가 제시한 서류를 지정받은 은행이 할인해 신용장 대금을 지급할 수 있다는 규정을 신설하여 연지급신용장도 할인을 허용한다.

③ 서류심사기준

- 지정은행, 필요한 경우의 확인은행 및 발행은행은 서류가 문면상 일치하는 제시를 나타내는지를 결정하기 위해서는 서류만으로 심사하여야 한다.
- 신용상상 서류심사기간은 서류의 제시일로부터 최대 5영업일이다.

④ 복합운송서류

- 복합운송서류는 물품이 환적될 것이라고 표시될 수 있으나 전 운송은 동일한 운송서류에 의하여 커버되어야 한다.
- 신용장이 환적을 금지하고 있는 경우에도 환적이 행해질 것이라거나 또는 행해질 수 있다고 표시하고 있는 운송서류는 수리될 수 있다.

⑤ 선하증권의 수리요건

- 운송의 제조건을 포함하고 있는 선하증권이거나 또는 운송의 제조건을 포함하는 다른 자료를 참조하고 있는 약식선하증권이어야 한다.

- 운송인의 명칭이 표시되어 있고, 지정된 운송인뿐만 아니라 선장 또는 그 지정대리인이 발행하고 서명 또는 확인된 것이어야 한다. **2**
- 대리인의 서명은 그가 운송인을 위하여 또는 대리하여 또는 선장을 위하여 또는 대리하여 서명한 것인지를 표시하여야 한다. **1**
- 물품이 신용장에서 명기된 선적항에서 지정된 선박에 본선적재되었다는 것을 인쇄된 문언이나 본선적재필 부기로 명시한 것이어야 한다. **1**
- 본선적재표시에 의하여 물품이 신용장에 명기된 선적항에서 지정선박에 본선적재되었음을 표시하고 있어야 한다. **1**
- 운송조건을 포함하거나 또는 운송조건을 포함하는 다른 자료를 참조하고 있는 것이어야 한다. **1**
- 용선계약에 따른다는 어떠한 표시도 포함하고 있지 않아야 한다. **3**
- 단일의 선하증권 원본 또는 2통 이상의 원본으로 발행된 경우에는, 선하증권상에 표시된 대로 전통인 것이어야 한다. **1**
- 신용장이 환적을 금지하고 있는 경우에도 물품이 선하증권에 의하여 입증된 대로 컨테이너, 트레일러 또는 라쉬선에 적재된 경우에는 환적이 행해질 수 있다고 표시하고 있는 선하증권은 수리될 수 있다. **1**

⑥ 항공운송서류의 수리요건

- 항공화물운송장은 송하인이 원본 3통을 작성하여 제1의 원본에는 '운송인용'이라고 기재하고 송하인이 서명한다. **2**
- 항공화물운송장은 복수로 발행되며, 제1원본은 운송인용으로 송하인이 서명한다. **1**
- 화물에 관한 내용이 운송서류에 잘못 기입된 경우, 이는 송하인의 책임이다. **1**
- 수하인용 원본에는 송하인 및 운송인이 서명하고 이 원본을 화물과 함께 송부한다. **1**
- 송하인의 요구가 있을 경우 운송인은 송하인을 대신하여 항공운송서류를 작성할 수 있다. **1**
- 운송인의 명칭(상호)을 표시하고 운송인, 또는 운송인을 대리하는 지정대리인 또는 그들을 대리하는 지정대리인에 의하여 서명되어 있어야 한다. **3**
- 항공운송서류에는 서류의 발행일이 표시되어 있어야 한다. **3**
  ※ 항공운송서류 수리요건상 항공화물운송장(AWB)의 명칭은 표시되지 않아도 된다. **1**
- 물품이 운송을 위하여 수취(수령)되었음을 표시하고 있어야 한다. **2**
- 신용장에 기재된 출발공항과 목적공항(도착공항)을 표시하고 있어야 한다. **3**
- 신용장이 원본의 전통(full set)을 명시하고 있는 경우에도, 탁송인 또는 송화인용 원본으로 구성되어야 한다. **3**
- 운송의 제조건을 포함하고 있거나 또는 운송의 제조건을 포함하는 다른 자료를 참조하고 있는 서류이어야 한다. **1**
- 항공운송서류가 분실되거나 잘못 작성된 경우 기재 책임이 있는 당사자가 불이익을 받을 뿐 항공운송계약이 취소되지는 않는다. **1**

⑦ 운송서류상의 '무고장' 표시의 비의무

　－무고장 운송서류란 물품 또는 포장의 하자상태(Defective Conditions)를 명시적으로 선언하는 조항 또는 부기가 없는 운송서류이다.

　－신용장거래에서 은행은 무고장 운송서류만을 수리하며, "무고장(clean)"이라는 단어가 운송서류에 명확하게 **표기될 필요는 없다.** **1**

⑧ 보험서류

　－신용장에서 명시하고 있는 부보비율은 최소 부보금액으로 간주한다.

　－신용장에서, '전 위험(All Risks)' 부보를 요구하면 보험서류에 다른 위험이 제외된다는 문구가 있다 하여도 '전 위험'라는 것이 명시되어 있으면 수리되어야 한다.

　－신용장에 특별히 부보 금액에 대한 명시가 없을 경우 적어도 물품의 CIF, CIP 가격이 서류로부터 결정할 수 없는 경우에는 보험담보금액은 지급이행 또는 매입이 요청되는 금액 또는 송장에 표시된 물품 종가액 중에서 보다 큰 금액을 가초로 하여 산정한다.

　**심화** 　신용장 해석예시

> DOCUMENTS REQUIRED :
> －Full set of clean **on board** ocean bill of lading made out to the **order of** KOREA EXCHANGE BANK, marked **"Freight Prepaid"** and **"Notify Accountee"**
> －Insurance policy or certificate in **duplicate**, endorsed in blank for 110 % of the invoice value, expressly stipulating that claims are payable in Korea and it must include the Institute Cargo Clause(A/R)

　－무사고선적해양선하증권 전통을 요구하고 있다. **1**
　－선하증권은 한국외환은행 지시식이어야 한다. **1**
　－본선적재 후 발행되는 선적선하증권을 의미한다. **1**
　－해상운임은 선불조건(CFR, CIF 등)이며 착화통지처는 **신용장 개설의뢰인**이다. **1**
　－보험증권 또는 보험증명서 2부를 제시하여야 한다. **1**
　－보험사고 시 손해에 대한 입증책임은 보험자에게 있다. **1**

⑨ 신용장상 과부족

　－신용장에 명기된 신용장의 금액, 수량 또는 단가와 관련하여 사용된 about, approximately라는 단어는 이에 언급된 금액, 수량 또는 단가의 10%를 초과하지 아니하는 과부족을 허용하는 것으로 해석된다. **1**

　－신용장상에 과부족금지 문언이 없는 한 환어음의 발행금액이 신용장금액을 초과하지 않는 범위 내 에서 5%까지의 과부족은 용인된다. **1**

　－분할선적이 허용되지 않는 경우도 신용장금액의 5%를 초과하지 않는 부족은 허용된다.

은행이 전자기록 재제시를 요구하는 경우, 동일한 전자기록이 30일 이내에 재제시되지 아니한 경우, 은행은 전자기록이 제시되지 아니한 것으로 취급한다. **1**

## 04 상사중재

심화 클레임과 마켓클레임

－무역거래에서 클레임이란 당사자 간의 거래계약에 따라 이행하면서 그 계약의 일부 또는 전부의 불이행으로 발생되는 손해를 상대방에게 청구할 수 있는 권리를 말한다.

－마켓클레임이란 무역계약의 성립 후 수입지 상품의 시황이 좋지 않아 매도인의 사소한 실수나 하자를 이유로 매수인으로부터 받게 되는 클레임이다. 예를 들면, 처음부터 그럴 의도는 아니었으나 시황이 나빠져서 품질불량이나 그럴듯한 이유를 들어 트집을 잡는 경우, 계약이행 중 시가가 하락하여 큰 손해를 보게 되었을 때 결제대금의 감액 요구 등을 하는 경우가 있다. **1**

### (1) 클레임 해결방안

당사자에 의한 무역클레임 해결방법에는 클레임포기, 화해 등이 있고, 제3자에 의한 해결방법으로는 알선, 조정, 중재, 소송 등이 있다. **1**

① 당사자 간의 해결

무역클레임은 당사자 간에 우호적으로 해결하는 것이 바람직하다.

㉠ 청구권의 포기(Waiver of Claim) **1** : 피해자가 상대방에게 청구권을 행사하지 않는 경우로서 상대방이 사전 또는 즉각적으로 손해배상 제의를 통해 해결될 경우를 말한다.

㉡ 화해(Amicable Settlement) **1** : 당사자가 협의를 통해 상호 타협점을 찾아 화해계약을 체결하는 것이다.

② 제3자에 의한 해결

무역 분쟁의 해결에 이용되는 ADR(Alternative Dispute Resolution)에는 알선, 조정, 중재가 있다. **1**

㉠ 알선(Recommendation, Intercession) : 제3자가 개입하여 해결하는 방법으로 법적 구속력은 없다. **1**

㉡ 조정(Conciliation, Mediation) **1**

－분쟁의 자치적 해결방법 중의 하나로 중재절차에 의한 판정을 거치지 않고, 당사자 합의 하에 제3자인 조정인을 개입시켜 분쟁을 해결하는 방식이다. **1**

- 중재판정과 동일한 효력이 있으나 실패하면 30일 내에 조정절차는 폐기되며, 중재규칙에 의한 중재인을 선정, 중재절차가 진행된다.

ⓒ **중재(Arbitration)** → 중재제도에서 학습
ⓓ **소송(Litigation)** → 중재제도에서 학습

> **심화** 🔍 **국제매매계약조건 중 중재조항 예시**
>
> All disputes related to this contract shall be finally settled by arbitration in the country of the respondent. In case the respondent is a Korean enterprise, the arbitration shall be held at the Korean Commercial Arbitration Board. In case the respondent is a Japanese enterprise, the arbitration shall be held at the Japan Commercial Arbitration Association(피신청인이 일본기업일 경우 중재를 일본상사중재협회에서 진행한다).

> **심화** 🔍 **New York Convention(1958)상 주요 용어**
>
> 1. The term "**agreement in writing**" shall include an arbitral clause in a contract or an arbitrationagreement, signed by the parties or contained in an exchange of letters or telegrams. **1**
>    '서면에 의한 협정'에는 당사자들에 의해 서명된 또는 편지나 전보의 교환에 포함된 중재 조항이나 중재 조약이 포함되어야 한다.
> 2. The term "**arbitral awards**" shall include not only awards made by arbitrators appointed for each case but also those made by permanent arbitral bodies to which the parties have submitted. **1**
>    중재합의이라는 용어는 당사자 간의 사례별 중재 합의뿐만 아니라 당사자 쌍방에게 효력을 갖는 법원(영구조정단체)의 확정판결도 포함된다.

## (2) 중재제도

### ① 중재

- 양 당사자 간 제3자를 중재인으로 하고 중재인이 최종 결정을 내리면 당사자는 이에 절대복종하며, 결정의 구속을 받는 최종적인 분쟁해결방안으로 중재 판정은 법원의 확정판결과 동일한 효력을 가진다. **2**
- 중재는 심문절차나 그 판정문에 대해 비공개 원칙을 견지하고 있어서 기업의 영업상 비밀이 누설되지 않는다. **2**
- '외국중재판정의 승인과 집행에 관한 UN 협약(뉴욕협약, 1958)'에 가입된 회원국가 간에 내려진 중재판정은 상대국에 그 효력을 미칠 수 있다. **3**
- 중재는 단심제이고 한 번 내려진 중재판정은 중재 절차에 하자가 없는 한 확정력을 갖는다. **2**

참조 🔖 중재인 및 제반절차

1. 중재인
 - 중재인은 해당분야 전문가인 민간인으로서 중재인 풀에서 합의에 의해 지정된다. **1**
 - 중재인의 수는 당사자 간의 합의로 정하되, 합의가 없으면 3명으로 한다. **1**
 - 당사자 간에 다른 합의가 없으면 중재인은 국적에 관계없이 선정될 수 있다. **1**
 - 중재인은 자기가 내린 판결을 철회하거나 변경할 수 없다. **1**

2. 제반절차
 - 당사자 간에 다른 합의가 없는 경우 중재절차는 피신청인이 중재요청서를 받은 날부터 시작된다. **1**
 - 중재절차의 진행 중에 당사자들이 화해한 경우 중재판정부는 그 절차를 종료한다. **1**

② 중재합의

 - 조정은 당사자 일방의 요청도 가능하나, 중재는 당사자 간 중재합의가 필수적이다.
 - 중재합의는 분쟁발생 전후를 기준으로 사전합의방식과 사후합의방식이 있다. **1**
 - 분쟁발생 전에 계약서에 중재조항(Arbitration clause)을 삽입하는 방식과 분쟁이 발생한 후에 당사자 간에 분쟁의 해결을 중재에 부탁한다고 합의하여 부탁계약(Submission to Arbitration)을 서면으로 작성한 후 체결하는 방식이 있다. **1**
 - 중재합의는 당사자들의 주장·증거에 입각하여 최종결정을 내리는 분쟁해결 방법이므로 법원에의 소가 금지된다.

③ 소송과 중재의 비교 **1**

| 구분 | 소송 | 중재 |
|---|---|---|
| 비용 | 비교적 비싸다 | 비교적 저렴하다(합리적) |
| 심리과정 | 공개주의 원칙 **1** | 비공개주의 원칙 **2** |
| 외국에서의 집행 | 어려움 | 가능 |
| 심급 | 통상 3심제 | 단심제 |

# CHAPTER

## 03 해상운송

### 01 개요

### (1) 개요

#### ① 해상물동량 증가세 둔화

최근 세계적으로 GDP 대비 컨테이너 해상물동량 증가세가 둔화되고 있는데 이에 대한 원인은 서비스 중심으로 산업구조 변화, 보호무역주의의 심화, 컨테이너화(containerization)의 둔화, 3D 프린팅 기술의 도입이 있다. **1**

#### ② 해상운송 장단점

##### ㉠ 장점

- 중량에 제한을 많이 받지 않는다. **1**
- 항공운송에 비해 운임이 저렴하다. **1**
- 화물의 용적 및 중량에 대한 제한이 적다. **1**
- 대량화물의 장거리(원거리) 운송에 적합하다. **3**
- 타 운송수단에 비하여 단위거리당 운송비가 저렴하다. **1**
- 수출지원 산업으로 국제무역을 촉진시키는 특성을 가진다. **1**
- 해상운송은 대량수송에 적합하며 대체로 원거리수송에 이용된다. **1**

##### ㉡ 단점

- 타 운송수단에 비해 운송속도가 느리다. **1**
- 서비스 제공과정에서 화주의 참여기회가 적다. **1**
- 운송의 완결성이 낮다. **1**
- 적재되지 않은 컨테이너선의 미사용 선복이나, 용선되지 못하고 계선 중인 부정기선의 선복은 항만당국으로부터 보상받을 수 없다. **1**

### ③ 해상운송 특징

- 해상운송은 떠다니는 영토로 불릴 만큼 높은 국제성을 지니므로 제2편의치적과 같은 전략적 지원이 강조된다.
- 장거리, 대량운송에 따른 낮은 운임부담력으로 인해 국제물류의 중심 역할을 담당한다.
- 직간접적인 관련 산업 발전 및 지역경제 활성화와 국제수지 개선에도 기여한다.
- 선박대형화에 따라 기존 운하경로의 제약이 있지만 북극항로와 같은 새로운 대체경로의 개발도 활발하다.

## (2) 편의치적(FOC, Flag of Convenience)

> **참조**
>
> 전통적인 선박의 국적 취득 요건은 자국민 소유, 자국 건조, 자국민 승선이다.

### ① 개념

- 선주가 속한 국가의 엄격한 요구조건과 의무부과를 피하기 위하여 자국이 아닌 파나마, 온두라스 등과 같은 국가의 선박 국적을 취하는 제도이다.
- 외항선박은 국적을 취득해야 하는데, 편의치적은 선주가 소유한 선박을 자국이 아닌 외국에 등록하는 제도이다.
- 편의치적(FOC)은 선주가 선박 운항에 관한 자국의 엄격한 규제, 세금 등을 회피할 목적으로 파나마, 리베리아, 온두라스, 오만 등과 같은 조세도피지 국가에 선적을 두는 것을 말한다.

> **예시**
>
> - 그리스 국적의 선주가 실질적으로 소유하고 있는 선박을 파나마에 등록하면 이 선박은 편의치적선에 해당된다.
> - 편의치적국들은 선박의 운항 및 안전기준 등의 <mark>규제가 결여</mark>되어 있어 기준미달의 선박의 증가를 가져올 수 있다.

### ② 제2선적제도

- 전통적 해운국들은 편의치적의 확산을 방지하기 위해 제2선적제도를 고안하여 도입하였다.
- 제2선적제도는 나라의 특정 지역을 정하여 그 지역에 등록한 외항 선박에 대하여는 그 나라 국적선과는 달리 편의치적선에 준하는 선박 관련 세제 및 선원고용상의 특례를 부여하는 제도를 말한다(우리나라의 경우 제주도를 선박등록특구로 지정).

③ 편의치적의 장점
- 선주는 고임의 자국선원을 승선시키지 않아도 되므로 편의치적을 선호한다. [1]
- 선박의 등록세, 톤세 등 세제에 대한 이점이 있기에 선주가 편의치적을 선호하는 경우도 있다. [1]
- 편의치적은 해운기업의 비용절감에 기여했다. [1]
- 편의치적제도를 활용하는 선사는 자국의 엄격한 선박운항기준과 안전기준에서 벗어날 수 있다. [1]
- 편의치적제도는 세제상의 혜택과 금융조달의 용이성으로 인해 세계적으로 확대되었다. [1]
- 정부의 간섭이나 통제를 회피할 수 있다.
- 재무상태, 거래내역의 보고의무가 없고 기항지의 제약도 받지 않는다.
- 금융기관이 선박에 대한 유치권 행사를 쉽게 할 수 있으므로 선박의 건조 또는 국제금융시장에서 쉽게 자금이 조달가능하다.

## 02 선박의 종류 및 제원

### (1) 선박의 종류

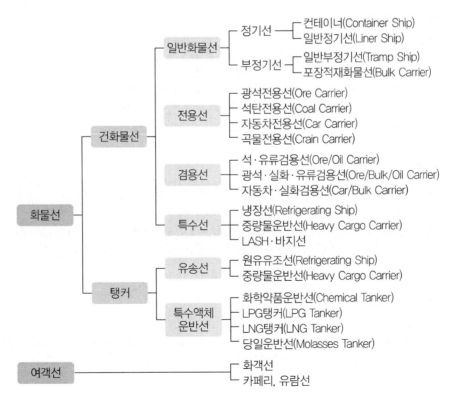

CHAPTER 03 해상운송 **239**

심화 기타 선박

1. 전용선(Specialized Vessel)
   특정화물의 적재 및 운송에 적합한 구조와 설비를 갖춘 선박이다. [1]

2. 겸용선(Combination Carrier)
   수송 생산성을 최대한으로 높이기 위해 건화물과 액체화물 모두를 운송할 수 있도록 개발된 선박을
   말한다. [1]

3. 래쉬선(LASH, Light Aboard Ship)
   ─화물이 적재된 부선을 본선에 적입 및 운송하는 특수선박이다. [1]
   ─컨테이너선의 변형으로 컨테이너 대신 규격화된 전용선박을 운송단위로 사용하며 부선에 화물을
   적재한 채로 본선에 적입 또는 운송하는 선박이다.

4. 바지운반선(Barge Carrying Ship)
   ─항만 내부나 하구 등 비교적 짧은 거리에서 화물을 수송하는 동력 장치가 없는 부선이다.
   ─바지운반선은 항구에서의 정박기간을 최소화하고 선박의 가동률을 높이기 위해 고안된 선박이다.
   ─바지는 본선이 입항 불가능한 항내 접안이 가능하므로 내수로를 이용하여 최종목적지까지 계속
   예인하거나 내항으로 예인하여 한적한 곳에서 화물을 인출하여 수하인에게 인도하는 역할을 한다.

5. 유송선(Tanker)
   원유, 액화가스, 화공약품 등 액상 화물의 운송에 적합한 선박이다. [1]

6. WIG선
   지면효과인 Wing in Ground effecct선의 약자로, 즉 지면 효과를 이용한, 날개가 달린 배를 말한다.

---

관련규정 → **항만의 기능**

─수출입 화물의 일시적 보관, 하역을 통하여 해륙을 연결한다. [1]
─물류활동의 중심지로서 다양한 부가가치 서비스를 제공한다. [1]
─국가 및 지역의 경제성장과 고용창출에 기여한다. [1]
─신속한 하역과 내륙연결점에서 원활한 물류서비스를 제공한다. [1]
─한국의 수출입 물동량 중 항만을 이용한 물동량이 가장 큰 비중을 차지하며 특정 수출입항만의 편중도
가 높다. [1]

---

심화 항만 관련시설

─수역시설 : 내항항로, 묘박지, 선회장
─외곽 : 방파제, 방사제, 도류제, 제방, 호안, 수문 및 갑문 등
─계류 : 잔교(Pier), 안벽(Quay), 둑(Jetty), 돌핀(Dolphin), 비트(Bitt) 물양장, 부잔교 등 시설 [1]
─임항철도 : 선박과 철도에 의한 연계수송을 위해 간선철로에서 항만까지 연결된 철도인입선

---

관련규정 → **부두, 안벽, 잔교, 비트, 선회장**

1. 부두(Wharf)
   선박이 접안하여 화물을 적재 · 양화하고 여객이 승강하는 장소. 좁은 뜻으로는 해안에 고정적으로 설
   치된 선박 정박시설(pier)을 가리키기도 한다.

2. 안벽(Quay)
   – 선박이 접안하기 위한 계선시설이다. [1]
   – 안벽은 해안 및 하안에 평행하게 축조된 석조제로서 선박 접안을 위하여 수직으로 만들어진 옹벽이다. [2]
   – 방현재(Fender) : 배의 뱃전에 장치한 완충물. 선박을 부두에 묶어둘 때 또는 다른 배의 옆에 댈 경우에, 접촉에 의한 충격을 완화시켜 서로의 손상을 방지하기 위해 사용한다.
   – 계선주(Bollard) : 배를 계선안에 매어 두기 위해 계선안 위에 설치한 기둥이다.
   – 캡스탄(Capstan) : 선박의 입ㆍ출항 시 선박의 계선줄을 기계로 감아올리는 장치이다.

3. 잔교(Pier)
   잔교는 해안선과 직각의 형태로 돌출된 교량형 간이구조물로서 선박의 접안과 화물의 적양하 작업, 선원 및 여객의 승하선에 이용되며 목재, 철재, 석재로 된 기둥을 해저에 박은 뒤 기둥의 윗부분을 콘크리트로 굳힌 후 이 위에 교량형 구조물을 설치하여 육지와 연결한 형태이다. [1]

4. 비트(Bitt)
   항만의 계류시설 중 선박을 계선밧줄로 고정 하기 위하여 안벽에 설치된 석재 또는 강철재의 짧은 기둥이다. [1]

5. 선회장(Turning Basin)
   선박이 방향을 전환할 수 있는 장소로서 대게 자선의 경우 대상선박 길이의 3배를 직경으로 하는 원이며, 예선이 있을 경우에는 대상선박 길이의 2배를 직경으로 하는 원으로 한다. [1]

 심화

항로(Access Channel)는 바람과 파랑의 방향에 대해 30°~60°의 각도를 갖는 것이 좋다. [1]

## (2) 선박의 구성

### ① 앵커(닻, Anchor)

Anchor는 선박의 정박을 위한 닻을 말한다.

참조 박지(Anchorage)

– 접안을 앞둔 선박이 일시적으로 닻을 내리고 대기하는 수역으로 수면이 잔잔하고 닻을 내리기 좋은 지반이어야 하며, 사용목적에 따라 차이가 있다. [1]
– 선박이 닻을 내리고 접안하기 위해 대기하는 수역을 말한다. 선박이 안전하게 정박하기 위해서는 충분한 수면, 필요한 수심, 닻이 걸리기 쉬운 지질, 계선을 위한 부표설비 등이 갖추어져야 한다. [1]

### ② 발라스트(Ballast)

– 발라스트(ballast)는 공선항해 시 감항성을 유지하기 위해 선박에 싣는 해수 등의 짐을 말한다. [2]
– 선박에서 적당한 복원성을 유지하고 흘수와 트림(trim, 배의 앞뒤 경사)을 조절하기 위해 배의 하부에 싣는 중량물이다.

③ Bilges

각 칸막이 방마다에 만들어진 폐수, 기름 등의 폐기물로서 펌프로 이를 퍼낼 수 있도록 되어 있다.

④ 데릭[Derricks(Cranes)]

- 선박에 설치된 기중기를 말한다. **1**
- 일반화물선의 적하 및 양하용 장비이다.

⑤ 창구(Hatch Way)

Hatch Way는 선창 내에 화물을 적재하거나 양하하기 위한 통로로 사용된다. **1**

⑥ 더니지(Dunnage)

더니지(dunnage)는 나무 조각, 고무주머니 등으로 화물사이에 끼워 화물 손상을 방지하기 위한 재료이다. **1**

⑦ 격벽(Bulk Head)

선박의 수직 칸막이로서 선박의 한 부분에 손상이 발생하여 침수될 경우 다른 부분의 침수를 방지하는 역할을 한다. **1**

⑧ 이중저(Double Bottom)

선저의 이중구조를 말하는 것으로 좌초 시의 안전을 위한 장치이다. **1**

⑨ 축로(Shaft Tunnel)

엔진과 프로펠러를 연결하는 프로펠러축을 보호하기 위해 만든 터널이다. **1**

⑩ 선교

선박의 갑판 위에 설치된 구조물로 선장이 지휘하는 장소를 말한다. **1**

⑪ 선미방향에서 선수방향을 바라보면서 왼쪽을 Port Side라 하고, 오른쪽을 Starboard Side라고 한다. **1**

심화  선체의 주요치수

1. **선체(hull)**
   선박의 주요 부분 및 상부에 있는 구조물을 총칭하며, 인체의 등뼈인 용골과 갈비뼈인 늑골, 선창내부를 수직으로 분리해주는 격벽 등으로 이루어진다. **1**

2. **전장(LOA, Length Over All)**
   −선체에 고정적으로 붙어있는 모든 돌출물을 포함한 선수재의 맨 앞에서부터 선박의 맨 끝까지의 길이를 말한다. **1**
   −선체에 고정적으로 붙어 있는 모든 돌출물을 포함한 뱃머리 끝에서부터 배꼬리 끝까지의 수평거리를 말한다. **1**

3. **수선간장(LBP, Length Between Perpendiculars)**
   화물을 만재했을 때 선박과 수면이 접촉한 직선길이를 의미하며 전장보다 짧고 선박의 길이는 일반적으로 수선간장을 사용한다.

4. **전폭(Extreme Breadth)**
   −선체의 가장 넓은 부분에서, 선체 한쪽 외판의 가장 바깥쪽 면으로부터 반대쪽 외판의 가장 바깥쪽까지의 수평거리를 의미한다.
   −선체의 제일 넓은 부분에서 측정하여 외판의 한쪽 외면에서 반대면 외면까지의 수평거리로서 도킹 시에 이용되는 폭이다. **1**

5. **형폭(Breadth Moulded)**
   선체의 가장 넓은 부분에서, 선체 한쪽 외판의 내면으로부터 반대쪽 외판의 내면까지의 수평거리이다.

6. **선심**
   선체중앙에 있어 상갑판 가로들보 상단에서 용골의 상단까지의 수직거리로서 선박의 깊이를 나타낼 때 사용된다.

7. **건현(Freeboard)**
   −건현은 수중에 잠기지 않는 수면 위의 선체 높이를 의미한다. **1**
   −배의 중앙에서 측정한 만재흘수선에서 상갑판 위까지의 수직거리이다.
   −배의 중앙부 현측에서 갑판 윗면으로부터 만재흘수선 마크 윗단까지의 수직거리이다. **1**
   −선측 부분 중 수중에 잠기지 않고 노출된 부분으로 배의 깊이에서 흘수 부분을 뺀 길이이다.
   −배가 안전한 항해를 하기 위해서는 어느 정도의 예비부력(Reserved buoyancy)을 가져야 한다. 이 예비 부력은 선체의 옆 부분을 수직으로 측정할 때 물속에 들어가지 않는 부분의 높이로서 결정되는데, 이를 건현이라 한다. **1**

심화  선박관련 기타 용어

1. 텀블홈(tumble home) : 외현 상부의 모양이 상갑판 부근에서 안쪽으로 굽어진 정도 **1**
2. 현호(sheer) : 길이방향으로 볼 때 갑판이 선수부에서 상승한 정도 **1**
3. 플레어(flare) : 외현 상부의 모양이 상갑판 부근에서 바깥쪽으로 굽어진 정도 **1**
4. 캠버(camber) : 횡방향 단면에서 볼 때 갑판 중심부가 중심부에서 상승한 정도 **1**
5. 선저경사(rise of floor) : 횡방향 단면에서 볼 때 선저판이 외현에서 상승한 정도 **1**

## (3) 선박의 흘수(Load Draft)

### ① 개념

- 흘수(draft)는 선박이 수중에 잠기는 깊이를 말한다. **1**
- 흘수(Draft)는 선박의 물속에 잠긴 부분을 수직으로 잰 길이로 운하, 강 등에 대한 선박의 통행가능 여부와 항구 등에 대한 출입가능 여부 등을 결정하는 주요 기준이며 선박의 부력과 연관성이 있으므로 선박의 안전과 직결된다. **1**
- 최대만재흘수란 안전 항해를 위해 허용되는 최대의 적재량을 실은 상태에서 선체가 물속에 잠기는 깊이로서, 선측에 표시된 만재흘수선에서 선체 제일 밑부분까지의 수직길이를 말한다.

### ② 만재흘수선표(Load Line Mark)

#### ㉠ 만재흘수선

- 만재흘수선은 선박의 안전을 위하여 화물의 과적을 방지하고 선박의 감항성이 확보되도록 설정된 최대한도의 흘수이다. **1**
- 만재흘수선은 물의 비중 상태와 관계없이 항상 동일한 적재중량을 유지하기 위한 선이다.
- 만재흘수선 마크는 선박 중앙부의 양현 외측에 표시되어 있다. **1**
- 만재흘수선은 선박의 항행구역 및 시기에 따라 해수와 담수, 동절기와 하절기, 열대 및 북태평양, 북대서양 등으로 구분하여 선박의 우현 측에 표시된다. **1**
- 만재흘수선은 선박의 항행대역과 계절구간에 따라 적용범위가 다르다. **1**
- 국제항해에 취항하는 선박, 길이 24m 이상의 선박 및 여객선, 길이 12m 이상 24m 미만으로 여객 13인 이상을 운송할 수 있는 여객선 등은 의무적으로 만재흘수선을 표시해야 한다.

#### ㉡ 만재흘수선 마크

- 마크는 영구적인 방법으로 부착해야 하며, 밝은 바탕에는 검은색, 어두운 바탕에는 흰색이나 노란색으로 페인트칠한다.
- 모든 선의 두께는 25mm이고, 원모양 양측에 표시된 LR 혹은 AB(ABS) 등은 건현을 지정한 기관의 약자이다.

> **심화** 🔷 만재흘수선 마크
>
> - 마크는 TF, F, T, S, W, WNA 등이 있다. **1**
> - TF : The Tropical Fresh Water Load Line **1**
> - F : Fresh Water Load Line
> - T : The Tropical Load Line **1**
> - S : The Summer Load Line **1**
> - W : The Winter Load Line **1**
> - WNA : The Winter North Atlantic Load Line **1**

## (4) 선박의 톤수

선박의 톤수(Tonnage)는 선박의 크기를 나타내고 선박 운항을 통하여 얻을 수 있는 소득능력을 산정하는 기준이다.

### ① 용적톤수(Space Tonnage)

용적톤수는 선박이 화물을 적재할 수 있는 공간이 얼마인가를 나타내는 용적에 의한 적재능력을 나타낸다.

ㄱ 총톤수(G/T, Gross tonnage)
- 선박의 크기를 나타낼 때 가장 일반적으로 사용하는 선박 톤수이다. **1**
- 선박내부의 총 용적량으로 상갑판 하부의 적량과 상갑판 상부의 밀폐된 장소의 적량을 모두 합한 것이다. **1**
- 총톤수는 선박의 밀폐된 내부 전체 용적을 말하며, 각국의 해운력과 선박의 크기 및 보유 선복량을 비교할 때 이용된다. **2**
- 선체의 총 용적에서 갑판상부에 있는 추진, 항해, 안전, 위생에 관련된 공간을 제외한 부분을 톤수로 환산한 수치를 말한다. **2**
- 갑판 아래의 적량과 갑판 위의 밀폐된 장소의 적량을 합한 것으로 선박의 안전과 위생에 사용되는 부분의 적량을 제외한 것을 의미한다. **1**
- 관세, 등록세, 소득세, 도선료, 각종 검사수수료 등 제세금과 수수료의 부과기준이 되며 상선이나 어선의 크기를 표시하는 데 사용된다. **5**

ㄴ 순톤수(N/T, Net tonnage)
- 순수하게 여객, 화물수송에 사용되는 공간의 용적을 말한다. **2**
- 선박 내부의 폐쇄된 공간 중 직접 상행위에 사용되는 장소의 용적을 의미한다. **1**
- 여객 및 화물의 적재 등 직접적인 상행위에 사용되는 용적이며, 총톤수에서 선박의 운항에 직접적으로 필요한 공간의 용적을 뺀 톤수이다. **1**
- 총톤수에서 선박의 운항에 직접 이용되는 기관실, 선원실, 해도실 등 적량을 공제한 톤수로 환산한 것이다. **1**
- 상행위와 관련된 용적이기 때문에 항만세, 톤세, 운하통과료, 등대사용료, 항만시설사용료 등의 세금과 수수료의 산출기준이 된다.

ㄷ 재화용적톤수(Measurement Tonnage) **1**
- 선박의 각 선창(hold)의 용적과 특수화물의 창고 용적 등 전체 선박의 용적을 나타내며 Long Ton(L/T)을 주로 이용한다. **1**
- 선박에 적재할 수 있는 화물의 최대용적을 표시하는 톤수로서 최근에는 이 톤수는 거의 사용되지 않고 있다. **1**

－화물선창 내의 화물을 적재할 수 있는 총 용적으로 선박의 화물적재능력을 용적으로 표시하는 톤수이다. **1**

참조 🔷 **적하계수(Stowage Factor)**

화물 1M/T(1,000kg)을 선창에 적재할 때 화물과 화물, 화물과 선체와의 틈 및 화물자체가 차지하는 전공간을 m³로 표시한 것이다.

② **중량톤수(Weight tonnage)**

중량톤수는 선박이 적재할 수 있는 중량단위로 표시한 선박의 크기를 말한다.

㉠ **배수톤수**(DT, Displacement Tonnage) **1**

－화물의 적재상태에 따라 배수량이 변하기 때문에 상선에서는 사용치 않으며, 화물 적재의 용도가 없고 세금과도 무관한 군함의 크기를 나타내는 용도로 주로 사용된다. **1**

－선체의 수면 아래에 있는 부분의 용적과 대등한 물의 중량을 나타내는 배수량을 말한다. **2**

㉡ 경하중량톤수(LWT, Light Weight Tonnage)

선박이 화물을 싣지 않았을 때의 배수량으로 경하배수량(Light Displacement)이라고도 하며 재화중량을 구하는 데 사용된다.

㉢ 재화중량톤수(DWT, Dead Weight Tonnage)

－선박의 항해에 필요한 연료유, 식수 등의 중량을 제외한 적재할 수 있는 화물의 최대 중량으로 용선료의 기준이 되는 선박 톤수이다. **2**

－공선상태로부터 만선이 될 때까지 실을 수 있는 화물, 여객, 연료, 식료, 음료수 등의 합계중량으로 상업상의 능력을 나타낸다. **1**

－만재 배수량과 경하 배수량의 차이, 즉 적재할 수 있는 화물의 중량(선박의 최대적재능력)을 의미하며 영업상 가장 중요시되는 톤수이다. **3**

－선박이 적재할 수 있는 화물의 최대중량을 나타내는 것이며, 선박의 매매나 용선료를 산출하는 기준이 된다. **2**

－재화중량에는 연료, 식량, 용수, 음료, 승선인원 및 그 소지품 등이 포함되어 있으므로, 실제 수송할 수 있는 화물톤수는 재화중량에서 이들의 중량을 차감한 것으로 주로 Long Ton(LT)을 사용한다.

㉣ 운하톤수

배가 운하를 통과할 때에 통행료를 셈하는 기준이 되는 톤수. 파나마 운하와 수에즈 운하에서 특별히 정한 적량 측도 규정에 따른다. **1**

심화 🔷 **톤(Ton)**

- 국제단위(SI System)로 측정된 무게 : 1,000k=Metric Ton
- 영국단위로 측정된 무게 : 2,240lb=1,016kg=Long Ton
- 미국단위로 측정된 무게 : 2,000lb=907kg=Short Ton
- 국제단위로 측정된 선박의 배수량 : Displacement Ton(1ton=1,000kg)

참조 🔷 **선급제도(Ship's Classification)**

- 선박의 감항성에 대한 객관적·전문적 판단을 위해서 생겼다. **2**
- 보험의 인수여부 및 보험료 결정을 위해 1760년 'Green Book'이라는 선박등록부를 만들면서 시작되었다. **1**
- 1968년 국제선급협회(IACS)가 창설되었으며 우리나라는 정회원으로 가입되어 있다. **1**
- 우리나라는 독자적인 선급제도의 필요성에 의해 한국선급협회를 창설하였다. **1**
- 선급을 계속 유지하기 위해서는 매년 일반검사를 받고 4년마다 정밀검사를 받아야 한다. **1**

심화 🔷 **항만국 통제(Port State Control)**

자국 항만에 기항하는 외국국적 선박에 대해 국제협약이 정한 기준에 따라 선박의 안전기준 등을 점검하는 행위이다. **1**

심화 🔷 **소형선박의 정의 1**

- 총톤수 20톤 미만인 기선 및 범선
- 총톤수 100톤 미만인 부선

## 03 정기선

[해설] 해상운송방식은 정기선운송, 부정기선운송, 전용선, 컨테이너선운송 등으로 구분할 수 있다. 이 중 전용선은 부정기선의 일종으로 볼 수 있으며 특정한 화물을 운송하기 위해 특수시설을 갖추고 있는 냉동선, 목재전용선, 유조선 등을 말한다.

컨테이너운송은 화물의 신속하고 안전한 환적이 가능하며, 하역의 기계화로 시간과 비용을 절감할 수 있고, 일관운송을 제공하여 복합운송을 실현하는데 적합한 운송방식이다. **3**

**[정기선운송과 부정기선운송 특징 요약]**

| 구분 | 정기선운송 | 부정기선운송 |
|---|---|---|
| 운송대상 **1** | 컨테이너화물 | 벌크화물 |
| 화물 유형 | • 완제품 및 반제품<br>• 고가품 | • 대량 벌크화물<br>• 저가품 |

| 구분 | 정기선운송 | 부정기선운송 |
|---|---|---|
| 이용화주 | 불특정다수 | 특정소수(대기업 및 종합상사) |
| 운송계약 및 체결증거 | • 개품운송계약 체결 **1**<br>• 선하증권(B/L) | • 용선계약 체결<br>• 용선계약서(Charter Party, C/P) |
| 항로 | 고정 | 탄력적 |
| 운송인 | • 대형조직<br>• 일반운송인 또는 공중운송인<br>• 공공 일반운송인 | • 소형조직<br>• 일반운송인 또는 개인운송인<br>• 사적 계약운송인 |
| 해운동맹 가입여부 | • 해운동맹 주도<br>• 자율적 경쟁제한 | 해운동맹 결성이 어려움 |
| 해상운임 | • 운임률표(Tariff) 보유<br>• 높은 운임 | • 운임률표 어려움<br>• 비교적 운임저렴 |
| 운임조건 | Berth Term | Fl, FO, FIO, |
| 운임결정 **1** | 공표운임(Tariff) | 수요공급에 의한 시장운임 |

## (1) 정기선(Liner)

### ① 개념

- 다수 화주로부터 다양한 화물을 집화하여 운송하는 방법이다. **1**
- 정기선 운송서비스를 제공하는 운송인은 불특정 다수의 화주를 상대로 운송서비스를 제공하는 공중운송인(Public Carrier)이다. **1**
- 정기선운송은 선박 자체도 부정기선에 비해 고가이며 화물도 완제품 내지 반제품인 2차 상품이 주를 이루어서 부정기선에 비해 운임이 높고 해운동맹(Shipping Conference)이 결성되어 있다.

### ② 정기선운송의 특징

- 운임은 운임률표(Tariff)에 따라 공시된 확정운임이 적용된다. **3**
- 개품운송계약을 체결하고 선하증권을 사용한다. **1**
- 특정한 항구 간을 운항계획에 따라 규칙적으로 반복 운항하여 선박의 운항 패턴이 규칙적이다. **3**
- 정기선운송은 화물의 집화 및 운송을 위해 막대한 시설과 투자가 필요하다. **1**
- 정기선운송의 경우 부정기선운송에 비해 해운시황에 따른 배선축소나 운항항로에서의 철수 등이 신축적으로 이루어지기 어렵다. **1**
- 국가 간 긴급사태발생 시 물자운송의 역할을 수행한다.

### ③ 정기선사들의 전략적 제휴

- 공동운항을 통해 선복을 공유한다. **1**
- 화주에게 안정된 수송서비스 제공이 가능하다. **1**
- 제휴선사 간 상호 이해관계를 조정하기 위해 협정을 맺고 있다. **1**
- 제휴선사 간 불필요한 경쟁을 회피하는 수단으로 활용되고 있다. **1**

> **참조** 최근 정기선 시장의 변화 **1**
>
> ① 항로안정화협정 또는 협의협정체결 증가
> ② 선사 간 전략적 제휴 증가
> ③ 선박의 대형화
> ④ 글로벌 공급망 확대에 따른 서비스 범위의 확대
> ⑤ 해운관련 기업에서 블록체인 등 디지털 기술의 도입

### ④ 정기선운송 화물의 종류

㉠ 일반화물

| | |
|---|---|
| 정량화물<br>(Clean Cargo) | 다른 화물과 혼적해도 다른 화물을 손상시키지 않는 화물<br>**예** 도자기, 면사, 양모, 백미, 차, 종이, 통조림류 |
| 조악화물<br>(Dirty Cargo) | 먼지나 악취를 발산하여 다른 화물을 손상시키는 화물<br>**예** 어분, 피혁, 비료, 흑연, 시멘트, 생선 등의 어획물 |
| 액체화물<br>(Liquid Cargo) | 입자나 분말상태, 액체상태로서 선창이나 탱크에 액체상태로 싣는 화물<br>**예** 유류, 주류, 약액류 |
| 살화물<br>(Bulk Cargo) | 포장하지 않고 노출된 채로 운송하는 화물<br>**예** 철광석. 석탄, 보크사이트, 인광석, 양곡 |
| 단위화물<br>(Container Cargo) | 포장용기 또는 컨테이너용기에 포장되어 있는 화물<br>**예** 단위화된 유류, 주류, 약액류 |

㉡ 특수화물

| 구분 | | 개념 | 종류 |
|---|---|---|---|
| 위험<br>화물 | 발화성 화물 | 가연성 가스를 발생시키거나 자연발화가 쉬운 화물 | 휘발유, 알코올, 황인 |
| | 폭발성 화물 | 폭발성을 가진 화물 | 화약, 탄약, 비크리산 |
| | 압축·액화가스 | 압축 또는 액화하여 통에 넣은 것으로 누출 시 발화, 폭발, 독성을 가진 화물 | 아세틸렌가스, 탄산가스, 일산화탄소 |
| | 유독성 화물 | 접촉하면 피부가 상하고 호흡하면 내장을 상하게 하는 화물 | 초산, 황산, 암모니아 |
| | 부식성 화물 | 화물 자체에 부식성이 있거나 다른 화물과 혼합 시 부식성을 띠는 화물 | 초산, 유산, 생석회 |
| | 방사성 화물 | 방사성이 있는 화물 | 우라늄광, 역청 |

| 구분 | 개념 | 종류 |
|---|---|---|
| 부패성 화물 | 부패 또는 변질하기 쉬운 화물 | 과일, 야채, 생선 |
| 냉장 · 냉동 화물 | 부패방지 및 신선도유지를 위하여 냉장 또는 냉동된 상태로 수송해야 하는 화물 | 청과, 생육, 치즈, 생선류 |
| 고가 화물 | 고가의 화물 | 귀금속, 금은괴, 미술품 |
| 동 · 식물 | 사망, 질병, 고사의 우려가 있는 화물 | 소, 개, 조류, 어류 |
| 중량 화물 | 1개의 중량이 특별히 큰 화물 | 기관차, 보일러 |
| 대용적, 장척 화물 | 용적이 특별히 크거나 긴 화물 | 대형기계, 건축자재 |

> **심화** 💠 **특수화물(special cargo)의 추가운임 부과**
>
> – 특수화물은 취급에 특별한 장비 및 주의를 요하므로 추가운임이 부과된다. **1**
> – 유황, 독극물, 화약, 인화성 액체, 방사성 물질 등과 같은 위험물은 특별취급을 요하므로 사전에 운송인에게 신고해야 하고 추가운임이 부과된다. **1**
> – 악취, 분진, 오염 등을 일으키는 원피, 아스팔트 우지, 석탄, 고철 등의 기피화물은 신고를 하여야 하며, 종류에 따라 추가운임이 부과된다. **1**
> – 보통의 적양기(winch, crane)로 적양할 수 없는 통상 3톤 이상의 중량화물과 철도레일, 전신주, 파이프 등의 장척화물의 경우 추가운임이 부과된다. **1**
> – 운송약관에 의하면, 생선, 야채 등의 변질되기 쉬운 특수화물은 미리 운송인에게 **신고하여야 한다.** **1**

## (2) 개품운송계약

– 불특정 다수의 화주로부터 개별적으로 운송요청을 받아 이들 화물을 혼재하여 운송하는 방식으로 주로 단위화된 화물을 운송할 때 사용되는 방식이다. **1**
– 개품운송계약에서는 운송인(선사)이 다수의 송하인과 운송계약을 체결하며, 선하증권이 운송계약의 증거가 된다. **1**
– 개품운송계약은 불특정 다수의 화주를 대상으로 하며 선박회사에서 일방적으로 결정한 정형화된 **약관을 화주가 포괄적으로 승인하는 부합계약 형태**를 취한다. **1**
– 많은 화물을 여러 하주로부터 받아 함께 선적하므로 정기선(Liner)에 의하는 경우가 많다.
– 개품운송계약은 선하증권에 의해 증빙되는 부합계약의 성질을 지닌다. **1**
– 개품운송계약은 운송인이 불특정 다수의 송하인으로부터 운송을 위해 화물을 인수하고 운송위탁자인 송하인이 이에 대한 반대급부로 운임을 지급할 것을 약속하는 계약을 의미하는 것으로, 운송인이 발급하는 **선하증권**이 물품의 권리를 나타내는 증거가 된다. **1**
– 수출상이 선적을 목적으로 운송인에게 물품을 인도하고, 미선적 시는 수취선하증권(Received B/L)이 발행되고 물품이 실제로 선박 적재 시에는 선적 선하증권(Shipped B/L)이 발행된다.

## (3) 컨테이너선 운송절차

① 화주가 선사 또는 운송주선인에게 선복 예약 및 선적요청서(S/R, Shipping Request) 제출

> **참조** Shipping Request
>
> - 화주가 선박회사에 제출하는 선적의뢰서로서 선적을 의뢰하는 화물을 선적할 수 있는 공간을 확보하기 위한 서류이다. **2**
> - 화주가 선사에 제출하는 운송의뢰서로서 운송화물의 명세가 기재되며 이것을 기초로 선적지시서, 선적계획, 선하증권 등을 발행한다. **1**

② 선사는 화주가 작성한 S/R을 근거로 Booking Note 작성 후 화주에게 교부

> **참조**
>
> Booking Note(선복예약서, 화물인수예약서)는 선박회사가 해상운송계약에 의한 운송을 인수하고 그 증거로서 선박회사가 발급하는 서류이다. **3**

③ 선사는 선적 예정화물을 선적지, 양하지 별로 구분하여 Booking List 작성

④ 트럭회사는 운송주선인/선박회사의 지시를 받아 터미널에서 공컨테이너를 반출하여 기기수도증(E/R, Equipment Receipt, 기기수령증)과 봉인(Seal)을 가지고 화주 공장으로 이송

> **참조** Equipment Interchange Receipt
>
> - 컨테이너 트랙터 기사가 공컨테이너를 화주에게 전달할 때 사용되는 서류이다. **1**
> - 육상운송회사가 선박회사로부터 기기류를 넘겨받는 것을 증명하는 서류이다. **1**

⑤ 공컨테이너에 화물적입 및 봉인 후 항만으로 트럭 이송

⑥ 화주는 세관에 수출신고 후 수출신고필증 발급

⑦ FCL화물이 CY에 반입되면 터미널은 선사에 D/R(Dock Receipt) 교부(LCL 화물은 CFS에 반입된 후 D/R 교부하여 CFS에서 화물 혼재하여 하나의 FCL 화물로 만든 후 CY에 인도)

⑧ 컨테이너를 본선적재 후 Stowage Plan(S/P) 작성

> **참조**
>
> 본선적부도(S/P)는 본선 내의 컨테이너 적재위치를 나타내는 도표이다. **1**

⑨ 선적 후 선사는 화주에게 B/L 발급

> **참조** FCL 컨테이너화물 선적절차
>
> 1. 공컨테이너 반입요청 및 반입
> 2. 공컨테이너에 화물적입 및 CLP(컨테이너 내부 적부도) 작성
> 3. Pick-up 요청과 내륙운송 및 CY 반입
> 4. D/R(부두수취증)과 CLP(컨테이너 내부 적부도) 제출
> 5. B/L(선화증권) 수령 및 수출대금 회수

참조 🔖 컨테이너를 이용한 선적절차(서류중심)

선적요청서(shipping request) → 선적예약서(booking list) → 기기수도증(equipment receipt) → 봉인 (Sealing) → 부두수취증(D/R, dock receipt) → Stowage Plan 작성 → 선하증권(bill of lading) **3**

참조 🔖 재래화물 선적절차

Shipping Request → Booking Note → Shipping Order → Mate's Receipt → Shipped B/L **2**

*선적지시서(S/O)는 선사 또는 그 대리점이 화주에게 교부하는 선적승낙서를 의미한다. **2**

참조 🔖 해상운송 관련 서류의 선적절차

| 선적 관련 서류 | 서류 제공 | 작성자 |
| --- | --- | --- |
| 선적스케줄 통보<br>(Vessel Schedule) | 선박회사 → 수입자 → 수출자 또는 선박회사 → 수출자 | 선박회사 |
| 선복요청서<br>(S/R, Shipping Request) | 수입자 → 선박회사 또는 수출자 → 선박회사 | 화주 |
| 선적지시서<br>(S/O, Sailing Order) | 선박회사 → 선장 | 선박회사 |
| 본선수취증<br>(M/R, Mate's Receipt) | 선박회사 → 수출자 | 일등항해사 |
| 수출신고필증<br>(Export Clearance) | 세관 → (관세사) → 수출자 → 선박회사 | 세관 |
| 선하증권<br>(B/L, Bill of Lading) | 선박회사 → 수출자 수 | 수출지<br>선박회사 |
| 화물인도지시서<br>(D/O, Delivery Order) | 수입지 선박회사 → 수입자 **1** | 수입지<br>선박회사 |

참조 🔖 Dock Receipt(부두수취증)와 M/R(Mate's Receipt, 본선수취증)

1. **부두수취증(Dock Receipt)**
   - 선사가 화주로부터 화물을 수취한 때에 화물의 상태를 증명하는 서류이다. **1**
   - CY에 반입된 화물의 수령증으로 발급되며 선사는 이를 근거로 컨테이너 선하증권을 발행한다. **1**
   - 선적을 하기 위해 화물을 선박회사가 지정하는 장소(Dock)에 인도했을 경우 선박회사가 화물의 수취를 증명하여 화주에게 교부해주는 화물수취증을 말하는데, 오늘날은 특히 컨테이너수송화물을 CY나 CFS 등에서 선박회사에 인도했을 경우 재래선의 본선수취증(Mate's Receipt) 대신 이것을 작성, 교부해준다. **1**

2. **본선수취증(Mate's Receipt)**
   - 본선이 M/R에 기재된 대로 화물을 수취하였음을 인정하는 영수증으로 선적완료 후 검수집계표에 근거하여 일등항해사(Chief Mate)가 선적화물과 선적지시서(S/O)를 대조하여 송하인(Shipper)에게 교부한다.
   - 본선과 송하인 간에 화물의 수도가 이뤄진 사실을 증명하며, 본선에서의 화물 점유를 나타내는 우선적 증거이다. **1**

## 04 해운동맹

### (1) 해운동맹(Shipping Conference)

- 특정의 정기항로에 취항하고 있는 선박회사가 상호 과당경쟁을 피할 목적으로 운송에 있어서의 운임 및 영업조건 등을 협정하는 일종의 해운에 관한 국제 카르텔이다. [1]
- 미국을 포함한 대부분의 국가는 해상운송의 안전성을 위해 해운동맹을 적극적으로 받아들이고 있다. [1]
- 해운동맹은 운영 방식에 따라 개방형 해운동맹과 폐쇄형 해운동맹으로 구분되며, 개방형 해운동맹은 가입을 희망하는 선사면 모두 받아들이나, 폐쇄형 해운동맹은 일정한 조건을 붙여 조건을 불충족한 선사는 가입이 제한된다. [1]
- 해운동맹은 정기선의 운임을 높게 유지함으로써 동맹회원이 동맹을 탈퇴함으로써 받게 되는 손실이 크므로 동맹유지가 쉽고 이탈이 없는 편이다. [1]

### (2) 해운동맹의 운영방법

① 대내적 규제수단

㉠ 운임협정(Rate Agreement) [1]
- 해운동맹 자체에서 공동운임표(common tariff)를 제정하여 동맹의 각 회원선사들에게 이 운임을 적용할 것을 요구하는 협정이다.
- 항로사정에 따라서는 특정 화물의 운임을 Tariff로부터 제외하고 자유운임으로서 그 운임을 각 회원이 자유롭게 결정한다.

㉡ 항해협정(Sailing Agreement) [1]
선사 간의 과당경쟁을 방지하여 동맹 내 운항 질서를 유지하기 위해 동맹선사 간에 적정한 배선 수를 미리 설정하고 유지시키는 것이다.

㉢ 공동계산협정(Pooling Agreement) [1]
해운 카르텔 중에서 가장 강력한 형태로서 모든 회원에게 고정운임률이 공동으로 적용되고 운송조건도 모두 동일한 협정이다.

㉣ 공동운항(Joint Service) [1]
동일한 항로에 배선하고 있는 둘 이상의 선사가 배선을 통일하여 운항하는 것으로, 정기선 항로에서 2개 이상의 선사가 선박을 합작기업형태로 운항하는 것을 말한다.

㉤ 중립감시기구(Neutral Body)
동맹 회원 선사 간의 건전한 상거래 질서의 유지를 위하여 설립한 감시기구를 말한다.

② 대외적 규제수단(화주구속수단)

　㉠ 계약운임제(Contract Rate System) **1**

　　－동맹선에만 전적으로 선적한다는 계약을 동맹과 체결한 동맹화주에게는 표정운임률 (Tariff Rate)보다 낮은 운임률을 적용하고, 이러한 계약을 체결하지 아니한 일반화주에게는 표정운임률을 적용하는 방식이다. **1**

　　－계약운임제의 대상에서 제외된 화물을 비동맹화물 또는 자유화물(Open Cargo)이라고 한다.

　㉡ 운임할려제(Fidelity Rebate System)

　　－일정기간 동안 자기 화물을 모두 동맹선에만 선적한 화주에게 그 기간 내에 선박회사가 받은 운임의 일정 비율을 기간 경과 후에 환불하는 제도이다.

　　－운임연환불제와는 달리 유보기간이 없고 일정기간 경과 후에 그 환불금을 전액 한 번에 지급한다.

　　－동맹측의 일방적인 선언에 의하여 실시하는 것이므로 비록 화주가 맹외선을 사용한 경우에도 환불금의 청구권은 상실하지만 위약금은 지급하지 않는다.

　㉢ 운임연환불제(Deferred Rebate System)

　　－일정기간(통상 6개월) 동안 동맹선에만 선적한 화주에 대해서 그 지급한 운임의 일부를 환불하는데, 환불에 있어서 그 기간에 이어 계속해서 일정기간 동맹선에만 선적할 것을 조건으로 하여 그 계속되는 일정기간이 경과된 후 환불되는 제도이다.

　　－화주가 선적화물에 대한 환불금을 전액 받기 위해서는 영구히 동맹선에만 선적해야 한다.

　㉣ 투쟁선(Fighting Ship, 경쟁억압선)

　　－특정의 선박을 맹외선의 운항일정에 맞춰 배선하고 맹외선의 운임보다도 훨씬 저렴한 운임으로 수송함으로써 적극적으로 그 집하를 방해하는 방법이다.

　　－투쟁선에 의하여 발생하는 손해는 동맹회원이 공동으로 부담하는 것이 통례이다.

## 05 부정기선

### (1) 부정기선(Tramper) **1**

① 개념

　－부정기선은 화물운송의 수요에 따라 하주가 원하는 시기와 항로에 취항하는 선박을 말한다. **3**

　－완전경쟁적 시장형태를 보이며, 소규모 조직으로도 영업이 가능하다. **1**

　－일반적으로 용선계약(Charter Party)에 의하여 운송계약이 체결된다. **1**

　－화물의 성질이나 형태에 따라 벌크선 또는 전용선이 이용된다. **1**

② 특징

- 부정기선은 주로 단위화되지 않은 상태의 화물을 취급한다. **2**
- 부정기운송은 단일 화주의 **대량 Bulk화물(원료, 철광석, 석탄, 곡물 등)**을 취급한다. **4**
- 운임은 물동량과 선복의 수요와 공급에 의해 수시로 결정된다. **2**
- 부정기선 운임은 일반적으로 운송계약을 할 때마다 당사자 간 협의를 통하여 결정되며 용선 계약서가 작성된다. **2**
- 용선계약에 의해서 운송계약이 성립되고, 용선계약서를 작성하게 된다. **1**
- 운임부담능력이 적거나 부가가치가 낮은 화물을 대량으로 운송할 수 있다. **1**

③ 단점

- 부정기선운송의 운임은 해운시장에서 물동량과 선복량에 따라 변동하므로 정기선 운임에 비해 불안정하다. **1**
- 해운동맹의 가입이 **어렵다.** **1**

> **심화** 🖋 건화물지수(BDI, Baltic Dry Freight Index)
>
> - BDI는 건화물 부정기선에 관한 운임지수를 말한다. **1**
> - BDI가 상승한다는 것은 철광석, 석탄 물동량이 늘어나고 벌크선을 운영하는 해운업체의 실적이 개선되고 있음을 의미한다.

## (2) 용선운송계약(C/P, Charter Party)

① 개요

㉠ 개념
- 특정항해구간 또는 특정기간 동안에 대하여 선복의 전부 또는 일부를 일정조건하에서 임대차하는 운송계약으로 용선운송계약에는 주로 부정기선이 이용된다.
- 용선운송계약의 경우의 송하인은 용선계약자가 되며, 송하인과 용선주의 관계는 **용선계약**에 의해 구속된다. **1**
- 용선계약 체결 시에는 용선주와 용선자 사이에 용선계약서(Charter Party)가 작성된다.

㉡ 유형 및 종류
- 전부용선계약(Whole charter party)은 선복(Ship's space)의 전부를 빌리는 것이다. **1**
- 일부용선계약(Partial charter party)은 선복(Ship's space)의 일부를 빌리는 것이다. **1**
- 부정기선의 운송에는 항해 단위의 계약을 기본으로 하는 **항해용선**과 일정기간 동안 계약하는 **기간용선** 등이 있다. 그러나 정기선 운송의 경우에는 **개품운송계약**을 원칙으로 한다. **1**

**[개품운송과 용선운송비교]**

| 구분 | 개품운송 | 용선운송 |
|---|---|---|
| 선박 | 정기선 | 부정기선 |
| 화물 | 주로 컨테이너화물 | Bulk 화물, 대량화물 |
| 계약 | B/L | C/P |
| 하역조건 | Berth Term(Liner Term) | FIO, FI, FO |

② 항해용선계약(Voyage Charter)

  ㉠ 개념
    - Voyage Charter는 특정 항구에서 다른 항구까지 화물운송을 의뢰하고자 하는 용선자와 선주 간에 체결되는 계약이다. **1**
    - 항해용선계약(Voyage charter party)은 특정항구에서 특정항구까지 선복(Ship's space)을 빌리는 것이다. **1**
    - 한 항구에서 다른 항구까지 한 번의 항해를 위해서 체결되는 운송계약으로 운송액은 적하톤당으로 정하는 용선계약이다. **1**
    - 용선계약기간은 통상 한 개의 항해를 단위로 한다. **1**
    - Voyage Charter에는 선적항과 양륙항을 표시하고, Time Charter에는 표시하지 않는다. **1**

  ㉡ 종류

| 구분 | 내용 |
|---|---|
| 선복용선계약<br>(Lump-Sum Charter) | - 선복용선계약은 적하량에 관계없이 일정한 선복을 계약하고 운임도 포괄적으로 약정하는 선복운임을 적용한다. **1**<br>- 선복용선계약은 한 선박의 선획 전부를 한 선적으로 간주하여 운임액을 정하는 용선계약을 말한다. **1** |
| 일대용선계약<br>(Daily Charter) | - 일대용선계약은 화물을 선적한 날부터 양륙할 때까지의 날짜를 하루당 얼마로 선복을 임대하는 계약을 말한다.<br>- 일대용선계약은 하루 단위로 용선하는 용선계약이다. **1** |

  ㉢ 비용부담
    - 용선자는 용선주에게 운임을 지급하고 용선주는 선박운항에 따른 비용을 부담한다. **1**
    - 항해용선계약은 선주가 선장을 임명하고 지휘·감독한다. **1**
    - 선박에 부과되는 세금은 선주가 부담하고, 화물에 부과되는 세금은 용선자가 부담한다. **1**

**[하역비 부담조건 유형]**

| 구분 | 내용 |
|---|---|
| Berth(Liner) Term Charter | - 적하 시와 양하 시의 하역비를 선주가 부담한다. **2**<br>- 정기선의 하역비 부담조건이어서 Liner Term이라고도 한다.<br>- 정기선운임은 하역비는 선주가 부담하는 Berth Term을 원칙으로 한다. **1**<br>- 선사(선주)가 선적항 선측에서 양하항 선측까지 발생하는 제반 비용과 위험을 모두 부담한다. **1** |

| 구분 | 내용 |
|---|---|
| FIO<br>(Free In, Out)<br>Charter | − 적하 시와 양하 시의 하역비를 모두 화주가 부담한다. **1**<br>− FIO조건은 선적과 양륙과정에서 선내 하역인부임을 화주가 부담하는 조건이다. **1** |
| FIOST<br>(Free In, Out,<br>Stowed, Trimmed) | 선내 하역비 부담 조건으로 선적, 양륙, 본선 내의 적입, 화물정리비까지 모두 **화주**가 책임과 비용을 부담하는 조건이다. **1** |
| Fl Charter | − 적하 시는 화주가 부담, 양하 시는 선주가 부담한다. **3**<br>− 항해용선계약에서 선내인부의 작업비용을 선적 시에는 용선자가 부담하고 양륙 시에는 선주가 부담하는 조건이다. **1**<br>− 임금(Stevedorage) 부담과 관련하여 선적 시는 용선자가, 양륙 시는 선주가 부담하는 조건이다. **2** |
| FO Charter | − 적하 시는 선주가 부담, 양하 시는 화주가 부담 **2**<br>− 용선계약의 하역비 부담과 관련하여 선적 시에는 용선주(charterer)가 부담하고 양륙 시에는 용선자(owner)가 부담하는 조건이다. **1** |
| Gross Term<br>Charter | 항비, 하역비, 검수비 모두 선주가 부담하는 조건이다. **1** |
| Net Term Charter | 항비, 하역비, 검수비 모두 화주가 부담하는 조건이다. |

③ 정기용선계약(Time Charter)

　㉠ 개념
　　− 기간용선계약(Time charter party)이라고도 하며, 일정기간을 정하여 선복(Ship's space)을 빌리는 것이다. **2**
　　− 모든 장비를 갖추고 선원이 승선해 있는 선박을 일정기간을 정하고 고용하는 용선계약이다. **1**
　　− 선박을 용선자가 선주로부터 일정기간 동안 용선하는 계약으로서, 그 용선기간에 따라 용선자가 선주에게 용선료를 미리 선지급하는 계약형이다.

　㉡ 특징
　　− 정기용선계약에서 용선자는 영업상 사정으로 본선이 운항하지 못한 경우에도 용선료를 지급하여야 한다. **1**
　　− 정기용선계약에서 용선료는 원칙적으로 기간에 따라 결정된다. **1**
　　− 정기용선계약에는 NYPE(The New York Produce Exchange Form)라는 표준계약서가 사용되는 것이 대체적이다. **2**
　　− 정기용선계약에서 특정한 사유로 선박의 이용이 방해되는 기간 동안 용선자의 용선료 지불의무를 중단하도록 하는 조항은 Off−hire(용선조항, 휴항)이라고 한다. **2**

참조 **Employment and Indemnity(보상약관)**

선장은 본선의 사용, 대리점업무 등에 관여하여 용선자의 명령 지시에 따라야 되는 의무가 있는데, 이것 때문에 발생한 모든 결과 또는 손해에 대하여 용선자가 선주에게 보상하는 것을 약정한 정기용선계약상의 약관이다. **1**

ⓒ 선주와 용선자의 권리와 의무
- 정기용선계약에서 용선선박은 선박이 안전하게 항해할 수 있도록 일체의 속구를 갖추고 선원을 승선시킨 상태로 용선자에게 인도된다. **1**
- 선주는 선원의 급료, 선박의 감가상각비, 선용품비, **선박보험료**를 부담한다. **2**
- 선주는 선장 및 선원을 고용하고 임금을 지불해야 한다. **2**
- 선주는 선박이 안전한 항구와 항구 사이를 운항할 것과 적법한 항해에 사용될 것을 용선자에게 요구할 수 있다. **1**
- **용선자**는 용선기간 중 선박의 운항에 필요한 **연료비**, 항세, 용선료를 부담해야 한다. **2**
- 용선자는 선장에게 항해를 지시할 수 있다. **1**
- 용선자는 용선한 선박으로 제3자와 재용선계약을 체결할 수 있다. **1**

④ 나용선계약(Demise Charter, Bareboat Charter) **1**

ⓐ 개념
- 선박 자체만을 빌리는 선박임대차계약(Demise Charter)이다. **1**
- 용선자가 일정기간 선박 자체만을 임차하여 자신이 고용한 선장과 선원을 승선시켜 선박을 직접 점유하는 한편, 선박 운항에 필요한 선비 및 운항비 일체를 용선자가 부담하는 방식이다. **1**
- 일종의 선박 임대차 계약으로 용선자가 일시적으로 선주 지위를 취득한다. **1**
- 선주로부터 선박만을 용선하여 선장 등 인적 및 물적 요소 전체를 용선자가 부담하고 운항의 전 과정을 관리하는 계약이다. **2**
- 나용선계약(Bareboat charter party)은 용선자가 항해기준이 아닌 **기간기준**으로 임차료를 계산하고, 선주로부터 선박 자체만을 임차하는 것이다. **1**
- 선박을 나용선하여 선원과 장비를 갖추어 재용선(Sub Charter)을 할 수도 있다.

ⓑ 선주와 용선자의 권리와 의무
- 용선자가 용선기간 중 운항에 관한 일체의 감독 및 관리 권한을 행사한다. **1**
- 용선자가 선원의 승선수배와 선체보험료, 항만비용, 항해비용, 수선비 등의 비용을 부담한다. **1**
- 용선자가 선용품, 연료 등을 선박에 공급하고 선장 및 승무원을 고용한다. **1**
- 용선자가 선박 이외의 선장 및 선원을 고용하고 관리·감독하며 장비 및 소모품에 대하여 모든 책임을 진다. **1**

**[각 용선계약의 비교]**

| 구분 | 항해용선계약 | 정기용선계약 | 나용선계약 |
|---|---|---|---|
| 제공내용 | 운송행위 제공 | 운송능력 제공 | 운송수단 제공 |
| 선원비 | 선주 | 선주 | 용선자 |
| 유류비 | 선주 | 용선자 | 용선자 |
| 자본비 | 선주 | 선주 | 선주 |
| 운송주체 및 감독 ■ | 선주 | 선주 | 선박임차인, 나용선자 |
| 선주의 부담항목 ■ | 선원급료, 식대, 윤활유, 유지비 및 수선료, 보험료, 감가상각비, 항비, 하역비, 예선비, 도선료 등 | 선원급료, 식대, 윤활유, 유지비 및 수선료, 보험료, 감가상각비 | 감가상각비, 보험료 |
| 감항능력 유지시기 | 선적항 출항 시 | 용선계약 개시 및 용선기간 중 | 선박인도 시 |
| 선하증권의 발행 | 선박소유자, 선장, 그 대리인인 용선인의 지시에 따라 서명한 경우 보상약관의 적용을 받음 | 선박소유자, 선장, 그 대리인인 용선인의 지시에 따라 서명한 경우 보상약관의 적용을 받음 | 임차인, 용선인, 선장, 대리인 |
| 선장고용책임 ■ | 선주가 선장임명 및 지휘감독 | 선주가 선장임명 및 지휘감독 | 임차인이 선장임명 및 지휘감독 |
| 운임결정기준 | 선복으로 결정 | 기간에 의하여 결정 | 임차료는 기간을 기초로 결정 |

## (3) 용선운임

운임은 일정한 운임률표가 아닌 물동량과 선복에 의한 시장가격에 의해서 결정된다. ■

### ① 선복운임(Lumpsum Freight)

- 화물의 양과 관계없이 항해 또는 선복을 단위로 하여 일괄 부과하는 운임이다. ■
- 운송되는 화물의 수량에 관계없이 항해(Voyage)를 단위로 해서 포괄적으로 계산하여 부과하는 운임이다. ■
- 화물의 개수, 중량, 용적 기준과 관계없이 용선계약의 항해단위 또는 선복의 양을 단위로 계산한 운임이다. ■

### ② 공적운임(Dead Freight)

- 실제 적재량을 계약한 화물량만큼 채우지 못할 경우 사용하지 않은 부분에 대하여 부과하는 운임이다. ■
- 화물의 실제 적재량이 계약량에 미달할 경우 그 부족분에 대해 지불하는 부적운임이다. ■

－ <mark>용선재(화주)가</mark> 선적하기로 계약한 수량의 화물을 실제로 선적하지 아니한 경우 그 선적 부족량에 대해서 지급하여야 하는 운임으로 일종의 위약배상금이다. **3**

－ 용선자가 실적재량을 계약물량만큼 채우지 못할 경우 그 부족분에 대하여 지급하는 운임으로 부적운임이라고도 한다. **2**

## ③ 장기운송계약운임(Long Term Contract Freight)

－ 화물을 장기적 또는 반복적으로 운송하기 위한 장기운송계약을 체결할 경우의 운임이다.

－ 원유, 철광석 등 대량화물의 운송수요를 가진 대기업과 선사 간에 장기간 반복되는 항해에 대하여 적용되는 운임이다. **1**

## ④ 연속항해운임(Consecutive Voyage Freight) **1**

특정 항로를 반복·연속하여 항해하는 경우에 약정한 연속 항해의 전부에 대하여 적용하는 운임이다.

## ⑤ 비례운임(Pro Rate Freight) **3**

－ 선박이 항해 중 불가항력 등의 이유로 항해를 계속할 수 없을 때 중도에서 화물을 화주에게 인도하고 선주는 운송한 거리의 비율에 따라 부과하는 운임이다. **1**

－ 운송 도중 불가항력 또는 기타 원인에 의해 운송을 계속할 수 없게 되어 중도에 화물을 인도할 경우, 그때까지 이행된 운송비율에 따라 지불하는 비례운임이다. **1**

## ⑥ 반송운임(Back Freight) **1**

－ 화물이 목적항에 도착하였으나 수화인이 화물의 인수를 거절하거나 목적항의 사정으로 양륙할 수 없어서 화물을 다른 곳으로 운송하거나 반송할 때 적용되는 운임이다. **1**

－ 원래의 목적지가 아닌 변경된 목적지로 운송해야 할 때 추가로 지불하는 반송운임이다.

－ 목적지 사정으로 화물을 양륙하지 못하여 다른 곳으로 반송될 때, 화주 측 요청으로 원래의 목적항이 아닌 다른 항으로 운송할 때, 화인 상이 등 운송인의 귀책사유에 기인하지 않는 화물을 잘못 운송했을 때 등에 적용하는 운임이다.

## ⑦ Forward rate **1**

용선계약 체결 시 화물을 장기간이 지난 후 적재하기로 하는 경우에 미리 합의하는 운임이다.

## 06 항해용선계약서의 주요조항

### (1) 정박기간(Laytime)

㉠ 정의

화주가 계약화물을 용선한 선박에 적재 · 양륙하기 위하여 그 선박을 선적항 또는 양륙항에 있게 할 수 있는 기간이며, 약정 기일 내에 하역을 끝내지 못하면 초과 정박기간에 대하여 체선료를 지급해야 한다.

㉡ 관습적 조속하역조건(CQD)

하루의 하역량을 한정하지 않고, 그 항구의 관습에 따라 가능한 한 신속히 하역하는 관습적 조속 하역조건을 말한다. 정기선의 개품 운송의 경우 대개 이 조건에 의한다. **1**

㉢ 연속정박기간(Running Laydays)

– 하역 시작일로부터 끝날 때까지의 모든 기간을 정박기간으로 계산하는 방법이다. **1**

– Running Laydays는 일요일과 공휴일에 대해서도 이것을 제외한다는 취지를 특별히 명시하지 않는 한 정박기간에 산입한다. **1**

㉣ WWD(Weather Working Days)

기상조건이 하역 가능한 상태의 날만 정박기간에 산입하는 정박기간 표시방법은 Weather Working Days이다. **2**

---

관련규정 → **WWD 파생조건**

1. 공휴일은 하역을 하더라도 통상 정박일수에 산입하지 않으며 "Sunday and Holidays EXcepted"의 첫 글자를 따라 SHEX라고 한다.
2. 공휴일 하역 시 이를 정박일수에 산입한다는 조건도 있다. 이때 "Sunday and holiday excepted unless used"라고 표시하여 처리한다. **1**
3. "Unless used"에 있어서도 만일 1시간이라도 하역을 하면 하루로 가산할 것인가 하는 문제가 발생하므로 실제 작업시간만 삽입코자 할 때에는 "Unless used but only time actually used to count"라고 명시해야 한다. **1**
4. WWD SHINC(Working Days, Sundays and Holidays Included) : 일요일과 공휴일이 하역작업 가능한 정박기간에 포함된다. **1**

---

㉤ WIBON(Whether In Berth Or Not)

본선이 접안이 안 되었더라도 정박기간이 개시하는 것을 말한다. **1**

## (2) 정박기간의 개시와 종료

- Gencon Form의 용선계약서에서는 하역준비완료통지서(N/R, Notice of Readiness)가 통지된 후 일정기간(통상 12시간)이 경과하면 정박기간이 개시된다. **1**
- 하역준비완료통지서가 오전에 통지된 경우 오후 1시부터, 오후 영업시간 내에 통지된 경우 다음날 오전 6시부터 기산한다. **1**
- 하역기간의 종기는 일반적으로 하역이 완료되는 때이다.
- 하역이 종료되면 정박일수를 기재한 정박일계산서(Laydays Statement)를 작성하여 선장 및 화주가 서명한다.
- 선박이 선적항에 도착한 후 항만에서 파업이 발생하여 48시간 이내 해결되지 않을 경우 선박소유자는 용선자에게 정상적인 정박기간의 계산을 요구할 수 있고 계약을 해제할 수 있다. 양륙항 파업 시 용선자는 체선료의 반액을 지급하고, 파업종료 시까지 선박을 대기시킬 수 있으며 다른 안전항구를 양륙항으로 지정할 수도 있다. **1**

## (3) Gencon Form의 해약조항(Cancelling Clause)

- 선박이 용선자에게 인도돼야 할 마지막 날짜(해약기일)가 지나서 도착할 경우에 용선자는 계약을 해약할 권리를 갖게 된다는 조항이다. **1**
- 선주가 계약해지일까지 선적 준비를 완료하지 못한 경우, 용선자는 용선계약을 해지할 수 있다. **1**
- 본선이 지정된 월일에 선적준비를 정돈하지 못하면 용선자에게 본 계약을 해제할 수 있는 선택권을 주고 있다.
- 선택권은 요청이 있을 때 본선 선적예정일의 최소 48시간 이전에 통고해야 한다.
- 본선이 해손으로 지연 시 가급적 신속히 용선자에게 통고하되 적재준비정돈예정일을 10일 이상 초과할 때는 용선자는 계약의 해제선택권을 갖게 되며 이의적용은 해약기일을 약정할 때에 한한다.

## (4) 체선료와 조출료

### ① 체선료(DEM, Demurrage) **2**

- 체선료는 초과정박일에 대한 용선자 또는 화주가 선주에게 지급하는 보수이다. **2**
- 초과정박일에 대하여 계약상 정박일수를 경과할 때 용선자가 선주에게 지급하는 약정금은 체선료(Demurrage)이다. **2**
- 체선료는 선적 및 양륙을 분리하여 따로 계산(Laydays Not Reversible)하는 것이 원칙이나 용선자의 선택 하에 합산하여 계산(Laydays Reversible)할 수 있다.

GENCON Charter Party에 명시된 체선료 조항의 내용

> Demurrage at the loading port and discharging port is payable by the Charterers at the rate
> stated in Box 20 in the manner stated in Box 20 per day or pro rata for any part of a day.
> Demurrage shall fall due day by day and shall be payable upon receipt of the Owner's
> invoice. In the event the demurrage is not paid in accordance with the above, the Owners
> shall give Charterers 96 running hours written notice to rectify the failure. If the demurrage is
> not paid at the expiration of this time limit and if the vessel is in or at the loading port, the
> Owners are entitled at any time to terminate the Charter Party and claim damages for any
> losses caused thereby. [1]

- 선적항 및 양륙항에서의 체선료는 1일당 또는 1일 미만의 경우에는 그 비율에 따라 20란(Box 20)에 표시된 체선요율과 지급 방법에 의거해 용선자가 지급한다. [1]
- 체선료는 매일 계상하고 선주로부터 청구서 수령시 지급한다. [1]
- 체선료가 지급되지 않을 경우 선주는 그 불이행을 시정하기 위해 용선자에게 연속 96시간의 서면 통지를 한다. [1]
- 체선료가 96시간 내에 지급되지 않는 경우 선주는 용선 계약을 언제든지 중지시키고 그것으로 인해 발생한 어떤 손실에 대해 **소송을 제기할 권한**을 가진다. [1]
- 이 경우 용선계약을 종료시킬 수 있는 권리는 선적항에서 발생가능하다. [1]

② **조출료(DES, Despatch Money)** [1]

- 약정된 정박기간 만료 전에 선적 및 하역이 완료되었을 때 그 단축된 기간에 대해 선주가 하주에게 지급하는 비용을 말한다. [2]
- 계약상 허용된 정박기간이 종료되기 전에 하역이 완료되었을 경우 단축된 기간에 대하여 선주가 용선자에게 지급하기로 약정한 금액이다. [1]

심화 용선계약과 Charter Party B/L

1. 개념
   용선계약서의 조건에 따라 화물의 선적이 완료되면 화주의 요청에 따라 Charter Party B/L을 발행한다. 용선운송에 있어서는 용선계약서가 B/L보다 우선한다.

2. 주요 내용
   - 제3자에게 양도된 경우 용선계약서의 내용보다 선하증권의 내용이 우선한다. [1]
   - 이면에는 용선계약서의 모든 내용이 편입된다는 문언이 포함되어 있다. [1]
   - 약식(short form)으로 발행된다. [1]
   - 신용장통일규칙(UCP 600)은 신용장에서 별도의 약정이 없는 한, 이 선하증권은 수리하지 않는다고 규정하고 있다. [1]

**관련규정 → 항해용선계약 관련 기타 주요내용**

- 용선자는 용선료를 선불(prepaid) 또는 착불(on delivery)로 지급할 수 있다. **1**
- 용선료를 선불로 지급한 경우, 용선자는 용선료를 반환받을 수 없다. **1**
- 운송계약에 따라 화주가 운임 및 기타 부대경비를 지급하지 아니할 때 선주는 그 화물을 유치할 수 있는 권한이 있다. **1**
- 결빙으로 인해 선박이 양륙항에 도착할 수 없는 경우, 용선자는 선주 또는 선장에게 안전한 항구로 항해하도록 지시할 수 있다. **1**
- Not Before Clause는 본선이 선적준비완료 예정일 이전에 도착할 경우 용선자는 규정된 기일까지 선적의무가 없다는 조항이다. **1**
- Lien Clause는 화주(용선자)가 운임 및 기타 부대경비를 지급하지 아니할 때 선주가 그 화물을 유치할 수 있는 권한이 있음을 나타내는 조항이다. **2**

> **참조 ◇ Lien Clause**
>
> - 선주는 용선운송계약에 의거한 운임, 공적운임, 체선료 등에 대하여 화물이나 그 화물의 부속물을 유치할 수 있는 권리를 가지며 화주는 이에 대한 책임을 부담해야 한다. **1**
> - 용선료의 지급을 확보하기 위하여 선주측에 화물압류의 권리가 있다는 취지를 규정하고 있다. **1**

- Off-hire Clause는 용선기간 중 용선자의 귀책사유가 아닌 선체의 고장이나 해난과 같은 불가항력 사유 때문에 발생하는 휴항약관 조항이다. **2**

---

**참조 ◇ Lien Clause**

> - 선주는 용선운송계약에 의거한 운임, 공적운임, 체선료 등에 대하여 화물이나 그 화물의 부속물을 유치할 수 있는 권리를 가지며 화주는 이에 대한 책임을 부담해야 한다. **1**
> - 용선료의 지급을 확보하기 위하여 선주측에 화물압류의 권리가 있다는 취지를 규정하고 있다. **1**

---

**관련규정 → GENCON Form(1994)의 기재요령**

1. Shipbroker : 선박중개인
2. Place and date : 용선계약의 체결장소와 날짜
3. Owners/Place of business : 선주명/사업소재지
4. Charterers/Place of Business : 용선자/사업소재지
5. Vessels name : 선박명
6. GT/NT : 총톤수/순톤수
7. DWT all told on summer load line in metric tons : 하계 만재흘수선을 기준으로 한 재화중량톤수를 M/T로 표기 **1**
8. Present position : 본선의 현재 위치
9. Expected ready to load : 본선의 선적가능예정일 **1**
10. Loading port or place : 선적항 또는 선적장소
11. Discharging port or place : 양륙항 또는 양륙장소
12. Cargo(also state quantity and margin in Owner's option : if full and complete cargo not agreed state "part cargo") : 화물의 명세, 수량, 선주의 재량범위/만선화물의 합의가 없으면 부분화물 표기
13. Freight rate(also state whether freight prepaid or payable on delivery) : 중량톤당 또는 용적톤당 운임률

14. Freight payment(state currency and method of payment ; also beneficiary and bank account) : 운임의 결제 통화, 지불방법, 수령인 및 은행구좌
15. State if vessels cargo handling gear shall not be used : 본선의 하역기기가 소유 여부와 그 기기의 사용여부
16. Laytime : 정박기간
    − Laytime for loading : 적양항산 별산
    − Laytime for discharging : 적양항 합산
    − Total laytime for loading and discharging : 정박기간의 개시
17. Shippers / Place of business : 송하인 명/사업소 소재지
18. Agents(loading) : 선적항의 선주대리점
19. Agents(discharging) : 양륙항의 선주대리점
20. Demurrage rate and manner payable(loading and discharging) : 상환율 및 지급방식
21. Cancelling date : 해약선택권이 발생하는 날짜 ❷
22. General Average to be adjusted at : 공동해손의 정산장소 ❶
23. Freight Tax(state if for the Owners account) : 운임세금(선주 부담일 경우)
24. Brokerage commission and to whom payable : 중개수수료와 이를 부담할 당사자 ❶
25. Law and Arbitration : 준거법 및 중재장소
26. Additional clauses covering special provisions, if agreed : 별도의 추가약관 및 첨부사항

## 07 해상운송운임

> **참조** 선하증권상 운임(Freight and charges)
>
> − 운임에는 일반적으로 기본운임(Basic Ocean Freight) 및 추가할증료(Surcharge), 기타 요금(Charges)으로 구성된다.
> − 선하증권의 운임란에는 운임 합계액 외에 다음 사항을 기재한다.
>   • 운임 계산의 기초가 되는 숫자(용적, 중량, 신고가격)
>   • 운임률(Freight Rate ; Tariff Rate)
>   • 운임계산단위
>   • 운임액
>   • 할증료(Surcharge)
>   • 환산액(외화표시의 경우)
>   • 운임지급지 등

### (1) 해상운임의 산정기준

원칙적으로 운송인은 운임부과기준에 대한 재량권을 가진다. ❶

#### ① 중량기준(Weight Basis)

− 용적은 작지만 고중량 화물(철강제품 등)은 중량을 기준운임으로 책정한다.
− 화물의 중량은 포장이 포함된 총중량(Gross Weight) 기준으로 계산한다.

- 1 Long Ton＝2,240lbs(1,016kg)
- 1 Short Ton＝2,000lbs(907kg)
- 1 Metric Ton＝2,204lbs(1,000kg) (실무상 가장 많이 사용)

### ② 용적기준(Measurement Basis)

- 양모, 면화, 코르크, 목재, 자동차 등과 같이 중량에 비해 부피가 큰 화물에 적용된다. **1**
- CBM(Cubic Meter)은 용적(부피)을 재는 단위로 컨테이너화물 운송업무의 기초가 되는 단위이다.
- 화물의 포장명세서, 선적요청서 등에 W/M이라고 표기되어 있는 것은 Weight/Measurement를 의미한다.
- Drum, Barrel, Roll 등과 같이 화물 사이에 공간이 생기는 화물에 적용된다. **1**
- 일정비율의 손실공간을 감안하여 운임을 부과한다. **1**
- 이러한 화물은 통상 이들 손실공간을 포함시킨 적화계수를 적용한다. **1**

### ③ 종가기준(Ad Valorem)

보석이나 예술품, 희귀품 등에 대해서는 보통 상품가격의 2~5% 정도의 일정비율을 할증 추가한 운임으로 정기선 운임에서만 통용되는 계산기준이다.

### ④ 무차별운임(FAK Rate, Freight All Kinds) **2**

- FAK는 화물의 종류에 관계없이 일률적으로 부과되는 운임이다. **1**
- 컨테이너에 적입된 화물의 가액, 성질 등에 관계없이 부과하는 컨테이너당 운임이다. **1**
- 정기선운송 시 무차별운임은 화물이나 화주, 장소에 따라 차별하지 않고 화물의 중량이나 용적을 기준으로 일률적으로 부과하는 운임이다. **1**

### ⑤ Box Rate

컨테이너 내부에 넣는 화물의 양(부피)에 상관없이 무조건 컨테이너 하나당 운임을 책정하는 것이다.

## (2) 해상운임의 종류

### ① 정기선 운임의 종류

- 특정항로의 운임률표가 불특정 다수의 화주에게 공표되어 있다. **1**
- 정기선 운임은 기본운임(basic rate)과 할증료(surcharge) 및 기타 추가요금(additional charge) 등으로 구성된다. **1**
- ㉠ 기본운임 : 실제 운임부과 기준이 되는 운임톤(Revenue Ton)은 중량과 용적 중에서 운임이 높게 계산되는 편을 택하여 표시하는 것이다. **1**

참조 ◇ Revenue Ton의 개념(R/T)

운임단위를 무게 기준인 중량톤과 부피 기준인 용적톤으로 산출하고 원칙적으로 운송인에게 유리한 운임단위를 적용하는 운임톤을 의미한다.

ⓒ 종가운임 : 귀금속 등 고가품의 가격을 기초로 하여 산출되는 운임이다. **1**

ⓒ 특별운임 : 수송조건과는 별개로 해운동맹 측이 비동맹선과 적취 경쟁을 하게 되면 일정조건 하에서 정상 요율보다 인하한 특별요율을 적용하는 운임이다. **2**

ⓔ 최저운임 : 화물의 용적이나 중량이 이미 설정된 운임산출 톤 단위에 미달하는 경우 부과되는 운임이다. **2**

ⓜ 차별운임 : 화물, 장소 또는 화주에 따라 차별적으로 부과되는 운임이다. **1**

② 지급시기에 따른 운임

ㄱ 선불운임(Freight Prepaid)

－선적지에서 송하인이 선적과 동시에 운임을 지급하는 것이다.

－운송이 완료되기 전에 운송인에게 미리 지불하는 선불운임이다. **1**

－CIF나 CFR계약에서는 일반적으로 선불운임이고, 이 경우에는 선적지에서 선하증권(B/L) 발급일, 즉 운임지급일의 환율을 적용한다.

ㄴ 후불운임(Freight Collect)

－양륙지에서 매수인이 화물을 수령할 때 지급하는 것이다.

－운임후불은 FOB 조건의 수출거래에 있어서 화물의 도착항에서 수입자가 화물을 인수할 때에 운임을 지급하는 경우이다. **3**

－FOB계약에서는 일반적으로 후불운임이 지급되고, 양륙지에서 화물인도지시서(D/O, Delivery Order) 발급일, 즉 운임지급일의 환율을 적용한다.

③ 할증운임(할증료)

화물의 성질, 형상, 운송방법 등에 따라 기본운임만으로 불충분할 경우 부과한다.

ㄱ 중량할증운임(Heavy Lift Surcharge)

－초과 중량에 따라 기본운임에 가산하여 부과된다. **1**

－일정 한도 이상의 중량화물 취급에 따른 추가비용을 보전하기 위해 부과하는 운임이다. **1**

－화물 한 단위가 일정 한 중량을 초과할 때 기본운임에 할증하여 부과하는 운임이다. **1**

ㄴ 용적 및 장척할증료(Bulky/Lengthy Surcharge) **1**

화물의 부피가 너무 크거나 길이가 긴 화물에 부과되는 할증료이다.

ⓒ 체선/체화할증료(Port Congestion Surcharge, 혼잡할증료) ❷
  - 정기선 해상운송의 운임 중 도착항의 항만사정으로 예정된 기간 내 하역할 수 없을 때 부과한다. ❶
  - 도착항의 항만혼잡으로 신속히 하역할 수 없어 손실이 발생할 경우 이를 보전하기 위해 부과하는 운임이다. ❷
  - 도착항의 항만사정이 혼잡하여 선박이 대기할 경우에 내는 할증료이다. ❷
  - 양륙항의 체선이 심해 장기간의 정박이 요구되어 선사에 손해가 발생할 때 부과된다. ❶
  - 특정 항구의 하역능력 부족으로 인한 체선으로 장기간 정박을 요할 경우 해당 화물에 대한 할증료이다. ❶

ⓔ 통화할증료(CAF, Currency Adjustment Factor)
  - 화폐가치 변화에 의한 손실 보전을 위해 부과하는 할증료이다. ❶
  - 환율변동에 따른 환차손을 보전하기 위해 부과된다. ❶
  - 급격한 환율 변동으로 선사가 입을 수 있는 환차손에 대한 할증료이다. ❷

ⓜ 유류할증료(BAF, Bunker Adjustment Factor) ❷
  - 유류할증료는 벙커유의 가격변동에 따른 손실을 보전하기 위해 부과하는 운임이다. ❸
  - 선박의 주연료인 벙커유가격 인상으로 발생하는 손실을 보전하기 위해 부과된다. ❶

ⓑ 인플레할증료(IAF, Inflation Adjustment Factor) ❶
  인플레이션 물가가 운임 인상에 반영이 늦어져 운항원가의 상승으로 선사의 적정이윤이 유지되지 못할 때 부과된다.

ⓢ 양륙항변경할증료(Diversion Surcharge)
  - Diversion Charge는 양륙항변경료를 말한다. ❶
  - 당초 지정된 양륙항을 운송 도중에 변경할 경우 부과하는 운임이다. ❶

---

관련규정 ▸ **선택항 추가운임 및 외항 추가운임**

1. **양륙지선택화물(Optional Cargo)**
   - 선적할 때 그 양륙항이 확정되지 않고 기항 순서에 따라 몇 개의 항을 기재하고 하주가 화물의 도착전에 양륙항을 결정하는 조건(Optional Shipment)으로 선적된 화물을 말하고 양륙지선택료(Optional Surcharge)가 부과된다.
   - Optional Surcharge는 양륙항을 정하지 않은 상태에서 운송 도중에 양륙항이 정해지는 경우에 부과되는 할증운임이다. ❶
   - Optional Surcharge란 해상운송 계약 시 화물의 최종 양륙항을 확정하지 않고 기항 순서에 따라 몇 개의 항구를 기재한 후, 화주가 화물 도착 전에 양륙항을 선택할 수 있도록 할 때 부과하는 할증료이다. ❶
   - Optional charge는 선적 시에 화물의 양륙항이 확정되지 않고 화주가 여러 항구 중에서 양륙항을 선택할 권리가 있는 화물에 대해서 부과되는 할증요금이다. ❶

2. 외항추가운임(Outport Arbitrary) **1**
   원래 계획된 기항지(base port) 이외의 지역에서 적·양하되는 화물에 부과하는 것이다.

◎ 전쟁위험 할증료(War Risks Premium)

전쟁위험지역이나 전쟁지역에서 양적하되는 화물에 대하여 부과하는 운임이다. **1**

ⓩ PSS(Peak Season Surcharge) **1**

성수기 물량 증가로 컨테이너 수급불균형 및 항만의 혼잡 심화에 따른 비용 상승에 대한 할증료이다.

ⓩ 중동비상할증료(MEES)

중동전쟁 위험 비상할증료이다.

ⓩ 특별운항할증료(Special Operating Service Charge) **1**

항만 파업 등 비상사태에 대비하여 부과하는 할증료를 일컫는다.

ⓣ 환적할증료(Transshipment Surcharge) **2**

화물이 운송 도중 환적될 때 발생하는 추가비용을 보전하기 위한 할증료이다.

④ **특수운임**

㉠ 특별운임(Special Rate)

해운동맹의 운임률표상의 기본운임과는 달리 특정화물의 원활한 운송촉진, 가맹외선에 대한 대항조치, 대량화물에 대한 우대조치를 위해 일정기간에 한해 적용하는 할인운임이다.

㉡ 경쟁운임(Open Rate)

－화물운임을 해운동맹에서 결정한 운임률표에 의하지 않고 가맹선사가 임의로 결정할 수 있는 운임이다.

－동맹회원 간에는 일반적으로 운임표가 의무적으로 부과되지만 특정화물에 대해서는 자유로운 open rate가 가능하다. **1**

㉢ 접속운임(OCP Rate)

－운송업자가 해상운송 및 육상, 항공운송까지 화주를 대신하여 북미내륙의 Overland Common Point 지역까지 운송하는 경우에 화주가 운송업자에게 지불하는 운임이다.

－북미 태평양연안에서 항공기, 철도, 트럭 등에 환적되는 내륙지행 화물에 적용되는 운임이다.

참조

OCP(overland common point) : 극동에서 미주대륙으로 운송되는 화물에 공통운임이 부과되는 지역으로서 로키산맥 동쪽지역을 말한다. **2**

⑤ 부대비용

㉠ Wharfage **1** : 화물 적 · 양화를 위한 부두사용료이다.

㉡ 터미널화물처리비(THC, Terminal Handling Charge) **1** : 수출화물이 CY에 입고된 시점부터 선측까지 그리고 수입화물이 본선선측에서 CY 게이트를 통과하기까지 화물의 처리 및 이동에 따르는 비용으로 국가별로 그 명칭과 징수내용이 다소 상이하다. **3**

㉢ 지체료(Detention charge) : 화주가 반출해 간 컨테이너 또는 트레일러를 무료사용이 허용된 시간(Free Time) 이내에 지정 선사의 CY로 반환하지 않을 경우 선박 회사에 지불하는 비용이다. **4**

㉣ 서류발급비(Documentation Fee) : 선사가 선하증권(B/L)과 화물인도지시서(D/O)의 발급 시 소요되는 행정비용을 보전하기 위해 부과하는 비용이다. **1**

㉤ CFS Charge : 컨테이너 하나의 분량이 되지 않는 소량화물의 적입 또는 분류작업을 할 때 발생하는 비용이다. **1**

㉥ 보관료(Storage Charge) : CY에서 무료장치기간(free time)을 정해 두고 그 기간 내에 컨테이너를 반출해가지 않을 경우 징수하는 부대비이다. **1**

㉦ 도착지화물인도비용(DDC, Destination Delivery Charge) : 북미수출의 경우, 도착항에서 하역 및 터미널 작업비용을 해상운임과는 별도로 징수하는 것으로서 TEU당 부과하고 있다. **1**

㉧ 컨테이너세(Container Tax) : 1992년부터 항만 배후도로를 이용하는 컨테이너차량에 대해 부산시가 20ft(TEU) 컨테이너당 일정 금액을 징수하는 지방세로 부산지역의 항만 배후도로 건설 등 운송시설의 확충을 목적으로 한 일종의 교통유발부담금이다.


## 08 선하증권(B/L, Bill of Lading)

### (1) 개요

① 개념

－송화인에 대하여 특정선박에 특정화물이 적재되었다는 사실을 기재하고 수령한 화물의 운송과 인도를 약속하기 위하여 선주 또는 선장이 서명하여 발행한 문서이다.

－B/L은 운송인(선사)이 작성하여 송화인에게 교부한다. **2**

－선적일자와 관련하여 선하증권에 선적일이 표시되지 않고 발행일만 표시된 경우에는 선하증권 발행일이 선적일자로 간주된다. **1**

② 성격

　㉠ 운송계약의 증빙

　　－선화증권은 운송계약서는 아니지만 운송인과 송화인 간에 운송계약이 체결되었음을 추
　　　정하게 하는 증거증권의 기능을 가진다. **1**

　　－B/L은 화물수령증의 기능을 한다. **1**

　㉡ 권리증권

　　선의의 소지인에 대하여 그것과 상환으로 선적화물을 인도할 것을 확약한 권리증권이다. **1**

　㉢ 유통증권

　　－B/L은 일반적으로 지시식으로 발행되며 유통성을 갖는다. **2**

　　－선하증권은 유가증권으로서 배서 또는 양도에 의해 소유권이 이전되는 유통증권이다.

---

**관련규정** ▶ **해상화물운송장(SWB, SeaWay Bill)**
　－원본서류의 제시 없이도 물품의 인수가 가능한 서류로 권리증권이 아니며 유통성이 없다. **2**
　－수입화물선취보증제도를 이용하지 않아도 된다. **1**
　－해상화물운송장은 대개 기명식으로 발행된다. **1**
　－해상화물운송장을 이용한 화물의 전매는 불가능하다. **2**
　－해상화물운송장은 UCP 600을 적용할 때 일정조건 하에 은행이 수리할 수 있는 운송서류이다. **1**
　－양륙지에서 수하인이 운송인에 의해 화주임이 확인된 경우 수하인이 화물의 인도청구권을 행사하기
　　위해 운송인에게 반드시 해상화물운송장을 제시하여야 하는 것은 아니다. **2**
　－해상화물운송장에 관한 통일된 국제규범으로는 해상화물운송장에 관한 CMI 통일규칙(CMI Uniform
　　Rules for Sea Waybill)이 있다. **1**
　－해상화물운송장은 운송계약의 추정적 증거서류이다. **1**

---

**참조** ◈ CMI통일규칙(1990) 해상화물운송장상 화주와 운송인

- The **shipper** on entering into the contract of carriage does so not only on his own behalf
  but also as agent for and on behalf of the consignee, and warrants to the **carrier** that he
  has authority so to do. **1**
- The **shipper** warrants the accuracy of the particulars furnished by him relating to the goods,
  and shall indemnify the **carrier** against any loss, damage or expense resulting from any
  inaccuracy. **1**

- 운송 계약을 체결한 **화주**는 자신을 대신하여 뿐만 아니라 수하인을 대신하여 대리인으로서 수행하
  며 **운송인**에게 권한이 있음을 보증합니다. **1**
- **화주**는 물품과 관련하여 자신이 제공한 사항의 정확성을 보증하고, 부정확성으로 인한 손실, 손상
  또는 비용에 대하여 **운송인**에게 배상하여야 합니다. **1**

**[선하증권과 해상화물운송장의 비교]**

| 구분 | 선하증권 | 해상화물운송장 |
|---|---|---|
| 기능 | 운송물품에 대한 권리증권 | 단순 물품수취통지서 |
| 유가증권성 | 유가증권 및 권리증권 | 유가증권성이 없고 권리증권도 아님 |
| 권리행사자 | 적법한 소지인 | 수하인 |
| 유통성 | 유통가능 | 유통불가 |
| 수하인 | 변경가능 | 변경불가 |

**[선하증권의 법정 기재사항]**

| 관련사항 | 기재사항 |
|---|---|
| 선적화물 | −운송품명(Description of Commodity)<br>−중량(Weight)<br>−용적(Measurement)<br>−개수(Number of Packages)<br>−화물의 기호(Marks&Nationality) |
| 계약당사자 | −송하인(Name of The Shipper)<br>−수하인(Name of The Consignee) |
| 수출품 선적 | −선적항(Port of Shipment) **1**<br>−양륙항(Port of Destination) **1**<br>−선박명과 국적(Name of The Ship&Nationality)<br>−선장명(Name of The Master of Vessel)<br>−운송비(Freight Amount) |
| 선하증권 발행 | −선하증권의 작성 통수(Number of B/L Issued) **1**<br>−선하증권 발행지 및 발행일자(Place And Date of B/L Issued) **1** |
| 기타<br>참조사항 | −Container No. : 화물이 적입된 컨테이너 번호를 표기한다. **1**<br>−Place of Delivery : 운송인의 책임 하에 화물을 운송하여 수하인에게 인도하는 장소를 명시한다. **1**<br>−Final Destination : 화물의 최종 목적지를 표시한다. **1**<br>−Notify Party : 수입업자 또는 수입업자가 지정하는 대리인이 기재된다. **1**<br>※ 운송물품의 거래가격은 법정기재사항이 아니다. |

## (2) 종류

### ① 인수시기에 따른 구분

㉠ 선적선하증권(On board B/L, Shipped B/L)

−화물이 실제로 특정선박에 적재되었다는 내용이 기재된 것으로 선적 후 발행되는 선하증권이다. **1**

−B/L은 일반적으로 본선 선적 후 발행하는 선적식으로 발행된다. **2**

ⓛ 수취선하증권(Received B/L)

　　－선적 전이라도 화물이 선사의 창고에 입고되면 발행되는 선하증권이다.

　　－수취선하증권에도 화물이 선적되었다는 사실과 선적일을 기입하고, 운송인이나 그의 대리인이 서명하면 선적선하증권과 동일하게 취급한다.

참조

> Custody B/L은 화물이 운송인에게 인도되었으나 당해 화물을 선적할 선박이 입항하지 않은 상태에서 발행되는 B/L을 말한다. **1**

② 화물상태에 따른 구분

　㉠ Clean B/L

　　－물품의 본선 적재 시에 물품의 상태가 양호할 때 발행되는 선하증권이다. **1**

　　－선박회사가 인수한 물품의 명세 또는 수량 및 포장에 하자가 없는 경우 발행되는 B/L이다. **1**

　　－선하증권면에 "Shipped on board in apparent good order and condition"으로 기재된다.

　㉡ 사고부 선하증권(Foul B/L, Dirty B/L)

　　선적 당시 화물의 포장이나 수량 등에 결함 또는 이상이 있어 그 사실이 선하증권에 그대로 기재되어 발행된 선하증권이다. **1**

관련규정 ▶ **파손화물보상장(L/I, Letter of Indemnity)**

**1. 개념**
　－은행은 Foul B/L을 수리하지 않기 때문에 화주가 실제로는 Foul B/L임에도 불구하고 Clean B/L으로 바꾸어 받을 경우 선박회사에게 제시하는 보상장을 말한다. **1**
　－화주가 선박회사에 대해 발행하는 서류로, 향후 화물에 문제가 발생하더라도 선박회사에 책임을 전가시키지 않는다는 취지의 각서이다. **2**

**2. 활용절차**
　(1) 해상운송에서 운송인은 화물을 인수할 당시에 포장상태가 불완전하거나 수량이 부족한 사실이 발견되면 사고부 선하증권(Foul B/L)을 발행한다. **1**
　(2) 사고부 선하증권은 은행에서 매입을 하지 않으므로, 송화인은 운송인에게 일체의 클레임에 대해서 송화인이 책임진다는 서류를 제출하고 무사고 선하증권을 수령한다. **1**

**3. 활용예시 1**
　L/I신용장으로 거래하는 화물을 선적한 선박의 일등 항해사가 선적물품에 하자가 있음을 발견하고 본 선수취증의 비고란(Remarks)에 이러한 사실을 기재하였다. 이 경우 화주는 L/I를 선사에 제출하고 Clean B/L을 발급받아 은행에 매입을 요청하는 조치를 할 수 있다.

③ 수하인 지명방식에 따른 구분

　㉠ 기명식 선하증권(Straight B/L)

　　－선하증권의 수하인란에 수하인의 성명 또는 상호 및 주소가 기재된 선하증권으로 화물에 대한 권리가 수화인에게 귀속되는 선하증권이다. ❸

　　－선하증권에 기재된 특정 수하인이 아니면 원칙적으로 화물을 수령할 수 없다. ❶

　　－기명식 선하증권은 화물의 전매나 유통이 어렵다. ❶

　　－기명식 선하증권은 선하증권에 배서금지 문언이 없으면 배서양도는 가능하지만, 기명된 당사자만이 화물을 인수할 수 있다. ❶

　　－수하인 란에 수하인의 성명이 명백히 기입된 선하증권으로 수하인으로 기명된 수입상만이 물품인도를 청구할 수 있기 때문에 송금결제방식이나 청산결제방식의 거래에 한하여 이용된다. ❶

　㉡ 지시식 선하증권(Order B/L)

　　－Order B/L은 수화인란에 특정인을 기재하고 있지 않은 선하증권이다. ❶

　　－선하증권의 수화인란에 수화인의 성명이 명시되어 있지 않고 "to order of"로 표시된 선하증권을 말한다. ❶

　　－선하증권의 수하인으로 "Order", "Order of Shipper", "Order of …", "Order of Negotiation Bank"로 표시하여 발행된다.

④ 통선하증권(Through B/L) ❶

　－최초의 운송인만이 서명하여 그가 수하인 또는 B/L 소지인에 대하여 운송상의 모든 책임을 부담한다.

　－운송화물이 목적지에 도착할 때까지 서로 다른 둘 이상의 운송기관, 즉 해운, 육운, 공운을 교대로 이용하여 운송되는 경우 환적할 때마다 운송계약을 맺는 절차 및 비용을 절약하기 위하여 전운송구간에 대해서 발행하는 B/L이다.

⑤ 환적선하증권(Transhipment B/L) ❶

　운송경로의 표시에 있어 도중의 환적을 증권면에 기재한 선하증권을 말한다.

⑥ 제3자선하증권(Third Party B/L)

　－무역거래의 당사자(수출상)가 아닌 다른 자가 송하인으로 발행되는 선하증권이며 주로 중계무역에 이용된다. ❷

　－선하증권 상에 표시되는 송화인은 통상 신용장의 수익자이지만, 수출입거래의 매매당사자가 아닌 제3자가 송화인이 되는 경우에 발행되는 선하증권이다. ❶

　－운송계약의 주체인 화주와 L/C 상의 수익자(Beneficiary)가 다르다.

⑦ Switch B/L

무역업자가 실공급자와 실수요자를 모르게 하기 위하여 사용하는 B/L로서 중계무역에 사용된다.

**Switch B/L이 발행되는 상황**

- 부산에 소재하는 중계무역상 A가 일본에 있는 B로부터 물품을 구매하여 영국에 있는 C에게 판매하고자 한다. **1**
- 이를 위해 동경에서 부산으로 물품을 반입하여 포장을 변경한 다음 영국행 선박에 적재하였다. **1**
- A는 이 물품에 대해 송하인과 수하인, 통지처 등의 사항을 변경한 선하증권을 선사로부터 다시 발급받았다. **1**

참조 **스위치무역(Switch Trade)**

- 수출상이 직접 매매계약을 체결하여 상품이 수입국에 직송되나 대금결제는 제3국 상사에서 하는 무역이다.
- 특정 제3국의 통화를 결제통화로 사용하여 다른 통화지역으로부터 수입하는 거래형태이다.

⑧ 이면약관 기재여부

⊙ Long Form B/L은 선하증권의 필요기재사항과 운송약관이 모두 기재되어 발행되는 B/L을 말한다. **1**

ⓛ Short Form B/L : 선하증권으로서 필요한 기재사항은 갖추고 있으나 일반선하증권에서 볼 수 있는 이면약관이 없는 선하증권이다. **1**

⑨ Red B/L

- 선하증권과 보험증권의 기능을 결합시킨 B/L이다.
- 선하증권 면에 보험부보 내용이 표시되어, 항해 중 해상사고로 입은 화물의 손해를 선박회사가 보상해 주는데, 이러한 문구들이 적색으로 표기되어 있는 선하증권이다. **1**

⑩ Stale B/L

- Stale B/L은 선하증권의 제시 시기가 선적일 후 21일이 경과하는 등 필요 이상으로 지연되었을 때 그렇게 지연된 B/L을 말한다. **4**
- 모든 신용장은 운송서류의 특정 기간을 명시해야 하며, 만일 기간 약정이 없는 경우 은행은 발행일자 이후 21일 경과한 서류는 거절하게 규정되어 있다.
- 특별히 신용장면에 'Stale B/L Acceptable'이란 조항 없이 이를 수리하지 않는다.

## ⑪ Surrender B/L ❷

- 송화주에게 발행된 유통성 선하증권을 송화주가 배서하여 운송인에게 반환함으로써, 선하증권의 유통성이 소멸된 B/L을 말한다. ❶
- 교부받은 B/L 원본에 송하인이 배서하여 운송인에게 반환함으로써 유통성이 소멸되는 선하증권으로 선하증권 사본에 "Surrender" 또는 "Telex Release"란 문구가 찍혀져 있다. ❶
- 선화증권의 권리증권 기능을 포기한 것으로서 선화증권 원본 없이 전송받은 사본으로 화물을 인수할 수 있도록 발행된 선화증권이다. ❶

> **참조** 
>
> 선적서류보다 물품이 먼저 목적지에 도착하는 경우, 수입화주가 화물을 조기에 인수하기 위해 사용할 수 있는 서류로는 해상화물운송장(SeaWay bill), Surrender B/L, L/G(Letter of Guarantee)가 있다. ❷

## ⑫ Groupage B/L와 House B/L ❶

ⓐ Groupage B/L

- 컨테이너를 이용하여 화물을 수출함에 있어 선사가 포워더에게 발행하는 서류로 Master B/L이라고도 한다. ❹
- 운송주선인이 동일한 목적지로 운송하는 여러 화주의 여러 화물을 혼재하여 하나의 그룹으로 만들어 선적할 때 선박회사가 운송주선인에게 발행하는 B/L이다. ❶

ⓑ House B/L

혼재를 주선한 운송주선인이 운송인으로부터 Master B/L을 받고 각 화주들에게 발행해주는 선하증권이다. ❷

> **심화**  House B/L
>
> House bills of lading are issued by freight forwarders who consolidate several cargoes belonging to different owners or form the subject-matter of different export transactions in one consignment which will be shipped under the groupage bill of lading issued by. ❶

## ⑬ Countersign B/L ❶

- 운임을 도착지 지급조건으로 지불하거나 이외 다른 채무가 부수되어 있는 경우 물품인수자는 운임 및 채무에 대한 대금을 지급하고 화물을 수취하게 된다.
- 이때 선사가 확실히 대금지급 받았음을 증명하기 위해 선하증권에 이서하게 되는데, 이러한 counter-sign이 있는 선하증권을 말한다.

⑭ Optional B/L ❶

화물이 선적될 때 양륙항이 확정되지 않은 상태로 둘 이상의 항구를 양륙항으로 하여 선적항을 출발한 선박이 최초의 양륙항에 도착하기 전에 양륙항을 선택할 수 있도록 발행된 B/L이다.

⑮ FIATA B/L(국제복합운송주선인협회 선하증권)

– 혼재선하증권(House B/L)의 일종으로 국제운송주선인협회가 발행하고, 국제상업회의소(ICC)가 인정한 서류이다.

– UCP 600에서는 운송인 또는 그 대리인의 자격을 갖추지 않은 운송주선인이 발행한 운송서류는 국제운송주선인협회가 발행한 운송서류라 하더라도 수리 거절되도록 규정하고 있다.

> **심화** 📎 **FIATA FBL 주요 내용**
>
> – 운임 및 기타 FBL에 기재된 모든 요금은 본 FBL에 지정된 통화 또는 포워더의 선택에 따라 발송지 또는 목적지 국가의 통화로 지급해야 한다. ❶
> – 선불운임에 대해서는 발송일의 발송지 또는 목적지의 은행 일람불당좌어음에 적용되는 가장 높은 환율이 적용된다. ❶
> – 후불운임에 대해서는 하주의 화물도착통지 접수일과 화물인도지시서 회수일의 환율 중 더 높은 환율을 적용하거나, 포워더의 선택에 따라 본 FBL발행일의 환율이 적용된다. ❶
> – 불가항력 또는 기타 사유로 인하여 이로(deviation), 지연 또는 추가 비용이 발생한 경우 포워더가 하주에게 추가운임을 청구할 수 있다. ❶
> – 프레이트 포워더(Freight Forwarder)는 화주의 단독위험으로 화물을 보관할 수 있다. ❶
> – 프레이트 포워더가 인도 지연으로 인한 손해, 화물의 멸실, 손상 이외의 결과적 멸실 또는 손상에 대해 책임을 져야 할 경우, 프레이트 포워더의 책임한도는 본 FBL(Forwarder's B/L)에 의거한 복합운송계약 운임의 2배 상당액을 초과하지 않는다. ❶
> – FBL에 따르면 화물의 손상, 멸실 등의 경우, 프레이트 포워더는 무과실을 입증하지 못하는 한 배상책임을 면할 수 없다. ❶
> – 해상운송이나 내수로운송이 포함되지 않은 국제복합운송의 경우, 프레이트 포워더의 책임은 멸실 또는 손상된 화물의 총중량 1kg당 8.33SDR(Special Drawing Rights)을 초과하지 않는 금액으로 제한된다. ❶

> **심화** 📎 **Unknown Clause(선하증권 이면상 부지약관)**
>
> Any reference on the face hereof to marks, numbers, descriptions, quality, quantity, gauge, weight, measure, nature, kind, value and any other particulars of the Goods is as furnished by the Merchant, and the Carrier shall not be responsible for the accuracy thereof. The Merchant warrants to the Carrier that the particulars furnished by him are correct and shall indemnity the Carrier against all loss, damage, expenses, liability, penalties and fines arising or resulting from inaccuracy thereof. ❶
>
> [해설] 증권전면에 나와 있는 기호, 번호, 명세, 품질, 수량, 치수, 중량, 부피, 성질, 종류, 가액 및 기타 물품의 명은 화주가 신고한 대로이며, 운송인은 그것의 정확성에 대해서 책임을 지지 않는다. 상세명세가 정확하다는 것을 운송인에게 담보하며, 그것의 부정확성으로 인하여 발생하는 모든 멸실, 손해, 비용, 책임, 벌과금, 과태료에 대해서 운송인에게 보상한다.

- 잠재하자약관 : 상당한 주의를 기울여도 하자를 쉽게 발견할 수 없는 경우 발생하는 손실에 대해 운송인은 면책이다.
- 이로약관 : 항해 중에 인명, 재산의 구조, 구조와 관련한 상당한 이유로 예정항로 이외의 지역으로 항해한 경우, 발생하는 손실에 대해 운송인은 면책이다.
- 과실약관 : 과실은 항해과실과 상업과실로 구분하며 상업과실일 경우, 운송인은 면책을 주장하지 못한다.
- 고가품약관 : 송화인이 화물의 운임을 종가율에 의하지 않고 선적하였을 경우, 운송인은 일정금액의 한도 내에서 배상책임이 있다.

## (3) 해상운송관련 국제조약

### ① 헤이그 규칙(Hague Rules)

- 선주와 화주의 이해관계를 조정하고 해상운송에 관해 국제적인 통일을 기하기 위해서 국제법협회, 국제해사위원회 등이 중심이 되어 국제통일법의 제정 촉구를 결의하였다.
- Hague Rules(1924)는 운송인의 의무 및 책임의 최소한을 규정하고 있다. [1]
- Hague Rules(1924)는 운송인의 기본적인 의무로서 선박의 감항능력에 관한 주의의무를 규정하고 있다. [1]
- 운송인은 본선 선적개시 시부터 출항 시까지 선박의 내항성(Seaworthiness)에 대한 주의를 게을리 하지 말아야 할 의무가 있다. [1]
- 선박의 항해에 필요한 승조원을 배치하고 선박의 의장 및 필수품을 보급할 의무가 운송인에게 있다. [1]
- 화물이 운송될 창내, 냉동실, 냉기실 및 화물운송에 필요한 선박의 다른 모든 부분을 화물의 수령, 운송 및 보존에 적합하고 안전하게 하기 위하여 상당한 주의를 운송인이 기울여야 한다. [1]
- 운송인은 물품의 선적, 적부, 운송, 보관 또는 양하가 적절하고 신중하게 행하여지지 않아서 발생한 물품의 손해에 대하여 책임을 면할 수 없다. [1]
- 해상운송인의 책임을 상업상 과실과 항해상 과실 두 가지로 구분하여 상업상 과실의 경우 해상운송인이 엄격한 책임을 지지만 항해상 과실의 경우 책임을 면한다.

Carrier includes the owner or the charterer who enters into a contract of carriage with a shipper.
운송인은 선주 또는 화주와 운반 계약을 맺은 용선 계약자를 포함한다.

### ② 헤이그 – 비스비 규칙(Hague – Visby Rules)

- Hague – Visby Rules(1968)는 그 자체가 독립된 새로운 협약이 아니라 Hague Rules(1924)를 개정하기 위한 것이었다. [1]

- 운송인의 책임에 관하여 면책을 규정한 반면 운송품의 선적·수급·적부·운송·보관·관리·양륙 등에 관한 과실, 즉 상업과실에 대하여는 면책특약을 무효로 하였다.
- 별도의 계약을 한다면 운송인은 화물의 선적, 취급, 선내작업, 운송, 보관, 관리 및 양하에 관해 협약에서 규정한 의무와 책임이 면제될 수 있다. **1**
- 운송인은 선박의 운항 또는 선박의 관리에 관한 선장, 선원, 도선사의 행위나 해태, 또는 과실로 인한 손해에 대해 책임을 지지 않는다. **1**
- 해상운송인은 부당한 이로(Deviation)나 불합리한 지연 없이 통상적이고 합리적인 항로로 항해를 수행할 묵시적 의무가 있다. 그러나 해상에서 인명 또는 재산을 구조하거나 이러한 구조를 위한 이로는 인정된다. **1**
- 운송인의 책임한도는 포장물 또는 단위당 10,000 포앙카레 프랑과 총중량 1kg당 30 포앙카레 프랑 중 큰 금액으로 한다. **1**
- 협약에서 말하는 선박은 해상운송에 사용되는 일체의 선박을 의미한다. **1**

> **심화** ◇ Paramount Clause **1**
>
> - 본 약관은 본 FBL이 증명하는 운송계약에 적용되는 국제조약 또는 국내법에 저촉되지 않는 범위 내에서만 효력을 갖는다.
> - 1924년 제정된 헤이그 규칙 또는 1968년 제정된 헤이그-비스비 규칙이 선적국에서 법제화되어 이미 발효 중인 나라에서는 헤이그-비스비 규칙이 모든 해상 물품운송과 내수로 물품운송에도 적용되고, 또 그러한 규정은 갑판적이든, 창내적이든 불문하고 모든 물품운송에 적용된다.

### ③ 함부르크 규칙(Hamburg Rules)

- Hamburg Rules(1978)가 제정된 배경은 종래의 관련 규칙이 선박을 소유한 선진국 선주에게 유리하고, 개도국 화주에게 불리하다는 주장과 관련이 있다. **1**
- 개발도상국의 화주의 입장을 강화함으로써 운송인의 책임을 강화하였다.
- 개발도상국들이 화주들의 권익 보장을 UN무역개발회의(UNCTAD)에서 주장하였고, 1978년 3월 독일에서 'Hamburg Rules'이라 불리는 'UN해상물품운송조약(United Nations Convention on the Carriage of Goods by Sea, 1978)'이 채택되었다.

> **참조** ◇ 함부르크 규칙(Hamburg Rules, 1978)의 주요내용
>
> - 선박의 감항능력(내항성) 담보에 관한 주의의무 규정의 삭제 **1**
> - 화재면책의 폐지 및 운송인 책임한도액의 인상 **1**
> - 운송인의 항해과실면책, 선박취급인의 과실면책, 선박의 화재면책조항 폐지 **1**
> - 면책 카탈로그(Catalogue)의 폐지 **1**
> - 지연손해에 관한 운송인 책임의 명문화 **1**

"Carrier" means any person by whom or in whose name a contract of carriage of goods by sea has been concluded with a shipper.
"운송인"이라 함은 해상운송 계약이 송하인과 체결된 자 또는 그 명의로 된 자를 말한다.

관련규정 → **함부르크 규칙과 헤이그 규칙의 비교**
- Hague Rules에 비해 Hamburg Rules의 운송인의 책임기간이 확대되었다. [1]
- Hague Rules에서 열거한 운송인이나 선박의 면책리스트가 Hamburg Rules에서는 모두 폐지되고 제5조의 운송인 책임의 일반원칙에 의해 규정받게 되었다. [1]
- Hague Rules에서는 지연손해에 대한 명문규정이 없었으나 Hamburg Rules에서는 제5조에 이를 명확히 하였다. [1]
- Hague Rules에 비해 Hamburg Rules의 운송인의 책임한도액이 인상되었다. [1]
- Hague Rules에서 운송인의 상업과실은 면책사항이 아니고 항해과실만 면책으로 규정하였다. Hamburg Rules에서는 운송인의 항해과실면책, 선박취급상의 과실면책, 선박에 있어서 화재의 면책 조항 등을 폐지하여 운송인의 책임을 더욱 강화하였다. [1]
- 운송인의 책임구간을 운송품의 수취로부터 인도까지 확대하였다.
- 화물의 멸실 : 인도 지연에 대한 운송인의 책임을 명기(인도기간이 경과한 후 60일 이내 인도되지 않으면 화물이 멸실된 것으로 취급)하였다. 운송인의 책임한도를 인상(총운임의 범위 내에서 해당화물운임의 2.5배로 제한)하였다.
- Claim의 통지기간을 연장하였다.

④ 로테르담 규칙(Rotterdam Rules)(2008)

- 국제해상물건운송계약에 관한 UNCITRAL조약으로 복합운송(Door to Door)에 부응하는 해결책 제공과 운송인의 운송물에 대한 책임을 강화한 규칙이다.
- 해공복합운송 및 해륙복합운송에 대해서도 적용된다. [1]
- 해상화물운송장 및 전자선하증권이 발행되는 경우에도 적용된다. [1]
- 당사자 간의 합의된 기간 내에 인도가 되지 않은 경우(지연인도) 운임의 2.5배를 최고한도로 보상이 가능하다. [2]
- 항해과실 면책조항이 없으므로 운송인은 항해과실로 인해 발생한 손해에 대해서도 책임을 부담한다. [2]
- 운송인의 감항능력주의 의무는 전체 해상운송기간에 대해서까지 확대된다. [1]
- 손해발생구간이 밝혀지지 않은 화물손해는 해상운송에서 발생한 것으로 간주한다. [1]
- 화주에게 화물의 감항성 의무를 부과했다. [1]

1. **국제해사기구(IMO, International Maritime Organization)** 📵
   - 국제적 해사안전 및 해상오염 방지대책의 수립, 정부 간 해사기술의 상호협력, 정부 간 해운 관련 차별조치의 철폐, 국제해사 관련 협약의 시행 및 권고 등을 설립 목적으로 한다. 📶
   - 해사안전 및 오염방지 대책, 국제해사 관련 협약의 시행 및 권고 등을 위해 설립된 UN산하 국제기구이다. 1️⃣

2. **국제해사법위원회(CMI, Committee Maritime International)** 📵
   - 해상법 · 해사 관련 관습 · 관행 및 해상실무의 통일화에 기여하기 위하여 1897년 벨기에 앤트워프에서 창설된 민간국제기구이다.
   - 해상법의 연구를 통하여 국제협약 및 각국의 입법에 영향을 주고 있으며, 국제해사기구(IMO)에서 채택되는 각종 협약 가운데 해상운송과 선박소유자의 책임관계 · 선박소유권 이전관계 · 선박 채권 등과 관련된 협약을 제정한다.

3. **아시아 · 태평양 경제이사회(ESCAP, UN Economic & Social Commission for Asia & pacific)**
   1947년 극동지역 국가들의 경제부흥을 목적으로 설치된 UN경제사회이사회 산하의 4개 지역 경제위원회 중 하나이다.

4. **국제해운회의소(ICS, International Chamber of Shipping)** 2️⃣
   - ICS는 국제민간선주들의 권익보호와 상호협조를 위해 각국 선주협회들이 1921년 런던에서 설립한 민간기구이다. 📵
   - 선주의 이익증진을 목적으로 설립된 민간 기구이며, 국제해운의 기술 및 법적 분야에 대해 제기된 문제에 대해 선주들의 의견교환, 정책입안 등을 다룬다. 1️⃣
   - 우리나라 선주협회는 1979년에 정회원으로 가입하였다.

5. **국제해운연맹(ISF, International Shipping Federation)** 2️⃣
   - 선주들의 권익 보호와 선주들에 대한 자문을 목적으로 각국의 선주협회들이 1919년 결성한 국제민간기구로 런던에 본부가 있다. 1️⃣
   - ISF는 당초 유럽 선진해운국의 선주협회를 중심으로 구성되었으나 1919년 국제노동기구(ILO)의 창설 이후 국제운수노동자연맹(ITF)의 활동에 효율적으로 대처하기 위해 그 기능과 조직을 대폭 개편하였다.

6. **발틱국제해사협의회(BIMCO, The Baltic and International Maritime Conference)** 📵
   - BIMCO는 선주들의 공동이익을 위해 창설된 민간기구이다. 1️⃣
   - 회원사에 대한 정보 제공 및 자료 발간, 선주의 단합 및 용선제도 개선, 해운업계의 친목 및 이익 도모를 목적으로 설립되었다. 1️⃣
   - 1906년 정기(기간)용선계약서의 양식인 'Baltime Form'을 제정하였다.

7. **국제운수노동자연맹(ITF, International Transport workers Federation)**
   편의치적선에 승선하는 선원의 보호와 임금과 노동조건에 관한 국제협약을 체결하고 공정한 실행 여부에 관한 검사활동 및 국제협약의 준수상황을 점검하는 역할을 수행한다.

8. **국제선급협회연합회(IACS, International Association of Classification Society)**
   - 각국 선급협회의 공통 목적을 달성하고자 상호 협력하고 여타 국제단체와의 협의를 위해 1968년에 결성되었다. 1️⃣
   - IACS는 각국의 선급에 대한 검사를 하고 있으며 이 검사 결과에 따라 그 선급의 위상이 정하여진다. 1️⃣

**심화** 🔷 해운 관련 국제조약

1. 해양오염방지조약(MARPOL, Marine Pollution Treaty)
   1973년 국제해사기구(IMO)에서 채택한 선박에 의한 오염 방지를 위한 국제조약 및 이에 관련된 의정서를 말한다.
2. 해상인명안전조약(SOLAS, International Convention for the Safety of Life at Sea)
3. 선원의 훈련 · 자격증명 및 당직근무의 기준에 관한 국제협약(STCW, International Convention on Standards of Training, Certification and Watchkeeping for Seafarers)

**[해상운송관련 국제협약 비교]**

| 국제협약 | 제척기간 | 운송인책임구간 | 포장 또는<br>단위당 책임한도 | 특징 |
|---|---|---|---|---|
| Hague Rules<br>(1924) | 인도 후<br>1년 | tackle to tackel<br>(적재-양하)<br>적용대상 : 선하증권 | 100파운드 | 항해과실, 화재면책,<br>상업과실은 책임부담 |
| Hague-Visby<br>Rules(1968) | 인도 후<br>1년 | tackle to tackle<br>(적재-양하)<br>적용대상 : 선하증권 | 포장단위당<br>10,000포앙카레 프랑 or<br>30포앙카레 프랑/kg 중<br>큰 쪽 | 컨테이너 규정 설정,<br>선진국 선주 이익 대변 |
| Hamburg<br>Rules<br>(1978) | 인도 후<br>2년 | receipt to delivery<br>(인수-인도)<br>적용대상 : 해상운송 | 포장당 835SDR<br>or 2.5SDR/kg | UN 해상물품운송협약,<br>운송인 책임확대(항해<br>과실/화재/상사과실<br>책임) |
| Rotterdam<br>Rules<br>(2008) | 인도 후<br>2년 | door to door<br>적용대상 : 해상운송이<br>포함된 복합운송 | 포장당 875SDR<br>or 3SDR/kg | 해상운송이 포함된 복<br>합운송으로 책임 범위<br>확대 |

## 09 연안운송

### (1) 연안운송의 개요

- 연안운송은 운송단계가 복잡하고 전용선복이 부족하며 시설이 정비되지 못하여 아직 활성화되지는 않았으나, 근래에는 컨테이너화물의 증가로 컨테이너선을 투입하여 운항서비스를 하고 있고 이와 함께 시멘트선, LPG선, 정유선 등의 대형화가 이루어져가고 있다.
- 부산~인천 간의 연안해송은 육상운송에 비해 운임이 저렴하고 컨테이너에 대한 과세가 면제되므로 이후에 연안해송을 이용하는 업체가 증가할 것으로 예상된다.

## (2) 연안운송의 필요성

- 기·종점이 일정지역에 편중되어 있는 화물로서 목적지가 임해지역이거나 항만에서 근거리에 위치한 화물을 운송할 경우 운송비 절감측면에서 유리하다.
- 교통난 해소로 대량화물의 연안운송 유도하여 공로의 혼잡도를 완화할 수 있다.
- 철도운송의 한계를 보완할 수 있다.
- 남북 물자교류 활성화에 대비할 수 있다.

## (3) 연안운송 관련 문제점

- 규모의 영세성, 중고선 도입 제한, 선박확보자금 지원 부족, 연안선에 대한 세제혜택이 전무하여 선박의 운항경제성이 떨어진다.
- 내항해운사의 경영 악화 및 근로조건이 열악하여 연안선원 공급에 애로가 있다.
- 연안해송 전용부두시설이 부족하여 물량처리가 곤란하다.

## (4) 우리나라 연안해운의 활성화 방안

- 선사와 화주 간 지속적인 관계 개선 및 서비스 향상을 통한 진정한 의미의 장기용선계약 체결이 필요하다. **1**
- 연안 선사를 위한 실효성 있는 선박금융기법 개발을 통해 연안 선사의 경영합리화 추진이 필요하다. **1**
- 연안 해운은 육상운송수단에 비해 친환경적인 운송수단으로 세제상의 지원이 필요하다. **1**
- 선복량 과잉을 방지하고 적정 선박량의 유지를 위한 방안이 필요하다. **1**
- 현행 연안운송사업의 등록기준은 선박 **1**척 이상이다. **1**

## (5) 카페리 운송

### ① 카페리의 구분

- 단거리 : 100km 미만의 거리
- 중거리 : 100km 이상 300km 미만의 거리
- 장거리 : 300km 이상의 거리

### ② 카페리 운송의 경제적 이점

- 인건비의 절감
- 운송시간 단축
- 하역의 합리화
- 자동차 유지비의 절감

### ③ 카페리 운송의 장단점

| | |
|---|---|
| 장점 | -생동물, 과일, 생선 등을 산지로부터 신속하게 직송하여 화물을 유통시킨다. **1**<br>-육상의 도로혼잡을 감소시킨다. **1**<br>-상·하역비를 절감할 수 있다. **1**<br>-불특정 다수를 대상으로 사람과 화물을 동시에 운송할 수 있다. **1**<br>-운항 중인 카페리 내의 화물자동차에는 운전기사가 1명 또는 없어도 되며, 연료비가 불필요하다.<br>-RO-RO(Roll On Roll Off)선에서는 자동차를 싣고 부리는 데 운전사 외에 다른 것은 불필요하다.<br>-관광지나 공업단지와 대도시를 연결함으로써 지역개발을 도모할 수 있다. |
| 단점 | -운임이 비싸다. **1**<br>-항만, 기타 창고의 영향이 크다.<br>-자동차 운송만으로는 채산성이 떨어진다. |

### ④ 카페리 운송방식

| | |
|---|---|
| 방식 1 | 보통 트럭에 의해 발송지에서 도착지까지 직송하고, 도중에 장거리 카페리를 대체하는 방식으로 가장 간편하다. 주행에 비해 차량의 운행비와 상각비는 절감되나 인건비는 절감되지 않는다. |
| 방식 2 | 인건비 절약, 트럭의 머리 부분을 분리할 수 없어 고정비 및 페리의 운송비는 절감되지 않는다. |
| 방식 3 | 세미 트레일러에 의해 발송지에서 도착지까지 직송하여 도중에 장거리 카페리에 의해 트레일러 부분만 무인으로 하는 운송방식이다. 차량의 고정비나 페리운송비를 절감한다. |
| 방식 4 | 방식 3을 발전시킨 방법으로서 발착양측 기지에 화물역을 설치하여 화물역에 세미트레일러를 중계한다. 트레일러 부문만 페리에 의해 무인 운송하여 도착기지의 화물역에 보통 트럭으로 중계 배송한다. 장거리 노선트럭과 같은 기능이며, 우리나라 같이 도로가 만성적인 체증상태일 때 유용하다. |

---

**심화** 🔶 **열차페리 운송**

**1. 개념**

열차페리 운송방식은 해상운송과 철도운송이 가지는 장점을 효과적으로 접목시킨 복합일관운송방식이다.

**2. 장점**

-하역처리의 빈도가 감소된다.
-포장의 간이화에 따른 비용이 절감된다.
-항만하역 시간의 단축이 가능하다.
-파손위험의 발생이 저하된다.

**3. 단점**

-기기에 대한 손상 또는 파손 시 손해배상의 책임한계가 발생할 수 있다.
-화차 등을 발송했을 때의 상태와 도착 후의 상황이 크게 악화되었다고 할 때 그 책임한계와 양당사자 간 의견일치를 도출하는 데에 논란의 여지가 있기 때문에 손해발생 시 책임소재가 명확하지 않다.

**심화** 해운정책

- 해운자유화의 의의는 선박에 게양되는 국기에 상관없이 해상운송의 자유 및 공정한 경쟁원칙을 적용하는 데 있다.
- 해운자유주의 정책에서 화주는 국적선이든 외국적선이든 간에 운송인 선정의 자유를 갖는다.
- 해운보호주의는 외부경쟁으로부터 국내 해운산업을 보호하기 위한 정책이다.
- 해운의 국가통제란 정부가 직접 해운에 개입하는 것을 말하며 계획조선제도가 대표적인 예이다.
- 카보타지는 국가 내에서 여객 및 화물을 운송하는 권리를 외국선박에는 주지 않고 자국선박이 독점하는 국제관례를 의미하며, **해운자유주의 정책의 상대적 개념**이라 할 수 있다. 우리나라에서는 선박법 제6조에서 국내 각 항 간의 운송을 한국적 선박으로 제한하고 있다.

# CHAPTER 04 해상보험

## 01 개요

> **참조** 고지의무(duty of disclosure)
>
> - 피보험자 또는 보험계약자가 알고 있는 모든 중요한 사항을 계약이 성립되기 이전에 보험자에게 고지하는 것을 말한다. **1**
> - 피보험자가 보험의 목적물에 대하여 가지는 권리 또는 이익으로 피보험자와 보험의 목적과의 경제적 이해관계를 말한다. **1**
> - 위험감소요인, 보험자가 알 수 있는 것으로 간주되는 사항, 보험자에 의하여 면제된 사항, 명시 또는 묵시담보로 고지할 필요가 없는 사항은 비고지사항이다.
> - 불고지, 부실고지의 경우 보험 상대방은 보험계약을 취소할 수 있다.

### (1) 해상보험의 용어

#### ① 보험약관(Clauses)

일반적이고 표준적인 것은 보통약관, 별도로 특정 사항을 약정한 약관은 특별보험약관이라고 한다.

#### ② 보험증권(Insurance Policy)

- 보험증권은 보험계약의 성립을 증명하는 서류로서 피보험자의 청구에 의해 발행하며 원칙적으로 양도 가능한 유통증권이다.
- 기평가보험증권은 다툼을 미연에 방지하고 보험가액 평가에 소요되는 시간과 경비를 절약하여 신속한 보상을 하기 위해 사용되는 것으로 보험목적물의 협정보험가액이 기재된 보험증권이다. **1**

#### ③ 피보험목적물(Subject Matter Insured)

해상보험의 목적물은 화물(Goods)뿐만 아니라 선박(Ship), 운임(Freight)도 포함한다.

④ 피보험이익(Insurable Interest)

- 피보험자가 보험의 목적물에 대하여 가지는 권리 또는 이익으로 피보험자와 보험의 목적과의 경제적 이해관계를 말한다. **1**
- 피보험이익은 손해보험에서 보험사고의 발생에 의하여 손해를 입을 우려가 있는 피보험자의 경제적 이익이므로 보험계약 체결 시 반드시 확정되어 있어야 하는 것은 아니다. **1**
- 피보험이익은 적법하여야 한다. **1**
- 피보험이익은 보험사고가 발생할 때까지 확정되어 있어야 한다. **1**
- 피보험이익은 선적화물, 선박 등 피보험목적물에 대하여 특정인이 갖는 이해관계를 말한다. **1**
- 해상보험계약에서 보호되는 것은 피보험목적물이 아니라 피보험이익이라 할 수 있다. **1**
- 피보험이익은 경제적 이익 즉, 금전으로 산정할 수 있어야 한다. **1**

⑤ 보험금액(Insured Amount)

피보험자가 실제로 보험에 가입한 금액으로서 손해발생 시 보험자가 부담하는 보상책임의 최고한도액은 보험금액이다. **2**

⑥ 보험금

실질적인 보상금액을 의미한다.

⑦ 보험료(Premium)

- 보험자의 위험부담에 대한 대가로서 피보험자 또는 보험계약자가 보험자에게 지급하는 금전을 말한다. **2**
- 보험계약을 체결할 때 보험계약자가 위험을 전가하기 위해 지불하는 금액을 말한다. **1**

⑧ 보험기간(Duration of Risk, Duration of insurance)

보험자의 위험부담책임이 시작되는 때로부터 종료될 때까지의 기간을 말한다. **1**

⑨ 위부(Abandonment)

- Constructive Total Loss(추정전손)의 경우에 적용된다. **2**
- 피보험 목적물을 전손으로 추정하도록 하기 위하여 잔존물의 소유권과 제3자에 대한 배상청구권을 보험자에게 양도하는 것이다. **2**
- 피보험자가 전손보험금을 청구하기 위해서 피보험목적물의 잔존가치와 제3자에 대한 구상권 등 일체의 권리를 보험자에게 넘기는 행위이다. **1**
- 피보험자의 위부통지를 보험자가 수락하게 되면 잔존물에 대한 일체의 권리는 보험자에게 이전된다. **1**
- 피보험자가 위부통지를 하지 않으면 손해는 분손으로 처리된다. **1**

⑩ 대위(Subrogation)

- 보험자가 피보험자에게 보험금을 지급한 경우 피보험자가 멸실 또는 손상된 피보험목적물에 대하여 갖고 있던 소유권과 구상청구권을 행사할 수 있는 권리를 승계받게 되는 것이다. **1**
- 피보험자가 보험자로부터 손해보상을 받으면 피보험자가 보험의 목적이나 제3자에 대하여 가지는 권리를 보험자에게 당연히 이전시키도록 하는 것이다. **2**

⑪ 공동보험(Coinsurance)

여러 명의 보험자가 보험가입자의 위험에 대해 공동으로 책임을 지는 것으로 <mark>보험가액이 보험금액의 합계액을 초과</mark>하는 경우이다. **2**

⑫ 중복보험(double insurance)

다수의 보험자가 같은 피보험이익에 대해 공통으로 손해보험을 체결하여 보험금액의 합계액이 보험가액을 초과하는 경우는 '중복보험'에 해당한다. **1**

⑬ 담보특약(Warranty)

보험계약자(피보험자)가 반드시 지켜야 할 약속을 말한다. **1**

---

관련규정 → **여러 가지 보험제도**

1. **항공화물화주보험**(SII, Shipper's Interest Insurance)
   항공운송인이 스스로 보험을 수배할 능력이 없는 일반 화주를 대리하여 부보하는 보험종목 **1**

2. **화주항공보험**(Shipper's Interest Insurance)
   화주의 화물을 항공기로 운항 중 발생할 수 있는 위험에 대한 담보보험 **1**

3. **화물배상책임보험**(Freight Legal Liability Insurance)
   항공운송업자가 운송화물에 입힌 손해로 인해 부담하는 법률상 배상책임을 담보 **1**

4. **선박보험**(Hull Insurance)
   선박이 건조, 항해, 수리, 정박 중에 입는 손해를 보상하는 보험을 총칭 **1**

5. **선주상호보험**(Protection and Indemnity Insurance)
   해상운송 시에 선주들이 서로 손해를 보호하기 위한 상호보험 **1**

6. **컨테이너 운영자 화물손해배상 책임보험**(Container Operator's Cargo Indemnity Insurance)
   컨테이너 운영자(Freight Forwarder 등의 운송인)가 컨테이너 운송화물의 멸실·손상에 대하여 법률상 또는 운송계약상의 화주에 대한 배상책임을 이행함으로써 입는 경제적 손실을 보상하는 보험 **1**

7. **컨테이너 소유자 제3자 배상책임보험약관**(Container Owner's Third Party Liability Insurance)
   컨테이너 운송 중에 발생한 신체적, 재산적 손해에 대하여 법률상의 배상 책임에 따라 컨테이너의 소유자 또는 임차인이 입는 손해를 전보하는 보험 **1**

8. **컨테이너 자체 보험**(Container Itself Insurance)
   컨테이너 자체의 멸실, 손상 등의 손해를 보상하기 위한 보험으로 담보조건으로는 전위험담보조건과 전손담보조건이 있음 **1**

- 보험대상이 되는 컨테이너는 국제표준화기구의 규격에 맞는 국제해상운송용 컨테이너이다. **1**
- 컨테이너 보험의 보상한도액은 사고당 보상한도액과 피보험회사당 총책임한도액으로 구분된다. **1**
- 컨테이너 보험은 사고 1건당, 컨테이너 1개당 면책공제액을 정한다. **1**
- 컨테이너 보험은 컨테이너의 수가 많고 사용빈도가 높아서 기간계약을 맺어 계약기간 중 발생할 손해를 포괄적으로 담보한다. **1**

## (2) 보험계약의 당사자

### ① 보험자

보험사고가 발생할 때 보험금 지급의무를 부담하는 자, 보험사업을 영위하는 자를 말한다.

### ② 보험계약자

- 보험계약 체결자로서 보험료를 지급하기로 약속한 자를 말하며 보험료의 납부의무와 고지 의무를 지켜야 한다.
- FOB조건에서는 매수인이, CIF조건에서는 매도인이 보험계약자가 된다.

### ③ 피보험자

- 피보험자는 이익의 주체가 되므로 보험사고가 발생한 경우 보험자로부터 손해의 보상을 받는 자로서 피보험이익자를 의미한다.
- 보험계약자와 피보험자는 동일인이 될 수도 있고 아닐 수도 있다(FOB조건의 경우 동일인이고, CIF조건의 경우 매도인은 보험계약자, 매수인은 피보험자가 된다).

## 02 해상위험

## (1) 해상위험의 정의

해상위험은 항해에 기인 또는 부수하는 위험 또는 보험증권에 기재되는 기타의 모든 위험을 말한다.

## (2) 해상위험의 종류

① 해상위험(Maritime Perils)의 종류는 해상고유의 위험(Perils of the Seas)과 해상위험(Perils on the Seas) 등으로 분류할 수 있다.

② 해상고유의 위험(Perils of the Sea)으로는 침몰, 좌초, **충돌**, 풍파의 이례적인 활동, 행방불명이 있다. **1**

③ 항해에 부수적으로 발생하는 해상위험(Perils on the Sea)으로는 <mark>화재</mark>, <mark>투하</mark>, 선장 및 <mark>선원의</mark> <mark>악행</mark>, 강도, <mark>해적</mark>행위 및 표도가 있다. **1**

④ 전쟁위험

## (3) 담보위험과 면책위험

### ① 담보위험(Risks Covered)

- 담보위험이란 보험자가 부담하는 위험으로, 당해 위험으로 발생한 손해에 대하여 보험자가 보상하기로 약속하는 위험을 말한다. **1**
- 현행 적하보험에서 사용되고 있는 B약관(ICC, BClause)과 C약관(ICC, Cclause) 열거책임주의 원칙을 택하고 있다.

### ② 면책위험(Excepted Perils)

- 손해가 발생해도 보험자가 책임지지 않는 위험이다.
- 담보위험이 아닌 위험은 자동적으로 면책위험이 된다.
- 열거책임주의 하에서는 담보위험이 보험증권상에 명시되고, 포괄책임주의 하에서는 면책위험이 명시된다.
- 보험사고가 발생할 경우, 사고의 원인이 면책위험에 속한다는 사실을 보험자가 입증하면 보험자의 면책을 인정한다.

**심화** ◇ **해상위험의 변경**

1. **위험변경**
   위험이 현격하게 변동하면 피보험자는 이 사실을 보험자에게 고지하고 보험료의 감액 청구가 가능하다.

2. **이로(Deviation) 또는 항해의 지연**
   - 이로
     선박이 정당한 사유 없이 항로를 벗어나 항해하는 경우를 이로라고 하며 이 상태에서 손해가 발생한 경우에는 보험자가 책임을 지지 않는다.
   - 항해의 지연
     항해보험에 가입한 선박이 기간 내에 항해를 개시하지 않으면 보험자는 계약을 취소할 수 있다.
   - 이로 또는 항해지연의 허용
     • 보험증권상의 특약에 의하여 인정되는 경우
     • 선장 및 그의 고용주의 힘이 미치지 못하는 사정으로 인하여 일어나는 경우
     • 명시 또는 묵시담보를 충족하기 위하여 합리적으로 필요한 경우
     • 선박 또는 보험의 목적의 안전을 위하여 합리적으로 필요한 경우
     • 인명을 구조하거나 인명이 위험한 경우의 조난선을 구조하기 위한 경우
     • 선박에 승선한 자에 대해 내과 또는 외과치료를 시행하기 위하여 합리적으로 필요한 경우
     • 선장 또는 선원의 악행이 피보험위험의 하나인 경우에 이러한 악행에 의하여 일어나는 경우

## 03 해상손해

## (1) 정의 및 종류

해상손해란 해상위험에 의하여 발생한 손해를 말하며 피보험자의 재산상의 불이익이다.

**[해상손해의 종류]**

## (2) 전손

### ① 현실전손(Actual Total Loss)

- 보험의 목적물이 파괴되거나 또는 보험에 가입된 종류의 물품으로서 존재할 수 없을 정도로 손상을 입은 경우, 또는 피보험자가 회복할 수 없을 정도로 보험의 목적물의 점유를 박탈당하는 경우에는, 현실전손으로 간주한다. **1**
- 현실전손은 보험의 목적인 화물이 현실적으로 전멸한 상태로서, 예를 들면 화재로 인한 선박의 전소, 해수로 인해 고체로 변한 시멘트 등과 같이 보험의 목적이 멸실되어 상품의 가치가 완전히 없어진 것을 말한다. **1**
- 해상사업에 종사하는 선박이 행방불명되고, 상당한 기간이 경과한 후에도 그 선박에 대한 소식을 수취하지 못하는 경우에는 현실전손에 해당한다. **1**
- 청과나 육류 등이 부패하여 식용으로 사용할 수 없게 된 경우에 보험목적의 파괴에 해당하여 현실전손으로 볼 수 있다. **1**
- 보험목적물의 완전한 파손 또는 멸실은 현실전손에 해당한다. **1**
- 현실전손의 경우에는 위부의 통지를 할 필요가 없다. **1**

> **참조** 현실전손의 예
>
> | 화물 | 선박의 현실전손으로 인한 화물이 전손, 화물의 투하, 화물의 매각, 화물인도의 과실 |
> | --- | --- |
> | 선박 | 선박의 침몰, 선박의 좌초, 선박의 화재, 선박의 행방불명 |
> | 운임 | 화물의 전손, 선박의 전손 및 항해불능 |

> **관련규정** → MIA(1906)상 현실전손
>
> Where the subject-matter insured is destroyed, or so damaged as to cease to be a thing of the kind insured, or where the assured is irretrievably deprived thereof, there is an actual total loss. **2**
>
> [해설] 피보험 목적물이 완전 멸실되거나 동 목적물이 부보 당시의 성질을 그대로 갖지 못할 정도로 심하게 훼손을 입거나, 또는 피보험자가 회복할 수 없도록 피보험 목적물을 박탈당했을 때를 의미하며, 위험에 처한 선박이 행방불명되어 상당기간 찾을 수 없을 때를 현실전손으로 간주한다.

### ② 추정전손(Constructive Total Loss)

- 보험의 목적인 화물의 전멸이 추정되는 경우의 손해를 말한다.
- 추정전손이 있을 경우에는 피보험자는 그 손해를 분손으로 처리할 수도 있고, 보험의 목적물을 보험자에게 위부하고 그 손해를 현실전손의 경우에 준하여 처리할 수도 있다. **1**
- 추정전손은 위부의 통지를 하고 피보험자가 보험자에게 전손에 대한 보험금을 청구함으로써 현실전손으로 전환되는 것이다. **1**
- 위부의 통지가 정당하게 행하여지는 경우에는, 피보험자의 권리는 보험자가 위부의 승낙을 거부한다는 사실로 인하여 피해를 입지 아니한다. **1**

− 선박의 수리비가 수리 후의 선박가액을 초과하는 경우는 추정전손에 해당한다. **1**

## (3) 분손

### ① 단독해손(Particular Average)

보험의 목적이 일부 멸실되거나 손상된 부분적인 손해에 대하여 손해를 입은 당사자가 단독으로 부담하는 손해이다. **2**

### ② 공동해손(General Average)

− 공동해손이란 보험목적물이 공동의 안전을 위하여 희생되었을 때, 이해관계자가 공동으로 그 손해액을 분담하는 손해를 말한다. **2**
− General Average Loss는 선박 · 화물 및 기타 해상사업과 관련되는 단체에 공동의 위험이 발생했을 경우 그러한 위험을 제거하거나 경감시키기 위하여 선체 · 장비 · 화물 등의 일부를 희생시키거나 또는 필요한 경비를 지출했을 때 이러한 손해와 경비를 의미한다. **1**
− 공동해손이 성립되기 위해서는 선박과 화물에 동시에 위험이 존재하여야 한다. 따라서 어느 한 쪽 이해당사자의 안전을 위한 비용지출은 공동해손비용이 아니다. **1**
− 공동해손으로 인정되기 위해서는 그 공동해손 행위가 합리적이어야 하며, 선박이나 적하에 대한 불합리한 행위는 공동해손으로 인정되지 않는다. **1**
− 공동해손희생손해 : 구조비, 피난항 사용, 임시수리비, 자금조달비용 등

---

> 관련규정 ▸ **요크앤트워프규칙(York-Antwerp Rules)상 공동해손규정** **1**

There is a general average act when, and only when, any extraordinary sacrifice or expenditure is intentionally and reasonably made or incurred for the common safety for the purpose of preserving from the peril the property involved in a common maritime adventure.

[해설] 공동해손행위는 공동의 항해 사업에 관련된 재산을 위험으로부터 보존할 목적으로 공동의 안전을 위하여 고의적이고 합리적으로 이례적인 희생 또는 비용을 행하거나 지출한 경우에 한하여 성립한다.

---

> 관련규정 ▸ **MIA(1906)상 공동해손규정**

There is a general average act where any extraordinary sacrifice or expenditure is voluntarily and reasonably made or incurred in time of peril for the purpose of preserving the property imperilled in the common adventure. **1**

---

> 참조 ◈ **공동해손의 성립요건**

| | |
|---|---|
| 이례성 | 공동해손행위로 발생하는 선체, 화물 등의 희생손실이나 비용손실은 이례적이어야 한다. |
| 임의성 | 공동해손행위는 **어떤 목적**을 가지고 **자발적으로** 이루어져야 한다. |
| 합리성 | 공동해손행위와 그에 기인한 손해와 비용은 모두 합리적이어야 한다. |
| 위험의 현실성 | 위험이 현재 절박하게 닥쳐오는 위험이나 기발생 위험이어야 한다. |
| 위험의 공통성 | 위험은 해상사업에 관련된 모든 단체에 위협적이어야 한다. |

### (4) 비용손해

#### ① 손해방지비용(Sue and Labour Charge)

- 보험목적물에 해상위험이 발생한 경우 손해방지의무를 이행하기 위해 지출되는 비용이다. **1**
- 보험목적의 손해를 방지 또는 경감하기 위하여 피보험자 또는 그의 사용인 및 대리인이 지출한 비용을 말한다. **3**
- 화물에 손해가 발생하거나 또는 손해발생의 염려가 있을 때, 보험자가 보상하게 될 손해를 방지 또는 경감하기 위하여 피보험자, 사용인 또는 대리인이 정당하고 합리적으로 지출하는 비용이다. **1**
- 손해방지비용은 특약이 없어도 당연히 보험자가 부담하는 것이 원칙이다.

#### ② 구조비(Salvage)

- 해양사고로 인하여 발생하는 손해를 방지하기 위해 지출한 비용을 말한다. 안전 장소로의 회항 비용, 예항 비용, 적화 이송 비용, 구조자에 대한 보수 등의 제 비용을 총칭하여 구조비라고도 한다.
- 구조비는 구조자가 구조계약과는 상관없이 해상법상으로 회수할 수 있는 비용을 의미한다.
- 구조료(Salvage Charge)는 해난에 봉착한 재산에 발생할 가능성 있는 손해를 방지하기 위하여 자발적으로 화물을 구조한 자에게 해상법에 의하여 지불하는 보수이다. **1**

> 관련규정 → MIA(1906)상 Salvage charges
> "Salvage charges" means the charges recoverable under maritime law by a salvor independently of contract. They do not include the expenses of services in the nature of salvage rendered by the assured or his agents, or any person employed for hire by them, for the purpose of averting a peril insured against. Such expenses, where properly incurred, may be recovered as particular charges or as a general average loss, according to the circumstances under which they were incurred. **1**

#### ③ 특별비용(Particular Charge)

- 피보험 목적물의 안전 보존을 위하여 피보험자 또는 대리인에 의하여, 지출된 비용으로 공동해손비용과 구조비 이외의 비용이다. **2**
- 보험목적물의 안전과 보존을 위하여 구조계약을 체결했을 경우 발생하는 비용은 특별비용으로 보상될 수 있다. **1**

### (5) 책임손해

공동위험을 면하기 위하여 다른 화주의 화물 또는 선체 및 선용품을 희생하도록 하거나 비용을 지출함으로써 피보험자의 화물이 안전하게 목적지에 도달할 수 있었던 경우 그 공동해손희생이나 비용손해에 대한 분담책임을 피보험자가 지는데 이러한 책임손해를 공동해손분담금이라 한다.

## (6) 충돌손해배상책임

- 선주는 선박의 충돌사고로 인한 법적 배상책임이 원칙적으로 무한책임이나, 선주의 고의적인 과실이 없는 한 선주의 책임을 법적으로 제한한다.
- 현재 선박보험에서는 충돌손해배상책임 약관에 근거하여 부보선박이 선원의 과실이나 부주의로 다른 선박과 충돌하여 상대방 선주에게 입힌 손실을 피보험자(선주)를 대신하여 보험자가 보상한다.

## 04 적하보험약관

### (1) 해상보험증권의 개념

- 보험계약의 성립과 보험계약의 내용을 명시하기 위해 보험자가 작성하여 보험 계약자에게 교부하는 증서이다.
- 해상적하보험에는 구협회적하약관(Old Institute Cargo Clause)과 신협회적하약관(New Institute Cargo Clause) 등이 있다. **1**

### (2) 구협회적하약관

① 구 약관(1963년)은 S. G. Policy와 ICC약관이 합쳐져서 하나의 보험증권을 구성하며 S. G. Policy상의 담보위험과 협회적하보험약관(제5조) 담보위험약관에 따라 보험자의 담보위험이 결정된다.

② 담보에 따른 분류

ⓘ 전위험담보조건(A/R, All Risks) : 전위험을 담보하나 '외부적 사고' 및 '우발적 사고'가 가져오는 위험에 의한 손해(화물의 멸실 · 손상 · 비용)에 해당하지 않는 손해는 담보하지 않는다.

ⓛ 분손담보조건(WA, With Average) : 보험자가 보통의 항해에 있어서 입는 보통 해상손해의 전부를 담보하는 보험조건이다.

ⓒ 분손부담보조건(FPA, From Particular Average) : 단독해손부담보조건이므로 S. G. Policy상의 담보위험으로 야기된 손해 중 현실전손, 추정전손, 공동해손 및 비용손해를 보상하지만 단독해손은 원칙적으로 보상하지 않는다.

## [ICC(FPA, WA, A/R)의 담보위험 및 면책사항]

| A/R 조건 | WA 조건 | FPA 조건 | |
|---|---|---|---|
| | | | 1. 전손(현실전손 및 추정전손) |
| | | | 2. 좌초, 침몰, 화재를 당했을 경우의 단독해손(인과관계 유무불문) |
| | | | 3. 공동해손(공동해손희생손해, 공동해손분담액) |
| | | | 4. 적재, 환적, 하역작업 중의 매 포장단위당의 전손 |
| | | | 5. 화재, 폭발, 충돌, 접촉 |
| | | | 6. 조난항에서 양하작업에 기인된 손해 |
| | | | 7. 중간의 기항항 또는 피난항에서의 양하, 입고 및 계반을 위한 특별비용 (단, WA조건하에서 보험자 부보책임인 경우에 한함) |
| | | | 8. 상기 손해 이외의 풍랑으로 인해 발생한 단독해손 |
| | | | 9. 하기 면책사항 이외의 모든 외부적, 우발적 원인에 의한 손해 |

〈면책사항〉
- 피보험자의 고의적인 불법행위로 인한 일체의 손해
- 부보화물의 고유의 결함, 성질, 지연으로 인한 손해
- 위험의 요건을 구비치 않은 사유에 의한 손해, 즉 통상의 손해
- 전쟁, 폭동, 파업 등에 기인한 손해

## [1963년 ICC(FPA, WA, A/R)의 보상범위]

| 사고의 종류 / 조건 | A/R | WA | FPA |
|---|:---:|:---:|:---:|
| 1. 화재, 폭발 | ○ | ○ | ○ |
| 2. 운송용구의 침몰 | ○ | ○ | ○ |
| 3. 운송용구의 좌초 | ○ | ○ | ○ |
| 4. 운송용구의 타 물체와의 충돌 | ○ | ○ | ○ |
| 5. 운송용구의 탈선, 전복 | ○ | ○ | ○ |
| 6. 운송용구의 추락 | ○ | ○ | ○ |
| 7. 파손, 곡손, 요손 | ○ | ● | ● |
| 8. 누설, 증발, 혼합 | ○ | ● | ● |
| 9. 도난, 분실, 불착 | ○ | ● | ● |
| 10. 비, 눈, 한손 | ○ | ● | ● |
| 11. 벌레, 쥐로 인한 손해 | ○ | ● | ● |
| 12. 갈고리손 또는 칠손 | ○ | ● | ● |
| 13. 해수손, 오손(손해형태가 7-12 이외의 손해) | ○ | ○ | △ |
| 14. 전쟁, 촉뢰, 습격, 나포 등 | ● | ● | ● |
| 15. 동맹파업, 폭동, 소요 ❶ | ● | ● | ● |
| 16. 원자력 | ※ | ※ | ※ |
| 17. 육상에 있는 동안의 지진, 분화 | ● | ● | ● |

| 사고의 종류 / 조건 | A/R | WA | FPA |
|---|---|---|---|
| 18. 검역 또는 관외 처분 | ※ | ※ | ※ |
| 19. 보험계약자, 피보험자 등의 고의, 중과실 | × | × | × |
| 20. 화물의 자연소모, 고유의 하자 또는 성질 | × | × | × |
| 21. 포장 불완전 | × | × | × |
| 22. 운송의 지연 | × | × | × |

| 주 | |
|---|---|
| | ○ : 전손, 분손 공히 보상됨 |
| | ※ : 보통약관상은 담보가 가능하나 현재는 인수되지 아니함 |
| | △ : 분손은 보상하지 않음 |
| | ● : 특약이 있는 경우에는 담보가 가능 |
| | × : 어떠한 경우에도 면책 |

## (3) 신협회적하약관

- 신 ICC는 19개 조항으로 구성되어 있으며 구약관의 S. G. Policy 또는 ICC약관 및 신설약관 등으로 구성되었다.
- 이 중 ICC약관의 담보위험과 면책위험조항에 따라 A, B, C조건으로 구분된다.

| 구분 | 조항 | 약관명 |
|---|---|---|
| 담보위험 | 1 | 위험약관(Risks Clause) |
| | 2 | 공동해손약관(General Average Clause) |
| | 3 | 쌍방과실충돌약관(Both to Blame Clause) |
| 면책위험 | 4 | 일반면책약관(General Exclusion Clause) |
| | 5 | 불내항부적합면책약관(Unsea Worthiness and Unfitness and Exclusion Clause) |
| | 6 | 전쟁면책약관(War Exclusion Clause) |
| | 7 | 동맹파업 면책약관(Strike Exclusion Clause) |
| 보험기간 | 8 | 운송약관(Transit Clause) |
| | 9 | 운송계약종료약관(Termination of Contract of Carriage Clause) |
| | 10 | 항해변경약관(Change of Voyage Clause) |
| 보험금 청구 | 11 | 피보험이익약관(Insurable Interest clause) |
| | 12 | 계반비용약관(Forwarding Charge Clause) |
| | 13 | 추정전손약관(Constructive Total Loss Clause) |
| | 14 | 증액약관(Increase Clause) |
| 보험이익 | 15 | 보험이익불공여약관(Not to Inure Clause) |
| 손해경감 | 16 | 피보험자 의무약관(Duty of Assured Clause) |
| | 17 | 포기약관(Waiver Clause) |
| 지연방지 | 18 | 긴급조치약관(Reasonable Despatch Clause) |
| 법률관습 | 19 | 영국 법 및 관습(English Law and Practice) |

① ICC(A)

포괄담보방식을 취하고 있으며 이 조건은 제4조, 제5조, 제6조, 제7조의 면책위험을 제외하고 피보험목적물에 발생한 멸실, 손상 또는 비용 일체를 보험자가 담보한다.

ⓐ 일반면책위험(제4조)
　－피보험자의 고의적인 비행에 기인한 멸실 · 손상 또는 위 비용
　－보험목적의 통상의 누손, 중량 또는 용적상의 통상의 손실 및 통상의 자연소모
　－보험목적의 포장 또는 준비의 불완전 또는 부적합으로 인하여 발생한 멸실 · 손상 또는 비용
　－보험목적의 고유의 하자 또는 성질로 인하여 발생한 멸실 · 손상 또는 비용
　－지연의 피보험이익으로 인하여 발생된 경우일지라도 지연을 근인으로 하여 발생한 멸실 · 손상 또는 비용
　－본선의 소유자, 관리자, 용선자 또는 운항자의 지불불능 또는 재정상의 채무불이행으로부터 생긴 멸실 · 손상 또는 비용
　－원자력 또는 핵의 분열 및 융합, 또는 이와 유사한 반응, 방사능이나 방사성물질을 응용한 무기의 사용으로 인하여 발생한 멸실 · 손상 또는 비용

ⓑ 불내항 및 부적합면책위험(제5조)
　－본선 또는 부선의 불감항 또는 피보험목적물의 안전운송에 부적당한 물품
　－합법적이지 못한 물품

ⓒ 전쟁면책위험(제6조)
　－전쟁, 내란, 혁명, 반역, 반란 등으로 인한 국내진투 또는 교전국에 의한 적대행위
　－포획, 나포, 억지 또는 억류와 이러한 행위 결과
　－유기된 기뢰, 어뢰, 폭탄, 기타 전쟁무기에 의한 발생

ⓓ 동맹파업면책위험(제7조)
　－동맹파업, 직장폐쇄, 노동쟁의, 폭동 또는 소요에 가담한 자에 의한 발생
　－동맹파업, 직장폐쇄, 노동쟁의, 폭동 또는 소요의 결과
　－테러리스트 또는 정치적 동기에 의해 행동하는 자에 의한 손해

② ICC(B)

열거담보방식을 택하고 있으며, 이 약관은 제4조, 제5조, 제6조, 제7조에 규정된 면책위험을 제외하고, 열거된 위험에 의한 손해는 면책비율에 관계없이 보험자가 담보한다.

③ ICC(C)

- 열거담보방식을 택하고 있으며, 제4조, 제5조, 제6조, 제7조에 규정된 면책위험을 제외하고, 열거된 위험에 의한 손해는 면책비율에 관계없이 보험자가 담보한다.
- ICC(C)는 ICC(B)에서 열거된 위험 가운데 지진, 화산의 분화, 낙뢰·갑판유실, 선박, 부선, 선창, 운송용구, 컨테이너, 지게차 또는 보관 장소에 해수 또는 호수, 강물의 유입, 추락손 등은 담보되지 않는다.

**[ICC A, B, C 담보위험 및 면책사항 비교]**

| 구분 | 내용 | (A) | (B) | (C) |
|---|---|:---:|:---:|:---:|
| 담보<br>위험 | 1. 화재 혹은 폭발 **1** | ○ | ○ | ○ |
| | 2. 선박의 좌초, 교사, 침몰, 전복 **1** | ○ | ○ | ○ |
| | 3. 육상용구의 전복, 탈선 **1** | ○ | ○ | ○ |
| | 4. 선박과 물 이외 타 물체와의 충돌, 접촉 | ○ | ○ | ○ |
| | 5. 피난항에서의 화물의 하역 **2** | ○ | ○ | ○ |
| | 6. 지진, 분화, 낙뢰 **2** | ○ | ○ | × |
| | 7. 공동해손희생손해 | ○ | ○ | ○ |
| | 8. 투하 | ○ | ○ | ○ |
| | 9. 갑판유실 **1** | ○ | ○ | × |
| | 10. 선박 및 보관 장소에서 해수, 호수, 하천수 유입 **1** | ○ | ○ | × |
| | 11. 선적, 하역작업 중 바다에 떨어지거나 갑판에 추락한 포장당 전손 **1** | ○ | ○ | × |
| | 12. 상기 이외의 보험목적에 멸실 또는 손상을 발생시키는 일체의 위험 | ○ | × | × |
| | 13. 공동해손, 구조료(면책사항에 관련된 것은 제외) | ○ | ○ | ○ |
| | 14. 쌍방과실충돌 | ○ | ○ | ○ |
| 면책<br>사항 | 1. 피보험자의 고의적인 불법행위에 기인하는 멸실, 손상 또는 비용 **1** | × | × | × |
| | 2. 통상의 누손, 중량, 용적의 통상의 감소, 자연소모 **1** | × | × | × |
| | 3. 포장, 준비의 불완전 | × | × | × |
| | 4. 물품 고유의 하자, 성질 **3** | × | × | × |
| | 5. 선박, 부선의 불내항(불감항), 선, 부선, 운송용구, 컨테이너, 리프트밴의 부적합 **2** | × | × | × |
| | 6. 지연에 의한 손실 **1** | × | × | × |
| | 7. 선주, 관리자, 용선자, 운항자의 파산, 채무불이행(지급불능) **1** | × | × | × |
| | 8. 제3자의 불법행위에 의한 전체 또는 일부의 의도적인 손상 또는 파괴 **1** | ○ | × | × |
| | 9. 원자핵분열 또는 원자핵융합 또는 동종의 반응 또는 방사능 또는 방사능물질을 응용한 무기 또는 장치의 사용에 의하여 발생한 멸실·손상 또는 비용 **2** | × | × | × |

### (4) 기타 부가약관(별도 특약으로 담보 가능)

① 도난, 발화, 불착(**TPND**, Theft, Pilferage and Nondelivery) : 도난, 좀도둑, 분실을 원인으로 한 포장 전체의 불착 **1**

② 투하 및 갑판유실(**JWOB**, Jettison and Washing Overboard) : 바다에 투하되거나 갑판에서 유실되는 위험

③ 우담수손(**RFWD**, Rain and/or Frosh Water Damage) : 빗물 · 단수로 인한 손해를 담보하는 조건(WA조건하에서 Sea Water Damage는 보상되지만, Rain and Fresh Water Damage는 보상 안 됨) **1**

④ 습손, 열손위험(**Sweat and Heating**) : 선창, 컨테이너 내벽에 응결한 수분에 접촉하거나 이상 온도의 상승에 의하여 화물이 입은 손해 표면에 응결한 수분에 의한 손해(Heat Demage)를 담보하는 조건

⑤ 곡손위험(Denting and/or Bending) : 접촉이나 충격이 심해서 화물의 표면이나 내부가 구부러지는 손해

⑥ 누손 · 중량부족위험(Leakage and/or Shortage) : 보험가입 화물의 누손, 화물의 수량, 중량 부족으로 인한 손해를 담보하는 조건으로 벌크화물에 주로 많이 발생

⑦ 갈고리에 의한 손해(Hook and Hole) : 하역작업 중 갈고리에 의한 손해를 담보하는 조건으로 섬유품, 잡화 등에 추가로 담보

⑧ 곰팡이손위험(Mildew and Mould) : 습도의 증가로 곰팡이 및 기타 미생물에 의한 손해를 담보하는 조건

⑨ 서식 · 충식위험(Rate and/or Vermin) : 곡물, 소맥분, 죽제품 등의 화물이 운송 도중 쥐나 곤충에 의한 손해를 담보하는 조건

⑩ 녹손위험(Rust) : 기계류, 철물 등의 화물이 습도의 증가로 녹이 스는 경우 또는 해수, 담수, 빗물 등으로 녹이 스는 경우도 있는데 이러한 손해를 담보하는 조건

### (5) 기타 특별약관

① 냉동기관약관(Refrigerating Machinery Clause) : 주로 육류 및 생선 등이 운송 동안에 냉동기의 고장 및 파열에 연유해서 생기는 모든 멸실이나 손상을 담보 **1**

② 소손해 면책약관((Franchise) : 경미하게 발생한 손해에 대하여는 보험자가 보상하지 않도록 규정한 특별약관 **1**

③ 기계류수선 특별약관(Special Replacement Clause) : 기계를 보험의 목적으로 하는 모든 계약에 첨부되어 있는 약관

④ 갑판적 약관(On Deck Clause) : 위험요소가 큰 갑판적 화물에 적용하는 특별약관

> 관련규정 → **확장담보조건**
>
> 1. 내륙운송 확장담보조건(**ITE**, Inland Transit Extension) : 해상운송과 연계하여 육상운송을 할 때 해상 보험에 의한 담보의 구간을 내륙지점까지 확장담보하는 약관이다. **1**
> 2. 내륙보관 확장담보조건(ISE, Inland Storage Extension) : 통상적인 운송과정에서 중간창고나 보세창고 보관 중의 위험을 적하보험증권에 명시된 기간 이상으로 연장할 경우 담보하는 조건이다.

# CHAPTER 05 항공운송

## 01 개요

### (1) 항공운송 특징

#### ① 높은 운임

- 정시성과 신속성을 추구하는 화주는 타 운송수단에 비해 높은 운임에도 불구하고 항공화물 운송을 선호한다. **3**
- 해상화물운송에 비해 운송비용이 높고 비탄력적이다. **1**
- 해상화물운송에 비해 고가의 소형화물 운송에 적합하다. **2**

#### ② 신속 및 안전

- 해상화물운송에 비해 신속하고 안전하여 화물의 파손율도 낮은 편이다. **1**
- 항공운송은 운항시간의 단축으로 위험 발생률이 낮다. **1**
- 포장비가 저렴하고, 화물 손상율이 낮다. **1**
- 항공운송에 적합한 품목은 긴급 화물, 일시적(계절적) 유행상품, 투기상품 등 납기가 임박한 제품들이다. **2**
- 반도체나 휴대폰과 같은 부가가치가 높은 품목의 운송에 적합하다. **1**
- 화물추적, 특수화물의 안정성, 보험이나 클레임에 대한 서비스가 우수하다. **1**

#### ③ 작업상 특징

- 항공화물전용기에 의한 운송은 주로 야간에 이루어진다. **4**
- 항공화물운송은 항공여객운송에 비해 왕복운송의 비중이 낮고 편도운송이 많다. **3**
- 항공여객운송에 비해 계절적 변동이 거의 없다(운송수요의 탄력성이 작다). **3**
- 항공화물운송은 항공여객운송과 달리 지상조업(Ground Handling)이 필요하다. **3**
- 항공시장의 자유화로 인해 항공사간 전략적 제휴는 점차 증가하는 추세이다. **2**
- 화물의 수취가 불편하고, 공항에서 문전까지 집배송이 필요하다. **1**

④ 국제항공화물운송 환경 변화

- 송화인의 항공화물운송 의뢰는 대부분 항공화물운송주선인(Air Freight Forwarder)에 의해 이루어지고 있다.
- 아마존과 같은 국제전자상거래업체의 성장으로 GDC(Global Distribution Center) 관련 항공화물이 증가하고 있다.
- 국제항공화물운송에서 신선화물이 증가하고 있다.
- 우리나라 인천국제공항의 국제항공 환적화물 비중이 크게 증가하고 있다.

---

관련규정 → **항공보험**

• 항공적하보험 : **화주**의 손해를 보호하기 위해 드는 보험이다. **1**
• 항공화물화주보험 : 운송인이 보험자의 대리인 자격으로 화주와 계약을 체결하는 화물보험이다. **1**

---

참조 ◈ **항공운송에서의 위험화물**

- 위험화물은 항공운송 중 발생하는 기압, 온도, 진동 등의 변화에 따라 항공기, 인명, 화물 등에 피해를 줄 수 있는 화물이다.
- 화주는 위험화물규정에 따라 포장, 표기, 표찰 등을 해야 한다.
- IATA의 위험화물규정상 위험품목(DGR, Dangerous Goods Regulations)은 발화성 가스(Flammble Gases), 산화성 물질(Oxidizing Substances), Corrosives(부식성 물질), Radioactive Materials(방사성 물질) 등 9개로 분류된다. **1**
  ※ 부패성화물(Perishable Cargo)은 위험품목이 아님에 유의한다.
- IATA의 위험화물규정은 매년 1월 1일부로 신판이 발간된다.

---

## (2) 항공화물운송사업

### ① 항공운송사업(Air Carrier)

㉠ 개념
- 국제항공운송사업은 타인의 수요에 맞추어 항공기를 사용하여 유상으로 여객이나 화물을 운송하는 사업이다. **1**
- 항공운송사업자는 국내항공운송사업자, 국제항공운송사업자 및 소형항공운송사업자를 말한다. **1**
- 항공사업법상 **상업서류송달업**은 타인의 수요에 맞추어 유상으로 수출입 등에 관한 서류와 그에 딸린 견본품을 항공기를 이용하여 송달하는 사업이다. **2**
  ※ 관세법령상 과세가격이 **미화 250달러** 이하인 물품으로서 견품으로 사용될 것으로 인정되는 물품은 관세가 면제된다. **1**

㉡ 특징
- 생산탄력성이 매우 **낮다.** **1**
- 고정자산이 많아 고정비가 차지하는 비율이 비교적 높다. **1**

─고가의 항공기 구입 등 방대한 규모의 선행투자가 필요하다. [1]
─항공운송사업의 운송 서비스는 재고로 저장할 수 없는 특성이 있다. [1]
─항공운송사업은 조종사, 객실승무원, 정비사, 운항관리사 등 전문 인력이 필요하다. [1]

② 항공화물운송대리점(Air Cargo Agent)

㉠ 개념
─항공운송사업자를 위하여 유상으로 항공기를 이용한 여객이나 화물의 국제운송계약 체결을 대리하는 사업이다. [1]
─항공사의 업무를 대리하여 송하인과 수하인에게 영업활동을 전개, 개개의 화물에 대한 항공사의 화물운송장(Master AWB)을 발행하는 등 업무를 수행하고 소정의 수수료를 받는 사업을 말한다.
─항공화물은 해상화물에 비해 운송인과 실화주 간 직접 운송계약을 체결하는 경우는 적고, 항공화물운송대리점 또는 항공운송주선인과 운송계약을 체결하는 간접계약을 통해 이루어진다. [1]

㉡ 주요 업무
─내륙운송주선 [1]
─수출입항공화물의 유치 및 계약 체결 [1]
─수출입통관절차 대행 [1]
─항공화물 부보업무 [1]
─항공운송준비(항공화물운송장의 작성, 운송서류의 준비, 포장, 포장별 확인 작업, 포장법 레이블 작업, 트럭운송주선 등)

③ 항공운송주선업자(혼재업)(Air Freight Forwarder)

─국제물류주선업자(Freight Forwarder)는 항공기를 가지고 있지 않지만 독자적인 운송약관과 자체 운임요율표를 가지고 있으며 HAWB(House Air Way bill)를 발행하는 자이다. [2]
─혼재화물 운송 시 Master Air Way bill상에서 출발지의 혼재업자가 송화인이 되고 도착지의 혼재업자가 수화인이 된다. [1]
─운송, 수출입 통관 및 보험에 관한 화주의 대리인이자 전문혼재업자이다. [1]

> 관련규정 → **혼재화물 인수대리점(Break Bulk Agent)**
> 혼재화물이 목적지에 도착하면 항공회사로부터 항공운송장을 받아 House Air Way bill별로 화물을 분류하여 수하인에게 항공화물의 도착을 통지하고 통관절차를 대행해 주며, 운임후불의 경우 수하인으로부터 운임을 징수하고 출발지의 혼재업자에게 송금하는 업무를 행한다.

**[항공화물운송대리점과 항공운송주선업자]**

| 구분 | 항공화물운송대리점 | 항공운송주선업자 |
|---|---|---|
| 활동영역 **1** | 주로 FCL 화물취급 | LCL 화물 취급 |
| 취급화물 | 국내 수출입과 관련된 컨테이너 만재화물 취급 | 국내외 수출입 컨테이너 미만 소화물 취급 |
| 운임률표 **1** | 항공사 운임률표 사용 | 자체 운임률표 사용 |
| 책임 | 항공사 책임 | 주선업자 책임 |
| 운송약관 **1** | 항공사약관 사용 | 자체약관 사용 |
| 수하인 | 매 건당 수하인이 있음 | 항공운송주선 업자가 수하인 |
| 수수료 | IATA의 5% 수수료와 기타 | IATA의 5% 수수료 외에 중량절감에 의한 수령운임과 지불운임과의 차액 |
| 화물운송장 | 항공사의 화물운송장 사용 (Master Air WayBill 발행) | 항공사의 화물운송장과 화물운송장에 부착된 혼재업자용 화물운송장을 사용 (House Air Waybill 발행) |

## ④ 상업서류송달업(Courier)

수출입 등에 관한 서류와 그에 부수되는 견본품을 항공기를 이용하여 송달하는 사업을 말한다.

**심화** 📎 국제특송(국제소화물일관운송)

- 소형·경량물품을 문전에서 문전까지 신속하게 수취·배달하여 주는 서비스이다. **1**
- 쿠리어(courier) 서비스라고도 한다. **1**
- 운송업자는 모든 운송구간에 대하여 일관책임을 진다. **1**
- 대표적인 글로벌 업체로는 DHL, FedEx, UPS 등이 있다. **1**

**심화** 📎 전세운송(Charter)

1. 개념
   - 전세운송은 '노선을 정하지 아니하고 사업자와 항공기를 독점하여 이용하려는 이용자 간의 1개의 항공운송계약에 따라 운항하는 것'이다.
   - 여객 및 화물을 임차인과 임대인 간 '전세계약'을 통해 항공기 일부 또는 전부를 사용하여 운항하는 것이다.

2. 특징
   - 전세운송은 IATA 운임(tariff)에 상관없이 화물, 기종 등에 따라 다양하게 결정된다. **1**
   - 전세운송은 항공사에 대해서도 항공기 가동률을 높이는데 큰 역할을 한다. **1**
   - 전세운송을 위해서는 필요한 조치가 많다는 점과 상대국의 규정을 감안하여 시간적 여유를 두고 항공사와 협의해야 한다. **1**
   - 항공사는 전세운송을 할 때 중간 기착지에 대해서도 해당 국가의 허가를 얻어야 한다. **1**

### (3) 단위탑재(수송)용기(ULD, Unit Load Device)

#### ① 개념

- 항공화물운송에 사용되는 컨테이너, 팔레트, 이글루 등 항공화물 탑재용구의 총칭이다. **1**
- 신속한 항공기 탑재 및 하역작업으로 항공기의 가동률을 제고한다. **1**
- 외면표기(markings)는 IATA의 규정에 의해 ULD Type Code, Maximum Gross Weight, The Actual Tare Weight를 반드시 표기하도록 하고 있다. **1**
- 지상조업시간, 하역시간을 단축할 수 있다. **2**
- 운송화물의 안전성이 제고된다. **1**
- 초기 투자비용이 많이 든다. **1**
- 냉장, 냉동화물 등 특수화물의 운송이 용이하다. **1**

#### ② 종류

- 항공기 간의 호환 여부에 따라 Aircraft ULD와 Non-Aircraft ULD로 구분한다. **1**
- 종류에는 팔레트, 컨테이너, 이글루, GOH(Garment on Hanger) 등이 있다. **1**
- 기종별 규격의 비표준화로 ULD의 기종 간 호환성이 낮다. **2**

  ㉠ Aircraft ULD : IATA의 허가 하에 각종 비행기의 화물칸에 맞도록 만들어낸 것
  - Pallet : 알루미늄 합금으로 제작하며 팔레트 위의 화물이 항공기 내부모양과 일치하도록 Net나 Igloo로 덮는다.
  - Igloo(이글루) : 팔레트 화물의 덮개로 사용하며 항공기 내부구조에 맞게 모서리가 둥글게 되어 있다.
  - Certified Aircraft Containers : 항공기 화물실 윤곽에 맞게 제작되어 화물실 공간을 최대한 활용할 수 있다.

  ㉡ Non-Aircraft ULD : 화물의 종류에 맞추어 화물칸의 탑재상태와는 상관없이 만든 비항공용 박스

#### ③ 지상 조업 설비

- Transporter : 엔진이 장착된 차량으로서 적재 완료된 단위탑재용기(ULD)를 올려놓은 상태에서 항공화물터미널에서 항공기까지 수평이동을 가능하게 하는 장비 **1**
- Dolly : Transporter와 동일한 작업을 하지만 자체의 기동성이 없고 견인차와 연결되어 사용된다.
- High Loader : 단위탑재용기를 대형기에 탑재하거나 하역할 때 사용되는 장비이다.

**참조** 기타 항공 관련 장비

1. Work Station : 항공화물터미널에서 화물을 팔레트에 적재(Build-up)하거나 해체(Break down)할 때 사용되는 설비이다. **1**
2. Pallet scale : 팔레트저울 **1**
3. Lift Loader : 일반적으로 항공기 화물 하역에 사용되는 로더로 트럭의 새시에 테이블 리프터를 장착하여 하대를 승강시킬 수 있게 한 구조이다. **1**
4. Countour Gauge : 기계 부속류의 합격품과 불합격품을 판정하는 측기이다. **1**

**심화** 항공기의 중량

- 자체중량(empty weight) : 기체구조, 엔진, 고정 장비 및 내부 장비 등의 중량이다. **1**
- 운항중량(operating weight) : 승무원, 엔진의 윤활유, 여객 서비스용품, 식음료 등의 중량이다. **1**
- 유상중량(payload) : 항공기에 탑재한 유상 여객, 화물, 우편물 등의 중량이다.
- 착륙중량(landing weight) : 이륙할 때의 무게에서 비행하면서 소모된 연료의 무게를 뺀 항공기의 무게이다. **1**
- 이륙중량(take-off weighi) : 항공기가 이륙할 때 총중량으로 최대이륙중량을 초과할 수 없다. **1**

## **02** 항공화물운송장(AWB, Air Way Bill)

### (1) 항공화물운송장

- 항공화물운송장은 송하인이 작성함이 원칙이나 항공사나 항공사의 권한을 위임받은 대리점에 의해 작성될 수 있다. **1**
- 원본 3통과 다수의 부본이 발행된다. **1**
- 항공화물운송장의 원본은 적색, 청색, 녹색 3통이 발행된다. **1**
- AWB 상의 Declared Value for Carriage 란에는 송하인의 운송신고가격이 기재된다. **1**

### (2) 화물인도증서

- 항공화물운송장은 운송계약의 증거, 화물수령증, 보험증서, 송장, 청구서, 수입통관자료, 운송인에 대한 송하인의 지시서, 수하인에의 화물인도증서의 역할을 한다. **3**
- 송화인과의 운송계약 체결에 대한 문서증명으로 사용할 수 있다. **1**
- 운송 위탁된 화물을 접수했다는 수령증이다. **2**
- 유가증권의 성격은 없고 화물수령증(화물수취증) 역할을 한다. **2**
- 항공화물운송장은 원칙적으로 송하인이 작성하고 상환증권의 성격을 갖지 않는다. **4**

## (3) 비유통성

- 일반적으로 기명식으로 발행되어 유통성이 없다. **7**
- 수취식으로 발행된다. **1**

## (4) 보험계약증거

- AWB는 화주이익보험을 가입한 경우 보험금액 등이 기재되어 보험가입증명서 내지 보험계약 증서 역할을 한다. **1**
- 송하인이 항공화물운송장에 보험금액과 보험부보 사실을 기재하는 화주보험을 부보한 경우에는 항공화물운송장은 보험계약의 증거가 된다. **1**

## (5) 계산 근거

- 운임 및 요금의 청구서이다. **1**
- 화물과 함께 목적지로 보내 수화인의 운임 및 요금 계산 근거를 제공한다. **1**
- 세관에 대한 수출입 신고자료 또는 통관자료로 사용된다. **2**
- 화물 취급, 중계, 배송과 같은 운송 지침의 기능도 수행한다. **1**

**[AWB와 B/L의 비교]**

| 구분 | 항공화물운송장(AWB) | 선하증권(B/L) |
|---|---|---|
| 유통성 **1** | 비유통성 | 유통성 |
| 수하인 **2** | 기명식 | 통상 지시식 |
| 작성주체 **2** | 송하인이 작성 | 운송인(선사)이 작성 |
| 성격 **2** | 화물수령증 | 권리증권 |
| 발행 시기 **1** | 화물인도시점(수취식) | 선적 후 발행(선적식) |

심화 ◈ IATA가 정한 국제항공화물운송장의 구성 표준양식

| 구분 | 용도 | 색깔 | 기능 |
|---|---|---|---|
| 원본1 | 운송인용 (For Issuing Carrier) | 녹색 | - 운송인용으로 운임이나 요금 등의 회계처리를 위하여 사용되고 송하인과 운송인과의 운송 계약체결의 증거이다.<br>- 운송인용이라고 기재하고 송화인이 서명하여야 한다. **1** |
| 원본2 | 수하인용 (For Consignee) | 적색 | 수화인용이라고 기재하고 송하인 및 운송인이 서명한 후 화물과 함께 도착지에 송부하여야 한다. **1** |

| 구분 | 용도 | 색깔 | 기능 |
|---|---|---|---|
| 원본3 | 송하인용<br>(For Shipper) | 청색 | -송하인용으로 출발지에서 항공회사(운송인)가 **송하인으로부터 화물을 수취하였다는 것을 증명하는 수취증**이고 또한 송하인과 운송인과의 운송계약체결의 증거서류이다.<br>-송화인용이라고 기재하고 운송인이 서명하여 화물을 인수한 후 송화인에게 교부하여야 한다. **1** |
| 원본4 | 인도항공회사<br>화물인도용<br>(Delivery Receipt) | 황색 | 운송인(인도항공회사비치용)이 도착지에서 수하인과 화물을 상환할 때 수하인이 이 부분에 서명하고 인도항공회사에 돌려주는 것으로서, 화물인도증명서 및 운송계약이행의 증거서류가 된다. |
| 원본5 | 도착지 공항용<br>(For Third Carrier) | 백색 | 화물과 함께 도착지 공항에 보내져 세관통관용 기타 업무에 사용된다. |
| 원본6 | 도착지 공항용<br>(For Third Carrier) | 백색 | 운송에 참가한 항공회사가 운임청산에 사용한다. |
| 원본7 | 제2항공회사용<br>(For Second Career) | 백색 | 운송에 참가한 항공회사가 운임청산에 사용한다. |
| 원본8 | 제1항공회사용<br>(For First Career) | 백색 | 운송에 참가한 항공회사가 운임청산에 사용한다. |
| 원본9 | 발행대리점용<br>(for) | 백색 | 발행대리점의 보관용으로 사용한다. |
| 원본10<br>원본11 | 예비용<br>(Extra Copy) | 백색 | 필요에 따라 사용한다. |

## **03** 항공운임

### (1) 운임결정원칙

① 요율 요금 및 그와 관련된 규정의 적용은 항공화물운송장(AWB)의 발행 당일(발행일)에 유효한 것을 적용한다. **2**

② 항공화물의 요율은 공항에서 공항끼리의 운송만을 위하여 설정된 것으로 부수적으로 발생되는 서비스에 대한 요금은 별도로 계산된다. **2**

③ 항공화물의 요율은 출발지국의 현지통화로 설정하며, 출발지로부터 목적지까지 한 방향으로만 적용한다. **1**

④ 별도로 규정이 설정되어 있는 경우를 제외하고는 요율과 요금은 가장 낮은 것으로 적용하여야 한다. **2**

⑤ 운임은 출발지에서 중량 kg/LB당 요율로 곱하여 산정한다. **1**

⑥ 항공운임은 선불(Prepaid)이거나 도착지불(Charges Collect)이다. **3**

⑦ 화물의 실제 운송경로는 운임산출 시 근거로 한 경로와 반드시 일치할 필요는 없다. **3**

⑧ IATA Tariff Co-Ordinating Conference에서 결의하는 각 구간별 요율은 해당 정부의 승인을 얻은 후에야 유효한 것으로 이용가능하다.

⑨ 모든 화물요율은 kg당 요율로 설정되어 있다. 단, 미국 출발화물의 중량요율(Weight Rate)은 파운드(lb)당 및 kg당 요율로 설정할 수 있으며, 단위탑재용기요금(BUC)의 경우 미국 출발화물도 kg당 요율로 설정한다. **2**

## (2) 항공운송운임요율

항공화물요율은 공항에서 공항까지의 운송을 기준으로 계산하여 설정된다. **1**

### ① 일반화물요율(GCR, General Cargo Rate, General Commodity Rate) **1**

- 항공화물운송의 요금을 산정할 때 기본이 되며, 특정품목 할인요율이나 품목분류요율을 적용받지 않는 모든 항공화물운송에 적용되는 요율이다. 최저운임(M), 기본요율(N), 중량단계별 할인요율(Q) 등으로 분류된다. **1**
- 항공화물운송 요금 산정 시 가장 기본이 되는 요율이다. **2**
- 일반화물요율은 최저운임, 기본요율, 중량단계별 할인요율로 구성되어 있다. **1**
- 일반화물요율은 품목분류요율이나 특정품목할인요율보다 후순위로 적용된다. **2**

| | |
|---|---|
| 최저운임<br>(Minimum Rate) | - 한 건의 화물운송에 적용할 수 있는 가장 낮은 운임이다.<br>- 화물의 중량운임이나 용적(부피)운임이 최저운임보다 낮은 경우 적용되는 운임이다.<br>- 요율표에 M으로 표시한다. **2** |
| 기본요율<br>(Normal Rate) | - 45kg 미만에 적용되는 요율로 일반화물 요율의 기준이 된다.<br>- 요율표에 N으로 표시한다. **1** |
| 중량단계별 할인요율 **1**<br>(Changable Weight) | 45kg 이상의 경우 중량 단계별로 다른 요율이 적용되며, 중량이 높아짐에 따라 운임률이 절감된다. |

### ② 특정품목 할인요율(SCR, Specific Commodity Rate)

○ 개념
- 특정품목 할인요율(SCR)은 주로 해상운송화물을 항공운송으로 유치하기 위해 설정된 요율이다. **1**
- SCR은 특정구간에 동일품목이 계속적으로 반복하여 운송되는 품목이거나 육상이나 해상운송과의 경쟁성을 감안하여 항공운송을 이용할 가능성이 많은 품목에 대하여 적용하기 위하여 설정된 할인요율이다. **1**

○ 특징
- 특정대형화물에 대해서 운송구간 및 최저중량을 지정하여 적용하는 할인운임이다. **2**

- 동일구간이나 동일상품이 계속적으로 반복하여 운송되는 상품에 대해 적용하는 운임이다. **1**
- 일정 구간에 반복되어 운송되는 특정 물량에 대하여 항공 이용을 촉진·확대할 목적으로 적용하는 할인운임이다. **1**
- 특정품목 할인요율은 다량의 상품수송에 적용하고자 그 요율과 관련하여 설정된 최저중량이 제한을 받도록 되어 있다. **1**

### ③ 품목분류요율(CCR, Commodity Classification Rate)

ㄱ 개념
- 특정구간의 특정품목에 대하여 적용되는 요율로서 보통 일반화물요율에 대한 백분율로 할증(S) 또는 할인(R)되어 결정된다. **4**
- 일반화물요율보다 높게 설정되는 할증품목(Surcharge Item)과 낮게 설정되는 할인품목(Reduction Item)으로 구분된다. **1**
- CCR은 GCR과 비교하여 크거나 작거나 간에 GCR보다 우선하여 적용된다. **1**

ㄴ 대상
- 특정 품목은 6가지 종류이며, 세부적인 품목들은 다음의 대상들이 있다.
  - 할인운임(R) : 신문, 점자책, 잡지 정기간행물, 서류, 카탈로그, 비동반 수하물 등 **1**
  - 할증운임(S) : 생동물, 귀중화물, 자동차, 시체, 금, 보석, 화폐, 증권 등 **1**

### ④ 종가운임(Valuation Charge) **1**

ㄱ 개념
- 종가운임(Valuation Charge)은 항공화물운송장에 화물의 실제가격이 기재된 경우에 부과된다. **1**
- Valuation Charge는 운송되는 화물의 가격에 따라 부과되는 운임으로 항공화물운송장 상의 "declared value for carriage"란에 신고가격을 기재하게 된다. **1**

ㄴ 대상
- 종가운임은 신고가액이 화물 1kg당 US$ 20를 초과하는 경우에 부과된다. **1**
- 종가운임이 부과되면 항공운송인의 책임제한이 적용되지 않고, 화주는 항공화물운송장에 기재된 가격 전액을 배상받을 수 있다. **1**
- 항공사는 화물운송 도중 사고가 발생하여 배상해야 할 때는 일반적으로 IATA(International Air Transport Association)의 규정에 따라서 배상한다. 그러나 화주가 고가의 화물에 대하여 정해진 배상기준금액을 초과하여 배상받고자 할 경우에는 항공사에 신고를 하고 일정률의 추가운임을 지불한다. **1**

⑤ 단위탑재용기요금(BUC, Bulk Unitization Charge) **1**

- 팔레트, 컨테이너 등 단위탑재용기(ULD)별 탑재용기의 형태 및 크기, 중량에 따라 상이하게 적용된다. **1**
- 단위탑재용기운임(BUC)은 팔레트 또는 컨테이너 단위로 부과된다. **1**
- 항공사가 송화인 또는 대리점에 컨테이너나 팔레트 단위로 판매 시 적용되는 요금이다. **1**
- ULD의 타입별 한계중량을 설정한 후 요금을 책정하여 지불하게 하는 요금방식이다.
- 단위탑재용기의 단위운임은 기본운임과 초과중량요율로 구성되며 기본운임을 초과 시 화물의 양과 한계중량의 차액에 1kg당 요율로 표시된 초과중량요율을 곱한 운임을 기본운임에 가산하여 전체운임으로 하게 된다.

심화 단위탑재용기 요금(BUC) 사용제한 품목 **1**

1. 유해
2. 귀중화물
3. 위험물품
4. 살아있는 동물

⑥ CCF(Charge Collect Fee)

착불 수수료를 의미하며, 항공운송에서 수입화물의 운임이 착지불될 때 수입자에게 청구하는 비용이다.

## (3) 운임산출 중량 방법

실제중량과 용적중량 중 숫자가 큰 중량이 운임산출의 기준 중량이 된다. **1**

① 실제중량에 의한 방법

- 화물중량의 측정은 kg으로 측정한다.
- 운임산출량
  - 0.5kg 미만 화물 : 0.5kg
  - 0.6kg 이상 1kg 미만의 화물 : 1kg

② 용적(부피)중량에 의한 방법

- '가로×세로×높이'의 방식으로 계산한다.
- 직육면체 또는 정육면체가 아닌 경우에는 '최대 가로×최대 새로×최대 높이'로 계산한다.
- 용적 운임부과 중량 환산기준
  - $1kg = 6,000cm^3$
  - 1CBM : $1m^3 = (100 \times 100 \times 100)cm = 166.66kg$(약 167kg)

**예시** 항공운임 산출중량 구하기 **1**

> • 수량 : BOX 4개
> • BOX 당 실제 총중량 : 80kg
> • BOX 당 크기 : 가로 150cm×세로 120cm×높이 30cm
> • 항공운임 : kg당 US $5
> • 운임부과 중량 환산기준 : 6,000cm³ = 1kg

1. 실제 총 중량 = 80kg×4 = 320kg
2. 용적 중량 = (150cm×120cm×30cm)×4/6,000cm³/kg = 360kg
  → 실제 총 중량과 용적 중량 중 큰 쪽이 항공운임 산출중량이 된다.

**예시** 항공화물에 적용되는 운임(용적기준) **1**

> • 무게 : 30kg
> • 크기 : 가로 80cm×세로 50cm×높이 60cm
> • 항공운임 : kg당 US$5
> • 운임부과 중량 환산기준 : 6,000cm³ = 1kg

1. 운임부과 중량 환산기준 : 6,000cm³(가로×세로×높이) = 1kg이므로 80×50×60/6,000
  = 40kg
2. 항공운임 = 40kg×5$ = 200$

---

[관련규정] → **특수화물의 취급**

① 위험품(DG, Dangerous Goods) : 화물 자체의 속성으로 인하여 운송 중의 상태변화에 따라 인명, 항공기 및 기타 화물에 손상을 줄 수 있는 수송제한품목이다.
② 생동물(AVI, Live Animals) : 건강상태 및 IATA Live Animals에 따라 포장이 되어 있는지의 여부와 운송 전 구간에 대한 예약이 확인된 후에 운송이 가능하다.
③ 중량·대형화물(HEA/BIG, Heavy/Out-sized Cargo) : 포장단위당 무게가 150kg이 넘거나 ULD 사이즈를 초과하는 화물을 말한다.
④ 부패성 화물(PER, Perishables)
  – 해산물, 고기, 생화 등이 해당되며 제한된 기간 내 목적지까지 운송되어야 한다. 각각의 포장에 'Perishable'이라는 라벨을 붙인다.
  – 가끔 생동물과 헷갈릴 경우가 있는데 먹을 수 있는지의 여부로 결정한다(먹을 수 있는 것은 PER, 먹을 수 없는 것은 AVI).
⑤ 유해(HUM, Human Remains) : 완벽한 포장 확인이 되어야 하며 컨테이너 탑재 시 일반 화물을 유해와 혼재하는 것을 금지하고, ULD 작업 시 유해 위에 일반화물을 작업하는 것은 절대 엄금한다.
⑥ 기타 : 귀중화물(VAL, Valuable Cargo), 자동차(Automobile), 외교행낭(DIP, Diplomatic Pouch), 항공 우편물(Air Mail)

**심화** 📎 **항공화물 수출운송절차**

운송장 접수 → 화물반입 및 접수 → 장치 통관 → 적재 → 탑재 **1**

## 04 항공운송화물 사고처리

### (1) 항공운송화물의 사고유형

| 사고유형 | | 내용 |
|---|---|---|
| 화물<br>손상 | Mortality | 운송 중 동물이 폐사되었거나 식물이 고사된 경우 |
| | Spoiling | 내용물이 부패되거나 변질되어 상품의 가치를 잃게 되는 경우 |
| 지연<br>(Delay) | SSPD(ShortShipped) 🔟 | 적하목록에는 기재되어 있으나 화물이 탑재되지 않은 경우 |
| | OFLD(Off−Load) | 출발지나 경유지에서 선복부족으로 인하여 의도적이거나, 실수로 화물을 내린 경우 |
| | OVCD(Over−Carried) | −예정된 목적지 또는 경유지를 지나서 화물이 운송되었거나 발송 준비가 완료되지 않은 상태에서 화물이 실수로 발송된 경우<br>−항공화물 지연(delay) 사고의 하나로, 화물이 하기되어야 할 지점을 지나서 내려진 경우 🔟 |
| | STLD(ShortLanded) 🔟 | 적하목록에는 기재되어 있으나 화물이 도착되지 않은 경우 |
| | Cross Labelled 🔟 | 실수로 인해서 라벨이 바뀌거나 운송장 번호, 목적지 등을 잘못 기재한 경우 |
| 분실 | | 탑재 및 하역, 창고보관, 화물인수, 타 항공사 인계 시에 분실된 경우 |

### (2) 클레임 제기기간

클레임의 제기나 의사통보는 규정된 기간 내에 서면으로 제기해야 한다.

① 화물파손 및 손상 : 화물인수일로부터 14일(2주) 이내

② 지연 : 도착통지를 받아 물품이 인수권을 가진 사람이 처분 하에 있는 날로부터 21일(3주) 이내

③ 분실 : 항공운송장 발행일로부터 120일(4개월) 이내

④ 제소기한 : 항공기 도착일 또는 항공기의 운송중지일로부터 2년 이내

> 참조 🖊 신항공화물운송장 계약조건(IATA Resolution 600b)적용 AWB 이면약관
>
> In the case of loss of, damage or delay to cargo a written complaint must be made to Carrier by the person entitled to delivery.
> Such complaint must be made :
> in the case of delay, within **21 days** from the date on which the cargo was placed at the disposal of the person entitled to delivery.

## 05 국제항공기구 및 국제조약

### (1) 국제항공기구

① 국제항공운송협회(IATA, International Air Transport Association) **3**

- 항공사들이 설립한 순수 민간단체로 여객운임 및 화물요율 등을 결정하는 국제기구이다. **1**
- 각국의 정기 항공사에 의해 운임, 정비 등 상업적, 기술적인 활동을 목적으로 설립된 국제적 민간항공단체로 캐나다 몬트리올과 스위스 제네바에 본부를 두었다. **1**
- IATA는 약관을 포함한 항공권의 규격 및 발권절차의 통일을 추구하고 있다. **1**
- IATA는 ICAO와 연대 협력한다. **1**
- IATA는 항공운송업계의 바람직한 경쟁을 목표로 한다. **1**
- IATA는 출입국절차의 간소화를 위해 노력하고 있다. **1**

② 국제민간항공기구(ICAO, International Civil Aviation Organization) **2**

㉠ 개념

- 1944년에 결의된 Chicago Conference를 기초로 하고 있는 정부 간 국제협력기구이다. **1**
- 시카고조약에 의거하여 국제항공의 안전성 확보와 항공질서 감시를 위한 관리를 목적으로 설립된 UN산하 항공전문기구이다. **2**
- 국제연합(UN) 산하의 전문기구로 국제항공운송에 필요한 원칙을 제정하고 기술 및 안전에 대해 연구하며 캐나다의 몬트리올에 본부 설립되어 있다.
- 계약당사자가 아닌 운송인이 이행한 국제항공운송에 관한 일부규칙의 통일을 위한 와르소조약(Warsaw Convention)을 보충하는 과다라하라조약(Guadalajala Convention)을 채택한 국제기구이다. **1**

㉡ 주요업무

- 국제항공법회의에서 초안한 국제항공법을 의결한다. **1**
- 국제민간항공의 안전 확보와 항공 시설 및 기술발전 등을 목적으로 하고 있다. **1**
- 항공기 사고 조사 및 방지, 국제항공운송의 간편화 등의 업무를 하고 있다. **1**

> **심화** 🔎 ICAO의 목표 **1**
>
> Contributing to the creation of a favourable global regulatory environment for the sustainable development of international air transport is an important objective for ICAO. It develops and provides policy and guidance material in the areas of aviation infrastructure management, statistics, forecasting and economic analysis.

③ 국제운송주선인협회연맹(FIATA, International Federation of Freight Forwarders Associations) ❸

- 국가별 대리점협회와 개별 대리점으로 구성된 기구로서 1926년 비엔나에서 국제적인 대리업의 확장에 따른 제반 문제점을 다루기 위해 설립되었다.
- 국제운송인을 대표하는 비정부기구로 전 세계 운송주선인의 통합, 운송 주선인의 권익보호, 운송주선인의 서류통일과 표준거래조건의 개발 등을 목적으로 한다. ❶

④ 국제항공연맹(FAI, Federation Aeronautique Internationale) ❹

항공스포츠를 통한 각국의 정치, 인종 초월, 인류 이해, 친선도모, 참된 국제정신 고양을 위해 설립되었으며, 주요활동으로는 각종 스포츠 경기대회 개최 장려, 각종 항공기록 통제 규정 제정 등이 있다.

⑤ 국제공항협회(ACI, Airports Council international)

1991년 1월 1일 국제공항운영협의회와 공항협의조정위원회, 국제민간공항협회 등 공항관련 3개 단체를 통해 설립되었으며, 전 세계 공항의 안전과 발전, 공항 간 협력을 위해 결성된 비영리단체이다. ❶

## (2) 국제조약

① 바르샤바협약(Warsaw Convention, 와르소조약)

- 정식 명칭은 국제항공운송에 있어서의 일부규칙의 통일에 관한 협약이다(Convention for the Unification of certain Rule Relating to International Transportation by Air).
- 1929년 체결된 Warsaw Convention은 국제항공운송인의 책임과 의무를 규정한 최초의 조약이다. ❶
- 제1차 세계대전 후 급속도로 발달한 항공운송이 국제적인 교통수단으로 이용되고 국제적으로 적용할 법규 및 여객이나 운송인에게도 최소한의 보장이 요청됨에 따라 1929년 체결되었다. ❶
- 국제항공운송인의 민사책임에 관한 통일법을 제정하여 동일사건에 대한 각국법의 충돌을 방지하고 국제항공운송인의 책임을 일정한도로 제한하여 국제민간항공운송업의 발전에 그 목적을 둔 최초의 국제규범이다. ❶
- 바르샤바협약은 국제 간 항공운송으로서 운송계약상 발송지 및 목적지가 모두 체약국에 있는 경우 적용된다. ❶

> 관련규정 → **와르소조약(Warsaw Convention)의 화물에 대한 책임한도액** ❶
> - 여객사망 한도액 : 12만 5,000프랑
> - 화물 책임한도액 : 위탁수하물 250프랑/kg, 휴대수하물 5,000프랑/1인당

② 헤이그의정서(Hague Protocol) ■

바르샤바 협약의 내용을 일부 수정한 의정서로서 1955년 채택된 Hague Protocol에서는 여객에 대한 운송인의 보상 책임한도액을 인상했다. ■

<table>
<tr><td colspan="3">심화   바르샤바협약과 헤이그의정서의 이의신청기간</td></tr>
</table>

| 구분 | 바르샤바협약 | 헤이그의정서 |
|------|------------|-------------|
| 화물 훼손 | 7일 이내 | 14일 이내 ■ |
| 화물 연착 | 14일 이내 ■ | 21일 이내 |

③ 몬트리올 협정(Montreal Agreement) ■

- 미국이 항공운송 사고 시 운송인의 책임한도액이 너무 적다는 이유로 바르샤바 조약을 탈퇴하였다. 이에 따라 IATA가 미국정부와 직접교섭은 하지 않고 미국을 출발, 도착, 경유하는 항공회사들 간의 회의에서 운송인의 책임한도액을 인상하기로 합의한 협정이다. ■
- Montreal 추가 의정서에서는 IMF의 SDR이 통화의 환산단위로 도입되었다. ■
- 1966년 발효된 Montreal Agreement에서는 화물에 대한 운송인의 보상 책임한도액은 변함없다. ■
- 몬트리올협약상 제소기한은 2년이며, 중재에 의한 분쟁해결을 허용하고 있다. ■

> 관련규정 → **Montreal Convention(1999)**
>
> **1. 개념**
> 항공운송관련 국제협정을 통합하기 위해 1999년 ICAO 국제항공법회의에서 채택되어 2003년에 발효된 국제조약 ■
>
> **2. 적용범위**
> This Convention applies to all international carriage of persons, baggage or cargo performed by aircraft for reward.
> It applies equally to gratuitous carriage by aircraft performed by an air transport undertaking. ■
> - 몬트리올 협약은 모든 국제운송 승객, 수하물 혹은 짐으로 비행기에 의해 운송되는 것으로서 보상에 대해 적용한다.
> - 공중 운송을 수행하는 비행기에 의해 운반되는 무료 운송에도 동일하게 적용한다.

<table>
<tr><td>심화   헤이그의정서와 몬트리올 협정의 차이</td></tr>
</table>

- 화물의 책임한도액의 경우 차이는 없으나, 여객의 경우 Hague Protocol는 1인당 US$20,000인데 비해 몬트리올협정은 US$75,000(소송비용 포함)이다.
- 항공운송인의 책임에 대하여는 바르샤바협약 및 Hague Protocol는 과실책임주의를 원칙으로 하고, 몬트리올협정은 절대주의를 원칙으로 하고 있으며, 여객운송에 관한 규정만을 두고 있고 화물운송은 바르샤바조약이 그대로 적용된다.

④ 과다라하라(Guadalajara) 협약 **2**

- 여객 또는 화주와 직접 운송계약을 체결한 계약운송인(Contracting Carrier)과 여객과 화물의 운송을 실제로 하는 실제운송인(Actual Carrier)의 어느 쪽이 국제항공운송에 관한 바르샤바협약상의 운송인이 되는지 문제가 발생하게 되었다.
- 이 문제를 해결하기 위해 1961년에 과달라하라협약이 작성되었다. 이 협약에 의해 계약운송인은 계약운송의 전부에 대해서, 실행운송인은 자신이 실행하는 운송부분에 대해서만 바르샤바협약의 적용을 받게 되었다.

⑤ 과테말라의정서(Guatemala Protocol)

- 1965년 7월 국제민간항공기구(ICAO) 총회에서 개정된 바르샤바조약상 운송인의 책임한도액을 재개정할 필요성이 제기된 후 ICAO의 법률위원회에서 초안한 내용을 1971년에 과테말라 외교회의에서 통과시킨 의정서이다.
- 1971년 채택된 Guatemala Protocol에서는 운송인의 절대책임이 강조되었다. **1**

> **심화** ◇ **국제항공업무통과협정상 하늘의 자유(Freedoms of the Air)**
>
> - 제1의 자유는 영공통과의 자유(Fly-over Right)이다. **1**
> - 제2의 자유는 기술착륙의 자유(Technical Landing Right)이다. **1**
> - 제3의 자유는 자국의 영역 내에서 실은 여객과 화물을 타 체약국으로 운송할 수 있는 자유(Set-down Right)이다. **1**
> - 제4의 자유는 상대국의 영역 내에서 여객과 화물을 탑승하고 자국으로 운송할 수 있는 자유(Bring-back Right)이다. **1**
> - 제5의 자유는 상대국과 제3국간 여객, 화물, 우편물을 운송할 수 있는 자유와 인근지역 수요를 상대국과 제3국간 여객, 화물, 우편물을 수송할 수 있는 자유이다. **1**

**심화** 국제항공운송조약의 비교

| 항공운송조약 | 주요목적 | 여객 사망, 상해 | 수화물/1인당 | 화물/kg당 |
|---|---|---|---|---|
| Warsaw Convention (1929) | −국제항공운송에 관한 통일법 제정<br>−운송인의 책임제한 | FRF 125,000 (USD 10,000) | FRF 5,000 (USD 400) | FRF 250 (USD 20) |
| Hague Protocol (1955) | −운송인의 여객 책임 한도액 인상<br>−과실책임주의 | FRF 250,000 (USD 20,000) | FRF 5,000 (USD 400) | FRF 250 (USD 20) |
| Montreal Agreement (1966) | −운송인의 여객책임한 도액 인상<br>−절대책임주의 | USD 75,000 (소송비 포함) | FRF 5,000 (USD 400) | |
| Montreal Protocol No.4 (1975) | −화폐단위를 SDR로 변경<br>−화물책임원칙 변경 | SDR 16,600 | SDR 323 | SDR 17 화물고유의 결함, 전쟁 등 면책 |
| Montreal Convention (1999) | −휴대수화물 책임변경<br>−여객지연 추가 | 무한책임, 여객지연 SDR 4,150 | SDR 1,000 | SDR 17 (현재 SDR 19) |

# CHAPTER 06 컨테이너운송

## 01 개요

### (1) 컨테이너

#### ① 컨테이너의 개념

- 화물의 단위화를 목적으로 하는 운송용기로서 육상 · 해상 · 항공을 통한 화물운송에 있어 경제성, 신속성, 안정성의 이점을 갖고 있다. [1]
- 물적유통 부문의 운송 · 보관 · 포장 · 하역 등의 전 과정을 일관운송할 수 있는 혁신적인 운송용기이다. [1]
- 반복사용이 가능한 운송용기로서 신속한 하역작업을 가능하게 하고 이종운송수단 간 접속을 원활하게 하기 위해 고안된 화물수송용기이다. [1]
- 화물을 운송하는 과정에서 재포장 없이 사용할 수 있도록 설계되어 취급이 용이하며, 해상운송방식뿐만 아니라 육상운송 및 항공운송에서도 사용할 수 있도록 고안된 운송용기이다. [1]
- 환적작업이 신속하게 이루어질 수 있는 장치를 구비하여야 하며, 화물의 적입 및 적출이 용이하도록 설계된 용기이다. [1]
- 우리나라에서는 20 feet 컨테이너가 가장 많이 사용된다. [1]
- 20ft 컨테이너 1개를 1TEU라 하며, TEU를 컨테이너 물동량 산출 단위로 이용한다. [1]

> **참조** 컨테이너 크기 [1]
>
> - 20피트 컨테이너 높이 2.4m×폭 2.6m×길이 6m
> - 40피트 컨테이너 높이 2.4m×폭 2.6m×길이 12m
> - 45피트 컨테이너 높이 2.4m×폭 2.6m×길이 13m

#### ② 컨테이너화의 장단점

- 운임 감소 [1]
- 인건비 절감 [1]
- 화물의 안전성 제고 [1]
- 신속한 하역 [1]

- 정박기간의 단축 **1**
- 새시(Chassis)는 컨테이너를 탑재하여 운반하는 대차 **1**
- 컨테이너 전용부두 설치와 컨테이너 운반용 새시 및 터미널, 전용선 확보 등 시설확보에 따른 대규모 자본 필요

## (2) 컨테이너 운송의 장단점

### ① 장점

- 선박의 속력이 빠르고 신속한 화물조작이 가능하다. **2**
- 운송기간의 단축으로 수출대금의 회수가 빨라져 교역촉진이 가능하다. **1**
- 표준화된 컨테이너를 사용함으로써 안전하게 운송할 수 있어 보험료를 절감할 수 있다. **1**
- 컨테이너 전용부두와 갠트리 크레인 등 전용장비를 활용하여 신속한 하역작업을 할 수 있어 작업 시간의 단축이 가능하다. **1**
- 고정식 기계하역시설이 갖추어지지 않은 항만에도 이동식 장비로 하역작업이 가능하다. **1**
- 해상운송과 육상운송을 원만하게 연결하고 환적시간을 단축시킴으로써 신속한 해륙일관운송을 가능하게 한다. **1**
- 송화인 문전에서 수화인 문전까지 효과적인 Door−to−Door 서비스를 구현할 수 있다. **1**
- 컨테이너운송의 발달은 국제복합운송 발달의 계기가 되었다. **1**

### ② 단점

- 특수 컨테이너가 개발되고 있지만, 모든 화물을 컨테이너화할 수 없는 한계를 가지고 있다. **1**
- 컨테이너화에는 거액의 자본이 필요하며, 선사 및 항만 직원의 교육·훈련, 관련 제도 개선, 기존 설비의 교체 등에 장기간의 노력과 투자가 필요하다. **1**
- 왕항복항 간 물동량의 불균형이 발생하면 컨테이너선의 경우 벌크선과 달리 공컨테이너 회수 문제가 발생할 수 있다. **2**

## (3) 컨테이너의 분류

### ① 선박의 형태에 따른 분류

| | |
|---|---|
| 혼재형 | 재래선에 일반잡화와 컨테이너 화물을 혼재하여 운송하는 선박으로 컨테이너 전용선은 아니다. |
| 분재형 | 재래선 선창이나 갑판에 컨테이너 전용선창을 설치한 선박이다. |
| 전용형 | 갑판 및 선창이 컨테이너만을 적재할 수 있도록 설계된 선박이다. |
| 바지운반형 | 화물을 적재한 부선을 본선에 그대로 싣는 방식이다. |

② 적재방식에 따른 분류

| LO-LO(Lift On/Lift Off)<br>방식 | 본선이나 육상에 설치되어 있는 갠트리 크레인으로 컨테이너를 수직으로 선박에 적재 또는 양륙하는 방식이다. |
|---|---|
| RO-RO(Roll On/Roll Off)<br>방식 | 선미 또는 현측에 경사관(Ramp)이 설치되어 있어 이 경사관을 통해서 트랙터 또는 포크리프트, 트레일러 등으로 하역하는 방식이다. **1** |
| Lash(Roat on/Float Off)<br>방식 | 부선에 컨테이너나 일반화물을 적재하고 부선에 설치된 갠트리 크레인에 의해서 하역하는 방식이다. |

> **관련규정** → RO/RO선, LO/LO선, LASH선
>
> 1. RO/RO선
>    - 경사판(Ramp)을 통하여 하역할 수 있는 선박이다. **1**
>    - 선박의 선수미나 선측에 설치되어 있는 입구를 통해 트럭이나 지게차를 이용하여 컨테이너를 양 륙하거나, 자동차 등을 램프를 통하여 바로 선적할 수 있도록 건조된 선박이다.
>    - 하역시간이 짧아 본선의 회전율을 제고할 수 있으며 화물의 손상을 최소화한다.
>    - 선수, 선미 또는 선측에 램프(ramp)가 설치되어 있어 화물을 이 램프를 통해 트랙터 또는 지게차 등을 사용하여 하역하는 방식의 선박이다. **1**
>    - 데릭, 크레인 등의 적양기(lifting gear)의 도움 없이 자력으로 램프를 이용하여 Drive On/Drive Off 할 수 있는 선박이다. **1**
>
> 2. LO/LO선(Lift On/Lift Off Vessel)
>    - 하역방식에 의한 컨테이너선의 분류 중의 하나로서, 컨테이너를 크레인 등을 사용하여 하역하고 화물창구(Hatch Opening)를 통하여 상하로 오르내리게 하는 방식의 선박이다.
>    - 2단 이상 선적이 가능한 화물의 경우에는 RO/RO방식보다 하역능률이 높다.
>
> 3. LASH선
>    부선(Barge)에 컨테이너 등 화물을 적재한 채로 본선에 적재 및 운송하는 선박이다. **1**

## **02** 컨테이너 화물운송형태

> **참조**
>
> 컨테이너화물은 컨테이너 1개의 만재 여부에 따라 FCL(Full Container Load)과 LCL(Less than Container Load)화물로 대별할 수 있다. **1**

① CY to CY(FCL/FCL)

- CY/CY 운송은 수출자의 공장에서 컨테이너를 만재한 상태에서 수입자의 창고까지 운송하는 형태를 말하며, Door-to-Door 운송이라고도 한다. **1**
- CY → CY(FCL → FCL) 운송 : 수출지 CY에서 수입지 CY까지 FCL 형태로 운송되며, 컨테이너운송의 장점을 최대한 살릴 수 있는 방식이다. **2**

② CFS to CFS(LCL/LCL)

- CFS/CFS 운송은 주로 다수의 수출자와 다수의 수입자 간에 이용된다. **2**
- Pier to Pier 또는 LCL/LCL운송이라고도 부르며 운송인이 여러 화주로부터 컨테이너에 운송하여 목적항의 컨테이너 화물장치장(CFS)에서 여러 수하인에게 화물을 인도하는 방법이다.
- 혼재업무를 포워더들이 행하기 때문에 이를 Forwarder's Consolidation라고 한다.

③ CFS to CY(LCL/FCL)

- CFS/CY 운송은 수입업자가 여러 송하인으로부터 물품을 수입할 때 주로 이용된다. **1**
- 운송인이 여러 송하인들로부터 화물을 CFS에서 집하하여 목적지의 수입업자 창고 또는 공장까지 운송하는 것으로 Buyers Consolidation이라 한다.
- CFS → CY(LCL → FCL) 운송 : 운송인이 다수의 송화인으로부터 화물을 모아 수출지 CFS에서 혼재하여 FCL로 만들고, 수입지 CY에서 분류하지 않고 그대로 수화인에게 인도하는 형태이다. **1**
- 대규모 수입업자가 여러 송하인들의 각 LCL 화물들을 인수하여 일시에 자기지정창고까지 운송하고자 하는 경우에 이용한다.

[활용예시]→ 미국에 소재하고 있는 대형백화점인 A회사는 한국에서 백화점 자체 브랜드의 의류를 여러 봉제업자들로부터 OEM방식으로 가공하여 취합한 후 일괄하여 컨테이너로 수입한다. 한국의 국제물류주선업체인 B회사가 위 물품의 운송을 위탁받았다고 할 때 B회사가 취할 수 있는 적합한 운송형태는 CFS to CY이다. **1**

[활용예시]→ 한국 부산의 A 마트는 베트남 호치민의 B, C, D 업체로부터 매월 식품 및 식자재 약 30 CBM을 컨테이너로 수입하고 있다. 이때 혼재방식은 Buyer's consolidation, 운송형태는 CFS-CY가 적절하다. **1**

> **참조** 혼재서비스(Consolidation Service) 형태
>
> 1. Consolidation 개념
>    - 국제물류주선업자가 소량의 LCL화물을 집화하여 FCL화물로 만드는 과정을 뜻하는 용어이다. **2**
>    - 혼재운송은 소량화물의 선적용이, 비용절감, 물량의 단위화로 취급상 용이하다. **1**
>    - 혼재운송에서 운송주선인은 선박회사가 제공하지 않는 문전운송 서비스를 제공한다. **1**
>
> 2. Buyer's Consolidation
>    - 다수의 송하인의 화물을 단일의 수하인에게 운송해 주는 형태이다. **2**
>    - 수입자는 한 사람이지만 같은 국가에 상품의 공급자(수출자)가 다수인 경우 수출국에 있는 포워더(Forwarder)를 지정하여 운송 업무를 전담하도록 하는 것이다. **1**
>    - 한 사람의 포워더(Forwarder)가 수입자로부터 위탁을 받아 다수의 수출자로부터 화물을 집하하여 컨테이너에 혼재한 후 이를 수입자에게 운송하는 형태이다. **1**

- 수입화물이 소량(LCL)이고 여러 수출자로부터 수입이 이루어지는 경우에 활용한다. **1**
- 운송인이 여러 송하인(수출업자)들로부터 화물을 CFS에서 집하하여 목적지의 수입업자 창고 또는 공장까지 운송하는 것이다. **1**

3. Shipper's Consolidation
수출업자가 한 사람이고 수입업자가 다수일 때 수출업자가 주체가 되어 집하, 혼재하여 운송하는 방법이다. **1**

4. Forwarder's Consolidation **2**
여러 화주(송화인)의 소량 컨테이너화물(LCL)을 수출지의 CFS에서 혼재하여 FCL 단위화물로 선적 운송하고, 수입지에 도착한 후 CFS에서 컨테이너 화물을 분류하여 다수의 수입자들에게 인도해주는 서비스

④ CY to CFS(FCL/LCL)

- CY/CFS 운송은 하나의 수출자가 둘 이상의 수입자의 화물을 한 컨테이너에 적입한 경우에 이용된다. **3**
- 선적항의 CY에서 목적항의 CFS까지 컨테이너에 의해서 운송되는 방법이다.
- 선적지에서 수출업자가 FCL화물로 선적하고 목적지의 CFS에서 컨테이너를 개봉하여 화물을 분류한 후 여러 수입업자에게 인도한다. **1**

활용예시 → A사는 중국의 명절을 맞이하여 특수가 기대되는 상품을 중국 내 여러 바이어에게 수출하기로 계약을 체결하였다. A사가 선택할 수 있는 가장 적합한 컨테이너운송 방법은 CY to CFS이다.

참조 컨테이너 화물의 특징(FCL과 LCL)

1. FCL(Full Container Load) Cargo
   - FCL은 하나의 컨테이너에 만재되어 운송되는 화물을 의미한다. **1**
   - 한 명의 송하인 화물만으로 1개의 컨테이너를 채우는 만재화물을 의미한다.
   - 운송과정에서 거래당사자는 일반적으로 1명의 송하인(Shipper)과 1명의 수하인(Consignee)이다.
   - FCL Cargo는 수출상의 공장의 문전에서 수입업자의 창고의 문전까지 화물을 운송해주는 Door-to-Door Service가 가능하다.
   - FCL은 화주의 공장에서 수출통관 후 보세운송형태로 육상운송되는 경우가 대부분이며 필요 시 철도운송 또는 연안운송도 이용된다. **1**

2. LCL(Less Than A Container Load) Cargo
   - 여러 명의 송하인 화물로 1개의 컨테이너를 채우는 혼재화물이다.
   - LCL은 여러 화주의 화물을 하나의 컨테이너에 적입해야 하므로 수출화물을 컨테이너화물집하장(CFS)으로 운반하여 화물을 혼적한다.
   - LCL은 Door-to-Door Service가 불가능하며, 평균운임 및 취급비용이 FCL Cargo보다 고가이다.

**1. 컨테이너 리스방식 🔟**
- **Master Lease** : 컨테이너 임차 시 임차료, 임차 및 반납조건 등을 포괄적인 계약조건으로 정한 후 계약기간 내에서는 자유롭게 임차와 반납을 허용하는 리스 형태 🔟
- **Lease & Purchase** : 원하는 특정날짜까지 일일 단위로 계산하여 리스비를 지불하는 방식으로 컨테이너 구매비용보다 리스비가 커지면 컨테이너를 소유할 수 있음
- **Round Lease** : 왕복 운항을 기준으로 컨테이너를 리스하는 방식
- **One Way Lease** : 편도 운항을 기준으로 컨테이너를 리스하는 방식

**2. 컨테이너 리스료 부과방식 🔟**
- **Rental Charge** : 1일이나 1개월 기준으로 부과하는 방식
- **DPP(Damage Protection Plan)** : 손상된 컨테이너 수만큼 보전해주는 조건
- **Interchange Ratio(반납률)** : 반납률이 낮으면 리스료가 올라감
- **Geography(반납예정표)** : 한 지점에서 1개월 동안 반납해야 할 최대수량을 기록한 표

## 03 컨테이너화물의 수출입절차

### (1) 수출화물의 육상운송절차(FCL)

① 수출자는 운송인에게 선적의뢰 시 선적요청서(S/R)를 비롯한 포장명세서(P/L) 등의 서류를 제출한다. 🔟

② 화물 컨테이너 작업을 위해 공컨테이너를 수출자의 창고로 투입 요청한다.

　※ LCL화물의 경우 혼재작업을 위해 선사는 내륙운송업자에게 연락하여 수출화물을 수령하여 선적지 CFS까지 내륙운송할 것을 지시하며 수출자는 직접 운송하여 CFS에 직접 인도도 가능하다.

③ 선사는 육상운송회사에게 수출화물을 수령(Pick-up)하여 선적지 컨테이너 야적장(CY)까지 내륙운송을 지시한다.

④ 선박회사는 육상운송회사에 연락하여 수출화주가 희망하는 장소에 공컨테이너 투입을 요청한다.

⑤ 수출통관이 완료된 후 수출신고필증이 발급된 경우 화주는 컨테이너에 화물을 적입하고, 공컨테이너 투입 시 함께 전달된 선사의 봉인(carrier's seal)을 컨테이너에 직접 장착한다. 🔟

⑥ 컨테이너 터미널에 직접 인도하거나 ODCY에 반입한다.

　※ LCL화물을 혼재한 컨테이너는 CFS에서 반출하여 컨테이너터미널에 직접 인도되거나 ODCY에 반입한다.

부두 내 CY의 부족현상을 보완하기 위해 **부두(항만)**에서 떨어진 곳에 설치된 컨테이너 장치장으로서, 수출입 컨테이너 화물의 장치, 보관 및 통관 등의 업무가 이루어지는 장소이다. 🔟

⑦ ODCY에서 컨테이너티미널의 마샬링 야드까지의 단거리 운송(셔틀운송)한다.

⑧ 컨테이너터미널에 반입한 수출화물컨테이너는 선박이 지정 선석에 정박하기 전에 미리 마샬링 야드에 대기하였다가 선박이 정박하면 해당 선박에 적재한다.

⑨ 선박회사는 적재 후 선하증권(B/L)을 발행한다.

> **참조** 선적 및 하역업무에 따른 부속서류
>
> 1. 컨테이너적입도(CLP, Container Load Plan)
>    - 컨테이너마다 적재된 화물의 명세를 기재하는 서류이다. **1**
>    - FCL 화물의 경우 송하인이 작성하며, CY에서 본선 적재할 때와 양륙지에서 컨테이너 보세운송할 때 사용되는 서류이다. **1**
>    - LCL화물의 경우 CFS 운영업자가 작성하는 서류이다. **1**
>    - LCL화물의 경우 CLP는 대개 CFS Operator나 이와 계약관계에 있는 검수회사가 선적예약 시 화주가 제출한 제반서류를 기초로 작성한다. **1**
>
> 2. Stowage Plan
>    체계적인 하역작업 및 본선안전을 위한 것으로 여기에는 선적용 적부도 양륙용 적부도가 있다. **1**
>
> 3. Tally Sheet
>    하역화물의 개수, 화인, 포장상태, 화물사고, 외형상의 고장유무 등을 기재한 검수표이다. **1**
>
> 4. Delivery Order
>    - 양륙지에서 선사가 수하인으로 B/L을 받고 화물인도를 지시하는 서류이다. **1**
>    - 양륙지에서 선사 또는 대리점이 수하인으로부터 선하증권 또는 보증장을 받고 본선 또는 터미널(CY 또는 CFS)에 화물인도를 지시하는 서류이다. **1**
>
> 5. Boat Note(B/N)
>    화물양륙 시 화물을 인도받는 수하인, 그 대리인 또는 하역업자가 양륙화물과 적하목록을 대조하여 본선에 교부하는 화물인수증이다. **2**
>
> 6. Measurement/Weight Certificate
>    각 포장당 용적 및 총중량의 명세서이며, 해상운임 산정의 기초가 된다. **1**
>
>
> 7. Manifest(M/F, 적하목록)
>    - 선박 또는 항공기에 적재된 화물의 총괄목록으로 선적화물에 대한 명세서이며, 양륙지에서 하역 및 통관절차에 필요한 서류이다.
>    - 우리나라로 해상수입되는 화물의 경우 적재항에서 화물이 선박에 적재되기 24시간 전까지 적하목록을 선박 입항예정지 세관장에게 전자문서로 제출하여야 한다. 다만, 중국, 일본 등 의 경우에는 적재항에서 선박이 출항하기 전까지, 벌크화물의 경우에는 선박이 입항하기 4시간 전까지 제출하여야 한다. **1**

## (2) 수입화물의 내륙운송절차

① 수입국 선사는 수출국 선사로부터 B/L목록 및 사본, 선박 출항보고서, 적하목록, 위험화물목록, 최종본선적부계획(Final Stowage Plan), 컨테이너 적부도(Container Load plan) 등을 입수 및 검토한다.

② 선사는 화주가 도착화물을 신속히 인수할 수 있도록 해당 선박이 도착하기 전에 화주에게 화물의 도착을 알리는 도착통지서(A/N, Arrival Notice)를 발송한다.

③ 도착통지를 받은 수입상은 화물을 어느 보세창고에 입고할 것인지를 지정하며 수입상이 창고를 지정하지 않을 경우 선사에서 임의로 배정할 수 있다.

④ 선박이 개항에 입항 및 하선한 후 보세구역에 장치된다.

⑤ 수입자가 관할세관에 수입신고를 하며 세관은 물품검사를 진행한 후 수입신고 수리하여 수입통관을 진행한 후 수입신고필증을 교부한다.

⑥ 수입상이 선하증권 원본을 제출하면 선사는 화물인도지시서(D/O, Delivery Order)를 발급한다. CY나 보세장치장 등은 선사 또는 포워더가 발행한 원본 선하증권이나 화물인도지시서를 소지하고 있는 화주에게 화물을 인도하며, 운임과 창고료 등을 영수한다.

> **참조** 🗂 Cargo Delivery Order(화물인도지시서)
>
> 물품의 보관자에 대해 그 물품을 증권(선하증권)의 정당한 소지인에게 인도해야 하는 것을 지시하는 대표적인 증서이다. **1**

⑦ 공컨테이너 반납

- 화주가 인수해 간 컨테이너의 반송은 원칙적으로는 Full Container를 Pick-up했던 ODCY로 반납하는 것이 원칙이다.
- 예외적으로 선사가 지정한 내륙 컨테이너 데포(Depot)나 CY에 반납할 수 있다.
- 이때 선사가 정한 Free Time을 경과하여 반환하는 경우에는 컨테이너지체료가 부과된다.

> **심화** 🗂 관세법상의 통관
>
> **1. 통관의 개념**
> 관세법상 통관은 수입, 수출, 반송으로 이루어진다.
>
> **2. 신고 1**
> - 물품을 수출입 또는 반송하고자 할 때에는 당해 물품의 품명·규격·수량 및 가격 등 기타 대통령령이 정하는 사항을 세관장에게 신고하여야 한다.
> - 입항 후 신고가 원칙이나, 당해 물품을 적재한 선박 또는 항공기가 입항하기 전에 수입신고를 할 수 있다(입항 전 수입신고).
> - 세관장은 수출입 또는 반송에 관한 신고서의 기재사항이 갖추어지지 아니한 경우에는 이를 보완하게 할 수 있다.
> - 관세청장은 수입하려는 물품에 대하여 검사대상, 검사범위, 검사방법 등에 관하여 필요한 기준을 정할 수 있다.
>
> **3. 신고인**
> - 수입통관은 수입지 포워더 자신의 명의 또는 화주의 명의로 수입신고할 수 있다. **1**
> - 수출신고는 물품의 화주 또는 완제품공급자나 이들을 대리한 관세사 등의 명의로 해야 한다.

**참조 🔷 수입절차**

- 선적서류 입수 – 도착 통지 – 배정적화목록 작성 – 수입통관 – 화물 양화/입고/운송 – 화물인출의 순이다. **1**
- 수출국에서 선박이 출항하면 수출국 포워더는 수입국 포워더에게 일련의 서류를 선적 통지와 함께 송부하는데, 여기에는 House B/L과 Master B/L이 포함된다. **1**

**참조 🔷 수입통관절차**

외국물품입항(항공/해상/육상) → 외국물품의 보세구역 반입과 장치 → 수입신고 → 수입신고 내용의 심사 → 신고물품의 검사 → 신고수리 및 외국물품의 내국물품화 → 납세 → 물품의 보세구역 반출 **1**

**심화 🔷 반송통관 예시**

- A는 중국의 B로부터 플라스틱 주방 용기를 구매하여 국내에 판매할 목적으로 부산항에 반입하였다. 운송경로는 북경 – 홍콩 – 부산이다. **1**
- A가 해당 물품을 부산항에 소재한 보세구역에 보관하면서 국내구매자를 물색하였으나 가격조건이 맞지 않아 수입을 포기하였다. **1**
- 대신 A는 베트남에 있는 C와 판매계약을 체결하여 해당 물품을 보세구역에서 베트남으로 바로 선적하고자 한다. 이 경우 사용하는 통관방법은 반송통관이다. **1**

---

**관련규정 ▶ 보세구역**

1. **보세구역**
   지정보세구역, 특허보세구역, 종합보세구역으로 구분하며 지정보세구역은 지정장치장, 세관검사장으로 분류하고, 특허보세구역은 보세창고, 보세공장, 보세건설장, 보세전시장, 보세판매장으로 구분할 수 있으며 종합보세구역은 특허보세구역의 기능을 2 이상 수행하는 구역이다.

2. **지정보세구역**
   ① 지정장치장 활용예시
      - A물품의 최초 선적지는 미국 뉴욕이고 최종 목적지는 중국 상해이다. X선사가 해당 물품을 선적하여 부산항에 입항하였는데, 부산항에 양륙하여 보세구역에 잠시 보관하다 다른 선박에 환적하여 중국으로 운송할 예정이다. **1**
      - 해당 물품은 컨테이너에 적재되어 있고 FCL 화물이다. 이 경우 활용할 수 있는 보세구역은 지정장치장이다. **1**
   ② 세관검사장
      통관을 하고자 하는 물품을 검사하기 위한 장소로서 세관장이 지정하는 지역을 말한다. **2**

3. **특허보세구역**
   ① 보세창고
      - 통관을 하고자 하는 물품을 일시 장치하기 위한 장소로서 세관장의 특허를 받아 운영하는 장소를 말한다. **2**
      - 보세창고의 운영인은 미리 세관장에게 신고를 하고 외국물품의 장치에 방해되지 아니하는 범위에서 보세창고에 내국물품을 장치할 수 있다. **1**
      - 보세창고의 경우 장치기간이 지난 내국물품은 그 기간이 지난 후 <mark>10일 내에 그 운영인의 책임으로 반출</mark>하여야 한다. **1**

② 보세공장

　외국물품 또는 외국물품과 **내국물품을 원료로 하거나 재료로 하여** 수출하는 물품을 제조 · 가공하거나 수리 · 조립 · 검사 · 포장 기타 이와 유사한 작업을 하는 것을 목적으로 한다. **3**

③ 보세전시장

　박람회 · 전람회 · 견본품 전시회 등의 운영을 위하여 외국물품을 장치 · 전시 또는 사용할 수 있다. **3**

④ 보세건설장

　－산업시설의 건설에 소요되는 외국물품인 기계류 설비품 또는 공사용 장비를 장치 · 사용하여 해당 건설공사를 할 수 있다. **1**

　－운영인은 보세건설장에서 건설된 시설을 수입신고가 수리되기 전에 **가동하여서는 아니 된다.** **1**

⑤ 보세판매장

　－세관장은 보세판매장에서 판매할 수 있는 물품의 종류, 수량, 장치 장소 등을 제한할 수 있다. **1**

　－보세판매장에서 판매할 수 있는 물품의 종류, 판매한도는 **기획재정부령**으로 정한다. **1**

4. 종합보세구역

　**관세청장**은 직권으로 또는 관계 중앙행정기관의 장이나 지방자치단체의 장, 그 밖에 종합보세구역을 운영하려는 자의 요청에 따라 무역진흥에의 기여 정도, 외국물품의 반입 · 반출 물량 등을 고려하여 일정한 지역을 종합보세구역으로 지정할 수 있다. **1**

5. 보세운송

　－개항에 입항한 선박에서 하역한 외국물품을 관세법의 규정에 따라 내륙지에 있는 보세창고로 운송하는 절차이다. **1**

　－보세운송의 신고는 화주의 명의로 할 수 있다. **1**

　－세관장은 보세운송물품의 감시 · 단속을 위하여 필요하다고 인정될 때에는 관세청장이 정하는 바에 따라 운송통로를 제한할 수 있다. **1**

　－보세운송 신고를 한 자는 해당 물품이 운송목적지에 도착하였을 때 도착지의 세관장에게 보고하여야 한다. **1**

　－수출신고가 수리된 물품은 관세청장이 따로 정하는 것을 제외하고는 보세운송절차를 생략한다. **1**

## 04 컨테이너터미널

### (1) 컨테이너터미널(Container Terminal)

① 개념

부두에 위치하여 하역, 화물보관, 육상운송기관에의 컨테이너화물의 인수 · 인도를 행하는 장소이다.

② 제반시설

　㉠ 컨테이너 야적장(CY, Container Yard)

　　－수출입 컨테이너의 반입, 장치, 보관, 인수도가 이루어지는 장소이다. **1**

　　－컨테이너를 인수 · 인도하고 보관하는 장소로서, 넓게는 Marshalling Yard, Apron, CFS 등을 포함하는 컨테이너터미널의 의미로도 사용되지만 좁게는 컨테이너터미널의 일부 공간을 의미하기도 한다. **2**

−On−Dock CY와 Off−Dock CY로 구분할 수 있다.

−On dock CY는 컨테이너의 인수 인도 보관을 위해 터미널 내(항만 내)에 있는 장소이다. **2**

> **참조** 📎 **위험물컨테이너장치장**
>
> 개항의 항계 안에서 폭발, 화재 및 오염 등을 사전에 봉쇄하여 항만교통의 안전을 유지하기 위하여 컨테이너 부두 내의 일정 지역을 별도로 설정하여 특수 소화장비 등을 비치한 장치장이다. **1**

ⓛ 컨테이너 화물집화장(CFS, Container Freight Station)

−컨테이너 화물의 혼재 및 분류작업이 이루어지는 장소 **2**

−수출하는 LCL화물을 집하하여 FCL화물로 만들거나, 수입하는 혼재화물을 컨테이너에서 적출하는 등의 화물취급 작업을 하는 장소 **1**

−컨테이너 한 개를 채울 수 없는 소량화물(LCL 화물)을 인수, 인도하고 보관하거나 컨테이너에 적입(Stuffing, Vanning) 또는 적출(Unstuffing, Devanning) 작업을 하는 장소 **2**

> **참조** 📎 **관련 용어**
>
> 1. Loading, Stuffing : 선적 컨테이너에 화물을 싣는 작업을 말한다. **1**
> 2. Devanning : 선적 컨테이너로부터 화물을 하역하는 작업을 말한다. **1**
> 3. Stowage : 선박의 선창 또는 객실에 화물을 쌓는 방법(적부)을 말한다. **1**
> 4. Trimming **1** : 철광석, 석탄, 밀 등을 컨베이어벨트로 선박의 선창안으로 적재할 경우 화물이 선창 가운데에만 쌓이게 되는데 이 화물을 인력으로 편편하게 골라주는 선창 내 화물고르기 작업을 의미한다.

ⓒ 선석(Berth)

−선박이 접안하여 하역작업이 이루어질 수 있도록 구축된 구조물이다. **2**

−표준선박 1척을 직접 정박시키는 설비를 가지고 있다.

−선박을 계류시키는 설비가 설치되어 있는 선박의 접안장소이다. **1**

ⓔ 에이프런(Apron) **1**

−하역작업을 위한 공간으로 바다와 가장 가까이 접한 곳이며 Gantry Crane이 설치되어 컨테이너의 양하 및 적하가 이루어지는 장소를 말한다. **3**

−컨테이너의 선적 및 양륙을 위하여 선측에 Gantry Crane이 설치되어 있는 장소이다. **1**

−안벽에 접한 부분으로 안벽 크레인이 주행할 수 있도록 레일이 설치된 장소이다. **1**

−야드트럭이 하역작업을 하거나 컨테이너크레인이 주행할 수 있도록 안벽을 따라 일정한 폭으로 포장된 공간이다. **1**

ⓜ **마샬링 야드**(M/Y, Marshalling Yard) **1**

−Marshalling Yard는 바로 선적해야 할 컨테이너를 하역순서대로 정렬하여 두거나 양륙된 컨테이너를 배치해 놓은 장소이다. **2**

－접안선박이 입항하기 전에 접안선박의 적부계획에 따라 작업 순서대로 컨테이너를 쌓아
두는 장치장 역할을 한다. 그리고 양하된 컨테이너를 일시적으로 보관한 후 화주의 인도
요구에 즉시 응할 수 있도록 임시 장치해 두는 일정한 공간이다. **1**

ⓗ 컨트롤타워(Control Tower, 컨트롤센터)
－컨테이너터미널 전체 작업을 관리·감독하는 장소이다. **2**
－본선하역 작업은 물론 CY 내 작업계획, 컨테이너배치계획 등을 지시·감독하는 곳이다.

> **참조** 🔗 **컨테이너의 봉인(Seal)**
>
> －화물이 적입된 컨테이너를 봉인하는 것으로 식별을 위한 기호 및 번호가 적혀 있다. **1**
> －봉인상태에 의하여 도난. 변조 등의 부정행위의 유무를 확인할 수 있다. **1**
> －컨테이너 봉인은 화물이 적입된 시점부터 도착지에서 화물이 적출될 때까지 장착된다. **1**
> －컨테이너에 부착된 봉인의 번호는 선하증권에 기재된다. **1**

ⓢ 게이트(Gate)
－컨테이너 터미널의 주요시설 중 컨테이너 터미널(선사)과 외부(화주, 내륙수송업자)와
의 책임관계를 구분하는 지점이다. **1**
－게이트에서는 컨테이너의 이상 유무, 통관봉인(Seal)의 유무, 컨테이너 중량, 화물의 인
수에 필요한 서류 등을 확인한다.
－Terminal Gate는 터미널을 출입하는 화물이나 빈 컨테이너 등이 통과하는 출입구를 말
하며 CY Gate는 컨테이너 및 컨테이너 화물을 인수·인도하는 장소이다. **1**

**[컨테이너 터미널의 구조]**

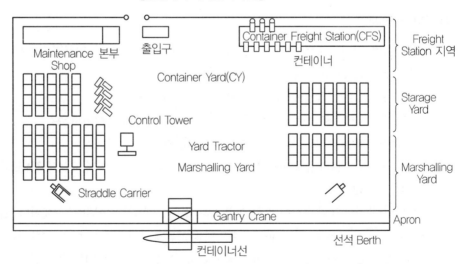

**참조** ✎ ICD의 개념 및 이용이점

**1. 개념**
- 항만 내에서 이루어져야 할 본선 선적 및 양하작업과 마샬링 기능을 제외한 장치보관기능, 집하분류기능, 통관기능을 가지는 내륙의 특정구역으로서 선사 및 대리점, 포워더, 하역회사, 관세사, 트럭회사, 포장회사 등이 입주하여 물류 관련활동을 수행할 수 있는 장소를 말한다. **2**
- 본래는 내륙통관기지(Inland Clearance Depot)를 의미하였으나 컨테이너화의 확산으로 내륙컨테이너기지로 성장하였다. **1**
- 항만 또는 공항이 아닌 내륙에 설치된 컨테이너 운송관련 시설로서 고정설비를 갖추고 있다. **1**

**2. 이용이점**
- 컨테이너 운송과 관련된 선사, 복합운송인, 화주 등 관련 업체 간 정보시스템 구축이 용이하여 신속 · 정확 · 안전한 서비스가 제공될 수 있다. **1**
- 수출입화물의 수송거점일 뿐만 아니라 화주의 유통센터 또는 창고 기능까지 담당하고 있다. **2**
- ICD는 집화 · 분류 · 혼재, 보관, 철도운송 활동에 의한 물류합리화 실현하고 대량수송수단을 통한 수송비를 절감하며 항만구역 및 항만주변의 도로체증을 완화하고, 철도수송에 의한 $CO_2$ · 탄소배출 저감하는 효과가 있다. **3**
- 내륙에 도착한 공컨테이너를 항만터미널까지 운송할 필요가 없어 교통량 감소 및 운송경비의 절감효과를 얻을 수 있다. **1**
- 공컨테이너 장치장으로도 활용되고 있다. **1**
- LCL 화물의 혼재 및 배분 기능을 수행한다. **2**
- 화물유통기지, 물류센터로 활용하여 불필요한 창고 이동에 따른 비용을 절감할 수 있다. **2**
- 한국의 내륙컨테이너기지(ICD)에서 제조기능은 수행하지 않는다. **1**
- 항만과 동일하게 CY 및 CFS의 기능을 수행하며 입주업체가 보세창고를 직접 운영한다. **2**
- 철도와 도로의 연계, 환적 등 운송수단 및 운송장비의 효율적 활용으로 연계운송체계를 통한 일관운송(연계운송체계)이 가능하게 된다. **4**

## (2) 컨테이너 터미널장비

### ① 갠트리크레인

- 컨테이너 터미널에서 컨테이너선에 컨테이너를 선적하거나 양륙하기 위한 크레인으로 Gantry Crane 또는 Container Crane으로 불린다. **1**
- 컨테이너의 본선 작업에 사용되는 하역 장비이다. **2**
- 컨테이너의 하역을 능률적으로 수행하기 위한 대형 하역설비이다. **1**
- 컨테이너터미널 내의 하역기기 중 가장 크다. **1**
- Apron에 부설된 레일을 따라 움직이거나 레일 위에서 움직이기 때문에 자유로운 이동은 불가능하다. **2**
- 컨테이너 선박의 대형화에 따라 아웃리치(Outreach)가 길어지는 추세이다. **1**
- Rubber Tired Gantry Crane은 컨테이너를 야드에 장치하거나 장치된 컨테이너를 섀시에 실어주는 작업을 하는 컨테이너 이동 장비로 고무바퀴가 장착된 이동성이 있는 Crane이다. **1**

② 스트래들 캐리어(Straddle Carrier) **1**

터미널 내에서 컨테이너를 양각(양다리) 사이에 끼우고 이동시키는 운반차량으로 기동성이
좋은 대형 하역기기이다. **2**

③ 컨테이너 섀시(Chassis)

- 컨테이너를 전문적으로 운송하기 위하여 제작된 트레일러이다.
- Yard Chassis는 Van Trailer의 컨테이너를 싣는 부분을 말한다. **1**

④ 트랙터 : 컨테이너 야적장에서 Chassis를 끄는 트럭이다.

- 야드트랙터(Yard Tractor)는 에이프런과 컨테이너 야드 간 컨테이너의 이동을 위한 장비
  로 통상야드 섀시와 결합하여 사용한다. **2**
- 야드트랙터는 야드 내의 작업용 컨테이너 운반트럭으로 일반 컨테이너 트럭과 대체로 같다. **2**

⑤ 윈치 크레인(Winch Crane)

- 크레인 자체를 회전시키면서 컨테이너 트럭이나 무개화차로부터 컨테이너를 양·적하하는
  하역장비이다. **1**
- 컨테이너를 섀시 또는 트럭에 적재 또는 양하할 때 사용하는 기중기로서 좌우로 회전이 가
  능하며 작업장까지 자력으로 이동할 수 있는 기중기이다.

⑥ 스프레더(Spreader)

컨테이너를 전용으로 하역하기 위한 지게차의 부속장치로 통상 유압으로 작동되며 운전실로
부터의 원격조작이 가능하다.

⑦ 리치스태커(Reach Stacker)

- 부두 또는 야드에서 컨테이너를 직접 운반하여 적재하거나 반출하는 데 사용되는 장비이다. **1**
- 컨테이너를 적양하할 때 사용하고 이송작업도 가능한 장비이다. **1**
- 컨테이너 터미널 또는 CY(ICD) 등에서 컨테이너를 트레일러에 상·하차하거나 야드에 적
  재할 때 사용하는 타이어주행식의 장비이다. **1**
- 컨테이너 운반용으로 주로 사용되며 컨테이너의 적재 및 위치이동, 교체 등에 사용되는 하
  역장비이다. **1**

⑧ 트렌스테이너(Transtainer, 트랜스퍼크레인, Transfer Crane)

- 컨테이너를 야드에 장치하거나 장치된 컨테이너를 섀시에 실어주는 작업을 하는 컨테이너
  이동장비이다. **1**

- 컨테이너를 다단적하기 위해 전후방으로 레일상 혹은 타이어륜으로 이동하는 교형식 크레인이다. **1**
- 컨테이너 야드 내에서 컨테이너의 적재나 이동에 사용하는 장비로 RTGC와 RMGC가 대표적이다. **1**

⑨ 포크리프트

CFS에서 컨테이너에 화물을 적입·적출할 때 사용하는 장비이다. **1**

참조 컨테이너 하역시스템 **1**

1. 새시방식(Chassis System)
   - 항만 내에서 컨테이너 크레인(C/C)과 도로용 컨테이너 운송차량인 로드트랙터와 로드새시(R/T+R/C)를 이용하여 화물을 처리하는 방식이다.
   - 주로 화물취급량이 적은 소규모 항만이나 컨테이너 야드 면적이 넓은 미국의 일부 항만에서 사용된다.
   - 하역 시에는 로드트랙터와 로드새시(R/T+R/C)를 이용하여 안벽의 컨테이너크레인으로부터 컨테이너를 적재하여 컨테이너 야드에 장치·보관 또는 직접 외부로 반출한다.
   - 선적 시에는 외부에서 반입한 컨테이너를 적재상태로 야드에 보관하였다가 선박이 입항하면 선적 스케줄에 따라 선적한다.

2. 스트래들 캐리어방식(Straddle Carrier System)
   - 스트래들 캐리어를 이용하여 안벽과 컨테이너 야드 간 컨테이너를 직접 운송하거나 야드에서 외부 반·출입 차량과의 컨테이너 적·하차 작업을 수행한다.
   - 컨테이너 야드에서는 컨테이너를 길이방향 한 줄로 2~3단 적재보관하고, 부두외부 반출·반입 시 도로 운송용 차량(R/T+R/C)을 이용하는 컨테이너 하역시스템이다.

3. 트랜스테이너방식(Transtaniner System)
   야드의 새시에 탑재한 컨테이너를 마샬링야드에 이동시켜 트랜스퍼크레인으로 장치하는 방식이며 좁은 면적의 야드를 가진 터미널에 가장 적합한 방식이다.

4. 혼합방식
   스트래들 캐리어방식과 트랜스테이너 방식을 혼합한 하역방식이다.

심화 컨테이너 터미널의 적정 처리능력

컨테이너 터미널 장치장의 규모는 우선 1TEU를 평면으로 적재할 수 있는 TGS(Twenty-Foot Ground Slot)를 산정한 후 전체 소요 TGS 규모를 수용할 수 있는 장치장 면적을 산출한다.

**[일반적인 소요 TGS 산출방식]**

$$소요\ TGS = \frac{연간처리대상물동량 \times 평균장치일수 \times 피크계수 \times 분리계수}{평균장치단수 \times 연간일수}$$

$$장치장\ 규모(m^2) = 소요\ TGS \times 단위\ TGS\ 면적 \div 토지이용률$$

- 피크계수 : 일시적인 교통량. 화물량이 폭주하는 경우에 대비하여 여유 공간을 확보하여 효율적인 운영을 위해 고려되는 요소

- 분리계수 : 필요 컨테이너를 주출하기 위하여 필요한 하역작업 또는 여유 공간을 확보하기 위하여 고려되는 요소
- TGS : 20feet 컨테이너가 장치장에 장치될 때 요구되는 면적

## 05 컨테이너화물운송 관련 국제협약

### (1) CCC협약(Customs Convention on Container, 1956, 컨테이너통관협약) **1**

컨테이너 자체가 국경을 통과함에 따라 당사국 간의 관세 및 통관방법 등을 협약 · 시행할 필요성이 있어 1956년 유럽경제위원회에 의해 채택되었다. **1**

### (2) 컨테이너안전협약(CSC, International Convention for Safe Containers, 1972) **1**

- 컨테이너 국제 운송 시 컨테이너 취급, 적재 또는 수송 도중 일어나는 인명의 안전을 확보하기 위하여 컨테이너의 기준을 국제적으로 규정하기 위해 UN이 IMO(국제해사기구)와 협동으로 1972년에 채택하였다. **1**
- 1972년 국제연합(UN)과 국제해사기구(IMO)가 컨테이너의 취급, 적취 및 운송에 있어서 컨테이너의 구조상 안전요건을 국제적으로 공통화하기 위하여 채택하였다. **2**

심화   CSC Annex1 SERIOUS STRUCTURAL DEFICIENCIES IN CONTAINERS 예시 **1**

| STRUCTURALLY SENSITIVE COMPONENT | SERIOUS STRUCTURAL DEFICIENCY |
|---|---|
| Bottom Rail | Local deformation perpendicular to the rail in excess of 100 mm or in the rail's material in excess of 75mm |

### (3) ITI협약(Custom Convention on the International Transit of Goods, 국제통과 화물 통관협약, 1971) **2**

- 1971년 관세협력위원회에 의하여 채택되었으며, 각종 운송기기에 의한 육 · 해 · 공의 모든 운송수단을 대상으로 하고 있다. **1**
- 관세협력이사회가 1971년 신국제도로운송 통관조약 작성과 병행하여 새로 채택한 조약으로 국제도로운송통관조약이 도로주행차량 또는 적재된 컨테이너의 도로운송을 대상으로 하고 있는데 비해, 본 조약은 각종 운송기기에 의한 육해공 모든 운송수단을 대상으로 하고 있다. **1**

## (4) TIR협약(Customs convention on the international transport of goods under cover to TIR carnets) **❶**

1959년 유럽경제위원회가 도로운송차량에 의한 화물의 국제운송을 용이하게 하기 위한 목적으로 채택하였다. **❶**

> **심화** 🔖 TIR협약의 주요내용
>
> - CCC협약이 컨테이너 자체의 수출입에 관한 관세법상 특례를 설정한 협약인 반면, TIR 협약은 컨테이너 속에 내장된 화물이 특정 국가를 통하여 도로운송차량으로 목적지까지 수송함에 따른 관세 상의 특례를 규정한 협약이다.
> - 주요 내용으로는 체약국은 도로운송차량에 의하여 컨테이너에 적입되고 봉인되어 운송되는 화물에 대해 일정한 조건하에 경유지 세관에서의 수입세나 수출세의 납부를 면제하고 경유지에서 원칙적으로 세관검사를 면제한다.

# CHAPTER 07 복합운송

## 01 복합운송의 이해

### (1) 복합운송(Multimodal Transport) 개요

#### ① 개념

- 국제복합운송이란 국가 간 두 가지 이상의 상이한 운송수단을 연계하여 이용하는 것으로 오늘날 일반적인 국제운송 형태이다. **4**
- 하나의 계약으로 운송의 시작부터 종료까지 전 과정에 걸쳐, 운송물을 적어도 2가지 이상의 서로 다른 운송수단으로 운송하는 것을 말한다. **1**

#### ② 발전 이유

- 국제복합운송은 컨테이너의 등장과 운송기술의 발달로 인해 비약적으로 발전하였다. **3**
- Containerization으로 인한 일관운송의 발전은 해륙복합운송을 비약적으로 발전시켰다. **1**
- 복합운송은 하나의 운송수단에서 다른 운송수단으로 신속하게 환적할 수 있는 새로운 운송기술의 개발에 힘입어 활성화되었다. **1**

#### ③ 특징

- 국제복합운송을 통해 국가 간 운송에서도 Door to Door 운송을 실현할 수 있다. **1**
- 북미 및 시베리아 횡단철도와 해상운송을 연계하는 복합운송 경로의 개척에 힘입어 해륙복합운송이 발달하였다. **1**
- 우리나라의 복합운송은 남북분단으로 인해 항공 및 해상 운송이 주요 역할을 담당해 오고 있다. **1**
- 위험부담의 분기점은 송하인이 물품을 복합운송인에게 인도하는 시점이다. **1**

④ 효과

| 화주 측의 효과 | 운송인 측의 효과 |
|---|---|
| • 안전성<br>• 경제성<br>• 신속성<br>• 투하자본율의 상승효과 등 | • 화물단위당 비용절감<br>• 기계화 · 자동화에 따른 대폭적인 인건비 절감<br>• 대량화물의 신속처리 등 |

## (2) 복합운송의 요건

국제복합운송의 기본요건은 모든 운송구간에 대한 일관운임(through rate) 설정, 일관선하증권 (through B/L) 발행, 단일운송인 책임(single carrier's liability) 등이다. ⑥

① 단일책임(단일계약) : 복합운송인은 자기의 명의와 계산으로 송하인을 상대로 복합운송계약을 체결한 계약당사자로서 운송에 대한 모든 책임이 복합운송인에게 집중되는 단일책임을 진다. ⑧

② 단일운임 : 전 운송구간에 대해 단일운임이 적용된다. ⑧

③ 단일책임 : 전 운송구간에 걸쳐 화주에게 단일책임을 진다. ④

④ 단일증권(복합운송증권의 발행) : 화물을 인수한 경우 복합운송증권을 발행한다. ②

⑤ 운송수단의 다양성 : 서로 다른 2가지 이상의 운송수단에 의해 운송된다. ⑧

※ 단일운송수단은 복합운송의 요건이 아니다.

## (3) 복합운송인의 개념 및 유형

### ① 개념

- 자기 명의의 복합운송증권을 발행한다. ①
- 운송 주체로서의 기능과 역할을 수행하며 화물운송을 주선하기도 한다. ①
- 소량의 화물을 집하하여 컨테이너 단위화물로 만드는 혼재작업도 수행한다. ①
- 수출업자로부터 징수하는 운임과 운송업자에게 지불하는 차액을 이익으로 취득한다. ①

### ② 유형

- 복합운송인은 물품의 수령에서 인도까지 모든 운송구간에 대해 책임을 진다. ①
- 복합운송인은 실제 운송인일 수도 있고 계약운송인일 수도 있다. ①
- 복합운송인은 반드시 운송수단을 보유할 필요는 없다.
- 송하인에 대하여는 운송계약의 당사자로서 전 운송구간에 대하여 책임을 지며, 개별운송구 간에 대하여는 실제운송인과 하청계약을 체결할 수 있다.

㉠ 실제운송인형(Actual carrier)
복합운송인은 자신이 직접 운송수단을 보유하여 운송서비스를 제공하기도 하며 직접 운송 수단을 보유하고 있는 선사, 항공사, 철도회사를 의미한다. ②

ⓒ 무선박운송인형(NVOCC)

　　－계약운송인형 국제물류주선업자는 운송수단을 직접 보유하지 않으면서 운송의 주체자
　　　로서의 역할과 책임을 다하는 운송인을 말한다. ❷

　　－NVOCC는 자신이 **직접 선박 등 운송수단을 보유하지 않은** 계약운송인형 국제복합운송
　　　업자를 말한다. ❸

　　－NVOCC는 화주와 운송계약을 직접 체결하고 복합운송서비스를 제공한다. ❷

　　－VOCC에 대해서는 화주의 입장이 되고 화주에 대해서는 운송인의 기능을 수행한다. ❶

## (4) 복합운송인의 책임과 책임체계

### ① 복합운송인의 역할

　　－수출업자에게 바람직한 운송경로의 선택과 소요비용을 계산하여 제시한다. ❶

　　－선적서류의 작성이나 신용장, 외환의 매매 등에 관한 은행 업무를 대행한다. ❶

　　－화물의 포장 및 보관서비스를 제공한다. ❶

### ② 복합운송인의 책임

　　ⓐ 절대책임 또는 엄격책임 : 손해의 결과에 대해서 항변의 면책이 인정되지 않고 절대적으로
　　　책임을 지는 것이다.

　　ⓑ 과실책임 : 운송인이 주의의무를 다하지 못해 발생한 손해에 대해서는 책임을 지는 것이다.
　　　이때 피해자 측은 운송인이 주의의무를 태만히 했음을 증명해야 한다. 운송인의 과실을 화
　　　주가 입증하는 것을 원칙으로 하고 있다.

　　ⓒ 무과실책임 : 운송인의 책임발생에 대하여 운송인이나 사용인의 과실을 요건으로 하지 않
　　　는 책임이다. 엄격책임 또는 절대책임과는 달리 불가항력 및 기타 약간의 사유가 면책사유
　　　로서 인정된다.

### ③ 책임체계

　　ⓐ 이종책임체계(Network Liability System)

　　　－손해발생구간을 판명·불명으로 나누어 각각 다른 책임체계를 적용하는 방식으로 손해
　　　　발생구간을 아는 경우 운송인의 책임은 운송물의 멸실 또는 훼손이 생긴 운송구간에 적
　　　　용될 국제조약 또는 강행적인 국내법에 따라 결정된다. ❶

　　　　[해설] 손해발생구간이 확인된 경우 해당 구간의 국내법 및 국제조약이 적용되는 체계이다.

　　　－이종책임체계에서는 복합운송인이 운송구간 전체에 대하여 책임을 지지만 책임 내용은
　　　　손해발생구간의 판명 여부에 따라 달라진다. ❶

　　　－기존의 운송계약과 잘 조화될 뿐만 아니라 기존 협약 사이의 충돌을 피하거나 적어도
　　　　최소한도로 줄일 수 있다. 운송물의 멸실, 훼손이 생긴 운송구간을 아는 경우 운송인의

책임은 운송물의 멸실 또는 훼손이 생긴 해상, 육상, 항공 등의 운송구간에 적용될 국제 조약 또는 국내법에 따라서 결정된다. **2**

― 이종책임체계에서 불명손해의 경우 그 손해가 해상구간에서 발생한 것으로 추정하여 헤이그―비스비 규칙을 적용하거나 별도로 정한 기본책임을 적용한다. **1**

| 해상운송 구간 | 헤이그규칙 또는 헤이그―비스비규칙 **1** |
|---|---|
| 항공운송 구간 | 바르샤바 조약 **1** |
| 도로운송 구간 | 도로화물운송조약(CMR) 또는 각국의 일반화물자동차 운송약관 |
| 철도운송구간 | 철도화물운송조약(CIM) |

ⓛ 단일(통일)책임체계(Uniform Liability System)

― 화주에 대해 운송계약의 체결자인 복합운송인이 **전 운송구간에 걸쳐서 전적으로 동일 내용의 책임을 부담**하는 책임체계이다. **1**

― 복합운송인이 운송물의 손해에 대하여 사고발생 구간에 관계없이 동일한 기준으로 책임을 지는 체계이다. **1**

― 단일책임체계는 유일한 면책사유로 불가항력에 상당하는 사유만을 인정하고 있다. **1**

― 전 운송구간에 걸쳐 모두 동일내용의 책임을 복합운송인이 부담하는 형태로서, 화물의 손해에 대하여 그 발생장소나 운송수단 여하를 불문하고 동일원칙, 동일내용의 책임을 부담한다. 화물손해 발생 시 복합운송인이 하청운송인에게 구상해야 하므로 오히려 절차가 복잡하고 비용이 증가될 수 있다. **1**

― 단일책임체계는 기존의 각 운송종류별 책임한도가 달라서 그 중 어느 것을 선택할 것인지 문제가 된다. **1**

ⓒ 변형(절충형) 통합책임체계(Modified Uniform Liability System) **1**

― 단일책임체계와 이종책임체계의 절충방식이다.

― 절충식책임체계(modified uniform liability system)는 단일책임체계와 이종책임 체계를 절충하는 방식으로 UN국제복합운송조약이 채택한 책임체계이다. **1**

― UN 국제물품복합운송협약에서는 손해발생구간의 확인여부와 관계없이 동일한 책임규정을 적용한다.

― 손해발생구간이 확인되고 그 구간에 적용될 법규의 책임한도액이 UN 협약의 책임한도액보다 높을 경우는 그 구간의 법을 적용한다.

- 과실책임(liability for negligence)원칙은 선량한 관리자로서 복합운송인의 적절한 주의의무를 전제로 한다. **2**
- 엄격책임(strict liability)원칙은 운송인의 면책조항을 전혀 인정하지 않는다. **1**
- 무과실책임(liability without negligence)원칙은 과실의 유무를 묻지 않고 운송인이 결과를 책임지는 것이지만, 불가항력 등의 면책을 인정한다. **2**

※ 1992년 UNCTAD/ICC 복합운송증권에 관한 국제규칙에서 채택하고 있는 복합운송인의 책임원칙은 **과실추정 책임원칙**과 책임체계는 **변형단일책임체계**이다. **1**

## 02 복합운송증권

### (1) 복합운송증권(CTD, Combined Transport Document)

- 복합운송증권은 복합운송계약에 의해 복합운송인이 발행하는 운송서류로서 복합운송계약의 내용, 운송조건, 운송계약 및 운송화물의 수령 등을 증명하는 증거서류로서 선하증권형식으로 발행한다. **2**
- 복합운송증권은 선박, 철도, 항공기, 자동차 등 종류가 다른 운송 수단 중 두 가지 이상의 조합에 의해 이루어지는 운송에 대해 복합운송인이 발행하는 증권으로 선하증권과 달리 운송인뿐 아니라 운송주선인에 의해서도 발행된다. **1**
- 복합운송증권은 두 가지 이상의 다른 운송방식에 의하여 운송물품의 수탁지와 목적지가 상이한 국가의 영역 간에 이루어지는 복합운송계약 하에서 발행되는 증권이다. **1**
- UN 국제물품복합운송조약에서는 복합운송서류를 'Multimodal Transport Document'라고 한다. **1**
- 화물의 손상에 대하여 전체 운송구간에 대한 단일책임형태로 발행된다. **2**

### (2) 복합운송증권의 특징

- 본선 적재 전에 복합운송인이 화물을 수취한 상태에서 발행된다. **1**
- 복합운송증권의 인도는 화물의 인도와 동일한 성격을 갖는다. **1**
- 지시식으로 발행된 경우 배서 · 교부로 양도가 가능하다. **2**
- 복합운송증권이 비유통성증권으로 발행된 경우에는 지명된 수화인을 증권에 기재하여야 한다. **1**
- 복합운송증권은 발행인의 특별한 제한이 없어 FIATA B/L에 한해서는 운송주선업자도 **발행 가능**하다. **1**
- 복합운송증권은 실질적인 운송인(Actual Carrier)에 의해서만 발행되는 선하증권과는 달리 운송주선인도 발행할 수 **있다.** **2**
- 컨테이너 화물에 대한 복합운송증권은 FIATA의 표준양식을 사용하여 발행될 수도 **있다.** **2**

─유통성 복합운송증권은 수하인이 배서 또는 교부하여 화물을 처분할 수 있는 권리가 부여된 유가증권이다. **❶**

## (3) 복합운송증권의 형태

### ① 선하증권 형식의 복합운송증권

─복합운송증권의 대부분은 선하증권 형식의 'Combined Transport B/L'이 주로 사용된다.

─'Combined Transport B/L', 'Multimodal Transport B/L', 'Through B/L' 등의 다양한 명칭을 사용하며 복합운송을 의미하는 문언이 기재된다.

─Through B/L은 선적지로부터 도착지까지 하나의 운송계약에 여러 운송인이 서로 연결하여 운송하는 형태에서 발행되는 증권으로서, 최초의 운송인이 모든 운송구간에 대하여 책임을 부담한다.

**[복합운송증권과 통선하증권의 비교]**

| 구분 | 복합운송증권 | 통선하증권 |
|---|---|---|
| 운송수단조합 | 이종운송수단과의 조합 | 동종수단 또는 이종운송수단과의 조합 |
| 운송계약형태 | 복합운송계약(하청계약) | 형태불문, 최종목적지까지 일괄운송만으로 가능 |
| 운송인 책임형태 | 전 구간 단일책임 | 각 운송인 분할책임 |
| 증권발행인 | 발행인의 특법한 제한이 없어 운송주선업자도 가능(FIATA에 한함) | 선박회사와 그 대리인 |

### ② 복합운송서류(CTD, Combined Transport Document)

─ICC에서 1975년에 제정한 '복합운송증권에 관한 통일규칙(Uniform Rules for A Combined Transport Document)'에서 규정하는 복합운송증권이다.

─모든 복합운송구간을 포괄하기 때문에 각 운송구간에 대한 별도의 운송서류가 필요 없으며, 유통이 가능한 형태와 유통 불가능한 형태로 발행할 수 있다. **❷**

### ③ 복합운송서류(MTD, Multimodal Transport Document)

─'UN 국제복합운송조약'에 준거한 복합운송증권으로 그 조약이 아직까지 발효되지 못하여 실제 사용된 경우는 없다.

─조약이 화주 중심이기 때문에 MTD는 복합운송인에 대하여 엄격한 책임원칙을 정한 것이 특징이다.

## (4) 복합운송에 관한 국제규칙

### ① 복합운송증권통일규칙

ICC는 1973년에 '복합운송증권통일규칙(ICC Uniform Rules for A Combined Transport Document)'을 채택하였는데 이 규칙은 1991년 말까지 적용되어 오다가 UNCTAD/ICC규칙으로 대체되었다.

### ② UN국제물품복합운송조약

- UN조약은 복합운송에서 발생한 물품의 손해에 대하여 단일운송계약을 지배하는 국제조약에 비해 매우 엄격한 책임을 운송인에게 부과하며, 그 손해발생에 대하여 복합운송인이 과실이 없음을 입증하지 못하면 책임을 부담한다.
- UN조약의 내용을 보면, 손해발생구간이 판명된 때에는 국내법, 국제조약 또는 본 조약상의 책임한도액 중 가장 높은 금액으로 한다.
- UN조약은 물품의 멸실 · 훼손에 대한 복합운송인의 책임제한에 관해 포장물 또는 적재단위당 920SDR과 1kg당 2.75SDR로서 헤이그규칙보다도 10% 증가되어 있는데, 이는 비스비규칙 이후의 계속적인 인플레이션이 반영된 것이다.

### ③ UNCTAD/ICC 복합운송증권규칙 주요내용

- UNCTAD/ICC규칙은 UNCTAD/ICC 합동위원회가 헤이그규칙, 헤이그-비스비규칙, 복합운송증권 통일규칙 등을 기초로 1991년 11월 파리의 ICC이사회에서 제정한 '복합운송증권에 관한 통일규칙'으로 복합운송계약의 관습적인 일부분만을 적용한다.
- 복합운송서류(MTD)는 유통 가능한 형식 또는 특정 수하인이 지정된 유통 불가능한 형식으로 발행된 복합운송계약을 증명하는 증권이며 관련 법규가 허용하는 경우 전자자료교환(EDI)통신문으로 대체할 수 있다. ❸
- 화물이 정해진 인도 기일로부터 90일 내에 인도되지 아니한 경우에는 청구권자는 반증이 없는 한 ,그 화물을 멸실된 것으로 취급할 수 있다. ❶
- 화물의 멸실 또는 손상에 대한 배상액은 화물이 수하인에게 인도되는 장소와 시간 또는 화물을 계약에 따라 인도하여야 할 장소와 시간의 화물 가액에 의하여 산정하여야 한다. ❶
- 송하인이라 함은 복합운송인과 복합운송계약을 체결하는 자를 의미한다. ❶
- 국제복합운송인의 종합적인 책임에 대한 총액은 화물 전손 시 발생하는 책임한도를 초과하지 못한다. ❶
- 이 규칙에서 복합운송인은 복합운송증권을 발행하고 전 운송구간에 대해서 책임을 지며, 이종책임체계(Network System)를 채택하여 손해발행구간이 판명된 경우와 판명되지 않은 경우를 구분하여 규제한다.

◈ UNCTAD/ICC 복합운송증권에 관한 국제규칙(1992)상 주요날짜

- Where the loss or damage is not apparent, the same prima facie effect shall apply if notice in writing is not given within 6 consecutive days after the day when the goods were handed over the consignee. [1]
- The MTO shall, unless otherwise expressly agreed, be discharged of all liability under these Rules unless suit is brought within 9 months after the delivery of the goods, or the date when the goods should have been delivered, or the date when in accordance with Rule 5.3(Conversion of delay into final loss), failure to deliver the goods would give the consignee the right to treat the goods as lost. [1]

손실이나 손상이 명확하지 않을 때 물품이 수취인에게 넘겨진 날로부터 6일 이내 서면으로 통지가 없으면 물품이 손상이 없고 완전한 것으로 간주한다.
MTO(복합운송인)은 달리 정하는 경우를 제외하고는 물품이 인도되어야 하는 날짜나 5.3 규정에 따른 날짜(최종손실 지연의 환산)로부터 9개월 이내에 소송이 제기되지 않으면 이 규정에 따라 모든 법적인 책임으로부터 벗어나고, 물건인수의 실패는 수취인에게 물건을 분실로 간주하게끔 한다.

참조 ◈ 운송수단별 국제규칙

- 복합운송 : UN복합운송조약(UNCTAD/ICC)
- 항공운송 : 바르샤바조약(Warsaw Convention), 몬트리올협약(Montreal Convention) [1]
- 도로운송 : 국제도로물품운송조약(CMR Convention, 1956) [1]
- 해상운송 : 선하증권통일조약(Hague Rules, 1924), 함부르크규칙(Hamburg Rules, 1978), 로테르담 규칙(Rotterdam Rules, 2008) [2]
- 철도운송 : 국제철도물품운송조약(CIM Convention, 1970) [1]

참조 ◈ 프레이트 포워더(Freight Forwarder)

1. 개념
   - 송화인으로부터 화물을 인수하여 수화인에게 인도할 때까지 화물의 적재, 운송, 보관 등의 업무를 주선한다. [1]
   - 운송주선인은 송화인의 위탁에 의해 수출화물을 본선에 인도하거나, 수화인의 위탁에 의해 수입화물을 본선으로부터 인수하는 자이다. [1]
   - 직접 운송수단을 보유하지 않은 채 화주를 대신하여 화물운송을 주선하기도 한다. [1]
   - 자체 운송 수단을 보유하지 않지만 집화, 분배, 혼재 등의 업무를 수행하는 운송의 주체로서의 기능을 수행하는 자이며, 운송주선인, 국제운송주선인, 복합운송인, 복합운송주선인 등으로 용어를 혼용하여 사용하고 있다. [1]
   - 우리나라에서 복합운송주선인은 해상화물은 물론 항공화물도 주선할 수 있다. [1]

2. 포워더 주요업무
   ㉠ 운송수단 수배
      - 운송의 자문, 수배 [1]
      - 운송계약의 체결과 선복의 예약 [2]
      - 운송주체로서의 역할과 기능을 하며 운송수단을 수배 [1]
      - 화주의 대리인으로서 적절한 운송수단을 선택하여 운송에 따르는 제반 업무를 처리해 주는 전통적인 운송주선 기능을 담당한다. [1]

        -수출화물을 본선에 인도하고 수입화물을 본선으로부터 인수한다. **2**
    ⓒ 운송서류 작성
        -House B/L 발행 **2**
        -운송관계서류 작성 **3**
    ⓒ 운송제반업무 수행
        -보관업무 수행 **2**
        -화물의 포장, 집화, 혼재(LCL 화물), 분배 **8**
        -(적하)보험수배 **3**
        -Co-loading service : 화주로부터 선적을 의뢰받은 소량화물(LCL)을 자체적으로 혼재처리
         하기 어려운 경우, Forwarder 간의 협력을 통해 혼재작업을 하는 것 **2**
        -운송주선인은 화주에게 화물의 성질에 따라 가장 적절한 포장형태 등 각종 조언을 한다. **2**
        -운송의 통제인 및 배송인 역할을 수행한다. **1**
    ⓔ 수행불가업무
        -보험금지급 **1**
        -우리나라의 경우 운송주선인은 화주의 의뢰에 따라 관세사가 행하는 업무인 수출입신고를
         이행할 수 없다. **1**

## 03 복합운송경로

### (1) 랜드브리지(Land Bridge)

-육해복합일관운송이 실현됨에 따라 해상-육로-해상으로 이어지는 운송구간 중 육로운송구
 간을 말한다. **2**
-운송시간의 단축 또는 운송비의 절감이 주요 목표이다. **1**

### (2) ALB(American Land Bridge) **2**

-1972년 미국의 Sea Train사가 처음으로 개설한 것으로 극동과 유럽 간의 화물운송에서 미국
 대륙의 횡단철도로 중계하여 극동-구주 간의 화물을 컨테이너로 일관운송하는 형태이다. **1**
-극동지역에서 선적한 화물을 미국 태평양 연안의 오클랜드나 로스앤젤레스 등의 항구로 해상
 운송한 후, 미국 동부의 대서양 연안이나 멕시코 만의 항구까지 철도로 운송하여 이곳에서 다
 른 선박에 환적하여 유럽의 앤트워프, 함부르크, 로테르담, 브레멘 등 각 항구까지 해상운송하
 는 경로이다. **1**
-극동의 주요 항만에서 북미 서안의 주요 항만까지 해상운송하며, 북미 서안에서 철도를 이 용
 하여 미 대륙을 횡단하고, 북미 동부 또는 남부항에서 다시 대서양을 해상 운송으로 횡단하여
 유럽지역 항만 또는 유럽 내륙까지 일관 수송하는 운송경로이다. **1**
-ALB(America Land Bridge)는 한국, 일본 등 극동지역의 화물을 해상운송한 후 미국대륙을
 철도로 횡단하고 유럽지역까지 다시 해상운송하는 방식이다. **1**

- ALB는 수에즈 운하가 봉쇄될 경우 이용할 수 있는 운송시스템 중의 하나이다. **1**

### [American Land Bridge(ALB)]

| 출발지 | 수송수단 | 중계지 | 수송수단 | 중계지 | 수송수단 | 목적지 | 소요일수 |
|---|---|---|---|---|---|---|---|
| 극동 주요항 | 해상 | 오클랜드 | 철도 | 찰스톤 | 해상 | 앤트워프, 함부르크, 로테르담, 브레멘 등 | 27~32일 |
| | | LA | 철도 | 뉴올리언즈 | 해상 | 로테르담 | |

참조 **ALB 루트 예시**

| 출발지 | 수송수단 | 중계지 | 수송수단 | 중계지 | 수송수단 | 목적지 |
|---|---|---|---|---|---|---|
| 부산 | 배(해상) | LA | 철도 | 뉴올리언즈 | 배(해상) | 로테르담 |

## (3) MLB(Mini Land Bridge) **2**

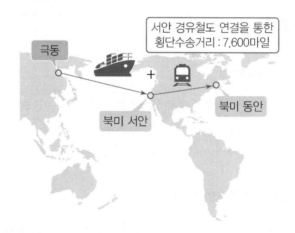

서안 경유철도 연결을 통한 횡단수송거리 : 7,600마일

극동 · 북미 서안 · 북미 동안

- 극동아시아에서 미국 태평양 연안까지 해상운송하고, 태평양 연안의 항구로부터 미국동안까지 철도운송하는 방식이다. **1**
- 한국, 일본 등 극동지역의 화물을 해상운송한 후 철도와 트럭을 이용하여 미국 동해안이나 미국 멕시코만 지역의 항만까지 운송하는 방식이다. **1**
- 극동아시아에서 미국의 서부연안까지 해상운송이 이루어지고 미국 서해안에서 철도에 환적된 다음 미국 대서양 연안 및 걸프지역 항만까지 운송하는 복합운송 서비스이다. **1**
- 국제무역에서 철도나 육로를 해상과 해상을 잇는 교량처럼 활용하는 랜드브리지의 하나로, 보통 랜드브리지가 육상에서 수 개국을 거치나 1개국만 거치므로 미니(mini)라는 명칭이 붙었다.

## (4) IPI(Interior Point Intermodal, micro land bridge)

- MLB가 Port to Port 운송인데 비하여 IPI, 즉 마이크로 브릿지(Micro Bridge)는 미국 내륙지점으로부터 최소한 2개의 운송수단을 이용한 일관된 복합운송서비스이다. **1**
- 극동지역의 항만에서 북미의 서해안 항만까지 해상운송한 후, 북미대륙의 횡단철도를 이용하여 화물을 인도하는 경로이다. **1**
- IPI는 한국, 일본 등의 극동지역 항만에서 선적된 화물을 북미서안까지 해상운송한 후에, 북미대륙의 횡단철도를 이용하여 미국 주요 내륙지점의 철도터미널 또는 선사의 CY/CFS에서 화물 인도가 행해지는 복합운송방식이다. **2**

## (5) RIPI(Reversed Interior Point Intermodal) **1**

- 한국, 일본 등 극동지역에서 파나마운하를 통과하여 미국 동부지역으로 해상 운송한 후 미국 내륙지점까지 운송하는 복합운송방식이다. **1**
- 극동에서 선적된 화물을 파나마 운하를 경유하여 북미 동안 또는 US걸프만 항구까지 해상운송을 한 후 내륙지역까지 철도나 트럭으로 운송하는 복합운송방식이다. **1**
- 극동지역의 항만에서 북미의 동해안 또는 멕시코만의 항만까지 해상운송한 후, 철도운송을 이용하여 화물을 인도하는 경로이다. **1**

**참조** ✍ RIPI 루트 예시

| 출발지 | 수송수단 | 중계지 | 수송수단 | 중계지 | 수송수단 | 목적지 |
|--------|---------|--------|---------|--------|---------|--------|
| 동경 | 선박 | 뉴욕 찰스톤 뉴올리언즈 | 철도 → 트럭 | 미국내륙 도시트럭 터미널 | 트럭 | - 철도역인도 → 수화주<br>- 트럭터미널 인도 → 수화주 |

## (6) CLB(Canada Land Bridge) **1**

- 1979년 일본의 포워더에 의해 개발된 운송루트로 포워더 주도형의 서비스이다. **1**
- 극동 지역에서 캐나다의 밴쿠버나 미국의 시애틀까지 해상 운송 한 후에, 육상 운송으로 대륙을 횡단하고, 다시 해상 운송으로 유럽의 항구에 이르는 운송 경로이다.
- 극동아시아 - 해상 - 밴쿠버(시애틀) - 철도 - 몬트리올 - 해상 - 유럽

**참조** ✍ CLB(China Land Bridge) **1**

한국, 일본 등 극동지역의 화물을 해상운송한 후 중국대륙철도와 실크로드를 이용하여 유럽까지 운송하는 방식이다.

### (7) 시베리아 대륙횡단철도망(TSR, Trans Siberian Railway) ❷

- 극동지역의 주요항구와 러시아의 컨테이너 전용항구인 보스토치니 간의 해상운송경로와 시베리아 대륙 철도망 및 유럽 또는 서남아시아의 내륙운송로가 연결된 복합운송경로이다. ❶
- TSR은 1891년~1892년에 걸쳐 착공하고 1897년 부분적으로 개통되었다. ❶
- 이 서비스를 이용할 경우 부산에서 로테르담까지의 운송거리가 수에즈운하를 경유하는 올 워터 서비스(All Water Service)에 비해 단축될 수 있다. ❶
- 우즈베키스탄, 투르크메니스탄 등 항만이 없는 내륙국가와의 국제운송에도 유용하다. ❶
- 극동지역과 유럽 간의 대외교역 불균형에 따른 컨테이너 수급문제와 동절기의 결빙문제가 발전에 걸림돌이 되고 있다. ❶
- 러시아 철도의 궤도 폭과 유럽 철도의 궤도 폭이 달라 환적해야 하는 불편이 있다. ❶

### (8) SLB(Siberia Land Bridge) ❶

- 한국, 일본 등 극동지역의 화물을 해상운송한 후 시베리아 대륙횡단철도를 이용하여 유럽이나 중동까지 운송하는 방식이다. ❶
- 극동지역과 유럽대륙을 연결하는 경로로, All Water 서비스에 비해 운송거리를 크게 단축시킬 수 있고, 주 경로상 TSR 구간을 포함한다. ❶
- SLB는 TSR을 이용하는 운송시스템이다. ❶
- 시베리아철도를 이용하여 동아시아 · 동남아시아 · 오세아니아 등과 유럽대륙 · 스칸디나비아 반도를 복합운송 형태로 연결한다.

### (9) 중국대륙횡단철도망(TCR, Trans China Railway) ❶

- TCR은 중국 연운항을 기점으로 하는 대륙횡단철도이다. ❶
- 연운항에서 중국대륙을 관통하여 유럽까지 연결될 수 있다. ❶
- 연운항에서 우루무치, 카자흐스탄의 드루주바(Druzhba)를 거쳐 유럽에 이른다. ❶
- 횡단철도. 중국대륙관통철도로서 중국의 연운항 서안 난주 우름치 알라산쿠(Alaraw Shankou)를 잇는 총연장 4,018km의 철도이다. 시베리아횡단철도(Trans Siberian Railroad ; TSR)와 연결되어 극동~유럽을 잇는 철도망을 형성하고 있다.

### (10) 아시아횡단철도(TAR, Trans Asian Railway)

- 아시아횡단철도는 유럽과 아시아를 가로지르는 완전한 철도망을 만들기 위한 국제연합 아시아태평양경제사회위원회(UNESCAP) 프로젝트이다.
- 우리나라를 통과하는 TAR(아시아횡단철도)구간은 도라산~부산(497.4km)의 주 노선과 대전~목포(252.6km), 익산~광양항(179.0km)의 분기노선 등으로 이루어져 있다. ❶

참조

TMR은 만주횡단철도를, TMGR은 몽골횡단철도를 의미한다.

# 보역하역론

# CHAPTER

## 01 보관

### 01 개요

**① 개념**

보관은 재화를 물리적으로 보존하고 관리하는 것으로 물품의 생산과 소비의 시간적 거리를 조정한다. **1**

**② 특징**

- 단순 저장기능 중심에서 라벨링, 재포장 등 유통지원기능이 강화되고 있다. **1**
- 수요변동의 폭이 **큰** 물품에 대해 안전재고 수준을 높이고 있다. **1**
- 운영효율성을 향상시키기 위해 물류정보시스템의 사용이 증가하고 있다. **1**
- 다품종 소량화, 소량 다빈도화, 리드타임 단축 등 시장환경 변화에 신속하게 대응해야 한다. **1**

**③ 기능**

- 재화의 물리적 보존과 관리기능 **2**
- 생산과 소비의 시간적 거리 조정 **2**
- 생산과 판매의 물량 조정 및 완충기능 **4**
- 세금 지불 연기 등의 금융 역할 **1**
- 구매와 생산의 완충 **1**
- 운송과 배송을 원활하게 하는 기능 **2**
- 고객서비스의 접점기능
- 제품의 집산, 분류, 구분, 조합, 혼재, 검사 장소의 기능 **3**
- 생산의 평준화와 안정화를 지원 **1**
- 재고를 보유하여 고객 수요에 대응 **3**
- 수송과 배송의 연계 **2**

※ 운반 활성화 지수 최대화는 하역의 원칙과 관련되는 것이다.
※ 제품에 대한 장소적 효용 창출 기능은 물적 유통기능이다. **2**

参照 🔷 **보관의 기능과 대응항목 1**

| 보관기능 | 항목 1 |
|---|---|
| 고객서비스 | 고객의 물품 필요 시 신속히 공급 1 결품방지 |
| 수급조정 | 시간, 장소, 가격 |
| 물류거점 | 물류센터, 배송센터 |
| 구매와 생산 | 조달된 원·부자재를 생산 계획에 따라 공급 조정할 수 있다. 1 |
| 생산과 판매 | 물품을 판매 시점에 따라 완충하여 공급할 수 있다. 1 |
| 유통가공 | 상품을 가공함으로써 부가가치를 증대하고 고객요구에 신속히 응대할 수 있다. 1 |

④ **보관의 원칙**

※ 작업자 안전의 원칙은 보관의 기본원칙이 아니다.

㉠ 선입선출(FIFO, First In First Out)의 원칙 2

먼저 입고한 물품을 먼저 출고하는 것으로 제품 수명주기(Product Life Cycle)가 짧은 경우에 많이 적용된다. 3

㉡ 통로대면보관의 원칙

제품의 입출고를 용이하게 하고 효율적으로 보관하기 위해 통로면에 보관하여 작업의 접근성을 강조하는 원칙을 말한다. 3

㉢ 높이쌓기의 원칙

물품을 고층으로 적재하는 것으로 용적효율을 향상시키는 것이다.

㉣ 회전대응보관의 원칙

－보관할 물품의 장소를 회전 정도에 따라 정하는 원칙이다. 2
－입출고 빈도의 정도에 따라 물품의 보관장소를 결정하는 것으로 입출고 빈도가 높은 물품은 출입구로부터 가까운 장소에 보관한다. 7

㉤ 위치표시의 원칙

물품의 보관장소에 특정한 기호(장소, 선반, 번호)를 사용하여 위치를 표시하는 것으로 입출고 작업의 효율성을 높일 수 있다. 3

㉥ 동일성·유사성의 원칙 2

동일 품종은 동일 장소에 보관하고, 유사품은 근처 가까운 장소에 보관해야 한다는 원칙이다. 1

㉦ 명료성의 원칙 1

시각에 따라 보관품을 용이하게 식별할 수 있도록 보관하는 원칙으로, 창고 내 작업자의 시각에 의하여 보관품 장소나 보관품 자체를 용이하게 찾아낼 수 있도록 하는 것이다. 1

◎ 네트워크 보관의 원칙 **1**

　－관련 품목을 한 장소에 모아서 계통적으로 분리하고 보관하여 출하의 효율성을 증대시키는 원칙을 말한다. **2**

　－연대출고가 예상되는 관련 품목을 출하가 용이하도록 모아서 보관한다. **2**

　－출고 품목의 다양화에 따른 보관상의 곤란을 예상하여 물품 정리가 용이하도록 하는 원칙이다. **1**

㉢ 형상특성의 원칙 **1**

　형상의 특성에 따라 보관 방법을 변경하는 것으로 보관 시 파손이나 분실이 생기기 쉬운 제품에 적용되는 원칙을 말한다. **1**

㉣ 중량특성의 원칙 **1**

　－물품의 중량에 따라 보관 장소의 높이를 결정하는 원칙이다. **2**

　－중량에 따라 보관장소를 하층부와 상층부로 나누어 보관한다. **1**

　－물품의 중량에 따라 보관장소의 출입구를 기준으로 한 거리와 높낮이를 결정하는 것이다. **1**

　　※ 제품의 물리적 성질에 근거한 보관 원칙은 형상특성의 원칙과 중량특성의 원칙이다.

## 02 창고

### (1) 창고의 기능

－창고는 단순한 저장기능뿐만 아니라 분류, 유통가공, 재포장 등의 역할도 수행한다. **1**

－생산과 소비의 시간적 간격을 조정하여 수급 조정기능을 수행한다. **3**

－물품의 수급을 조정하여 가격 안정을 도모하는 기능을 수행한다. **4**

－물건을 보관하여 재고를 확보함으로써 품절을 방지하고 신용을 증대시키는 기능을 수행한다. **3**

－직접 물품을 판매하거나 판매를 위한 기지로서의 기능을 수행하기도 한다. **1**

－소비지에 가깝게 위치하며, 소단위 배송을 위한 물류시설을 배송센터라고 한다. **1**

－창고의 형태로는 단층창고, 다층창고, 입체자동창고 등이 있다. **1**

－물류활동을 연결시키는 터미널로서의 기능을 수행한다.

　※ 생산과 소비의 공간적 거리의 격차를 해소하는 것은 운송의 기능에 해당한다. **1**

**참조** 🔷 **물류창고의 수 증감 영향**

－물류창고의 수가 증가할수록 재고유지 및 관리비용이 증가한다. **1**
－물류창고의 수가 증가할수록 고객접근성은 증가한다. **1**
－물류창고의 수가 증가할수록 창고고정비는 증가한다. **1**
－물류창고의 수가 감소할수록 안전재고의 합은 감소한다. **1**

## (2) 기능에 따른 분류

### ① 보관창고

판매지원형 창고로서 유통경로 단축, 판매확대, 서비스 향상, 물류비 절감을 목적으로 한다.

### ② 유통창고

㉠ 개념

- 유통창고는 상품을 원활하게 배급하기 위해 소비지역에 두는 저장창고이며 원자재보다는 **최종재**가 주요 대상 화물이다. **1**
- 유통창고는 생산된 제품의 집하 및 배송 기능을 갖춘 창고로 화물의 보관, 가공, 재포장 등의 활동을 수행한다. **1**

㉡ 특징

- 유통창고는 자가창고에서 시작하여 공동창고나 배송센터로 발전하고 있다. **1**
- 수송면에서 정형적 계획수송이 가능하다. **1**
- 신속한 배송과 대량생산체제에 대응할 수 있다. **1**
- 유통창고는 도매업 및 대중 양판점의 창고가 대표적이다. **1**

## (3) 운영형태에 따른 분류

### ① 자가창고

㉠ 개념

직접 소유하면서 자사의 물품을 보관하기 위한 창고이다.

㉡ 장점

- 자사에 적합한 최적의 창고설계 및 운영이 가능하다. **1**
- 운영시간에 대한 탄력성이 높다. **1**
- 시설변경의 탄력성이 **높다.** **1**
- 영업창고에 비해 자사의 특수 물품에 적합한 구조와 하역설비를 갖출 수 있다. **2**
- 영업창고에 비해 낮은 고정비를 갖기 때문에 재무유동성이 향상된다. **1**

㉢ 단점

- 설비 투자를 위한 자본이 필요하다.
- 상품의 수요변동(계절변동 등)에 대해 탄력적인 대응이 어렵다. **1**
- 종업원의 고정적 배치에 의한 인건비, 관리비의 부담이 있다.

② 영업창고

　ㄱ 개념

　　타인의 재화를 보관하기 위해 경영되는 창고이다.

　ㄴ 장점

　　－보관량 변동에 탄력적 대응이 가능하다. **1**

　　－영업창고는 자가창고에 비해 계절적 수요 변동에 탄력적으로 대응할 수 있어 비수기에도 효율적인 운영이 가능하다. **3**

　　－시장환경의 변화에 따라 입지장소를 수시로 변경할 수 있다. **1**

　　－보관이나 하역에 따른 비용지출을 명확히 알 수 있다(코스트관리). **5**

　　－창고 공간을 필요한 만큼 탄력적으로 사용하는 것이 가능하다. **1**

　　－보관품목 특성에 맞는 하역기기를 갖춘 창고 선택으로 신속한 창고 내 작업을 기대할 수 있다. **1**

　　－화주의 측면에서 설비투자, 고정투자가 불필요하다. **3**

　　－전문가에 의한 수불관리가 이루어지기 때문에 관리가 안전하다. **3**

　　－창고의 건설자금이 불필요하여 재무유동성이 향상된다. **1**

　ㄷ 단점

　　－작업시간에 대한 탄력성이 적다는 것이 단점이다. **1**

　　－자사품목에만 적합한 창고 설계는 어렵다. **1**

　　－시설 변경의 탄력성이 적다.

---

> **심화** 🔷 **트렁크 룸(Trunk Room)**
>
> **1. 개념**
> 　개인이나 기업을 대상으로 의류, 골동품, 서류, 자기테이프 등을 주로 보관하는 영업 창고이다. **1**
>
> **2. 특징**
> 　－창고의 공간을 세분하여 소단위의 화물을 위탁 보관한다. **1**
> 　－물품을 해충, 곰팡이, 습기 등으로부터 지키기 위해 항온, 항습 서비스를 부가하여 보관한다. **1**
> 　－물품을 적시에 간편하고도 신속하게 배송하기 위해 대체로 도심과 인접한 곳에 입지한다. **1**

③ 임대(리스)창고

　ㄱ 개념

　　－임대창고는 특정 보관시설을 임대하거나 리스(Lease)하여 물품을 보관하는 창고 형태이다. **1**

　　－리스창고는 기업이 보관공간을 리스하는 것으로 영업창고의 단기적 임대와 자가창고의 장기적 계약 사이의 중간적인 성격을 가지고 있다.

　　※ 리스창고는 국가 및 지방자치단체가 공익을 목적으로 건설한 창고가 아니다.

ⓒ 장점
- 낮은 임대요금으로 보관공간을 확보할 수 있다.
- 임대기간에 따라 사용자가 보관공간이나 그와 관련된 제반운영을 직접 통제할 수 있다.

ⓒ 단점
시장환경 변화에 따라 보관장소를 탄력적으로 운영하기 어렵다. **1**

④ 자가자동화 창고

㉠ 개념
자가창고의 기본특성에 컴퓨터에 의한 정보처리 시스템과 입출고 시스템이 짝을 이루어 운영되는 창고이다.

㉡ 기업의 자동창고 도입배경
- 인력 절감의 효과가 기대된다. **1**
- 토지사용 효율성의 증대를 기대할 수 있다. **1**
- 지가 상승으로 인한 고층의 입체 자동화 창고가 필요하다. **1**
- 제조부문의 자동화와 균형을 맞출 수 있다. **1**

## (4) 창고 설계 및 레이아웃(Layout) 시 고려사항

① **직진성의 원칙** : 화물, 운반기기 및 작업자 등의 흐름 직진성을 고려해야 한다. **3**
② **역행교차 회피의 원칙** : 물품, 운반기기 및 사람의 흐름 배치가 서로 교차하거나 역주행이 되지 않도록 하는 것을 말한다. **4**
③ **취급 횟수 최소화의 원칙** : 보관효율을 높이기 위하여 임시보관 취급과 같은 동작이나 업무를 줄여서 화물 취급 횟수가 줄어들도록 해야 한다. **3**
④ **중력이용의 원칙** : 자체 중력을 이용하여 위에서 아래로 움직이도록 하고 무거운 것은 하단에 배치하는 것을 말한다. **1**
⑤ **모듈화의 원칙** : 물류동선의 패턴, 복도 및 랙 방향 등의 설계를 통해 작업 및 보관효율을 높이는 것을 말한다. **3**
⑥ **물품이동 간 고저간격 최소화의 원칙** : 화물의 흐름 과정에서 높낮이 차이의 크기를 줄여야 한다. **1**
⑦ 통로 면적을 가급적 줄이는 것이 원칙이나 통로가 좁으면 작업능률이 떨어지므로 이를 고려해야 한다.

※ 창고의 입지 선정 시 고려해야 할 사항은 물품(Product), 경로(Route), 서비스(Service), 시간(Time), 수량 등이다. **1**

## (5) 격납장의 유형

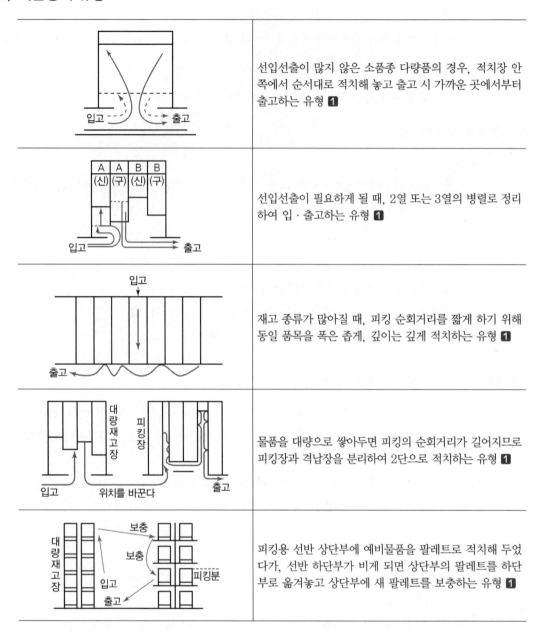

| | |
|---|---|
| | 선입선출이 많지 않은 소품종 다량품의 경우, 적치장 안쪽에서 순서대로 적치해 놓고 출고 시 가까운 곳에서부터 출고하는 유형 **1** |
| | 선입선출이 필요하게 될 때, 2열 또는 3열의 병렬로 정리하여 입·출고하는 유형 **1** |
| | 재고 종류가 많아질 때, 피킹 순회거리를 짧게 하기 위해 동일 품목을 폭은 좁게, 깊이는 깊게 적치하는 유형 **1** |
| | 물품을 대량으로 쌓아두면 피킹의 순회거리가 길어지므로 피킹장과 격납장을 분리하여 2단으로 적치하는 유형 **1** |
| | 피킹용 선반 상단부에 예비물품을 팔레트로 적치해 두었다가, 선반 하단부가 비게 되면 상단부의 팔레트를 하단부로 옮겨놓고 상단부에 새 팔레트를 보충하는 유형 **1** |

**03 물류시설**

## (1) 물류단지 및 물류단지시설

- 수송, 보관, 포장, 하역, 가공, 통관, 도소매, 정보처리 등을 위한 유통시설과 지원시설을 통합 설치·육성하기 위해 개발한 일단의 토지를 물류단지라고 하며 물류터미널을 비롯해 모든 물류시설을 포괄하는 개념이다.
- 물류단지시설이란 물류센터를 포함하여 물류단지 안에 설치되는 시설을 말한다.
- 중계센터는 제품의 보관보다는 단순중계가 주요한 기능으로 크로스도킹(Cross docking) 등의 기능을 수행할 수 있다. **1**

> **심화** 물류시설 민간투자사업 방식
>
> **1. BTO(Build Transfer Operate, 이전 후 운영 방식)**
> ① 민간 사업자가 도로, 철도, 항만 등의 공공 물류시설 건설 후, 소유권을 먼저 국가 또는 지방자치단체에 이전하고 일정기간 그 시설물을 운영한 수익으로 투자비를 회수하는 투자방식 **2**
> ② 어느 정도 직접수익이 가능한 도로, 철도, 항만 등 물류기반시설에 대해 준공과 동시에 해당 시설의 소유권이 국가 또는 지방자치단체에 귀속되며, 사업시행자에게 일정 기간의 시설관리운영권을 인정하는 방식이다. **1**
>
> **2. BTL(Build Transfer Lease)**
> 민간 사업자가 도로, 철도, 항만 등의 공공 물류시설 건설 후, 소유권을 먼저 국가 또는 지방자치단체에 이전하고 일정 기간 국가 또는 지방자치단체로부터 임대료를 받아 투자비를 회수하는 투자방식이다. **1**
>
> **3. BOO(Build Own Operate)**
> 준공과 동시, 소유권 및 관리운영권이 사업시행자에게 귀속된다.
>
> **4. BLT(Build Lease Transfer)**
> ① 준공 후, 일정기간 동안 정부 또는 제3자에게 시설을 임대해 관리운영, 기간 만료 후 국가 또는 지자체에 소유권 귀속된다.
> ② 민간 사업자가 건설 후, 일정기간 동안 국가 또는 지방자치단체에 임대하여 투자비를 회수하고 임대기간 종료 후에 소유권을 국가 또는 지방자치단체에 양도하는 방식
>
> **5. BOT(Build Own Transfer)**
> ① 준공 후, 일정기간 동안 사업시행자 소유권 인정, 기간 만료 후 국가 또는 지자체에 소유권 귀속된다.
> ② 민간 사업자가 건설 후, 투자비용을 회수할 때까지 관리·운영한 후 계약기간 종료 시 국가에 양도하는 방식이다. **1**

1. **편익**
   운송비용 절감, 보관·하역비용절감 등이며, 비용은 토지구입비, 건설비, 운영 및 유지관리비 등으로 볼 수 있다. **1**

2. **순현재가치(NPV, Net Present Value)**
   사업의 경제성을 평가하는 척도 중 하나로 현재가치로 환산된 장래의 연차별 기대현금유입의 합계에서 현재가치로 환산된 장래의 연차별 기대현금유출의 합계를 뺀 값을 의미한다. **1**

3. **투자이익률(ROI, Return On Investment)**
   순이익을 투자액으로 나눈 것으로 투자이익률이 클수록 높은 투자타당성을 갖는다. **1**

4. **비용편익비(B/C, Benefit/Cost ratio)**
   편익을 비용으로 나눈 비율을 뜻하며 비용편익비가 클수록 높은 투자타당성을 갖는다. **1**

5. **내부수익률(IRR, Internal Rate of Return)**
   − 보유기간 중 투자량에 의해 산출되는 또는 산출될 수 있는 자본의 연 환산수익률이다.
   − 물류센터 투자 타당성을 분석할 때 편익의 현재가치 합계와 비용의 현재가치 합계가 동일하게 되는 수준의 할인율을 활용하는 기법이다. **1**

## (2) 물류센터

### ① 역할

- 대규모의 물류단지에 복합터미널과 같이 자동화된 시설을 갖추고 운영되는 거대하고 방대한 단지로, 다품종 대량의 물품을 공급받아 분류, 보관, 포장, 유통가공, 정보처리 등을 수행하여 다수의 수요자에게 적기에 배송하기 위한 시설이다. **1**
- 공급자와 수요자의 중간에 위치하여 수요와 공급을 통합하고 계획하여 효율화를 높이는 시설이다. **1**
- 판매 정보를 조기 파악하여 조달 및 생산계획에 반영하고 신속·정확한 배송을 통해 고객서비스를 향상하는 역할을 한다.
- 물류센터는 운송비와 생산비의 절충점을 찾아 총비용을 절감할 수 있다. **1**

### ② 기능

- 적정한 수준의 재고를 유지할 수 있다. **1**
- 신속 정확한 배송으로 고객서비스를 향상시킨다. **1**
- 상물분리를 통해 교차 및 중복수송을 방지한다. **1**
- 상물분리에 의한 물류효율화를 실현할 수 있다. **1**
- 일시적 또는 장기적 물품보관을 통하여 공급과 수요의 완충적인 기능을 한다. **1**
- 단순한 보관기능 외에도 입고품의 검품, 검수, 유통가공, 조립, 분류 및 포장작업을 수행한다. **3**
- 종래의 창고나 배송센터보다는 규모가 크므로 충분한 취급량을 확보하지 못할 경우 채산성이 악화될 수 있다. **1**

- 품절을 방지하기 위한 제품 확보기능을 한다. **1**
- 입출고를 원활하게 하기 위한 오더피킹의 기능을 한다. **1**
  ※ 물류센터에서는 제품의 제조기능을 수행하진 않는다. **1**

**참조** ◈ 물류센터 규모계획 시 순서 **1**

서비스 수준의 결정 → 제품별 재고량 결정 → 보관량 및 보관용적의 산정 → 하역작업 방식과 설비의 결정 → 총면적의 산출

**참조** ◈ 물류센터 규모결정시 영향요인 **1**

- 자재취급시스템의 형태
- 통로요구조건
- 재고 배치
- 현재 및 미래의 제품 출하량
- 사무실 공간

③ 물류센터 수가 증가함에 따라 발생하는 관리 요소 변화

- 시설투자비용은 지속적으로 증가한다. **1**
- 납기준수율이 증가한다. **1**
- 수송비용은 증가한다. **1**
- 물류센터 수가 증가하므로 총 안전재고량은 증가한다. **1**
  ※ 창고나 배송센터를 지역별로 설치할 경우 거점 간에 상품을 수송하는 빈도가 높아져 수송비가 증가한다.

④ 물류센터 레이아웃 설계 시 고려사항

- 물품의 취급 횟수를 감소시킨다. **1**
- 물품, 운반기기 및 작업자의 역행·교차는 피한다. **1**
- 물품의 흐름 과정에서 높낮이 차이의 크기와 횟수를 줄인다. **1**
- 물품, 통로, 운반기기 및 작업자 등의 흐름에 있어 가능한 한 직진성에 중점을 둔다. **1**

⑤ 물류센터의 유형

- 항만 입지형은 부두 창고, 임항 창고, 보세 창고 등이 있다. **1**
- 단지 입지형은 유통업무 단지 등의 유통 거점에 집중적으로 입지를 정하고 있는 물류센터 및 창고로 공동창고, 집배송 단지 및 복합 물류터미널 등이 있다. **1**
- 도시 근교 입지형은 백화점, 슈퍼마켓, 대형 할인 매장 및 인터넷 쇼핑몰 등을 지원하는 창고이다. **1**

1. 환경 KPI는 CO$_2$ 절감 등 환경 측면의 공헌도를 관리하기 위한 지표이다.
2. 생산성 KPI는 작업인력과 시간당 생산성을 파악하여 작업을 개선하기 위한 지표이다.
3. 납기 KPI는 수주부터 납품까지의 기간을 측정하여 리드타임을 **감소**시키기 위한 지표이다.
4. 품질 KPI는 오납율과 사고율 등 물류품질의 수준을 파악하여 고객서비스 수준을 향상시키기 위한 지표이다.
5. 비용 KPI는 작업마다 비용을 파악하여 물류센터의 물류비용을 감소시키기 위한 지표이다.

## (3) 배송센터

### ① 개념

- 소매 및 소비자에 대한 배송기능을 주로 하는 물류거점으로 물류센터보다 소규모이고 기능이 단순하다.
- 배송센터는 개별 기업의 배송센터를 지칭하나 복합물류터미널과 같은 대규모 유통업무단지 자체를 지칭하기도 한다.

### ② 배송센터 구축의 이점

ⓐ 교차수송의 **감소** **2**

ⓑ 납품작업의 합리화(효율화) : 백화점이나 양판점은 배송센터를 통해 납품작업을 합리화시킨다. **3**

ⓒ 수송비 절감 : 수요지에 가까운 배송센터까지 대형차로 수송하고 고객에게는 소형차로 배송하므로 비용이 절감된다. **3**

ⓓ 배송서비스율의 향상 : 배송센터에서 고객에게 배송하는 것이 공장에서 고객에게 배송하는 것보다 리드타임이 단축된다. **2**

ⓔ 상물**분리**의 실시 : 배송센터를 활용함으로써 각 영업지점은 상류활동에 전념할수 있다. **3**

ⓕ 고객서비스의 향상 **1**

### ③ 배송센터 수 증가 시 효과

- 전체 배송센터의 재고 수준은 **증가**한다. **1**
- 배송센터에서 배송처까지의 수송비용은 **감소**한다. **1**
- 전체 배송센터의 운영비용은 **증가**한다. **1**
- 납기준수율은 **증가**한다. **1**
- 고객 대응시간은 **감소**한다. **1**

## (4) 공동집배송센터

### ① 개념

공동집배송센터는 여러 유통사업자 또는 제조업자가 공동으로 사용할 수 있도록 집배송시설 및 부대업무시설이 설치되어 있는 시설이다. **❷**

### ② 공동집배송단지 운영효과

- 공동집배송단지는 참여업체들의 공동구매 및 보관을 가능하게 한다. **❶**
- 토지효율 및 투자효율을 높일 수 있다.
- 배송물량을 통합하여 계획 배송하므로 차량의 적재 효율을 높일 수 있다. **❷**
- 공동집배송단지를 사용하는 업체들의 공동 참여를 통해 대량 구매 및 계획 매입이 가능하다. **❷**
- 보관 수요를 통합 관리함으로써 업체별 보관 공간 및 관리 비용의 절감이 가능하다. **❷**
- 배송물량의 혼합배송에 의해 차량 적재율의 증가, 횟수의 감소 및 운송거리의 단축을 통하여 공차율이 감소한다. **❷**
- 물류 작업의 공동화를 통해 물류비 절감 효과가 있다. **❷**

## (5) 물류터미널과 복합물류터미널

### ① 물류터미널

#### ㉠ 개념

물류터미널은 화물의 집하, 하역 및 이와 관련된 분류, 포장, 보관, 가공, 조립 또는 통관 등에 필요한 기능을 갖춘 시설이다. **❷**

#### ㉡ 기능

- 집화기능
- 혼재기능
- 보관기능
- 가공 기능
- ※ 전시기능은 없다.

### ② 복합물류터미널

#### ㉠ 개념

- 복합물류터미널은 두 종류 이상(복수)의 운송수단 간의 연계운송을 수행할 수 있는 규모와 시설을 갖춘 물류터미널이다. **❹**
- 화물의 집화·하역 및 이와 관련된 분류·포장·보관·가공·조립 또는 통관 등에 필요한 기능을 갖춘 물류시설물을 의미한다. **❶**

－장치보관, 수출입 통관, 선박의 적하 및 양하 기능을 수행하는 육상운송 수단과의 연계 지원시설이다. **1**

　　ⓛ 주요 시설
　　　－수송기능 중심의 물류시설로서 화물취급장 또는 집배송시설 등을 보유하고 있다. **1**
　　　－복합물류터미널은 이외에도 물류터미널, 창고, 배송센터, 물류정보센터, 수송수단 간 연계시설 및 각종 공공 편의시설, ICD시설이 한 곳에 모여 있다.

　　ⓒ 기능
　　　－해당 지역 운송망의 중심에 위치하여 다른 교통수단과 연계가 용이하다. **1**
　　　－복합물류터미널은 소규모 화물의 로트화를 통해 혼재기능을 수행한다. **1**
　　　－터미널, 화물혼재, 정보센터, 환적, 유통보관의 기능을 수행한다. **1**

## (6) 스톡 포인트(SP, Stock Point)

### ① 개념
　－대도시, 지방 중소도시에 합리적인 배송을 실시할 목적으로 설립된 유통의 중계기지이다. **2**
　－재고품의 임시보관거점으로 상품의 배송거점인 동시에 예상 수요에 대한 보관거점이다. **2**
　－유통업체인 경우 배송시키기 위한 전단계로 재고품을 비축하거나 배송센터로 상품을 이전시키기 위해 일시 보관하는 유통창고를 의미한다.

### ② 특징
　일종의 하치장으로 제조업체들은 원료, 완성품, 폐기물들을 쌓아 두는 경우가 많다. **1**

## (7) 데포(DP, Depot)

### ① 개념
　－SP(스톡포인트)보다 작은 국내용 2차 창고, 또는 수출상품을 집화, 분류, 수송하기 위한 내륙 CFS를 데포라고 하며, 공급처에서 수요처로 대량으로 통합운송된 화물을 일시적으로 보관하는 창고 역할을 하며 단말배송소라고도 한다. **2**
　－효율적인 수송을 위해 갖추어진 집배중계 및 배송처에 컨테이너가 CY(Container Yard)에 반입되기 전 야적된 상태에서 컨테이너를 적재시키는 장소이다. **1**

### ② 특징
　－화물체류시간이 짧다.
　－생산지에서 소비지까지 배송할 때 각지의 데포까지는 하나로 통합하여 수송한다.
　－수송비의 절감과 고객서비스의 향상에 기여한다.

## (8) ICD(Inland Container Depot)

### ① 개념

- 수출입 통관업무, 집하 및 분류, 혼재 기능을 수행하며 트럭회사, 포워더(Forwarder) 등을 유치하여 운영하므로 내륙 항만이라고도 부른다. **1**
- 주로 항만터미널과 내륙 운송수단과의 연계가 편리한 산업지역에 위치한 컨테이너 장치장으로 컨테이너 화물의 통관기능까지 갖춘 시설이다. **2**
- 산업단지와 항만 사이를 연결하여 컨테이너화물의 유통을 원활히 하기 위한 대규모 물류단지로서 복합물류터미널의 역할을 수행한다. **1**
- 선사, 트럭회사, 관세사, 포장회사, 포워더(Forwarder) 등을 유치하여 운영하므로 내륙 항만이라고 부른다. **1**
- 노동력의 안정적 확보와 자동화를 통한 생산성 향상이 필요하다. **1**
- 항만 또는 공항이 아닌 내륙시설로서 공적 권한과 공공설비를 갖추고 있다. **2**

### ② 기능

- 수출입 통관업무, 집하 및 분류 기능을 수행한다. **5**
- 장치, 보관기능 **2**
- 육상운송수단과의 연계기능 **1**
  ※ ICD에 선박 적하, 양하, 마샬링 기능은 없다. **5**

### ③ 장점

- ICD는 항만지역에 비해 창고 · 보관시설용 토지 취득이 쉽고 시설비가 절감되어 보관료가 저렴하다. **1**
- ICD는 운송거점으로서 대량운송 실현과 공차율 감소를 통해 운송을 합리화하고 신속한 통관을 지원한다. **2**
- 항만지역과 비교하였을 때 창고 보관 시설용 토지 매입이 용이하다. **1**
- 화물의 대단위화에 따른 운송효율 향상과 교통혼잡 완화로 운송비가 절감된다. **1**

## (9) CY/CFS → 국제물류론에서 학습

### ① CY(Contamer Yard)

공컨테이너 또는 풀컨테이너를 보관할 수 있는 넓은 장소를 말하며 넓게는 CFS, Marshalling Yard, Apron까지도 포함한다.

② CFS

　　－수출 시, LCL(Less than Container Load) 화물을 특정 장소에 집적하였다가 목적지별로
　　　선별하여 하나의 컨테이너에 적입한다. **1**
　　－수입 시, 혼재화물을 컨테이너로부터 인출하고 목적지별로 선별하여 수화인에게 인도한다. **1**

③ 특징

　　CY(Container Yard)에는 FCL(Full Container Load) 화물이 보관되어 있으며, CFS(Container
　　Freight Station)에서는 LCL(Less than Container Load) 화물이 혼재작업 후 FCL화물로
　　만들어져 CFS로 보내진다. **1**

## (10) 보세구역 → 국제물류론에서 학습

# 물류센터

## 01 물류센터

### (1) 물류센터의 업무

#### ① 물류센터 내 작업 흐름

입차 및 입하 → 격납 → 보관, 보충 → 피킹 → 유통가공 → 검품 → 포장 → 방향별 분류 → 상차 및 출하 **1**

#### ② 물류센터 내 업무

    ⊙ 입하(Receiving) 및 인입(Putaway)
  - 인입은 운송수단으로부터 물자를 내려놓는 활동이다. **1**
  - 입고는 입고제품의 수량 및 상태이상 유무에 대한 검수 등을 포함한다. **1**

    ⓒ 보관(Storage)
  - 보관은 주문을 대기하는 동안 물자를 물리적으로 저장해 두는 활동이다. **1**
  - 보관은 검수된 제품을 랙에 저장하는 것이다. **1**
  - 입출고 빈도가 높은 상품일수록 출고구와 가까운 곳에 보관하는 것이 좋다.
  - 상품별로 보관하는 것보다 포장형태별로 보관하는 것이 입고나 집품작업에 더 효율적이다.

    ⓒ 피킹(Picking)
  - 피킹(Picking)은 특정 주문에 대하여 보관된 품목을 선별하여 출하를 위한 공정으로 넘기는 활동이다. **1**
  - 피킹은 출고지시에 따라 팔레트, 박스, 낱개 단위별로 이루어지며 일괄피킹, 순차피킹 등의 방법이 있다. **1**

    ⓔ 유통가공
  - 유통가공은 가격표 부착, 바코드 부착, 포장 등의 작업을 수행한다. **1**
  - 유통가공은 출하시기를 기준으로 작업계획을 수립하고 시간대별로 작업량이 불규칙하지 않도록 평준화한다.

ⓜ 검품 · 포장

　　－포장(Package)은 화물취급 단위에 의한 표준화된 화물형태로 결합하는 활동이다. **1**

ⓗ 방향별 분류 및 출하(Shipping)

　　－분류는 팔레트, 박스, 낱개 단위별로 피킹된 제품을 배송처별로 구분하는 활동으로 자동 컨베이어, DPS(Digital Picking System), 분류자동화 기기 등의 설비를 이용한다. **1**

## (2) 물류센터 입지선정 및 설계

### ① 물류센터 입지결정 시 고려사항

－토지 구입 가격(지가) **2**

－해당 지역의 세금정책 및 유틸리티(전기, 상하수도, 가스 등) 비용 **1**

－해당 지역의 가용노동인구(노동력) 및 평균 임금수준 **2**

－각종 법적 규제사항 **2**

－운송비, 시장규모 **1**

－수요와 공급을 효율적으로 연계할 수 있는지 여부 **1**

－운송수단의 연계가 용이한지 여부 **1**

－물류센터의 입지선정 시 경제적, 자연적, 입지적 요인 등을 고려해야 한다. **2**

－물류센터 입지의 결정에 있어서 관련 비용의 최소화를 고려해야 한다. **2**

－물류센터의 규모 산정 시에는 목표 재고량과 서비스 수준을 통합하여 고려한다. **1**

　※ 물류센터 내부 레이아웃, 제품의 보관 위치 할당은 센터 입지결정 이후의 고려사항이다.

> **참조** 〉 유통물류센터 입지선정 시 고려사항
>
> **1. 유통물류센터 입지선정**
> 　－각 운송수단에 대한 운송비를 고려하여야 한다. **1**
> 　－고객의 지역적 분포, 시장의 크기 등을 고려하여 물류센터의 입지를 선정하여야 한다. **1**
> 　－교통의 편리성, 경쟁사 물류거점의 위치, 관계법규, 투자 및 운영비용 등의 요소를 종합적으로 고려하여야 한다. **1**
>
> **2. 조달물류센터 입지선정**
> 　물자의 흐름을 중심으로 공장 전체의 합리적 레이아웃을 기준으로 결정되어야 한다. **1**

### ② 물류센터 설계 시 고려사항

－제품의 특성, 주문 특성, 설비 특성, 보관면적 **2**

－입하 능력의 평준화 **2**

－입하 시간의 규제 **1**

－출하 시간의 단축 **2**

－물품의 취급횟수 **최소화** **2**

－입고방법, 보관방법, 피킹방법, 배송방법 등 운영특성 **1**

－설비종류, 운영방안, 자동화 수준 등 **1**

③ 물류센터의 설계 특성별 고려사항

－주문 특성 : 주문건수, 주문빈도, 주문의 크기 등 **2**

－제품 특성 : 크기, 무게, 가격 등 **2**

－설비 특성 : 자동화 수준, 설비 종류 등 **2**

－**환경** 특성 : 지리적 위치, 입지 제약, 인구 등 **2**

－**운영** 특성 : 입고 방법, 보관 방법, 피킹 방법 등 **2**

**참조** ◈ 물류거점계획을 위한 기본조건

| 수요조건 | 고객의 분포, 잠재고객의 예측, 매출 증감, 배송가능지역 등을 고려한다. **1** |
|---|---|
| 운송조건 | 각종 운송거점 및 영업용 운송 사업자 사업장과의 근접도 등을 고려한다. **1** |
| 배송서비스 조건 | 고객에 대한 도착시간, 배송빈도, 리드타임, 거리 등을 고려한다. **1** |
| **용지조건** | 토지의 이용문제(기존토지와 신규취득), 지가, 소요자금 내 가능한 용지 취득의 범위 등을 고려한다. **1** |
| **법 규제** | 정부의 용지지역 지정 가능 지역의 검토 등을 고려한다. |
| 관리 및 정보기능조건 | 본사 영업부와 중앙전산실과의 거리 등을 고려한다. |
| 유통가능 조건 | 상류와 물류와의 구분, 유통가공시설의 필요성, 작업원의 확보와 통근 가능 여부 등을 고려한다. |
| 기타 조건 | 품질유지를 위한 특수시설(냉동물, 보온물, 위험물)과 공해방지시설의 설치 여부 등을 고려한다. |

**참조** ◈ 물류센터 공정관리(Line Balancing)

1. Line Balancing
   라인을 구성하는 각 공정 간의 균형. 공정 역할을 고르게 나누어주어 최대의 생산효율을 이끌어 내는 것을 의미한다.

2. 물류센터 라인밸런싱 목적
   －작업공정 내의 재공품 감소 **1**
   －가동률 향상 **1**
   －리드타임(Lead time) 향상 **1**
   －애로공정 개선으로 생산성 향상 **1**

## 02 배송센터

> **참조** 배송센터(distribution center)
>
> 개별기업 또는 협의체에서 유통창고의 집배송기능을 강조하는 것으로 유통업체에서 매일 상품의 집화와 배송을 실시하는 장소이다.

### (1) 배송센터의 기본계획

① 부지, 규모, 작업흐름 등을 결정하고 가장 효율적인 시설과 적합한 기기를 선택하여야 한다.
② 차량 크기와 대수, 주차공간, 부대작업 공간과 이용기기의 선정, 작업과 시설배치의 적합성을 위한 레이아웃 등을 결정한다.
③ 법적 규제와 주변 여건 조사 후 서비스 수준, 소요자금 등에 대한 종합적인 평가를 수행하여 최종 결정한다.

### (2) 크로스도킹(Cross Docking)에 의한 관리

① 개념

- 공급처에서 수령한 물품을 물류센터에서 재고로 보관하지 않고 바로 출하(배송)할 수 있도록 하는 물류시스템이다. **2**
- 크로스도킹은 창고관리 시스템 영역 중 입·출고 관련 기능에 해당한다. **1**
- 물류센터를 화물의 흐름 중심으로 운영할 수 있다. **1**
- 기본적으로 즉시 출고될 물량을 입고하여 보관하지 않고 출고하는 방식으로 운영한다. **1**
- 공급업체가 미리 분류·포장하는 기포장방식과 물류센터에서 분류·출고하는 중간처리방식으로 운영한다. **1**

② 특징

- 크로스도킹의 목적은 유통업체에서 발생할 수 있는 불필요한 재고를 제거하는 것이다. **1**
- 효율적인 크로스도킹을 위해서는 공급처와 수요처의 정보 공유가 필요하다. **1**
- 수요가 일정하고 안정적이며, 재고품절비용이 낮을 경우 효율적으로 운영될 수 있다. **1**
- POS(Point of Sale) 시스템 등 다양한 정보시스템, 대규모 물류센터, 자체 트럭수송단을 운영한다. **1**
- 크로스도킹을 효과적으로 실현하기 위해서는 ASN(Advanced Shipping Notice)과 JIT(Just in Time) 환경이 필요하다. **1**

−물류센터 입고 상품의 수량과 내역 등의 정보가 사전에 물류센터로 송달되어 오는 것을 말한다. **1**
−물류센터에서는 이 정보를 활용하여 신속하고 정확하게 검품 및 적재업무를 수행할 수 있다. **1**

③ 유형

㉠ 팔레트크로스도킹(Pallet Cross Docking)
−한 종류의 상품이 적재된 팔레트별로 입고되고 소매점포로 직배송되는 형태로, 가장 단순한 형태의 크로스도킹이다.
−1일 처리량이 아주 많은 상품에 적합하다. **2**
−기계설비와 정보기술의 도입이 필요하다. **2**

㉡ 케이스크로스도킹(Case Cross Docking)
한 종류의 상품이 적재된 팔레트 단위로 소매업체의 물류센터로 입고되고, 입고된 상품은 각각의 소매 점포별로 주문수량에 따라 피킹되며, 팔레트에 남은 상품은 다음 납품을 위해 잠시 보관하게 된다.

㉢ 사전 분류된 팔레트크로스도킹
제조업체가 사전에 상품을 피킹 및 분류하여 납품할 각각의 점포별로 팔레트에 적재해 배송하는 형태이다.

④ 크로스도킹의 효과

−보관, 하역, 수배송, 창고관리 프로세스의 단축과 개선 **1**
−물류센터의 회전율 증가 **1**
−재고수준의 감소 **1**
−리드타임 감소 **1**
−배송리드타임을 줄일 수 있어서 공급사슬 효율성을 높일 수 있다. **1**

**03** 입지선정기법

(1) 총비용 비교법 **1**

−대안별 물류센터 투자금액과 물류비용, 관리비용을 산출하고 총비용이 최소가 되는 대안을 선정하는 기법이다. **3**

**예시** 아래 A, B, C, D Zone 중 총비용이 최소가 되는 C Zone이 창고 위치로 결정된다.

| 지역별<br>비용 | A Zone | B Zone | C Zone | D Zone |
|---|---|---|---|---|
| 창고건설비 | 5,500 | 2,500 | 4,000 | 4,700 |
| 하역비 | 300 | 800 | 400 | 300 |
| 수송비 | 900 | 2,500 | 1,200 | 700 |
| 재고유지비 | 200 | 250 | 300 | 210 |
| 세금 | 30 | 100 | 20 | 50 |
| 합계 | 6,930 | 6,150 | 5,920 | 5,960 |

## (2) 손익분기 도표법

일정한 물동량(입고량 또는 출고량)의 고정비와 변동비를 산출하고 그 합을 비교하여 물동량에 따른 총비용이 최소가 되는 대안을 선택하는 방법이다. ❷

**예시** 다음은 연간 처리물동량 1만 톤 기준, 물류시설 A, B, C 세 곳의 연간 고정비와 변동비의 소요 예산이다. 가장 경제적인 물류시설은?

| 구분 | | A | B | C |
|---|---|---|---|---|
| 고정비 | 연간 자본비 | 5,000,000원 | 4,800,000원 | 4,900,000원 |
| | 연간 연료비 | 250,000원 | 270,000원 | 300,000원 |
| | 연간 용수비 | 50,000원 | 60,000원 | 55,000원 |
| | 연간 세금 | 250,000원 | 400,000원 | 400,000원 |
| 변동비 | 단위당 하역비 | 520,000원 | 500,000원 | 500,000원 |
| | 단위당 재고비 | 850,000원 | 900,000원 | 800,000원 |
| | 단위당 운송비 | 420,000원 | 350,000원 | 400,000원 |

**[답]**

| 구분 | | A | B | C |
|---|---|---|---|---|
| 고정비 | 연간 자본비 | 5,000,000원 | 4,800,000원 | 4,900,000원 |
| | 연간 연료비 | 250,000원 | 270,000원 | 300,000원 |
| | 연간 용수비 | 50,000원 | 60,000원 | 55,000원 |
| | 연간 세금 | 250,000원 | 400,000원 | 400,000원 |
| | **소계** | **5,550,000원** | **5,530,000원** | **5,655,000원** |
| 변동비 | 단위당 하역비 | 520,000원 | 500,000원 | 500,000원 |
| | 단위당 재고비 | 850,000원 | 900,000원 | 800,000원 |
| | 단위당 운송비 | 420,000원 | 350,000원 | 400,000원 |
| | **소계** | **1,790,000원** | **1,750,000원** | **1,700,000원** |

- A의 총 비용은 5,550,000원 + 1,790,000원 = 7,340,000원
- B의 총 비용은 5,530,000원 + 1,750,000원 = 7,280,000원
- C의 총 비용은 5,655,000원 + 1,700,000원 = 7,355,000원
즉, 연간 처리물동량 2만 톤일 때, 총비용면에서 가장 경제적인 물류시설은 B이다.

## (3) 무게중심법 ❸

### ① 개념

- 수요지와 공급지 간의 거리와 물동량을 고려하여 물류센터 입지를 결정하는 기법이다. ❶
- 공급지 및 수요지가 고정되어 있고, 각 공급지로부터 단일 배송센터로 반입되는 물량과 배송센터로부터 각 수요지로 반출되는 물동량이 정해져 있을 때 활용하는 기법이다. ❶
- 무게중심법은 물류센터를 기준으로 고정된 공급지(공장 등)에서 물류센터까지의 수송비와 물류센터에서 수요지(각 지점, 배송처 등)까지의 수송비를 구하여 그 합이 최소가 되는 장소를 입지로 선택하는 방법이다. ❷

### ② 계산

- 물류센터로 반입 및 반출되는 각 지점과 물류센터와의 거리에 거리당 운임과 물동량을 곱하면, 각 지점과 물류센터 간의 수송비를 산출할 수 있다.
- 상기의 계산을 모든 지점들에 대해서 적용하여 합산하면 총 수송비가 결정되고 그 합이 최소가 되는 지점을 구한다.
- 두 지점 간의 물자 이동이 직선거리를 따라 이루어진다면, 단일 물류센터의 최적입지는 입지를 나타내는 좌표에 대한 두 개의 방정식을 통해서 구할 수 있는데 이것을 최적 무게중심법이라고 한다.

 다음 표는 A회사의 공장과 수요지의 위치를 나타낸 것이다. 수요량은 수요지 1이 4,000box/월, 수요지 2는 2,000box/월, 수요지 3은 3,000box/월이다. 무게 중심법을 이용한 신규 물류센터의 최적입지 좌표(X, Y)는? (단, 소수점 둘째 자리에서 반올림한다.)

| 구분 | X(km) | Y(km) |
|---|---|---|
| 수요지 1 | 30 | 20 |
| 수요지 2 | 10 | 50 |
| 수요지 3 | 20 | 40 |
| 공장 | 40 | 70 |

$X = 31.1 = (4{,}000 \times 30 + 2{,}000 \times 10 + 3{,}000 \times 20 + 9{,}000 \times 40)/4{,}000 + 2{,}000 + 3{,}000 + 9{,}000$

$Y = 51.7 = (4{,}000 \times 20 + 2{,}000 \times 50 + 3{,}000 \times 40 + 9{,}000 \times 70)/4{,}000 + 2{,}000 + 3{,}000 + 9{,}000$

**예시**　A회사의 공장과 수요지의 수요량과 좌표가 다음과 같을 때, 무게중심법에 의한 최적 신규물류센터 입지는? (단, 계산한 값은 소수점 첫째 자리에서 반올림한다.)

1) 수요량
  • 수요지 1 : 35톤/월
  • 수요지 2 : 15톤/월
  • 수요지 3 : 20톤/월

2) X, Y좌표

| 구분 | X좌표 | Y좌표 |
|---|---|---|
| 수요지 1 | 6 | 4 |
| 수요지 2 | 3 | 5 |
| 수요지 3 | 2 | 3 |
| 공장 | 4 | 6 |

$$X = \frac{(35 \times 6) + (15 \times 3) + (20 \times 2) + (70 \times 4)}{35 + 15 + 20 + 70} = \frac{575}{140} = 4.1(4)$$

$$X = \frac{(35 \times 4) + (15 \times 5) + (20 \times 3) + (70 \times 6)}{35 + 15 + 20 + 70} = \frac{695}{140} = 4.9(5)$$

[답] X : 4, Y : 5

## (4) 브라운깁슨법(Brown – Gibson Model)

### ① 개념

양적 요인과 질적 요인을 모두 고려할 수 있도록 평가기준을 필수적 기준(요인), 객관적 기준(요인), 주관적 기준(요인)으로 구분하여 입지평가지표를 계산 후 평가하는 복수공장 입지분석모형이다. ❸

### ② 요인평가기준 ❶

ㄱ 필수적 요인(Critical Criteria) : 특정 시스템의 장소적 적합성 판정 시 필수적 기준
ㄴ 객관적 요인(Objective Criteria) : 화폐가치로 평가될 수 있는 경제적 기준
ㄷ 주관적 요인(Subjective Criteria) : 평가자의 주관에 의해 가늠되는 기준

## (5) 요소분석법(Factor Rating Method, 요인평정법)

요소분석법은 고려하고 있는 입지 요인(접근성, 지역 환경, 노동력, 환경성 등)에 주관적으로 가중치를 설정하여 각 요인의 평가점수를 합산하는 방법이다. ❷

## (6) 톤 – 킬로법

각 수요지에서 배송센터까지의 거리와 각 수요지까지의 운송량에 대해 평가하고 총계가 최소가 되는 입지를 선정하는 기법이다. **1**

참조 ◈ 체크리스트법

입지에 관련된 양적 요인과 질적 요인을 동시에 고려하여 중요도에 따라 가장 평가점수가 높은 입지를 선정하는 기법이다. **1**

## 04 보관시스템

### (1) ABC 재고분석 ※ 03장 재고관리 → 03 재고모형에서 학습

### (2) 팔레트 보관형태

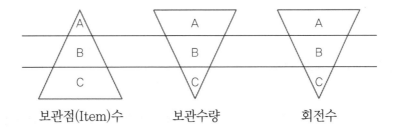

| A–A–A | 입출고가 빠른 물품으로 보관설비는 플로우 랙과 대차 랙을 많이 이용하며, 단시간에 대량 처리가 가능하여 편리하다. |
|---|---|
| A–A–C | 고정설비인 유닛형 랙이나 플로우 랙을 이용한다. |
| A–C–A | 회전수만 높은 제품은 보관기능이 미약하여 자동화·기계화되지 않았지만, 주로 임시 출고–피킹–재출고에 많이 이용된다. |
| A–C–C | 팔레트를 직접 쌓을 수 있어서 하역기기에 포크만 부착되어 있으면 가능하다. |
| B–B–B | 일반적 형태로 설비가 간단하여 이동이 편리하고 레이아웃의 변경도 용이하다. |
| C–A–A | –보관점(Item) 수와 보관수량이 많고, 회전수가 높으며, 관리가 매우 복잡하여 고층 랙, 모노레일 또는 스태커크레인의 조합과 함께 컴퓨터 컨트롤 방식을 채용하면 운영 효율을 높일 수 있다. **2**<br>–I형 배치, U형 배치, L형 배치, I형 변형배치, U형 변형배치가 있다. |
| C–A–C | 고층 랙에 모노레일, 스태커크레인을 이용하며 선회식 크레인, 팔레트 직접 쌓기 및 트래버스 방식 등도 이용된다. |
| C–C–A | 보관점수는 많으나, 보관량은 적고, 입출고 빈도가 높아 고층 랙을 이용하고, 개별출고방식에서 피킹은 머신(오더피킹)과 수동으로 한다. **1** |
| C–C–C | 관리가 어려운 방식으로서 팔레트를 직접 쌓는 것이 유리하며, 이동식 랙 시스템을 주로 이용한다. |

## 05 랙(Rack)

### (1) 개요

#### ① 개념

−창고 등에서 물품을 보관하기 위해 사용하는 기둥과 선반으로 구성된 구조물을 말한다.

−랙은 자동화 창고에서 화물 보관을 위한 구조물로 빌딩 랙(Building Rack)과 유닛 랙(Unit Rack) 등이 있다. **1**

−보관 랙(Rack)은 모듈화된 화물의 보관을 위한 장치로 사용된다. **1**

#### ② 적재하중기준

물류센터 설계 시에는 랙(Rack)의 1개 선반당 적재하중기준을 고려해야 한다. **1**

−중량 랙 : 한 선반당 적재하중이 500kg을 초과하는 랙 **1**

−중간 랙 : 한 선반당 적재하중이 500kg 이하인 랙 **1**

−경량 랙 : 한 선반당 적재하중이 150kg 이하인 랙 **1**

### (2) 랙의 종류

#### ① 유동 랙(Flow Rack, 플로우 랙)

㉠ 개념

−화물을 한쪽 방향에서 넣으면 중력을 이용하여 순서대로 쌓으며, 인출할 때는 반대 방향에서 화물을 출고하는 랙으로 선입선출에 유용하다. **2**

−팔레트가 랙 내에서 경사면을 이용하여 이동하는 방식으로 선입선출이 요구되는 제품에 적합하다. **1**

㉡ 특징

−보관용 랙 중 물품의 선입선출이 가장 용이하다. **1**

−격납 부분에 레일을 달아 전체가 비스듬히 기울어지게 만든 설비이다. **1**

−입고와 출고가 완전히 분리되어 작업효율이 향상된다.

−재고관리가 쉽고 화물의 파손을 방지할 수 있으며 다품종소량 물품보관에 적합하다.

#### ② 드라이브 인 랙(Drive−in Rack)

㉠ 개념

−지게차를 가지고 직접 격납 출고를 행하는 설비이다. **1**

−지게차가 한쪽 방향에서 2개 이상의 깊이로 된 랙으로 들어가 화물을 보관 및 반출할 수 있다. **1**

－한쪽에 출입구를 두며 포크리프트를 이용하여 실어 나르는 데 사용하는 랙이다. **1**

－로드빔(Load－beam)을 제거하여 포크리프트가 랙 안으로 진입할 수 있고 포크리프트 통로 면적이 절감되어 보관효율이 높은 편이다. **1**

－양쪽에 출입구를 두면 드라이브 스루 랙(Drive Through Rack)이다. **1**

－드라이브 스루랙은 지게차가 랙의 한 방향으로 진입해서 반대 방향으로 퇴출할 수 있는 랙이다. **1**

ⓛ 특징

－회전율이 낮은 제품이나 계절적 수요 변동이 큰 화물 보관에 적합하다. **3**

－소품종 다량 또는 로트(Lot) 단위로 입출고될 수 있는 화물 보관에 최적인 랙이다. **5**

－소품종 다량 물품 보관에 적합하고 적재공간이 지게차 통로로 활용되어 선입선출이 어렵다. **1**

－적재 공간을 지게차 통로로 활용하여 적재 효율은 높으나 선입후출해야 하는 단점이 있다. **2**

－구조상 특징은 랙 내부에 가드레일을 설치하여 지게차와 랙 충돌을 방지하도록 하고 있다.

③ **적층 랙(Mezzanine Rack)**

㉠ 개념

선반을 다층식으로 겹쳐 쌓고 현재 사용하고 있는 높이에서 천장까지의 사이를 이용하는 보관 설비이다. **2**

ⓛ 특징

－천정이 높은 창고에서 복층 구조로 겹쳐 쌓는 방식으로 물품의 보관 효율과 공간 효용도가 높다. **6**

－입출고 작업과 재고관리가 용이하다.

－최소의 통로로 최대로 높게 쌓을 수 있어 경제적이다.

④ **팔레트 랙(Pallet Rack)(셀렉티브랙, Selective Rack)**

㉠ 개념

포크리프트를 사용하여 팔레트 단위 혹은 선반 단위로 셀마다 격납 보관하는 설비이다. **1**

ⓛ 특징

－주로 팔레트에 쌓아올린 물품의 보관에 이용한다. **2**

－화물의 종류가 여러 가지라도 유연하게 보관이 가능하다.

－바닥면적 활용이 비효율적이다.

⑤ 슬라이딩 랙(Sliding Rack)

  ㉠ 개념

    선반이 앞 방향 또는 앞뒤 방향으로 꺼내지는 기구를 가진 랙이다.

  ㉡ 특징

    − 한쪽에서 입고하고 다른 한쪽에서 출고되어 선입선출이 가능하고, 오더 피킹의 효율성
      이 높은 방식이다. [1]
    − 상면 면적효율, 용적효율이 양호하다.
    − 다품종 소량에는 부적합하며 랙 설치비용이 고가이다.

⑥ 암 랙(Arm Rack)

  ㉠ 개념

    외팔지주걸이 구조로 기본 프레임에 암(Arm)을 결착하여 물품을 보관하는 랙으로서 파이
    프, 가구, 목재 등의 장척물 보관에 적합하다. [2]

  ㉡ 특징

    − 캔틸레버 랙(Cantilever Rack)이라고도 한다. [1]
    − 긴 철재나 목재의 보관에 효율적인 랙이다. [2]
    − 전면에 기둥이 없으므로 공간 낭비 없이 화물을 보관할 수 있다.

⑦ 이동 랙(Mobile Rack, 모빌 랙)

  ㉠ 개념

    레일을 이용하여 직선적으로 수평 이동되는 랙으로, 통로를 대폭 절약할 수 있어 다품종 소
    량의 보관에 적합하다. [2]

  ㉡ 특징

    − 수동식 및 자동식이 있으며 다품종 소량 물품 보관에 적합하고 통로 공간을 활용하므로
      보관효율이 높다. [2]
    − 필요한 통로만을 열어 사용하고 불필요한 통로를 최대한 제거하기 때문에 면적 효율이
      높다. [1]
    − 바닥면의 효과적인 사용과 용적 효율이 높다. [1]
    − 공간 효율이 높기 때문에 작업공간이 넓어지고 물품보관이 용이하다. [1]
    − 동시작업을 위한 복수통로의 설정이 가능하여 작업효율이 증대된다. [1]

⑧ 회전 랙(Carousel Rack)

　㉠ 개념
　　－피킹 시 피커는 고정되어 있고 랙 자체가 회전하는 형태로 다품종 소량 물품과 가벼운 물품에 많이 이용된다. **3**
　　－랙 자체가 수평 또는 수직으로 회전하며, 중량이 가벼운 다품종 소량의 물품 입출고에 적합하다. **1**
　　－랙이 작업자의 위치로 이동하므로 작업자의 이동을 최소화하는 방법이다. **1**

　㉡ 특징
　　－회전 랙은 수평형 회전 랙(Horizontal Carousel)과 수직형 회전 랙(Vertical Carousel)으로 구분할 수 있다. **1**
　　－일반적으로 수직형 회전 랙은 수평형 회전 랙보다 높은 천장이 필요하다. **1**
　　－자동창고와 비교할 때 도입비용이 저렴하여 소화물자동창고(AS/RS)의 대안으로 사용된다. **1**

⑨ 하이 스택 랙(High Stack Rack)

　－좁은 통로에 높게 적재했기 때문에 바닥면의 효과적인 사용과 공간 활용이 좋고 입출고도 임의적으로 할 수 있으며, 재고관리도 용이한 편이다.
　－최소의 통로를 최대로 높게 쌓을 수 있어 경제적이나 안전성의 문제가 발생할 수 있다.

> **참조** Single deep rack, Double deep rack
>
> 1. SIngle deep rack
>    스태커크레인 좌우로 하나씩 랙이 존재하는 형태로 입출하 속도는 빠르지만 하나씩 존재하기 때문에 보관효율이 떨어진다.
>
> 2. Double deep rack
>    －스태커크레인 좌우로 두 개씩 랙이 존재하는 형태로 입출하 속도는 느리지만 보관 효율이 높다는 장점이 있다.
>    －일반 지게차를 이용하여 팔레트를 보관할 때 어태치먼트(Attachment)가 필요한 랙 시설이다. **1**

### (3) 창고 내 로케이션(Location) 관리

#### ① 개념

로케이션(Location) : 배치된 지역 및 위치에 주소를 부여하는 것을 말한다. **1**

#### ② 유형

    ㉠ 고정 로케이션(Fixed Location)

        －선반 번호별로 보관하는 품목의 위치를 고정하여 보관하는 방법이다. **1**

        －수작업으로 관리하는 경우가 많고, 선반 꼬리표 방식과 병행해서 사용하는 경우도 있다. **1**

    ㉡ 프리 로케이션(Free Location)

        －품목과 보관하는 랙 상호 간에 특별한 연관관계를 정하지 않는 보관방법이다. **2**

        －보관 장소가 정해져 있지 않고 자동창고시스템에 많이 이용한다.

    ㉢ 구역 로케이션(Zone Location)

        일정 품목군에 대하여 일정한 보관구역을 설정하지만, 그 범위 내에서는 Free Location을 채택하는 방법으로, 가장 일반적으로 이용되고 있다. **1**

---

### 06 창고자동화

> **참조** 창고의 구조에 의한 분류
>
> **1. 보통창고**
> 일반 창고로서 물건을 보관하여 재고를 확보함으로써 품절을 방지하고 신용을 증대시키는 기능을 수행한다. **1**
>
> **2. 기계화창고**
> －기계화창고는 입하에서 출하까지 자동화되고, 유닛로드로 처리되는 창고이다. **1**
> －랙(Rack)시설을 갖추고 포크리프트트럭, 크레인, 컨베이어 등에 의해 운영되는 창고이다.
>
> **3. 자동화창고**
> －입체적으로 배치된 다수의 랙에 팔레트 등을 스태커크레인에 의해 자동적으로 입출고하는 기능을 가진 창고를 말한다.
> －시설 규모에 따라 간이자동화창고와 자동창고로 구분하기도 하며 간이자동화창고는 기존 건물을 개조하고 적은 투자로 랙을 설치하여 제한적인 자동창고의 효과를 볼 수 있다.
> －기계화 창고와 차이점은 해당 시스템이 정보처리시스템과 일체화되어 있는지 여부이다.
> －피킹 및 반송기기의 자동화와 컴퓨터 제어를 통하여 입출고 기능의 효율화·생력화가 가능하고 인원의 절감 효과가 있다.
> －Free Location의 보관방식을 통하여 보관능력의 향상은 물론 시스템의 유연성을 제공한다.

## (1) 자동화창고(Automated Warehouse) 개요

### ① 개념

정보시스템과 창고의 시설 및 장비가 온라인으로 일체화되어 운영되는 창고이다. **1**

### ② 특징

− 생산라인과의 동기성, 적정 재고, 작업 준비를 위한 부품 공급기능을 갖는다. **1**
− 보관보다는 물품의 흐름(Flow)에 중점을 두고 설계해야 한다. **3**
− 자동창고에서 처리할 물품의 치수와 포장, 중량 등을 고려하여 설계한다. **1**
   ※ 자동창고시스템은 자동보관을 위해 물품의 차수, 포장, 중량을 단위화해야 하므로 다양한 규격의 화물을 취급하는 데에는 불리할 수 있다.

### ③ 장점

− 다품종 소량 주문에 대응이 용이하다. **2**
− 단위화 및 규격화된 물품 보관으로 효율적인 재고관리가 가능하다. **1**
− 재고관리 및 선입선출에 의한 입출고관리가 용이하다. **3**
− 컴퓨터 제어방식을 통해 작업의 효율성 향상 효과를 얻을 수 있다. **1**
− 보관능력 및 유연성 측면에서 효율성을 향상시킨다. **1**
− 좁은 공간에서 수직으로 높게 보관할 수 있어 많은 보관물을 효과적으로 보관할 수 있다. **1**
− 자동화시스템으로 운영되므로 생산성과 효율성을 개선할 수 있다.
− 고단적재가 가능하여 단위면적당 보관효율이 좋다. **1**
− 노동집약적인 보관활동을 기계화하여 창고 생산성과 효율성을 개선할 수 있다. **1**
   ※ 다만 자동화창고는 설비투자에 자금이 소요되므로 신중한 준비와 계획이 필요하다.

## (2) 자동화창고의 구성요소

① 스태커크레인 : 승강장치, 주행장치, 포크장치로 구분 **1**
② 트래버서(Traverser) : 스태커크레인을 횡으로 이동시키는 장치 **2**
③ 팔레트(Pallet)
④ 컨베이어(Conveyer)
⑤ 랙(Rack)
⑥ 셀(Cell) : 랙 속에 화물이 저장되는 단위 공간 **1**
⑦ 무인반송차
⑧ DPS(Digital Picking System)
⑨ 버킷(Bucket) : 화물의 입출고 및 보관에 사용되는 상자 **1**
⑩ RFID와 스캐너, 기타 주변기기 등

스태커크레인

1. 개념
   - 고층랙 창고 선반에 화물을 넣고 꺼내는 크레인의 총칭이다. [1]
   - 랙과 랙 사이를 왕복하며 보관품을 입출고시키는 기기이다. [1]
   - 랙에 화물을 입·출고시키는 주행장치, 승강장치, 포크장치로 구분된 창고 입·출고기기이다. [1]
   - 보관제품의 특성에 있어서 종류가 많고 회전수가 높은 경우 주로 사용된다.

2. 특징
   - 수동, 반자동, 자동식으로 입·출고작업을 수행한다. [1]
   - 아래에 주행 레일이 있고 위에 가이드레일이 있는 통로 안에서 주행장치로 주행하며, 승강 및 포크장치를 이용한다. [1]
   - 자동화창고에서 이중명령(Dual Command) 시 스태커크레인은 입고작업과 출고작업을 동시에 실행한다. [1]

---

**예시** 자동창고시스템이 시간당 300번의 저장 및 출고 작업을 수행할 수 있다. 10개의 통로와 각 통로에는 한 대씩의 S/R(Storage and Retrieval) 기계가 작업을 수행한다. 수행작업 40%는 단일명령에 의해서 수행되며 나머지는 이중명령에 의해서 수행된다. S/R기계의 평균 이용률은? (단, 단일명령 수행 주기 : 2분, 이중명령 수행 주기 : 3분)

1. 단위시간당 S/R 기계의 작업수 : $n = \dfrac{ST}{N}$ (ST : 시스템처리량, N : S/R 기계수)

   $n = \dfrac{300}{10} = 30$

2. S/R 기계의 부하
   $L = an\,T_{sc} + b(n/2)\,T_{dc}$
   ($a$ : 단일명령작업비율, $b$ : 이중명령 작업비율, $T_{sc}$ : 2분, $T_{dc}$ : 3분)
   $L = (0.4 \times 30 \times 2) + (0.6 \times 30/2 \times 3)51\text{min/h}$

3. S/R 기계 평균이용률

   $\dfrac{L}{60} \times 100 = 51/60 \times 100 = 85\%$

---

**예시** 자동창고시스템에서 수직과 수평 방향으로 동시에 이동 가능하고, 수평으로 초당 2m, 수직으로 초당 1m의 속도로 움직이는 스태커크레인(Stacker Crane)을 활용한다. 이 스태커크레인이 지점 A(60, 15)에서 지점 B(20, 25)로 이동할 때 소요되는 시간은? [단, (X, Y)는 원점으로부터의 거리(m)를 나타낸다.]

1. 지점 A(60, 15)에서 지점 B(20, 25)까지 수평으로는 60 − 20 = 40(m), 수직으로는 25 − 15 = 10(m) 이동하였다.

2. 수평으로 40/2 = 20(초), 수직으로 10/1 = 10(초)가 걸린다. 수직과 수평 방향으로 동시에 이동 가능하므로 20초가 소요된다.

**예시** K사 단일명령 수행 자동창고시스템에서는 시간당 180건의 주문을 처리한다. S/R(Storage and Retrieval) 기계의 운행당 평균 주기는 1분이며, 한 개의 통로만 담당하고, 각 통로는 2개의 랙을 가진다. 자동창고의 저장용량이 6,000 단위이고, 랙의 단(Tier) 수가 20일 때 저장 랙의 베이(Bay) 수는?

[답] $50 = (6,000 \times 60)/(180 \times 20 \times 2)$

## (3) 물품의 보관 위치 결정 방식

### ① 지정위치보관(Dedicated Storage)

- 일반적으로 전체 보관소요 공간을 많이 차지한다.
- 일반적으로 품목별 보관소요 공간과 단위시간당 평균 입출고 횟수를 고려하여 보관 위치를 사전 지정하여 운영한다.

### ② 임의위치보관(Randomized Storage)

- 일반적으로 전체 보관 소요 공간을 적게 차지한다. **1**
- 근거리 우선보관(Closest Open Location Storage)은 **임의**위치보관방식의 대표적 유형이다. **2**

### ③ 등급별 보관(Class-based Storage)

보관품목의 **입출고 빈도** 등을 기준으로 등급을 설정하고, 동일 등급 내에서는 임의 보관하는 방식으로 보관 위치를 결정한다. **3**

**예시** 4가지 제품(A~D)을 보관하는 창고의 기간별 팔레트 저장 소요 공간이 다음 표와 같다. 현재 지정위치저장(Dedicated storage)방식으로 창고의 저장 소요 공간을 산정하였다. 만약, 임의위치저장(Randomized storage)방식으로 산정한다면 창고의 저장 소요 공간은 지정위치저장방식의 산정값에 비해 어떻게 변하는가? (단, 소수점 셋째 자리에서 반올림한다.) **1**

| 기간 | 제품별 팔레트 수(개) | | | |
|---|---|---|---|---|
| | A | B | C | D |
| 1월 | 16 | 18 | 17 | 22 |
| 2월 | 15 | 15 | 20 | 18 |
| 3월 | 19 | 13 | 15 | 23 |
| 4월 | 17 | 20 | 16 | 21 |
| 5월 | 18 | 22 | 18 | 19 |

1. 임의위치저장방식은 임의로 저장 위치를 정하며 기간별 저장 소요 공간 중 5월에 최대 77이다 (18+22+18+19).
2. 지정위치저장방식은 특정 위치에 할당되므로 기간별 최대 저장 소요 공간을 계산하면 84이다 (19(3월)+22(5월)+20(2월)+23(3월)).
3. 임의위치저장방식과 지정위치저장방식의 차이는 7이다(84−77).
4. 77/84×100 = 약 92%

[답] 8% 감소

① 자동화 목적
② 물품의 치수, 포장, 중량의 단위화 가능 여부
③ 장기적 관점에서의 적합성 검토
④ 시설자금 조달 가능 여부
⑤ 보관보다는 **흐름**에 중점을 두고 설계
⑥ 수작업 최소화
⑦ 타 자동화 창고에 대한 무조건적 모방 **지양**

참조 ◈ AS/RS(자동창고, Automated Storage/Retrieval System)

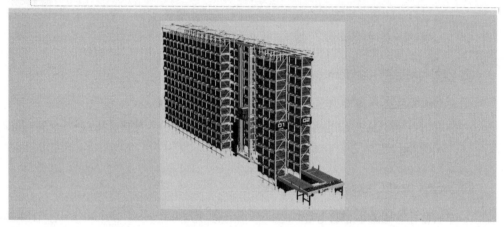

예시 자동창고시스템(AS/RS : Automated Storage and Retrieval System)의 S/R(Storage and Retrieval) 장비는 단일명령(Single Command)과 이중명령(Dual Command) 처리방식으로 수행된다. 다음의 운영조건에서 S/R 장비의 이중명령 횟수(A) 및 평균가동률(B)은?

• 시간당 처리해야 할 반입명령건수와 반출명령건수는 각각 15건
• 단일명령은 1회당 수행시간이 2분으로 전체작업건수의 60% 처리
• 이중명령은 1회당 수행시간이 3분으로 나머지 작업건수 처리

1. A : 15건×0.4=6회
2. B
   - 이중명령 수행시간＝15건×0.4×3분＝18분
   - 단일명령 수행시간＝15건×0.6×2분×2＝36분
   - 총작업시간＝36분＋18분＝54분
   - 평균가동률＝54분/60분×100＝90%

## 07 창고관리시스템(WMS, Warehouse Management System)

### (1) 개념

- 물류단지의 대형화, 중앙집중화, 부가가치기능 강화의 추세에 따라 WMS가 유통중심형 물류단지를 위한 차별화 전략의 핵심요인으로 등장했다. **2**
- 물품의 입하, 격납, 피킹, 출하 및 재고사이클카운트의 창고활동을 효율적으로 관리하는 시스템이다. **1**
- 소품종 대량생산 품목보다 다품종 소량생산 품목의 창고관리에 더 효과적이다. **1**

### (2) 주요 기능

WMS는 입고관리, 위치관리, 재고관리, 출고관리 등의 기능을 수행한다. **1**
① 재고 관련 기능 : 입고관리, 보관관리, 재고관리
② 주문 관련 기능 : 피킹관리, 주문진척관리
③ 출고 관련 기능 : 수 · 배송관리, 배차스케줄 운영, 출고관리 등 **1**
④ 관리 관련 기능 : 인력관리, 물류센터 지표 관리
⑤ Interface 기능 : 무선통신, 자동인식, 자동화 설비 제어

### (3) 효과

① 업무편의성

- 입고관리, 출고관리, 재고관리 등의 업무를 효율적으로 지원한다. **1**
- 창고에 관한 업무 프로세스를 전산화 · 정보화하여 일반적으로 적은 인원으로 쉽고 편리하게 업무를 수행할 수 있다. **1**
- 자동발주, 주문 진척관리, 창고 물류장비의 생산성 분석 등에 효과적이다. **2**
- 물류센터의 시설운영기기 등의 제어가 가능하다. **1**
- 입고 후 창고에 재고를 보관할 때, 보관의 원칙에 따라 최적의 장소를 선정하여 저장할 수 있다. **1**

② 입출고 측면

- 피킹, 패킹의 오류를 감소시키고, 입고 검품시간을 단축시킨다. **1**
- 입하, 피킹, 출하 등의 창고 업무 프로세스를 효율적으로 관리하는 데 사용되는 시스템이다. **1**

③ 재고 측면

- 창고 내의 랙(Rack)과 셀(Cell)별 재고를 실시간으로 관리할 수 있다. **1**

－재고 투명성을 높여 공급사슬의 효율을 높여준다. **1**

－재고 측면에서는 재고를 감축시키고, 재고파악의 정확성을 높인다. **1**

－재고 정확도, 공간·설비 활용도, 제품처리능력, 재고회전률, 고객서비스, 노동·설비 생산성 등이 향상된다. **5**

### ④ 비용 측면

노무비용, 클레임비용 및 사무비용을 감소시킨다. **1**

### ⑤ 작업 측면

－수작업으로 수행되는 입출고 업무를 시스템화하여 작업시간과 인력이 절감된다. **1**

－작업 측면에서는 생산성이 증가된다. **1**

－창고 내 물동량의 증감에 따라 작업자의 인력계획을 수립하며 모니터링 기능도 지원한다. **1**

－정확한 위치정보를 기반으로 창고 내 피킹, 포장작업 등을 지원하여 효율적인 물류작업이 가능하다. **1**

### ⑥ 정보관리 측면

－다른 시스템과의 원활한 인터페이스가 가능해 실시간 정보관리가 가능하다. **1**

－전사적자원관리시스템(ERP, Enterprise Resource Planning)과 연계하여 정보화의 범위를 확대할 수 있다. **1**

－RFID/Barcode 등과 같은 자동인식 장치, 무선통신, 자동 제어 방식 등의 기술을 활용한다. **1**

－RFID, 바코드시스템 및 무선자동인식시스템을 통해 물품 취급을 최소화한다. **1**

> **심화** 📖 창고관리시스템을 자체개발이 아닌 기성제품(패키지)을 구매 시 고려사항
>
> ① 커스터마이징(customizing) 용이성
> ② 초기투자비용
> ③ 기존 자사 물류정보시스템과의 연계성
> ④ 유지보수비용

## (4) 출고관리시스템

### ① DPS(Digital Picking System, 디지털 피킹 시스템)

ㄱ 개념
－랙 또는 보관구역에 신호장치가 설치되어 출고시킬 화물이 보관된 지역을 알려주면서 출고화물이 몇 개인지 알려주는 시스템이다.

－DPS는 피킹 대상품목 수를 디지털 기기로 표시하여 피킹하도록 지원하는 시스템이다. **1**

－DAS는 물품을 주문별로 분배하는 파종식이며, DPS는 주문별로 피킹하는 채취식으로 볼 수 있다. **②**

　　ⓛ 특징

　　　－피킹의 신속성과 정확성을 향상시킬 수 있다. **①**

　　　－피킹 물품을 전표 없이 피킹 가능한 시스템으로 다품종 소량, 다빈도 피킹 및 분배작업에 사용된다. **①**

　　　－DPS는 작동방식에 따라 대차식, 구동 컨베이어식, 무구동 컨베이어식으로 구분할 수 있다. **①**

　　　－대차식 DPS, 구동컨베이어 DPS, (무구동＋구동)컨베이어 DPS로 분류되며 대차식 DPS의 초기 설치비가 가장 적게 소요된다. **①**

　　　－품목 증가 및 변경에도 정확히 피킹할 수 있다. **①**

② DAS(Digital Assort System, 디지털 어소팅 시스템)

　　㉠ 개념

　　　－출고시킬 상품 전체를 일정한 장소에 피킹해 놓고, 수하인별 박스에 다수의 상품을 투입할 때 상품의 종류(품목)와 수량을 정보시스템에 의하여 지시해 주고 정확한 수량이 투입될 수 있도록 도와주는 시스템을 말한다.

　　　－DAS는 분배된 물품의 순서에 따라 작업자에게 분류정보를 제공하여 신속한 분배를 지원하는 시스템이다. **①**

　　　－동일한 제품을 토탈피킹(Total Picking)한 후 거래처별로 분배하는 형태의 시스템이다. **①**

　　ⓛ 특징

　　　－보관장소와 주문별 분배장소가 별도로 필요하다. **②**

　　　－소품종 대량 출하에 더 적합하다. **①**

　　　－고객별 주문 상품을 합포장하기에 적합한 분배시스템이다. **①**

　　　－적은 인원으로 빠른 분배작업이 가능하여 물류비용을 절감할 수 있다. **①**

> **참조** ◈ DAS의 유형
>
> 1. 멀티＋릴레이 분배방식 DAS
>    － 냉장 및 신선식품의 통과형 또는 생산형 물류센터의 입고수량을 1차 통로별 중분류와 2차 점포별로 분배하는 방식이다.
>    － 짧은 시간 내에 많은 아이템을 분배하므로 동시에 여러 종류 이상의 아이템을 분배할 수 있도록 하여 단품 분배보다 생산성 향상시킬 수 있다.
>
> 2. 멀티 분배방식 DAS
>    － 멀티 분배 DAS방식은 고객별 주문 상품을 합포장하기에 적합한 분배시스템이다. **①**
>    － 아이템과 고객 수가 많고 히트율이 낮은 인터넷 서적판매와 카탈로그 등에 적합하다.

－통과형의 물류단지와 배송처가 많고 오더 단위당 히트건수가 적은 인터넷, 카탈로그, 홈쇼핑,
　　　　방문판매 등의 무점포 물류단지에 적합하다.
　3. 멀티 다품종 분배방식 DAS
　　　－멀티 다품종 DAS는 많은 고객에게 배송하기 위한 분배 과정을 지원하는 방식으로 합포장을 할
　　　　때 적합하다. **1**
　　　－멀티 다품종분배 DAS방식은 아이템 수가 많은 의류업 품목에 적합한 시스템이다. **1**

③ Auto Picking System

－랙에 보관될 상품을 스태커를 이용하여 자동적으로 보관하거나 출고시키는 시스템으로서
　자동창고에 적용하는 시스템이다.

－통상 프리로케이션관리를 한다.

# CHAPTER 03 재고관리

## 01 구매관리

### (1) 개요

#### ① 개념

구매관리란 생산계획을 달성할 수 있도록 생산에 필요한 적격품질, 적절한 시기의 자재를 최소의 비용으로 구매하기 위한 관리활동을 의미한다.

#### ② 계약방법

㉠ 일반경쟁입찰

일정한 자격을 가진 불특정 다수인의 입찰 희망자를 경쟁에 참가토록 하는 방법으로서 가장 유리한 가격으로 입찰한 자를 선정하여 계약을 체결하는 방법이다.

㉡ 지명경쟁입찰

미리 지명된 복수의 사람만으로 제한하여 진행하는 경쟁 입찰방식이다.

㉢ 제한경쟁입찰

참여 자격에 제한을 두되 그 자격을 갖춘 사람은 누구나 참여하여 경쟁할 수 있게 하는 입찰방식이다.

㉣ 수의계약

경쟁입찰 방법에 의하지 않고 계약내용을 이행할 자격을 갖춘 특정인과 계약을 체결하는 방법이다.

### (2) 집중구매와 분산구매

#### ① 집중구매(Centralized Purchasing Method)

㉠ 개념

- 본사에서 절차가 복잡한 수입물자 구매 등에 주로 이용되는 구매방법이다. ❶
- 일반적으로 대량 구매가 이루어지기 때문에 수요량이 많은 품목에 적합하다. ❶

ⓛ 장점

　－일반적으로 대량구매가 이루어지기 때문에 가격 및 거래조건이 유리하다. **2**

　－구매절차를 표준화하여 구매비용 절감에 유리하다. **3**

　－자재수입 등 절차가 복잡한 구매에서 구매절차를 통일하기가 유리하다. **1**

　－시장조사 등 구매효과 측정이 용이하다. **1**

　－본사 및 공장에서 사용하는 공통자재를 정리하여 관리함으로써 업무 간소화 및 재고량 절감에 도움이 된다.

　－구매기술의 개발과 적용이 쉬워진다.

ⓒ 단점

　－구입절차가 번잡하게 되어 본사와 공장 사이의 사무 처리에 시간이 걸리는 일이 많다.

　－긴급조달에 어려움이 있다. **3**

　－사업소의 재고 상황 파악이 어렵다.

② **분산구매(Decentralized Purchasing Method)**

ⓐ 개념

　－본사 외의 사업소(공장, 지점)에서 개별구매하는 방법이다.

　－가격 차이가 없는 품목의 경우 분산구매가 유리하다. **1**

ⓑ 대상품목

　－소량·소액 품목

　－주로 사무용 소모품과 같이 구매 지역에 따라 가격 차이가 없는 품목 **1**

ⓒ 장점

　－사업장의 특수 요구사항을 반영하는 자율적인 구매가 가능하다. **4**

　－본사 방침과 상관없이 각 사업장의 독립적인 구매가 가능하다. **2**

　－긴급조달이 필요한 자재 구매에 유리하다. **1**

　－긴급 수요가 발생할 때 신속히 대응할 수 있다. **1**

　－거래업자가 사업장으로부터 근거리일 경우 경비가 절감된다. **1**

　－사업장의 특수 요구를 반영할 수 있다. **1**

　－구매절차가 간단하고 비교적 단기간 내 구매가 가능하다. **1**

ⓓ 단점

　－일반적으로 일괄구입에 비해 구입경비가 많이 들고 구입단가가 높아질 수 있다.

　－공장이 주체가 되어 구입하므로 원가의식이 낮아질 수 있다.

## 02 재고관리

### (1) 재고

#### ① 개념

- 재고란 기업에 수요에 신속하게 응하기 위해 보유하고 있는 물품을 의미한다.
- 고객으로부터 발생하는 제품이나 서비스의 요구에 적절히 대응할 수 있게 한다. **1**

#### ② 재고의 역할

- 수요의 불확실성에 대비한다. **2**
- 수요와 공급의 균형을 위해 사용한다. **2**
- 영업과 마케팅 전략에 유연성을 제공한다. **1**
- 생산과 유통 및 유통채널 간의 완충 역할을 한다. **1**
- 가격 상승에 따른 투자효과를 기대할 수도 있다.

> **참조** 재고보유의 역할 **1**
>
> ① 원재료 부족으로 인한 생산중단을 피하기 위해 일정량의 재고를 보유한다.
> ② 작업준비 시간이나 비용이 많이 드는 경우 생산 일정 계획을 유연성 있게 수립하기 위하여 재고를 보유한다.
> ③ 미래에 발생할 수 있는 위험회피를 위해 재고를 보유한다.
> ④ 계절적으로 집중 출하되는 제품은 미리 확보하여 판매기회를 놓치지 않기 위해 재고를 보유한다.

### (2) 재고관리

재고관리는 제품, 반제품, 원재료, 상품 등의 재화를 합리적 · 경제적으로 유지하기 위한 활동이다.
※ 효율적인 재고관리와 물류운영 최적화를 위해 가장 우선적으로 고려되어야 할 사항은 정확한 수요예측이다. **1**

#### ① 목적

- 재고관리에 의한 생산 및 판매활동 안정화
- 재고적정화를 통한 재고투자 및 재고 관련 비용 절감
- 재고비의 감소와 과다재고 방지에 의한 운전자금 절감
- 고객서비스 수준을 만족시키면서 품절로 인한 손실과 재고유지비용 및 발주비용 최적화

#### ② 재고관리 기능

- ㉠ 물류 측면에서의 기능
  - 수급적합기능 **1**
  - 생산의 계획 · 평준화기능 **1**

－경제적 발주기능 **1**

－운송합리화 기능 **1**

ⓛ 유통 측면에서의 기능

제조 · 가공기능 **1** : 제조 과정에서 모든 것을 충족시키는 것이 아니고, 유통 과정에서 일부의 조립과 포장 등의 기능을 담당하는 것을 의미한다.

③ 재고수준 결정 시 고려사항

－경쟁성

－고객서비스 수준

－이윤

－보관거점 수

④ 재고관리의 장점 **1**

－실제 재고량 파악

－불확실성에 대한 대비

－가용 제품 확대를 통한 고객서비스 달성

－수요와 공급의 변동성 대응

## (3) 재고비용

－총 재고비용은 준비비용, 재고유지비용, 재고부족비용 등으로 이루어진다.

－총 재고비용이 최소로 되는 수준에서 재고정책을 결정하여야 한다.

－주문량을 결정할 때 관련 비용은 트레이드오프(Trade－off) 관계를 갖는다.

① 발주비용

－자재나 부품을 외부에서 구매할 때 제반되어 발생되는 비용이다.

－주문발송비, 물품수송비, 통관료, 하역비, 검사비 등이 포함된다.

② 준비비용

－재고품을 외부로부터 구매하지 않고 자체 생산할 때 제반되어 발생되는 비용이다.

－노무비, 필요자재나 공구 교체, 원료준비비용으로 주문비용과 대등하다.

③ 재고유지비용

－재고유지비용은 재고유지와 관련된 비용으로 자본의 기회비용(자본비용), 저장비용(광열비, 냉동비), 진부화비용, 도난, 파손에 의한 손실비용, 보험료, 세금 등이 포함된다. **1**

－재고유지비용은 재고량에 비례한다.

④ 재고(부족)비용

품절로 인한 기회비용, 고객서비스 저하 등이 이에 해당한다.

## (4) 재고관리시스템 및 재고관리지표

### ① 서비스율

서비스율은 전체 수주량에 대한 납기 내 납품량의 비율이다. **2**
- 서비스율(%) = (납기 내 출하금액 ÷ 수주금액) × 100 **1**
   ※ 납기 내 출하금액 = 주문량 − 결품 및 불량수량

> **예시** 연간 총수요가 10,000개이며, 제품의 연간 평균품절개수가 500개인 경우 서비스율은 **95%**이다. (9,500/10,000)

### ② 백오더율(Back Order)

납기 내에 납품되지 못한 주문에 대한 결품비율이다. **2**
- 백오더율 : (1 − 서비스율) or 결품량/요구량 × 100

### ③ 재고회전율

㉠ 연간 재고회전율 산정
- 연간 재고회전율(회) = 연간 총 매출액(출고량) ÷ 연간 평균재고액(재고량) **2**
- 재고량과 회전율은 서로 반비례 관계이다.
- 수요량과 회전율은 서로 정비례 관계이다.

㉡ 재고회전기간 산정방법
수요대상기간은 일반적으로 1년을 기준으로 하며 일수로 환산할 때는 360일을 기준으로 한다.
- 재고회전기간 = 수요대상기간/재고회전율 **1**

㉢ 적정재고 수준
수요를 가장 경제적으로 충족시킬 수 있는 재고량이다.
- 적정재고 = 운영재고 + 안전재고

### ④ 안전재고량

㉠ 안전재고와 조달기간
- 안전재고는 수요의 변동, 수요의 지연, 공급의 불확실성 등으로 품절이 발생하여 계속적인 공급중단 사태가 일어나는 것을 방지하기 위한 예비목적의 재고량이다. **1**
- 안전재고는 품절예방, 납기준수 및 고객서비스 향상을 위해 필요하다. **1**

- 안전재고 수준을 높이면 재고유지비의 부담이 커진다. [1]
- 공급업자가 제품을 납품하는 조달기간이 길어지면 안전재고량이 증가하게 된다. [1]
- 수요와 고객서비스를 고려하여 적정 수준의 안전재고를 유지하면 재고비용이 과다하게 소요되는 것을 막을 수 있다. [1]
- 조달기간(Lead Time)은 발주 후 창고에 주문품목들이 들어오기까지의 기간으로, 기간이 짧을수록 재고수준은 낮아진다. [1]

ⓒ 안전재고량
- 수요는 확정적으로 발생하고 조달기간이 확률적으로 변할 때, 조달기간의 평균이 길어지더라도 조달기간에 대한 편차가 같다면 부품공급 업자와 생산공장 사이의 안전재고량은 변동이 없다.
  - 안전재고량=안전계수($k$)×수요의 표준편차($S$)×$\sqrt{조달기간(리드타임)}$
- 고객수요가 임의의 확률분포를 따를 때 수요변동의 표준편차가 작아지면 제품의 안전재고량이 감소한다.
- 생산자의 생산수량의 변동폭이 작아지면 부품공급업자와 생산공장 사이의 안전재고량은 감소한다.
- 조달기간의 분산이 작아지면 안전재고량은 감소하며 분산이 커지면 안전재고량은 증가한다.

---

**예시** K사에서 30일이 지난 후 철도차량 정비품 A의 1일 수요의 표준편차와 조달기간을 조사해 보니 이전보다 표준편차는 8에서 4로 감소되었고, 조달기간은 4일에서 9일로 증가되었다. 정비품 A의 안전재고수준은 어떻게 변동되는가? (단, 다른 조건은 동일하다.)

1. 안전재고＝안전계수×수요의 표준편차× $\sqrt{조달기간}$
2. 안전계수는 동일하고 표준편차는 8에서 4로 1/2배, $\sqrt{조달기간}$ 은 $\sqrt{4}=2$에서 $\sqrt{9}=3$ 으로 3/2배로 변동되었다.
3. 1/2×3/2＝3/4, 결국 이전의 3/4 수준으로 변동되었으므로 25% 감소한다.

---

**예시** JIT를 도입하여 운영 중인 공장 내부의 A작업장에서 가공된 M부품은 B작업장으로 보내져 여기서 또 다른 공정을 거친다. B작업장은 시간당 300개의 M부품을 필요로 한다. 용기 하나에는 10개의 M부품을 담을 수 있다. 용기의 1회 순회시간은 0.7시간이다. 물류담당자는 시스템 내의 불확실성으로 인해 20%의 안전재고가 필요하다고 판단하였다. 작업장 A와 B 간에 필요한 부품용기의 수는 최소 몇 개인가?

1. 용기 하나에 10개의 부품을 담을 수 있으므로 30개의 용기가 필요하다(300/10).
2. 용기 1회의 순회시간은 0.7시간이므로 21개의 용기가 사용된다(30×0.7).
[답] 20%의 안전재고가 필요하므로 부품용기는 26개가 필요하다(21×1.2＝25.2).

⑤ 기타 재고관리 지표

- 원가절감비율(%)＝(원가절감액÷구매예산)×100 **1**
- 재고율(%)＝(입고금액÷출고금액)×100 **1**
- 평균재고량＝(기초재고＋기말재고)÷ 2 **1**
- 재고일수＝현재재고수량(금액)÷월평균출하량(금액)×30

## **03** 재고모형

### (1) 경제적 주문량(EOQ, Economic Order Quantity) 모형

① 개념

경제적 주문량이란 주문비용과 재고유지비가 최소가 되게 하는 1회 주문량을 의미한다.

② 전제조건

－수요율이 일정하고 연간 수요량이 알려져 있다. **2**
－조달기간은 일정하며, 주문량은 전량 일시에 입고(도착)된다. **2**
－대량주문에 따른 구입 가격 할인은 없다. **2**
－모든 수요는 재고부족 없이 충족된다. **2**
－재고유지에 소요되는 비용은 평균재고량에 비례한다(단위당 재고유지비용 일정). **2**
－단일품목에 대해서만 고려한다.

③ 특징

－EOQ 모형에서 평균재고수준은 경제적발주량의 절반과 같다. **1**
－EOQ 모형에서 연간 발주비는 경제적발주량에 반비례한다. **1**
－EOQ 모형에서 재주문점은 1일 수요량과 리드타임으로 구할 수 있다. **1**

④ EOQ 공식 **1**

$$Q = \sqrt{\frac{2SD}{H}}$$

- S : 1회 생산준비비(발주비용 또는 주문비용)
- D : 연간 수요량
- H : 연간 단위당 재고유지비(자재구매단가×재고유지비율)

**예시** 어느 상점에서 판매되는 제품과 관련된 자료는 아래와 같다. 경제적 주문량(EOQ) 모형에 의한 정량발주 재고정책을 취할 때 연간 최적 주문주기는? (단, 1년은 365일로 계산한다.)

- 연간 수요 : 2,000단위
- 연간 단위당 재고유지비용 : 200원
- 1회 주문비용 : 2,000원

1. $EOQ = \sqrt{\dfrac{2 \times D \times S}{H}} = \sqrt{\dfrac{2 \times 2,000 \times 2,000}{200}} = 200$

 (D : 연간 수요, S : 1회 주문비용, H : 연간 단위당 재고유지비용)
2. 연간 수요 2,000단위를 200단위씩 10회에 걸쳐 주문하면 된다.
3. 즉, 답은 36.5일(365/10)이다.

---

**예시** 물류업체 A사의 회당 주문비용은 2배, 단위당 연간 재고유지비용은 4배로 변하였다면 경제적 주문량(EOQ, Economic Order Quantity) 모형에서 연간 주문비용은 기존의 연간 주문비용에 비해 어떻게 변하는가? (단, 나머지 조건은 모두 동일하고, $\sqrt{2}=1.414$이며, 답은 소수점 셋째 자리에서 반올림한다.)

1. 회당 주문비용은 2배, 단위당 연간 재고유지비용은 4배로 변하였으므로 기존 EOQ 공식에서

 $EOQ = \sqrt{\dfrac{2 \times 2 \times 주문비용 \times 연간수요량}{4 \times 연간단위당 재고유지비용}} = \sqrt{0.5} = 0.707$

2. 연간 주문비용 $= \dfrac{D}{Q} \times S$에서 연간 주문비용 $= \dfrac{D}{Q} \times 2S$이고, 나머지 조건은 모두 동일하므로

 연간 주문비용 $= \dfrac{2}{0.707} = 2.828$

3. 즉 답은 기존 연간주문비용에 비해 183%(2.828 − 1 = 1.828) 증가하였다.

---

**예시** A업체는 경제적 주문량(EOQ, Economic Order Quantity) 모형을 이용하여 아래와 같은 조건으로 발주량을 결정하고자 한다. 연간 수요량이 170% 증가하고 연간 단위당 재고유지비용이 10% 감소한다고 할 때, 증감하기 전과 비교하면 EOQ는 얼마나 변동되는가?

- 연간 수요량 : 3,000개
- 1회 주문비용 : 100원
- 연간 단위당 재고유지비용 : 50원

1. 증감하기 전 $EOQ = \sqrt{\dfrac{2 \times 100 \times 3,000}{50}} = \sqrt{12,000} = 109.5$

2. 증감 이후 $EOQ = \sqrt{\dfrac{2 \times 100 \times (3,000 + 3,000 \times 1.7)}{50 - (50 \times 0.1)}} = \sqrt{\dfrac{1,620,000}{45}} = \sqrt{36,000} = 189.7$

3. 80.2(189.7 − 109.5)만큼 EOQ가 증가하였으므로, 73% 증가하였다. $\left(\dfrac{80.2}{109.5} \times 100 = 73.2\right)$

**예시** 커피머신을 구매하여 공급하는 도매상은 올해의 구매전략으로 경제적 주문량(EOQ) 적용을 고려하고 있다. 연간 예상판매량을 10,000대, 대당 가격은 100만원, 대당 연간 재고유지에 소요되는 비용을 구매비용의 25%, 1회 발주에 소요되는 비용이 50만원이라고 할 때 경제적 주문량과 적정 주문횟수는?

1. 경제적 주문량(EOQ) $= \sqrt{\dfrac{2 \times 1회\ 주문비용 \times 연간수요량}{연간\ 단위당\ 재고유지비}} = \sqrt{\dfrac{2 \times 50만원 \times 10,000}{100 \times 0.25}}$
   $= 200$대
2. 적정 주문횟수 $= \dfrac{10,000}{200} = 50$회

**예시** 물류업체 A회사는 공급업체로부터 제품을 배달받는 데 5일이 걸린다. 연평균 운송재고(Transportation inventory)가 130개, 1년을 365일이라 할 경우 연간 수요량은? **1**

1. 365/5 = 73일
2. 73일 × 130개 = 9,490개

## (2) 경제적 생산량 모형(EPQ, Economic Production Quantity)

### ① 개념

기업이 공급자로부터의 주문량을 결정하는 것이 아니라 재고나 수요에 대한 제조량을 결정하는 데 사용된다. 즉, EPQ 모형의 목표는 생산품목에 대해 생산조업비용을 최소화하는 로트 사이즈를 정하는 것이다.

### ② 전제조건

- 1회 생산에 소요되는 준비비용은 생산수량과 관계없이 일정하다. **1**
- 재고유지비는 생산량의 크기에 정비례하여 발생한다.
- 생산단가는 생산량의 크기와 관계없이 일정하다.
- 수요량과 생산율이 일정한 확정적 모델이다. 단, 1일 생산율(p)은 1일 수요율(d)보다 크다.
- 생산품은 생산기간 중에 점진적으로 생산·입고된다. 출고는 기간에 계속된다.

### ③ EPQ 공식

$$Qp = \sqrt{\dfrac{2SD}{H} \cdot \dfrac{p}{p-d}}$$

- p : 1일 생산율
- d : 1일 수요율(사용률)

**예시** 생산업체 A공장의 제품생산능력은 수요량의 2배이다. 자동화 라인 도입으로 제품생산능력이 수요량의 4배가 될 경우 경제적 생산량(EPQ, Economic Production Quantity)은 기존 EPQ에 비해 어떻게 변하는가? (단, 나머지 조건은 모두 동일하다고 가정하고, $\sqrt{2} = 1.4141$, $\sqrt{3} = 1,732$이며, 답은 소수점 셋째 자리에서 반올림한다.)

- 제품생산능력이 수요량의 2배($P = 2D$)일 때 나머지 조건은 모두 동일하다고 가정하므로

$$EPQ = \sqrt{\frac{P}{P-D}} = \sqrt{\frac{2D}{2D-D}} = \sqrt{2} = 1.4141$$

- 제품생산능력이 수요량의 4배가 될 경우 $EPQ = \sqrt{\frac{P}{P-D}} = \sqrt{\frac{4D}{4D-D}} = \sqrt{\frac{4}{3}} = 1.1547$

**[답]** 18.35% 감소하였다. $\left(1 - \frac{1.1547}{1.4141} = 0.1835\right)$

## 04 재고관리기법

### (1) 정량발주법(Fixed Order Quantity System)

#### ① 개념

- 현재의 재고상태를 파악하여 재고량이 재주문점에 도달하면 미리 설정된 일정량을 주문하는 시스템이다. **1**
- 발주 시기는 일정하지 않지만 발주량은 정해져 있다. **1**
- 관리가 쉽기 때문에 다품목의 관리가 가능하다.

#### ② 적용대상

- 수요예측이 어려운 경우
- 수요량의 총합 개념에서는 안정된 수요를 가지고 있는 경우
- 품목이 많고 관리하기 어려운 경우
- 소비예정량 계산이 복잡하고 계산의 확실성이 떨어지는 경우

#### ③ 재주문점(Reorder Point) **1**

㉠ 수요와 조달기간이 일정한 경우
- ROP = 일일 수요량 × 조달기간

㉡ 수요와 조달기간이 다양한 경우
- ROP = 조달기간 동안의 평균수요 + 안전재고
  = (일일 평균수요량 × 조달기간) + (표준편차 × $\sqrt{조달기간}$ × 안전계수)

K사는 제품 A를 판매하고 있으며 영업일은 200일, 연간 총수요량은 12,000개이다. 제품 A의 안전 재고는 135개로 정하고, 공급사에 제품 주문 시 4일 후에 창고에 입고될 경우 재주문점은? **1**

1. 재주문점＝조달기간 동안의 평균수요＋안전재고
2. 조달기간 동안의 평균수요＝평균수요×조달기간＝(12,000개/200일)×4＝240개
3. 재주문점＝240＋135＝375개

**예시** 물류업체 A회사 창고의 일일 제품출하량은 평균 4개, 표준편차 1개인 정규분포를 따른다. 제품 주문 후 창고에 보충되는 조달기간은 2일, 안전계수는 2이다. 만약, 일일 제품출하량이 평균 2배, 표준편차 2배로 늘었을 경우 재주문점은 기존 재주문점에 비해 어떻게 변하는가? (단, $\sqrt{2}$ 는 1.414이다.)

1. 안전재고＝안전계수×수요의 표준편차× $\sqrt{\text{표준편차}}$
2. 재주문점(ROP)＝(리드타임×일 평균소요량)＋안전재고
3. 기존 안전재고＝2×1× $\sqrt{2}$ ＝2.828
4. 기존 재주문점＝(2×4)＋2.828＝10.828
5. 안전재고＝2×2× $\sqrt{2}$ ＝5.656
6. 재주문점의 변화＝(2×8)＋5.656＝21.656(100% 증가)

## (2) 정기발주법

### ① 개념

- 재고량이 특정 수준에 이르도록 적정량을 일정 기간마다 재주문하는 방법이다. **1**.
- 발주 시기는 일정하여 정기적이지만 발주량은 일정하지 않다. **1**
- 정기주문의 경우에 안전재고수준은 정량주문의 경우보다 더 높다.
- 수요가 일정한 재고에 대하여 특히 유용하다.

### ② 적용대상

- 설계변경이 많거나 유행을 타는 물품
- 처리량이 불규칙하게 변하는 경우
- 소비량이 큰 주요 원자재 등의 품목

**심화** 정기발주방식과 정량발주방식의 비교

| 구분 | 정기발주방식 | 정량발주방식 |
| --- | --- | --- |
| 수요의 예측 | 필요 | 과거실적이 있는 경우 수요기준이 됨 |
| 재고유지수준 | 재고수준 높음(많은 안전재고 유지) | 재고수준 일정(일정량 재고 유지) |
| 발주시기 | 일정 | 변동 |
| 수주량 | 변경 가능 | 고정 |
| 품목 수 | 적을수록 좋음 | 영향 없음 |
| 대상 | 고가품 | 저가품 |

## (3) ABC 분석기법

### ① 개념

- 재고의 입출고가 활발한 상품을 파악하여 중점적으로 관리하기 위한 기법이다. **1**
- 재고관리에서 재고 품목수와 매출액에 따라 품목을 특정 그룹별로 구분하여 집중적으로 관리한다면 업무 효율화가 보다 더 용이하다는 전제로, 기업에서 보편적으로 사용되고 있는 분석기법이다. **1**
- 품목수가 적으나 매출액 구성비가 높은 상품을 A그룹, 품목수는 많으나 매출액 구성비가 낮은 상품을 C그룹으로 관리한다. **1**

| A 그룹 | B 그룹 | C 그룹 |
|---|---|---|
| 소수 대형매출 | 중간 | 다수 소형매출 |
| 정기발주방법 유리 | 정량발주방법 유리 | -정기정량 혼합방식<br>-Two-Bin 시스템 |

### ② 분석방법

- ㉠ 모든 제품의 단가와 평균판매량 산정
- ㉡ 모든 상품의 월평균 판매액 산정(=단가×월평균 판매량)
- ㉢ 월평균 판매액 순으로 제품을 열거
- ㉣ 월판매액의 총판매액을 계산
- ㉤ 총판매액의 누적 값을 구함
- ㉥ 누적판매액을 총판매액으로 나누어 누적판매율을 계산

> **참조** 🔷 ABC(Activity Based Costing)
>
> **1. 개념**
> 서비스 다양화에 맞추어 보다 정확한 코스트를 파악하려는 원가계산기법이다.
>
> **2. 특징**
> - 물류활동의 실태를 물류 원가에 반영하는 것을 목적으로 하고 있다.
> - 물류활동 또는 작업내용으로 구분하고, 이 활동마다 단가를 산정하여 물류서비스 코스트를 산출한다.
> ※ ABC 원가계산과 ABC 재고분석은 전혀 다른 개념임에 유의한다.

## (4) Two-Bin 시스템

### ① 개념

　－부품의 재고관리에 많이 사용되는 기법으로 두 개의 상자에 부품을 보관하여 필요시 하나의
　　상자에서 계속 부품을 꺼내어 사용하다가 바닥이 나면 발주를 하고 나머지 상자의 재고를
　　내어 쓰고, 발주량이 도착하면 빈 상자를 보충하는 순환을 갖는 보충시스템이다. **1**

　－주문량이 중심이 되므로 Q(수량)시스템이라고도 부른다. **1**

### ② 특징

　－선입 선출(FIFO)을 지킬 수 있는 가능성이 높아진다. **1**

　－정량발주처럼 계속적인 재고수준 조사는 불필요하고 정해진 기간에 한 번만 재고를 파악
　　한다. **1**

　－흐름랙(Flow Rack)을 사용하면 통로 공간의 낭비를 줄일 수 있어 공간효율성이 뛰어나며,
　　저장 및 반출 작업을 단순화시킬 수 있다. **1**

　－투빈시스템을 사용하기 위해서는 한 가지 품목에 대하여 두 개의 저장 공간이 필요하다. **1**

　－조달기간이 짧은 저가 품목에 대하여 많이 사용하는 방법이다. **1**

## (5) 정량유지방식

출고가 불규칙하고 수요가 불안정하며 불출 빈도가 적은 특수품이나 보전용 예비품 등에 적용되며
불규칙하고 양이 많은 출고에는 대응할 수 없다는 약점을 보완한다. 예비품 방식이라고도 한다.

• 발주량＝기준발주량＋(발주점－재고잔량)

## (6) 기준재고시스템(S-S 재고시스템, Mini-Max 재고시스템)

정량재고시스템과 정기재고시스템의 혼합방식으로 두 시스템의 장점을 유지하도록 고안된 것이다.

# CHAPTER 04 자재관리

## 01 자재관리기법

### (1) 자재

#### ① 원재료(Raw Materials)

제품의 제조에 소비할 목적으로 매입한 물품을 의미한다.

#### ② 재공품(Work in Process)

공장에서 생산과정 중에 있는 물품. 저장 또는 판매 가능한 상태에 있는 반제품과는 다르다.

#### ③ 반제품(Semi-Finished Assemblies)

반제품이란 제품이 여러 공정을 거쳐 완성되는 경우, 하나의 공정이 끝나서 다음 공정에 인도될 완성품 또는 부분품으로서 완전한 제품이 된 것은 아니지만 가공이 일단 완료됨으로써 저장 가능하거나 판매 가능한 상태에 있는 부품을 말한다.

#### ④ 완제품(Finished Goods)

최종사용자에게 인도하기 위해 대기 중인 제품이다.

### (2) 자재관리

#### ① 개념

생산에 필요한 자재를 적정한 가격으로, 이를 필요로 하는 부문에, 필요한 시점에 공급할 수 있도록 계획을 세워 구매하고 보관하는 일을 말한다.

#### ② 주요기능

구매, 공급체인통제, 생산품의 재고통제, 인수, 운반 등이 있다.

## (3) JIT(Just In Time)

### ① 개념

- 필요한 부품을 필요한 수량만큼 필요한 시기에 생산하여 낭비 요소를 제거한다. **2**
- 최소의 재고로 낭비 요소를 제거하기 위한 것이다. **1**
- 반복적인 생산에 적합하다. **2**
- 효과적으로 Pull 시스템을 구현한다. **4**
- 수요 변화에 탄력적인 대처가 가능하다. **1**

### ② 목표

- 제조준비시간의 단축 **2**
- 재고량의 감축 **1**
- 리드타임의 단축 **2**
- 불량품의 최소화 **1**
- 생산성과 마케팅의 향상

※ 가격의 안정화는 JIT시스템의 효과가 아니다.

### ③ 특징

- 소량 다빈도 배송으로 운송비가 증가한다. **1**
- 다양한 기술의 융통성 있는 노동력이 필수적이다. **1**
- 공급자는 제조업체의 필요한 자재 소요량을 신속하게 파악할 수 있어야 한다. **1**
- 공급자와 생산자 간 상호 협력이 미흡할 경우 성과를 기대하기 어렵다. **2**
- 공급자는 안정적인 장기계약을 통해 제조기업의 한 공정처럼 협력할 수 있어야 한다. **1**
- 공급업체의 안정적인 자재공급과 엄격한 품질관리가 이루어져야 효과성을 높일 수 있다. **1**
- 로트 크기를 최소화하고 극소량의 재고를 유지한다. **1**

> **참조** JIT II
>
> - JIT II는 JIT와 기본적으로 같으나 공급업체와 계약관계가 아닌 상호 협력관계를 전제로 한다. **1**
> - 납품업체에서 유통업체까지의 전체가치사슬로 확장하여 공급사슬 전반에 걸쳐 재고수준을 낮추고 성과를 개선하기 위한 시스템이다.

## (4) MRP(Material Requirements Planning, 자재소요량 계획)

### ① 개념

- MRP는 제품생산에 필요한 원자재, 부분품, 공산품, 조립품 등 모든 자재의 소요량 및 소요 시기를 역산해서 조달계획을 수립한다. **2**
- 자재관리 및 재고통제기법으로 종속수요품목의 소요량과 소요시기를 결정하기 위한 기법 이다. **1**
- MRP의 우선순위계획은 착수 순서와 실시시기를 정하는 것이다. **1**

### ② 특징

- MRP는 조달기간 중의 소요재고를 유지한다. **1**
- MRP 시스템은 종속수요품목의 자재수급계획에 더 적합하다. **1**
- 상위품목의 생산계획이 변경되면 부품의 수요량과 재고보충시기를 쉽게 갱신할 수 있다. **1**
- 주생산일정계획에 따라 부품을 조달하며, 예측오차 및 불확실성에 대비한 안전재고(Safety stock)가 필요하다. **1**
- MRP는 제조준비비용과 재고유지비용의 균형이 이루어지도록 로트(lot) 크기를 결정한다. **1**
- 경영자가 발주 내지 제조지시를 하기에 앞서 계획을 사전에 검토할 수 있으며 발주 독촉 시 기를 알려준다.

### ③ 주요 입력요소

- 재고기록철 **2**
- 자재명세서 **2**
- 주 생산일정계획 **2**
- 안전재고량 **1**
- 품목별, 업체별 리드타임 **1**
- 용량계획

### ④ 장점

- 부품 및 자재부족현상 최소화
- 종속수요품 각각에 대해 수요예측을 별도로 행할 필요 없음
- 공정품을 포함한 종속수요품의 평균재고 감소
- 상황 변화에 따른 생산일정 및 자재계획의 변경 용이

⑤ JIT와의 비교

| 구분 | JIT 시스템 | MRP 시스템 |
|------|-----------|-----------|
| 목표  | 불필요한 부품, 재공품, 자재의 재고를 없애도록 설계 | 자재의 소요 및 조달계획을 수립하여 그 계획에 의한 실행 |
| 전략 ❸ | Pull 방식 | Push 방식 |
| 품질  | 무결점 품질을 유지 | 약간의 불량을 허용 |
| 재고 수준 | 최소재고 | 조달기간 중 재고 |
| 적용 분야 | 반복생산의 일정 및 재고관리 | −비반복생산의 재고관리<br>−업종제한 없음 |

**예시** K사의 B자재에 대한 소요량을 MRP 시스템에 의해 산출한 결과, 필요량이 12개로 계산되었다. 주문 Lot Size가 10개이고 불량률을 20%로 가정할 때, 순소요량(Net Requirement)과 계획오더량(Planned Order)은 각각 얼마인가?

1. 순소요량×(1−불량률 0.2)=필요량 12개 → 순소요량은 15이다(12/0.8).
2. Lot Size가 10개이며 계획오더량은 일반적으로 Lot Size의 배수이므로 20개이다.

**예시** 자재소요량계획(MRP, Material Requirement Planning)에서 A제품은 3개의 부품 X와 2개의 부품 Y로 구성되어 있으며 순소요량은 50개이다. 부품 X의 가용재고는 45개이고 입고예정량은 없으며, 부품 Y의 가용재고는 50개이고 15개의 입고예정량이 계획되어 있다. 이 경우 부품 X, Y의 순소요량은?

1. 부품 X 105개=(50×3)−45
2. 부품 Y 35개=(50×2)−50−15

**참조** MRP Ⅱ(Manufacturing Resource Planning, 제조자원계획)

−MRP Ⅱ는 재고관리, 생산현장관리, 자재소요관리 등의 생산자원계획과 통제과정에 있는 여러 기능들이 하나의 단일시스템에 통합되어 생산 관련 자원투입의 최적화를 추구한다.
−MRP Ⅱ는 제조자원이 한정되어 있다는 상황을 생산계획의 수립에 반영할 수 있도록 한 시스템이며, 원가관리, 회계, 재고관리, 수주관리 등의 기능이 추가되거나 대폭 개선됨으로써 생산, 판매, 물류라는 3부분의 연계를 가능하게 한다.
−MRP와의 차이점으로는 제조활동의 계획관리 외에도 재무와 마케팅에서의 계획과 관리를 포괄한 시스템으로 기업에서의 모든 자원을 관리하는 전사적 정보시스템으로 확장되는 개념이라는 점이다.

## (5) DRP(Distribution Resource Planning, 자원분배계획)

① 개념

−생산 완료된 제품을 수요처에 효율적으로 공급하기 위한 시스템이다. ❶
−주요 산출물은 물류망의 최적 단계수를 결정한다. ❶

- 고객의 수요에 대한 정보를 생산계획의 수립에 빠르게 반영하고, 제조업체의 완제품창고 이후 도소매점에 이르는 유통망상 재고를 줄이는 것이 목표이다.
- MRP가 제품생산과 관련된 원재료 등의 생산관리시스템이라면 DRP는 생산완료제품에 대한 판매관리시스템이다.

### ② DRP의 장점

- 고객의 수요정보를 예측하여 제품의 재고수준을 낮추는 효과를 가져온다. **1**
- 정시 배송을 늘리고 고객의 불만을 감소시켜 고객서비스 향상에 기여한다. **1**
- 유통센터 운송비 및 재고량 감축에 따른 창고면적 요구량이 감소한다.

## 02 공정설계와 설비배치

### (1) 공정설계와 설비배치분석이 발생하는 경우

- 새로운 설비가 건설되었을 때
- 생산이나 유통량에 있어서 상당한 변화가 생겼을 때
- 새로운 제품이 도입되었을 때
- 종전과 다른 공정과 장비들이 가동되었을 때

### (2) 공정별 배치(Process Layout)

#### ① 개념

유사한 생산기능을 수행하는 기계와 작업자를 그룹별로 일정한 장소에 배치하는 형태이다. 기능별 배치라고도 한다.

#### ② 장단점

ㄱ 장점
- 개별생산시스템에서 주로 사용되는 배치이다.
- 범용기계를 이용하므로 설비투자액이 적고 진부화의 위험도 적다
- 변화(수요변동, 제품변경, 작업순서 변경)에 대한 유연성이 크다.

ㄴ 단점
- 대량생산의 경우 제품별 배치보다 단위당 생산코스트가 높다
- 운반거리가 길고 운반능률이 낮다.
- 물자의 흐름이 느리므로 재고나 재공품이 증가한다.

## (3) 제품별 배치(Product Layout)

### ① 개념

제품 생산에 투입되는 작업자나 설비를 제품의 생산작업 순서에 따라 배치하는 형태이며 라인 배치라고도 한다.

### ② 장단점

ㄱ) 장점
- 운반거리가 단축되고 가공되는 제품의 흐름이 빠르다.
- 표준품을 양산할 경우 단위당 생산비용이 공정별 배치보다 훨씬 작다.
- 재고와 재공품이 적어진다.

ㄴ) 단점
- 변화에 대한 유연성이 떨어진다.
- 기계 고장이나 재료의 부족, 작업자의 결근 등이 전체 공정에 영향을 줄 수 있다.

## (4) 고정위치별 배치(Fixed – Position Layout)

### ① 개념

생산하는 장소를 정해 놓고 이곳에 주요 원자재, 부품, 기계 및 작업자를 투입하여 작업을 수행하도록 배치해 놓은 형태이다.

### ② 장단점

ㄱ) 장점
- 생산물의 이동을 최소화한다.
- 다양한 제품 또는 작업을 유연성 있게 제조할 수 있다.
- 크고 복잡한 제품, 구조물 생산에 적합하다.

ㄴ) 단점
- 제조현장이 고정되어 자재나 설비를 이동하려면 많은 노력, 시간, 비용이 든다
- 기계설비의 이용률이 낮고 고도의 숙련을 요하는 작업이 많다.

## (5) 혼합형 배치

혼합형 배치는 일반적으로 서비스 생산시스템이나 유연생산 시스템에서 흔히 볼 수 있으며 그룹 테크놀로지의 그룹별 배치 내지 셀형 배치 또는 JIT의 U형 배치가 대표적인 혼합형 배치라고 할 수 있다.

## 03 수요예측기법

### (1) 정성적 예측기법

정성적 수요예측기법은 개인의 주관이나 판단 또는 여러 사람의 의견에 입각하여 수요를 예측하는 방법으로, 주로 중·장기적 예측에 활용된다.

#### ① 판매원 의견통합법(판매원 이용법) ❶

판매원들이 각 관할지역의 판매예측률을 산출한 후, 이를 통합하여 회사의 판매예측률을 산출하는 방법이다.

#### ② 전문가 의견통합법 ❷

- 델파이법 : 수요의 정성적 예측기법으로 전문가들을 한 자리에 모으지 않고 일련의 질의서를 통해 각자의 의견을 취합하여 중기 또는 장기 수요의 종합적인 예측 결과를 도출해내는 기법이다. ❸
- 패널동의법 : 패널의 의견을 모아 예측치로 활용하는 기법이다.

#### ③ 구매의도 조사법(소비자 조사법)

구매자에게 구매의도를 질문하여 측정하는 방법이다.

#### ④ 시장조사법 ❷

- 수요의 정성적 예측방법 중 가장 계량적이고 객관적인 방법으로 수요의 크기, 제품과 서비스에 대한 고객의 심리, 선호도, 구매동기 등 질적 정보의 확인이 가능한 조사기법이다. ❶
- 시장조사법은 신제품 및 현재 시판 중인 제품이 새로운 시장에 소개될 때 많이 활용된다. ❶
- 정성적 기법 중 가장 시간과 비용이 많이 들지만, 비교적 정확하다는 장점이 있다.

#### ⑤ 비교유추법

예측하고자 하는 제품의 과거 자료가 없는 경우 유사 제품의 수요패턴, 수명주기, 선진국 사례 등과 비교유추를 통하여 신제품의 미래수요를 예측하는 방법이다.

## (2) 정량적 예측기법

정량적 수요예측기법은 데이터를 기반으로 주로 단기예측에 활용된다.

### ① 정량적 기법

#### ㉠ 시계열 분석법

- 시계열 분석기법은 일정한 시간, 간격에 나타나는 관측치를 가지고 분석하는 방법으로 추세, 계절적 변동, 순환요인 등으로 구성된다.
- 예측하고자 하는 상품의 수요량이 과거의 일정한 기간 동안 어떤 수요의 형태나 패턴으로 이루어졌는지를 분석하며, 미래에도 비슷한 추세로 수요가 이루어질 것이라는 가정 하에 이를 적용하여 예측하려는 기법이다.

| 추세변동<br>(T, Trend Movement) | 시간의 경과에 따라 발생하는 시계열의 일반적 추세 또는 경향을 나타내는 것이다. |
|---|---|
| 순환변동<br>(C, Cyclical Fluctuation) | 추세선상의 장기적인 변동, 순환변동을 말한다. |
| 계절변동<br>(S, Seasonal Variation) | 1년 주기로 하여 전년과 같은 시기에 동일하거나 또는 유사한 양상으로 나타나는 변동이다. |
| 불규칙변동<br>(R, Irregular Movement) | 천재지변, 폐업, 선거 등의 중대한 우연적 사건의 결과로 인한 변동이다. |

※ 시장변동은 시계열 예측법의 구성요소가 아니다.

> **예시** 시계열 예측기법은 수요를 평균(혹은 수평), 추세, 계절, 주기, 우연변동 등의 다양한 요소로 분해할 수 있다.

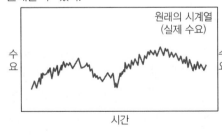
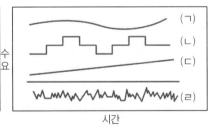

(ㄱ) 주기 : 수요가 장기간에 걸쳐 점차 증가 또는 감소
(ㄴ) 계절적 패턴 : 수요가 일정한 시기(월 또는 계절)에 따라 증가 또는 감소를 반복
(ㄷ) 추세 : 수요가 증가 또는 감소하는 경향
(ㄹ) 우연변동 : 다양하고 우연한 요인에 의해 발생하므로 예측이나 통제가 불가능함

#### ㉡ 인과형 예측기법

- 인과형 모형에서는 과거의 자료에서 수요와 밀접하게 관련되어 있는 변수들을 찾아낸 다음 수요와 이들 간의 인과관계를 분석하여 미래수요를 예측한다.
- 원인과 결과관계를 가지는 두 요소의 과거 변화량에 대한 인과관계를 분석한 방법이다.

−인과형 모형에 속하는 기법으로는 회귀분석, 계량경제모형, 투입−산출모형, 선도지표
법 등이 있다.

| 회귀분석 **1** | 한 변수 혹은 여러 변수가 다른 변수에 미치는 영향력의 크기를 회귀방정식으로 추정하고 분석하는 통계적 분석방법 |
|---|---|
| 계량경제모델 | 경제 변수 간의 함수관계를 수식으로 나타내는 경제모델 |
| 투입(산출)모델 | 산업부문 간의 상호의존관계를 파악하여 투입변수와 산출변수 간의 관계를 분석하는 방법 |

② 정량적 기법의 종류

㉠ 이동평균법 **1**

−단순이동평균법 : 예측하고자 하는 기간($F_t$)의 직전 일정기간($N$)의 실제 판매량($A_t$)의
단순 평균치를 구하는 방법이다.

$$F_t = A_{t-1} + A_{t-2} + \cdots + A_{t-n}/N$$
$F_t$ = 기간 $t$의 수요 예측치, $A_t$ = 기간 $t$의 실제 수요

−가중이동평균법 : 직전 $N$ 기간의 자료치에 합이 1이 되는 가중치를 부여한 다음, 가중
합계치를 예측치로 사용하는 방법이다.

−예측기간이 먼 과거일수록 낮은 가중치를 부여하고, 가까울수록 더 큰 가중치를 주어 예
측하는 방법이다.

$$F_t = W_{t-1}A_{t-1} + W_{t-2}A_{t-2} + \cdots + W_{t-n}A_{t-n}$$
$F_t$ = 기간 $t$의 수요 예측치, $A_t$ = 기간 $t$의 실제 수요, $W_t$ = 기간 $t$에 부여된 가중치

> **예시** 다음과 같이 보관 실적치가 주어졌을 때, 단순이동평균법으로 예측한 9월의 수요는? (단,
> 이동기간 n=4를 적용하며, 계산한 값은 소수점 둘째 자리에서 반올림함)
>
> | 월 | 5 | 6 | 7 | 8 | 9 |
> |---|---|---|---|---|---|
> | 보관 실적치 | 156.6 | 154.0 | 152.1 | 158.6 | ? |
>
> (156.6+154.0+152.1+158.6)/4
> [답] 155.3

㉡ 지수평활법(Exponential Smoothing) **4**

−가장 최근의 값에 가장 많은 가중치를 두고 자료가 오래될수록 가중치를 지수적으로 감
소시키면서 예측하는 방법으로 단기예측에 적합하다. **1**

−가중이동평균법의 단점을 해소하기 위해 평활상수를 이용해 현재에서 과거로 갈수록 적
은 비중을 주는 방법을 채택하고 있다.

$$F_{t+1} = \alpha A_t + (1-\alpha)F_t$$
$F_{t+1}$ : 기간 $t+1$에서의 예측값, $\alpha$ : 평활상수($0 \le \alpha \le 1$)
$A_t$ : 기간 $t$에서의 실측치, $F_t$ : 기간 $t$에서의 예측치

**예시** A창고는 처리실적이 지속적으로 저조하였으나, 최근 창고시스템의 고질적인 결함을 개선하면서 처리실적이 급격하게 증가하였다. 이 경우 차기 처리실적을 예측하기 위한 가장 적합한 수요예측방법은 지수평활법이다. **1**

**예시** 완성품 배송센터의 규모를 결정하기 위한 목적으로 보관 품목의 2020년 수요를 예측하고자 한다. 2018년 수요 예측치와 실적치, 2019년 실적치가 아래의 표와 같다고 가정할 때, 평활상수($a$) 0.4인 지수평활법을 활용한 2020년의 수요 예측치는?

| 구분 | 2018년 | 2019년 |
|---|---|---|
| 실적치(개) | 200 | 300 |
| 수요 예측치(개) | 250 | − |

- 차기예측치 = 당기 판매예측치 + $a$(당기 판매실적치 − 당기 판매예측치)
- 2019년 예측치는 250 + 0.4(200 − 250) = 250 − 20 = 230

[답] 2020년 예측치는 230 + 0.4(300 − 230) = 230 + 28 = 258

**예시** '갑'회사의 3개월간 판매실적 정보와 6월의 수요 예측량은 아래 표와 같다. 3개월간 이동평균법과 단순지수평활법을 이용하여 계산한 '갑'회사의 8월의 수요 예측량(개)은? (단, 평활상수는 0.3, 답은 소수점 첫째 자리에서 반올림한다.)

| 구분 | 5월 | 6월 | 7월 |
|---|---|---|---|
| 실 수요량(개) | 205 | 190 | 210 |
| 수요 예측량(개) | | 200 | |

- 3개월 이동평균법 : 205 + 190 + 201/3 = 201.66 = 202
- 6월 평활상수 0.3인 지수평활법 : 200 + 0.3(190 − 200) = 197
- 7월 평활상수 0.3인 지수평활법 : 197 + 0.3(210 − 197) = 200.9 = 201

**예시** 다음은 K사의 월별 스마트폰 판매량을 나타낸 것이다. 4월의 수요를 예측한 값으로 옳은 것은? (단, 이동평균법의 경우 이동기간 n=3, 가중이동평균법의 경우 가중치는 최근기간으로부터 0.5, 0.3, 0.2 적용, 지수평활법의 경우 전월 예측치는 45만대였으며, 평활계수($a$)는 0.8을 적용, 예측치는 소수점 둘째 자리에서 반올림한다.)

| 월 | 실제수요 (만대) | 예측치(만대) | | |
|---|---|---|---|---|
| | | 이동평균법 | 가중이동평균법 | 지수평활법 |
| 1 | 40 | | | |
| 2 | 43 | | | |
| 3 | 42 | | | 45 |
| 4 | 44 | 41.7 | 41.9 | 42.6 |

1. 이동평균법 $= \dfrac{(40+43+42)}{3} = 41.7$

2. 가중이동평균법 $= (40 \times 0.2) + (43 \times 0.3) + (42 \times 0.5) = 41.9$

3. 지수평활법 $=$ 전월예측치 $+ a$(실제치 $-$ 전월예측치) $= 45 + 0.8(42-45) = 42.6$

---

**예시** 다음과 같은 A회사의 연도별 물동량 처리실적과 예측치가 있다고 할 때, 다음 보기 중 2021년의 처리실적에 가장 근접한 예측치를 제시할 수 있는 수요예측기법은?

| | 2015년 | 2016년 | 2017년 | 2018년 | 2019년 | 2020년 | 2021년 |
|---|---|---|---|---|---|---|---|
| 실적치(만 톤) | 44.1 | 43.1 | 46.9 | 45.5 | 45.2 | 44.4 | 49.0 |
| 예측치(만 톤) | | | | | | 46.6 | |
| 가중치 | | | | 0.1 | 0.3 | 0.6 | |

〈보기〉
① 4년간 이동평균법
② 5년간 이동평균법
③ 3년간 가중이동평균법
④ 평활상수(a) 0.2인 지수평활법
⑤ 평활상수(a) 0.4인 지수평활법

① 4년간 이동평균법 $= (46.9 + 45.5 + 45.2 + 44.4)/4 = 45.5$
② 5년간 이동평균법 $= (43.1 + 46.9 + 45.5 + 45.2 + 44.4)/5 = 45.02$
③ 3년간 가중이동평균법 $= (0.1 + 45.5) + (0.3 + 45.2) + (0.6 + 44.4) = 44.75$
④ 평활상수(a) 0.2인 지수평활법 $= 46.6 + 0.2(44.4 - 46.6) = 46.16$
⑤ 평활상수(a) 0.4인 지수평활법 $= 46.6 + 0.4(44.4 - 46.6) = 45.72$
즉, 평활상수(a) 0.2인 지수평활법이 46.16으로 2021년 실적치 49.0에 가장 근접한 예측치를 제시하였다.

ⓒ 회귀분석법
- 인과형 예측기법의 대표적인 기법으로 종속변수의 예측에 관련된 독립변수를 파악하여 종속변수와 독립변수의 관계를 방정식으로 나타내는 것이다.
- 회귀분석에서 독립변수들과 종속변수와의 관계는 회귀식이라는 함수에 의해 표현되는데, 여기서는 각 독립변수가 종속변수에 미치는 영향의 정도, 방향 등이 회귀계수로서 나타나게 된다.

$\hat{y} = \alpha + b\chi$
▶ x값이 주어졌을 때 y값에 대한 최적의 추정
▶ $\alpha = \overline{Y} - b\overline{X} = (\chi - \overline{X}) + \overline{Y}$
▶ $b = \dfrac{\Sigma(x_i - \overline{X})(y_i - \overline{Y})}{\Sigma(\chi_i - \overline{X})^2} = r\dfrac{S_y}{S_x}$

$\overline{X}, \overline{Y}$ : 표본평균, $S_x, S_y$ : 표준편차, r : 상관관계

**예시** 2010년부터 2018년까지 A지역의 인구수와 B제품 보관량이 다음과 같을 때, 인구수 변화에 따른 보관량을 예측하고자 한다. 2019년 A지역 인구수가 6.3천 명으로 예측되었을 때, 단순선형회귀 분석법을 통해 2019년 B제품 보관량을 예측한 것은? [단, 2010년부터 2018년까지 인구수와 보관량의 회귀식은 $y = 0.9886x - 0.8295$이며, 결정계수($R^2$)는 0.9557로 매우 높은 설명력을 보인다. 계산한 값은 소수점 둘째 자리에서 반올림한다.] ❶

| 연도 | A지역 인구수(천 명) | B제품 보관량(천 대) |
|---|---|---|
| 2010 | 3 | 2 |
| 2011 | 4 | 3 |
| 2012 | 4 | 3 |
| 2013 | 5 | 4 |
| 2014 | 5 | 5 |
| 2015 | 5 | 4 |
| 2016 | 6 | 5 |
| 2017 | 7 | 6 |
| 2018 | 8 | 7 |
| 2019(예측) | 6.3 | ? |

1. 인구수와 보관량의 회귀식은 $y = 0.9886x - 0.8295$이므로 위의 회귀방정식에 대입하여 풀면,
   $a = -0.8295$, $b = 0.9886$
   $-0.8295 = \overline{Y} - 0.9886\overline{X}$

2. A지역 인구수의 평균 $\overline{X} = 5.33$

3. B제품 보관량의 평균 $\overline{Y} = \dfrac{39 + y}{10}$ ($y$ : 2019년 B제품 보관량)

4. $-0.8295 = \dfrac{39 + y}{10} - (0.9886 \times 5.33)$

   $\dfrac{39 + y}{10} = (0.9886 \times 5.33) - 0.8295 = 5.27 - 0.8295 = 4.4405$

   $39 + y = 44.4$

   $y = 5.4$

# CHAPTER 05 하역일반

## 01 개요

### (1) 의의

#### ① 개념

- 하역은 각종 운반수단에 화물을 싣고 내리는 것과 보관화물을 창고 내에서 운반하고, 쌓아 넣고, 꺼내고, 나누고, 상품 구색을 갖추는 등의 작업 및 부수적인 작업(운송 및 보관에 수반하여 발생하는 부수작업)을 총칭한다. **3**
- 하역은 화물에 대한 시간적 효용과 장소적 효용의 창출을 지원하는 행위이다. **3**
- 적하, 운반, 적재, 반출 및 분류 및 정돈으로 구성된다. **2**
- 물류하역작업 개선을 위한 3S는 Simplification, Standardization, Specialization이다. **1**

#### ② 특징

- 하역은 생산에서 소비에 이르는 전 유통과정에서 행하여진다. **2**
- 하역작업은 물류활동 중 인력 의존도가 **높은** 분야로 기계화·자동화·무인화가 진행되고 있다. **4**
- 하역은 노동집약적인 물류 분야 중의 하나였으나, 최근 기술 발전에 따라 개선되고 있다. **1**
- 하역은 생산에서 소비까지 전 유통과정의 효용 창출과 직접적인 관련이 있으며, 하역의 합리화는 물류합리화에 큰 의미를 가진다. **1**

> **참조** 하역의 기계화
>
> 1. 개요
>    - 팔레트화에 의한 하역 기계화는 주로 물류비의 절감을 위하여 도입한다. **1**
>    - 하역 기계화 효과를 높이기 위해서는 물동량과 인건비 수준을 고려하여 도입해야 한다. **1**
>    - 하역 기계화를 촉진하기 위해서는 하역기기의 개발과 정보시스템을 통합한 하역자동화시스템 구축 등이 필요하다. **1**
>    - 환경영향, 안전성 및 생산자, 제조업자, 물류업자와 관련 당사자의 상호협력을 고려하여야 하고, 물류합리화 관점에서 추진되어야 한다. **1**
>
> 2. 하역의 기계화가 필요한 화물 **1**
>    - 액체 및 분립체로 인하여 인력으로 취급하기 곤란한 화물

③ 하역요소

－하역의 6요소라 함은 적하, 운반, 적재, 반출, 분류, 정돈을 의미한다.
－하역은 각종 운반수단에 화물을 싣고 내리기, 보관화물의 창고 내 운반과 격납, 피킹, 분류, 구색관리 등의 작업과 부수작업을 포함한다. **1**

㉠ 상 · 하차작업(Loading & Unloading) : 운송수단에 화물을 싣고 내리는 작업을 말한다. **2**
㉡ 적재작업(Stacking, 스태킹)
　　－보관시설로 이동하여 정해진 위치와 형태대로 쌓는 작업을 말한다. **4**
　　－화물을 창고나 야드 등 주어진 시설과 장소에 정해진 형태와 순서로 정돈하여 쌓는 작업이며, 하역 효율화에 크게 영향을 준다. **1**

㉢ 해상하역(Discharging) : 선박에 화물을 싣고 내리는 작업으로 작업방식에 따라 접안하역과 해상하역으로 나눌 수 있는 작업이다. **1**
㉣ 베닝작업(Vanning) : 하역작업에서 컨테이너(Container)에 물건을 실어 넣는 작업이다. **5**
㉤ 디베닝(Devanning) : 컨테이너에서 물건을 내리는 것을 말한다. **3**
㉥ 래싱작업(Lashing) : 운송기기에 실린 화물이 움직이지 않도록 줄로 묶는 고정 작업이다. **4**
㉦ 피킹작업(Picking) : 보관장소에서 물품을 끄집어내는 작업이다. **4**
㉧ 분류작업(Sorting) : 물건을 품종별, 발송지별, 고객별로 나누는 것을 말한다. **3**
㉨ 반송작업 : 화물을 수평 · 수직 경사면으로 움직이는 작업이다.
㉩ 이송작업 : 설비 · 거리 · 비용면에서의 화물의 이동작업이다.
㉪ 재작업(Rehandling) : 컨테이너 중 하나를 출하하려 할 때 이 컨테이너 위에 이미 다른 컨테이너들이 장치되어 있는 경우 위에 놓여 있는 컨테이너들을 다른 곳에 옮겨 놓는 이적 작업이다. **1**

**참조** 🔷 기타 하역 관련 용어

1. 적하 : 물품을 싣고 내리는 것이다(Vanning, Devanning).
2. 적부 : 창고 등 보관시설에 이동된 물품을 일정한 위치에 여러 가지 형태로 쌓는 작업이다.
3. 반출 : 물품을 보관장소에서 꺼내는 작업이다.
4. 운반 : 생산, 유통, 소비 등에 필요하므로 하역의 일부로 볼 수 있으며, 창고 내부와 같이 한정된 장소에서 화물을 이동하는 작업이다. **1**
5. 쌓아올림(Stacking) : 물품을 보관시설 또는 장소로 이동시켜 정해진 위치와 형태로 쌓는 작업이다. **1**
6. 더니에지(Dunnage) : 운송장비에 실린 화물이 손상 및 파손되지 않도록 화물의 밑바닥이나 틈 사이에 물건을 깔거나 끼우는 작업이다. **3**

## (2) 하역합리화 원칙

생산에서 소비까지 전 유통과정에서 발생하는 하역작업의 합리화는 물류합리화에 중요한 요소이다. **1**

### ① 하역경제성의 원칙 **2**

- 불필요한 하역작업을 줄이고 가장 경제적인 하역횟수로 하역이 이루어지도록 하는 원칙이다. **2**
- 불필요한 하역작업의 생략을 통해 작업능률을 높이고, 화물의 파손 및 분실 등을 최소화하는 것을 목적으로 한다. **1**
- 운반속도의 원칙, 최소취급의 원칙, 수평직선의 원칙 등을 포함하는 원칙이다. **2**

- ㉠ 운반속도의 원칙 : 하역물품에 불필요한 중량이나 용적이 발생하지 않도록 쓸모없는 과대포장이나 내용물을 줄여 낭비를 없애도록 하는 원칙이다.
- ㉡ 최소취급의 원칙 : 물품을 임시로 방치해둬서 나중에 다시 재이동을 해야 하거나 로케이션관리를 잘못하여 물품을 재정돈하기 위해 이동하는 등 불필요한 하역을 최소화하는 원칙이다. **1**
  ※ 최대취급원칙은 합리화 기본원칙이 아니다.
- ㉢ 수평직선의 원칙
  - 운반의 혼잡을 초래하는 요인을 제거하여 하역작업의 톤·킬로를 최소화하여야 한다. **1**
  - 운반의 흐름이 교차, 지그재그, 왕복흐름일 경우 동선의 낭비 및 운반이 혼잡하므로 하역작업의 흐름을 운반거리가 짧은 직선으로 유지하는 원칙이다.

### ② 중력이용의 원칙 **2**

중력의 법칙에 의해 위에서 아래로 움직이는 것이 경제적이므로 경사면을 이용한 플로우 랙(Flow Rack)과 같이 중력의 원리를 이용하는 원칙을 말한다. **1**

### ③ 기계화의 원칙 **1**

인력작업을 기계작업으로 대체하는 원칙으로 하역작업의 효율성과 경제성을 증가시킨다. **2**

### ④ 활성화의 원칙 **1**

- 화물의 이동 용이성을 지수로 하여 이 지수의 최대화를 지향하는 원칙으로 관련 작업을 조합하여 화물 하역작업의 효율성을 높이는 것을 목적으로 한다. **1**
- 운반활성지수를 최대화하는 원칙으로 지표와 접점이 작을수록 활성지수는 높아진다. **6**

심화 🔷 활성지수 **1**

| 상태 | 활성지수 |
|---|---|
| 바닥에 낱개의 상태로 놓여있을 때 | 0 |
| 상자 속에 들어있을 때 | 1 |
| 팔레트나 스키드 위에 놓여있을 때 | 2 |
| 대차 위에 놓여 있을 때 | 3 |
| 컨베이어 위에 놓여있을 때 | 4 |

심화 🔷 운반관리(Material Handling)의 4요소

① Motion : 재료, 부품, 제품을 필요로 하는 분야로 보다 경제적이고 합리적으로 운반한다.
② Time : 제조공정이나 기타 필요한 장소에 필요한 것을 적시에 공급한다.
③ Quantity : 필요량의 변화에 대응하여 정확한 수량, 중량, 용량을 공급한다.
④ Space : 공간, 장소를 계통적이고 효율적으로 이용한다.

⑤ 이동거리 및 시간의 최소화 원칙

하역작업의 이동거리를 최소화하여 작업의 효율성을 증가시키는 원칙이다. **6**

⑥ 유닛화의 원칙

취급단위를 크게 하여 작업능률을 향상시키는 원칙이다. **2**

⑦ 인터페이스의 원칙

하역작업의 공정 간 접점을 원활히 소통하도록 하는 것이다. **2**

⑧ 시스템화의 원칙

- 시스템 전체의 밸런스를 염두에 두고 시너지 효과를 올리기 위함이다. **1**
- 각 하역활동을 시스템 전체 균형에 맞도록 고려하여야 한다. **1**
- 팔레트화 또는 컨테이너화를 효과적으로 실시하기 위해서는 팔레트와 컨테이너의 규격, 구조 및 품질 등이 유기적으로 연결되도록 할 필요가 있는데 이 경우 필요한 원칙이다. **1**

⑨ 그 밖의 합리화 원칙으로는 일괄작업화, 정보화가 있다.

참조 하역시스템

1. 개념 및 특징 **1**
   ① 하역시스템이란 물품을 자동차에 상하차하고 창고에서 상하좌우로 운반하거나 입고 또는 반출하는 시스템이다.
   ② 하역작업 장소에 따라 사내하역, 항만하역, 항공하역시스템 등으로 구분할 수 있다.

2. 도입 목적
   ① 하역비용의 절감 **1**
   ② 노동환경의 개선 **3**
   ③ 범용성과 융통성의 지향 **2**
   ④ 에너지 또는 자원의 절감 **3**
   ⑤ 고도 운전기능과 안전의 확보 **1**

## (3) 하역합리화의 보조원칙

① **유닛로드 원칙** : 화물을 어느 일정 단위로 단위화하는 것을 의미한다. **1**

② **취급균형의 원칙** : 하역작업의 어느 한 과정에 지나친 작업부하가 걸리거나 병목현상이 생기지 않도록 전 과정에 작업량을 **평준화**한다는 원칙이다. **1**

③ **호환성의 원칙** : 하역작업 공정 간의 연계를 원활하게 한다. **1**

④ **흐름유지의 원칙** : 거액의 자본금을 고정적으로 투자한 기계의 회전이나 운반의 흐름을 중지시키는 것은 가능한 방지하고 항상 회전하고 있는 상태를 유지함으로써 자금이 회전할 수 있도록 하는 원칙이다.

⑤ **흐름의 원칙** : 하역 작업의 흐름에서 정체 지점이 발생하면 물류의 중단과 재이동에 따른 불필요한 하역작업이 이루어져 비경제적이므로 연속적인 물류 흐름을 유지해야 한다는 원칙이다.

⑥ **사중체감의 원칙** : 유임하중에 대한 사중의 비율을 줄여서 운임효율을 높이는 원칙이다.

⑦ 이 외의 원칙으로는 설비계획의 원칙, 표준화의 원칙, 공간활용의 원칙, 안전의 원칙, 예방정비의 원칙, 폐기의 원칙, 탄력성의 원칙 등이 있다.

참조 하역의 표준화 전제요건 **1**

① 운송, 보관, 포장, 정보 등 물류활동 간의 상호 호환성과 연계성을 고려하여 추진되어야 한다.
② 환경과 안전을 고려하여야 한다.
③ 유닛로드 시스템에 적합한 하역·운반 장비의 표준화가 필요하다.
④ 표준규격을 만들고 일관성 있게 추진되어야 한다.

## (4) 하역기기의 선정기준

① **화물의 특성** : 화물의 형상, 크기, 중량 등을 감안하여 선정한다. **1**
② 화물의 흐름, 시설의 배치 및 건물의 구조 등 작업 환경특성을 고려하여 선정한다. **1**
③ **작업의 특성** : 작업량, 취급품목의 종류, 운반거리 및 범위, 통로의 크기 등 작업특성을 고려하여 선정한다. **2**
④ **경제성(채산성)** : 한 가지 방법보다는 복수의 대체안을 검토하여 선정한다. **1**
⑤ **하역기기 특성** : 안전성, 신뢰성, 성능, 에너지효율성 등을 고려하여 선정한다. **2**

## 02 오더피킹 시스템

> **참조** 물류의 단계별 흐름

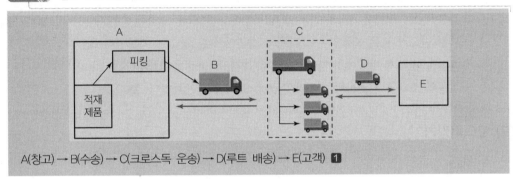

A(창고) → B(수송) → C(크로스독 운송) → D(루트 배송) → E(고객) **1**

## (1) 오더피킹(Order Picking) 시스템

### ① 오더피킹의 개념

- 물류센터에서 보관 중인 제품을 고객의 발주내역에 따라 출하준비를 하는 물류활동이다. **1**
- 피킹 빈도가 높은 물품일수록 피커의 접근이 쉬운 장소에 저장하는 것이 바람직하다. **1**

### ② 오더피킹의 방법

㉠ **단일주문피킹 방식** **4** : 1건의 주문마다 물품의 피킹을 집계하는 방법으로 1인 1건이나 릴레이방식으로도 실시할 수 있다. 즉 주문처의 한 오더마다 주문상품(Item)을 집품하여 주문품의 품목을 갖추는 방법이다.

㉡ **릴레이(Relay) 방식** : 여러 사람의 피커가 제각기 자기가 분담하는 품종이나 작업 범위를 정해 놓고, 피킹전표 중에서 자기가 담당하는 종류만을 피킹하여 다음 피커에게 넘겨주는 피킹 방법이다. **5**

※ 단일주문피킹 방식과 릴레이 방식은 주문 품목을 피킹한 후 재분류 작업이 필요 없는 피킹 방식이다. **1**

ⓒ 1인 1건 방식 : 1인의 피커가 1건의 주문전표에서 요구하는 물품을 피킹하는 방식이다. **2**

ⓔ 일괄오더피킹 방식 : 여러 건의 전표에 있는 물품을 한 번에 피킹하기 때문에 재분류 작업이 발생하는 방식이다. **2**

ⓜ 존피킹(Zone Picking) 방식 : 여러 피커가 작업범위 공간을 정해두고, 본인이 담당하는 선반의 물품만을 골라 피킹하는 방식이다. **4**

ⓗ 총량피킹 방식 : 한나절이나 하루의 주문전표를 모아서 피킹하는 방식이다. **1**

ⓢ 물품을 피커의 장소에 갖고 오게 하는 방법 : 회전선반이나 컨베이어시스템 등을 이용하여 물품이 사람 앞으로 도착하게 한다.

ⓞ 차량탑승피킹 : 팔레트 단위로 피킹하는 유닛로드시스템(Unit Load System)이며, 피킹트럭에 탑승하여 피킹함으로써 보관시설의 공간 활용도가 높다. **1**

### ③ 오더피킹 생산성 향상 방법

- 동시에 피킹하는 경우가 많은 물품들은 근거리에 배치한다. **1**
- 분류시간과 오류를 최소화하기 위해 작업자의 편의를 고려한 운반기기를 설계한다. **1**
- 피킹 빈도가 높은 물품일수록 피커의 접근이 쉬운 장소에 저장한다. **1**
- 혼잡을 피하기 위하여 피킹장소 간 피킹활동을 조절한다. **1**
- 피킹의 오류를 최소화하기 위해 서류와 표시를 체계화한다. **1**

## (2) 오더피킹기기

### ① 개념

피킹하는 물품이 있는 장소에 빨간 램프를 켜서 거기에 물품을 몇 개 피킹할 것인가를 표시하는 장치로서 DPS가 대표적이다.

### ② 디지털 피킹시스템(DPS, Digital Picking System)

소형 품목의 다빈도 피킹의 경우 현장에서 육안으로 직접 핸들링하기에는 오류 발생 가능성이 크기 때문에, 선반랙과 라이트모듈이라는 신호장치를 활용하여 화물 보관 위치 및 출하 수량을 직접 알려줌으로써 피킹시간 단축, 오출하 감소 등 작업의 효율성을 극대화할 수 있어 많이 이용되고 있다.

## (3) 분류시스템(Sorting System)

### ① 개념

소팅이란 물류거점에서 화물을 목적지별로 분류하는 것을 말하고 소팅시스템이란 소팅을 자동으로 하기 위해 관련된 설비시스템을 의미한다.

② 종류

  ⊙ 팝업(Pop-up) 소팅 컨베이어 : 컨베이어의 아래 방향에서 벨트, 롤러, 휠, 핀 등의 분기 장치가 튀어나와 분류하는 방식으로 화물의 하부면에 충격을 주는 단점이 있다. **9**

  ⓒ 틸팅(Tilting) 소팅 컨베이어
    – 컨베이어를 주행하는 트레이, 슬라이드 등에 물품을 적재하였다가 분류되는 순간에 트레이, 슬라이드가 기울어지게 하여 화물을 떨어뜨려 분리하는 방식으로 고속처리가 가능하지만 중력에 의해 파손품이 발생될 수 있다. **5**
    – 레일을 주행하는 트레이 및 슬라이드의 일부를 경사지게 하여 단위 화물을 활강시키는 방식으로 우체국, 통신판매 등에 사용된다. **1**

  ⓒ 다이버터(Diverter) 소팅 컨베이어
    – 외부에 설치된 안내판(암, Arm)을 회전시켜 반송 경로상 컨베이어에 가이드벽을 만들어 벽을 따라 단위화물을 이동시키는 방식으로 화물 형상에 관계없이 분류가 가능하기 때문에 다양한 종류의 화물을 처리하는 데 사용된다. **5**
    – 다이버터를 사용하여 물품이 이동할 때 가로막아 방향을 바꾸는 방식이다. **1**

  ⓒ 크로스벨트(Cross Belt) 소팅 컨베이어 : 컨베이어를 주행하는 연속된 벨트에 소형 벨트컨베이어를 교차시켜서 분류하는 방식으로 분기점이 많은 통신판매, 의약품, 화장품, 서적 등의 분류에 사용된다. **8**

> **참조** 📎 크로스벨트 소팅 컨베이어의 특징
>
> – 레일 위를 주행하는 연속된 캐리어를 지니고 있다. **1**
> – 각 캐리어는 소형 컨베이어를 장착하고 있다. **1**
> – 고속 분류기의 일종이다. **1**

  ⓜ 슬라이딩슈(Sliding-shoe) 방식 소팅 컨베이어
    – 컨베이어 반송면의 아래 방향에서 벨트, 롤러, 휠, 핀 등의 분류장치가 튀어나와 화물을 내보내는 방식이다. 충격이 없어 정밀기기, 깨지기 쉬운 물건, 자루 포장물, 장척물 등이 분류 대상 화물이다. **4**
    – 트레이 방식에 비하여 물품의 전환 흐름이 부드러워 상대적으로 물품의 손상 가능성이 낮다. **1**
    – 반송면의 아래 부분에 슈(Shoe)가 장착되어 단위화물과 함께 이동하면서 압출하는 분류 방식이다. **1**

  ⓗ 오버헤드 방식 소팅컨베이어 : 오버헤드 컨베이어에서 단위화물을 분기 또는 낙하시키는 컨베이어이며, 주로 겉옷 의류를 행거에 걸어서 보관·배송하고 고객별로 분류하는 데 이용된다.

ⓢ 경사벨트식 소팅컨베이어 : 경사진 컨베이어의 측판을 개폐하고 단위화물을 활강시키는 소팅 컨베이어이다.

ⓞ 저개식방식 : 레일을 주행하는 트레이 등의 바닥면을 개방하여 단위화물을 방출하는 방식이다. **2**

ⓩ 밀어내기(Push) 소팅 컨베이어 : 외부에 설치된 압출장치에서 단위화물을 컨베이어 외부로 압출하는 소팅 컨베이어이다.

## 03 팔레트

### (1) 개요

#### ① 개념

- 유닛로드시스템을 추진하기 위해 사용되며 물품을 하역, 수송, 보관하기 위하여 단위 수량으로 한 곳에 모아서 쌓아 놓는 면을 가진 것을 팔레트라 한다.
- 팔레트를 물류활동의 모든 과정에 사용하여 작업효율을 향상시키는 것을 일관팔레트화(Palletization)라고 한다. **1**
- 팔레트(Pallet)는 유닛로드(Unit load)를 구성하는 물품적재용기이며, 팔레트에 포장화물을 적재하기 위하여 팔레타이저(Palletizer)가 사용되기도 한다. **1**

#### ② 특징

- 팔레트는 국제표준규격이 정해져 있다. **1**
- 팔레트는 물류합리화의 시발점이 되고 있다. **1**
- 팔레트는 단위적재시스템의 대표적인 용기로 운송, 보관, 하역 등의 효율을 증대시키는 데 적합하다. **1**
- 물류모듈화를 위해서는 팔레트 규격도 동업종 및 이업종 간 호환성이 있어야 한다. **1**

### (2) 표준팔레트 규격

#### ① 국내 표준팔레트 규격

- 우리나라는 일관수송용 평팔레트에 관한 국가표준(KS)규격이 제정되어 있으며, 운송용 팔레트에는 T−11형(1,100mm×1,100mm)이 있다. **2**

국내 팔레트 관련 KS 규격

| 일관수송용 팔레트 | 국내용 팔레트 |
|---|---|
| (T-11형) 1,100mm×1,100mm <br>(높이 1,440 적재하중 1톤) | • 800mm×1,100mm<br>• 900mm×1,100mm<br>• 1,100mm×1,300mm<br>• 1,100mm×1,400mm<br>• 1,200mm×800mm<br>• 1,200mm×1,000mm |

## ② 국제 표준팔레트 규격

※ 미국과 유럽 등에서는 T-12형 표준 팔레트를 많이 사용하고 있다.

| 정사각형(단위 : mm) | 직사각형(단위 : mm) |
|---|---|
| • 1,140×1,140<br>• 1,100×1,100<br>• 1,067(42″)×1,067(42″) | • 1,200×800<br>• 1,200×1,000<br>• 1,219(48″)×1,016(40″) |

국가별 팔레트 표준규격

| 국가 | 팔레트 규격 |
|---|---|
| 영국 | 800×1,200mm |
| 한국, 일본 | 1,100×1,100mm(T-11) |
| 한국 | 1,100×1,200mm(T-12) |
| 미국 | 1,219×1,016mm |

## ③ 팔레트 적재율

**예시** 제품상자의 크기가 가로 25cm, 세로 40cm, 높이 35cm이다. 이를 KSA표준규격 1,100×1,100mm 의 팔레트에 9상자 적재하면 팔레트 평면적에 대한 적재율은 얼마인가?

[답] 74%=(250mm×400mm×9상자)/(1,100×1,100)

**예시** ISO의 국제표준규격 20ft와 40ft 컨테이너 내부에 각 1단으로 적재할 수 있는 T-11형 표준 팔레 트 최대 개수의 합은?

1-1. 20ft 컨테이너의 최대 길이×너비=5,896mm×2,348mm
1-2. 즉, 최대 길이=5매, 최대 너비=2매 적재할 수 있다.
1-3. 5매×2매=10매
2-1. 40ft 컨테이너 최대 길이×너비=12,034mm×2,348mm
2-2. 즉, 최대 길이=10매, 최대 너비=2매 적재할 수 있다.
2-3. 10매×2매=20매
[답] 30매(10매+20매)

**예시** 1,100mm×1,100mm의 표준팔레트에 가로 20cm, 세로 30cm, 높이 15cm의 동일한 종이박스를 적재하려고 한다. 팔레트의 적재 높이를 17cm 이하로 유지해야 한다고 할 때, 최대 몇 개의 종이 박스를 적재할 수 있는가? [1]

$$[답] \frac{1,100 \times 1,100}{200 \times 300} = \frac{1,210,000}{60,000} = 20.16$$

적재 높이를 17cm 이하로 유지하기 위해 1단으로 적재하므로 최대 20개 적재 [1]

**심화** 팔레트 표면이용률

$$\frac{박스가로규격(mm) \times 세로규격(mm) \times 표면적재수량}{팔레트\ 가로규격(mm) \times 세로규격(mm)} \times 100$$

## (3) 팔레트하역의 장점

- 인건비 절감과 노동조건 향상 [1]
- 화물훼손 감소로 상품 보호 [1]
- 하역인원, 시간의 절감 [1]
- 하역단순화로 수송효율 향상 [1]
- 수송기구의 회전기간 단축
- 재고조사 편리
- 단위포장으로 포장의 용적 감소
- 여러 가지 형태의 수송수단에 대한 적응성 높음

## (4) 팔레트의 종류

팔레트는 사용재료, 형태, 형식, 용도 등에 따라 구분할 수 있다. [1]

### ① 기둥 팔레트(Post Pallet)

- 상부구조물이 없는 팔레트와 달리 상부에 기둥이 있는 팔레트로 기둥은 고정식, 조립식, 접 철식, 연결 테두리식이 있다. [2]
- 팔레트 상단에 기둥이 설치된 형태로 기둥을 접거나 연결하는 방식으로 사용한다. [1]

### ② 롤 상자형 팔레트(Roll Box Pallet)

받침대 밑면에 바퀴가 달린 롤 팔레트 중 상부구조가 박스인 팔레트로 최근에는 배송용으로 많이 사용한다. [4]

③ 사일로 팔레트(Silo pallet)

주로 **분말체**를 담는 데 사용되며, 밀폐상의 측면과 뚜껑을 가지고 하부에 개폐장치가 있는 상자형 팔레트이다. **2**

④ 시트 팔레트(Sheet Pallet)

1회용 팔레트로, 목재나 플라스틱으로 제작되어 가격이 저렴하고 가벼우나 하역을 위하여 Push－Pull 장치를 부착한 포크리프트가 필요하다. **3**

⑤ 스키드 팔레트(Skid Pallet)

포크리프트나 핸드리프트로 하역할 수 있도록 만들어진 단면형 팔레트이다. **3**

⑥ 탱크 팔레트(Tank Pallet)

주로 **액체** 취급 시 사용되고 밀폐를 위한 뚜껑을 가지며 상부 또는 하부에 개폐장치가 있다. **1**

⑦ 플래턴 팔레트(Platen Pallet)

평판 모양의 팔레트이다. **1**

> **참조** 재질에 따른 분류
>
> 1. 목재 팔레트
> 2. 합판제 팔레트
> 3. 철제 팔레트
> 4. 알루미늄제 팔레트 : 가볍고 가공성이 좋지만 가격이 비싸다.
> 5. 지제 팔레트 : 1회 사용하고 폐기하는 팔레트로 강도가 약하다.
> 6. 플라스틱 팔레트

> **참조** 형태별 팔레트의 종류

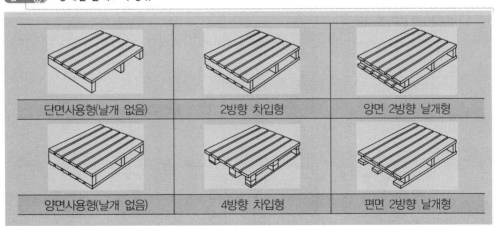

| 단면사용형(날개 없음) | 2방향 차입형 | 양면 2방향 날개형 |
| 양면사용형(날개 없음) | 4방향 차입형 | 편면 2방향 날개형 |

## (5) 자사팔레트와 임대팔레트

### ① 자사팔레트

#### ㉠ 장점

- 필요할 때 편리하게 사용할 수 있다.
- 자체 내 팔레트 풀 도입이 용이하다.
- 자사에 필요한 규격을 임의 선택하여 도입 가능하다.

#### ㉡ 단점

- 비용이 높고 공 팔레트 회수가 곤란하다.
- 성수기와 비수기의 양적 조정이 곤란하다.
- 규격 팔레트의 보급이 곤란하다.

### ② 임대팔레트

#### ㉠ 장점

- 표준 팔레트 도입이 가능하다. **1**
- 초기 고정투자비가 적게 든다. **1**
- 비수기의 양적 조절이 가능하다. **1**
- 팔레트풀 시스템 도입을 고려할 수 있다. **1**
- 공 팔레트의 회수가 불필요하다.

#### ㉡ 단점

- 업체 간 이동시 회수가 곤란하다. **1**
- 긴급 상황 시 공급이 어렵다.
- 포장단위 전부를 임대 팔레트에 맞추어야 한다.

## (6) 파렛타이저(Palletizer)

### ① 개념

- 파렛타이저는 팔레트에 쌓인 물품을 내리는 기계를 말한다.
- 파렛타이저의 표준화 대상으로는 용어 및 기호, 안전장치, 호환성, 조작방법 등이 있다. **2**

### ② 종류

#### ㉠ 고상식 파렛타이저

높은 위치에 적재장치를 구비하고 일정한 적재 위치에서 팔레트를 내리면서 물품을 적재하는 파렛타이저로써 고속처리가 가능하다. **2**

ⓛ 저상식 파렛타이저

팔레트를 낮은 장소에 놓고 적재장치를 오르내리면서 물품을 적재하는 파렛타이저이다. **1**

ⓒ 기계 파렛타이저

캐리지, 클램프 또는 푸셔 등의 적재장치를 사용하여 팔레트에 물품을 자동적으로 적재하는 파렛타이저이다. **2**

ⓔ 로봇식 파렛타이저

산업용 로봇에 매니퓰레이터(Manipulator)를 장착하여 물품을 자동 적재한다. 저속처리가 가능하며 적재 패턴의 변경이 쉽다. **3**

## 04 지게차

### (1) 개요

포크, 램 등 화물을 적재하는 장치 및 이것을 승강시키는 마스트를 구비한 하역 자동차를 말한다.

### (2) 구조

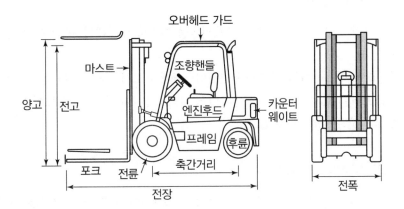

### (3) 종류

① **카운터밸런스형** : 전방에 화물을 운반할 수 있는 포크와 마스트가 있으며 전방의 화물중량과 균형을 맞추기 위해 장비의 후부에 웨이트를 장착한 장비이다. 일반적으로 가장 많이 볼 수 있는 형태의 지게차로서 전륜구동 후륜조향 방식이다.

② **리치(Reach)형** : 포크가 양쪽의 아우트리거(Outrigger) 사이에 위치하여 포크가 전후방으로 이동함으로써 좁은 장소에서도 작업이 용이하도록 고안된 장비이다. **1**

③ **워키(Walkie)형** : 탑승 설비 없이 운전자가 걸어 다니며 작업할 수 있다. **1**

④ 스트래들(STRADDLE)형 : 차체 전방의 아우트리거에 의하여 차체의 안정을 유지하고 또한 포크가 양쪽의 아우트리거 사이에 내려지는 포크리프트이다. 리치형과 유사하나 다른 점은 마스트가 전후로 이전하지 않는다.

⑤ 팔레트 스태킹 트럭 : 차체 전방으로 뻗어 나온 주행 가능한 아우트리거에 의해 차체의 안정을 유지하고 또한 포크가 아우트리거 위로 뻗어 있는 형태의 포크리프트이다.

⑥ 사이드로더(Sideloader) 트럭 : 통로가 좁은 창고에서 장척화물을 취급하기에 가장 적합한 장비이다. ▮

⑦ 오더피킹트럭 : 하역장치와 함께 움직이는 운전대에서 운전자가 조종하는 포크리프트로 랙창고에 사용되며 포크면의 높이에 운전대를 설치하여 임의의 높이에서 작업자가 작업을 할 수 있다.

⑧ 탑 핸들러(Top Handler)

- 카운터 밸런스형의 일종으로 컨테이너 모서리를 잡는 스프레더 또는 체결고리가 달린 팔과 마스트를 갖추고 야드 내의 빈 컨테이너를 적치 또는 하역하는 데 사용되는 장비이다. ▮
- 항만 CY에서 주로 공컨테이너의 야적, 차량 적재, 단거리 이송 등에 사용되며, 마스트에 스프레더 등을 장착하여 사용한다. ▮
- 공(empty) 컨테이너를 적치하는 데 사용된다. ▮

⑨ 리치 스태커(Reach Stacker)

- 장비의 회전 없이 붐에 달린 스프레더만을 회전하여 컨테이너를 이적 또는 하역하는 장비이다. ▮
- 카운터 밸런스형 대형 지게차에 컨테이너 4개의 모서리쇠를 끼워 컨테이너를 고정할 수 있는 스프레더나 체결고리가 달린 유압식 지브 혹은 신축형 붐으로 높이를 조절할 수 있는 컨테이너 상하역장비이다. ▮

## (4) 어태치먼트(Attachment)

포크리프트의 하역장치에 추가하여 작업환경에 적절하도록 포크와 교환하는 부속장치이다.

① 포크

| 팔레트 포크 | 칼집 포크 | 롤러붙이 포크 |

② 장치

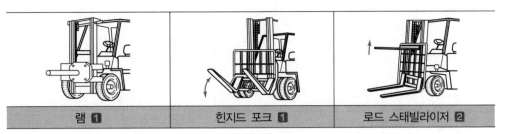

| 램 ① | 힌지드 포크 ① | 로드 스태빌라이저 ② |

- 램(Ram) : 화물의 구멍에 삽입하여 사용하는 막대모양의 부속장치
- 힌지드 포크(Hinged Fork) : 포크를 앞뒤로 기울일 수 있는 부속장치
- 로드 스태빌라이저(Load Stabilizer) : 포크 위 화물을 누르는 장치

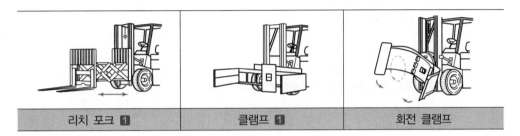

| 리치 포크 ① | 클램프 ① | 회전 클램프 |

- 리치 포크(Reach Fork) : 포크가 마스트에 대하여 전후로 이동할 수 있는 부속장치
- 클램프(Clamp) : 화물을 사이에 끼우는 부속장치
- 회전 클램프(Rotating Clamp) : 수직면 내에서 회전할 수 있는 장치를 가진 클램프

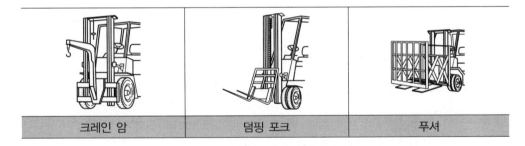

| 크레인 암 | 덤핑 포크 | 푸셔 |

- 크래인 암(Crane Arm) : 크레인 작업을 하기 위한 부속장치
- 덤핑 포크(Dumping Fork) : 백 레스트와 함께 포크를 상하 방향으로 기울일 수 있는 부속장치
- 푸셔(Pusher) : 포크 위의 화물을 밀어내기 위한 부속장치

- 훅(Hook) : 포크 또는 램 등에 부착하여 화물을 달아 올리기 위한 부속장치
- 사이드 시프터(Side Shifter) : 핑거 바 등을 가로 방향으로 이동할 수 있는 부속장치
- 포크 포지셔너(Fork Positioner) : 포크의 간격을 조정할 수 있는 부속장치
- 스프레더(Spreader) : 컨테이너 등을 달아 올리기 위한 부속장치
- 퍼니스 차저(Furnace Charger) : 원료의 용해로 등에 투입하기 위한 부속장치

예시 다음 조건에 맞는 물류센터의 효율적인 하역작업에 필요한 최소 지게차 수는?

- 연간 목표 처리량 : 500,000팔레트
- 연간 작업일 : 300일
- 일일 작업 가능시간 : 10시간
- 지게차 가동률 : 80%
- 시간당 작업량 : 12팔레트

1. 지게차의 1일 처리량＝12팔레트/시간×10시간×0.80＝96팔레트
2. 지게차의 연간 처리량＝96팔레트/일×300일＝28,800팔레트
[답] 18대(500,000팔레트/28,800팔레트＝17.36대)

## 05 컨테이너

### (1) 컨테이너의 분류

컨테이너는 크기에 따라 ISO 규격 20 feet, 40 feet, 40 feet High Cubic 등이 사용되고 있다.

① 일반용도컨테이너(Dry Container)

냉동, 액체, 통풍 등 특별한 주의를 필요로 하지 않는 화물수송에 이용되는 일반 잡화용 컨테이너이다.

② 통기 · 환기 컨테이너(Ventilated Container)

컨테이너 옆면 벽에 통풍구멍을 갖춘 컨테이너로서 과실, 야채 등 호흡작용을 하는 화물을 수송하는 데 사용하는 컨테이너이다. 밑바닥에는 함수화물에서 나오는 수분을 담는 탱크도 있다.

③ 솔리드 벌크 컨테이너(Solid Bulk Container, Dry Bulk Container,)

천장에 구멍이 뚫려 있어 소맥분, 기축사료 등 주로 곡물을 적입하여 운송하기에 편리한 컨테이너이다.

④ 서멀 컨테이너(Thermal Container)

온도 관리가 가능한 컨테이너로 온도 관리를 필요로 하는 화물의 수송을 주목적으로 한 컨테이너이다. **1**

⑤ 리퍼컨테이너(Reefer Container)

육류, 어류 등 냉장·냉동식품을 운송하기 위해 이용되는 컨테이너이다.

⑥ 오픈 탑 컨테이너(Open Top Container)

건화물 컨테이너의 지붕과 측면, 상부가 개방되어 있어 상부에서 작업이 가능하도록 제작된 컨테이너로, 중량이 큰 물품이나 장착화물을 크레인으로 하역하는 데 편리하다.

⑦ 플랫 랙 컨테이너(Flat Rack Container)

－승용차, 목재, 기계류 같은 중량화물을 운송하기 위해 상부 구조가 없이 기둥만 두어 전후좌우에서 사용할 수 있는 개방형 컨테이너이다. **1**

－목재, 강재, 승용차, 기계류 등과 같은 중량화물을 운송하기 위하여 지붕과 벽을 제거하고, 4개의 모서리에 기둥과 버팀대만 두어 전후, 좌우 및 위쪽에서 적재·하역할 수 있는 컨테이너이다. **1**

※ Open Top Container, Flat Rack Container 모두 중량화물이나 장척화물 운송에 적합하도록 천장이나 측면이 개방된 컨테이너이다. **1**

⑧ 사이드 오픈 컨테이너(Side Open Container)

옆면이 개방되는 컨테이너이다.

⑨ 플랫폼 컨테이너(Platform Container)

승용차나 기계류 같은 중량화물을 쉽게 싣거나 내리기 위하여 천장, 기둥, 벽을 없앤 컨테이너이다.

⑩ 탱크 컨테이너(Tank Container)

액체의 식품이나 화학제품 등의 화물을 수송하기 위해서 특별한 구조를 갖춘 컨테이너를 말한다.

> **참조** Liquid Bulk Container
>
> 위험물, 석유화학제품, 화공약품, 유류, 술 등의 액체화물을 운송하기 위하여 내부에 원통형의 탱크(Tank)를 위치시키고 외부에 철재 프레임으로 고정시킨 컨테이너

⑪ 의류운송용(Hanging Garment, Hanger Container)

Garment Container라고도 하며, 양복 등의 피복류를 옷걸이에 걸린 상태로 적입하도록 제작된 컨테이너이다.

⑫ 가축용 컨테이너(Pen Container, Live Stock Container)

소나 말과 같은 동물을 운반하는 데 쓰는 컨테이너로, 통풍이 잘되고 먹이를 주기에 편리하다.

⑬ 하이드 컨테이너(Hide Container)

동물의 피혁 등과 같이 악취가 나는 화물을 운송하기 위해 통풍장치를 설치한 컨테이너이다.

⑭ FRP컨테이너(Fiberglass Reinforced Plastic Container)

강철 프레임과 합판의 양면에 FRP를 부착하여 제작한 컨테이너로서, 두께가 얇고 부식이 잘되지 않으며 열전도율이 낮은 반면 무겁고 재료비가 비싼 것이 단점이다.

> **심화** ◈ 컨테이너 화물의 4가지 종류
>
> 1. **최적화물(Prime Containerizable Cargos)**
>    전자제품, 의약품, 등 고가이며 해상운임이 높은 화물
> 2. **적합화물(Suitable Containerizable Cargos)**
>    최적화물보다 저가이고 해상운임율이 저가인 일반화물
> 3. **한계화물(Marginal Containerizable Cargos)**
>    원목 등 물리적으로 컨테이너에 적재할 수 있으나 저가화물로서 도난, 손상의 가능성이 거의 없으며 컨테이너화의 장점이 별로 없는 화물
> 4. **부적합화물(Unsuitable Containerizable Cargos)**
>    벌크화물, 길이, 부피, 무게 때문에 컨테이너 적재가 불가능한 화물, 위험물질 또는 타 화물을 오염시키는 화물로서 컨테이너 외 전문적인 시설이 필요한 화물

> **심화** ◈ 컨테이너 뒷문표기
>
> – "TARE 2,350KG"의 의미 : 2,350KG는 컨테이너의 자체 중량이다. **1**
> – "PAYLOAD"의 의미 : 컨테이너가 실을 수 있는 화물의 총 무게이다. **1**

> **참조** ◈ 크기에 의한 분류

| 구분 | 20ft 컨테이너 | 40ft 컨테이너 |
|---|---|---|
| 외부규격 | 폭 2,343mm, 높이 2,290mm | 폭 2,348mm, 높이 2,695mm |
| 내부규격 | 길이 5,899mm<br>폭 2,336mm<br>높이 2,278mm | 길이 12,035mm<br>폭 2,336mm<br>높이 2,283mm |

## 06 크레인

### (1) 개념

화물을 달아 올려 상하, 전후, 좌우로 운반하는 기계이다.

### (2) 크레인의 종류

① 컨테이너크레인(Container Crane, Gantry Crane)

- 안벽을 따라 설치된 레일 위를 주행하면서 컨테이너를 선박에 적재하거나 하역하는 데 사용되는 장비이다. **2**
- 갠트리크레인은 레일 위를 주행하는 방식이 일반적이나, 레일 대신 타이어로 주행하는 크레인도 있다. **1**

> **참조** 📎 컨테이너크레인 관련 용어
>
> 1. 아웃리치(Out-reach) : 스프레더가 바다 쪽으로 최대로 진행되었을 때, 바다 측 레일의 중심에서 스프레더 중심까지의 거리를 말한다. **1**
> 2. 백리치(Back-reach) : 트롤리가 육지 측으로 최대로 나갔을 때, 육지 측 레일의 중심에서 스프레더 중심까지의 거리를 말한다. **1**
> 3. 호이스트(Hoist) : 스프레더가 최대로 올라갔을 때 지상에서 스프레더 컨테이너 코너 구멍 접촉면까지의 거리를 말한다. **1**
> 4. 타이다운(Tie-down) : 폭풍, 태풍 및 지진 등 자연재해로부터 컨테이너 크레인 및 T/C를 보호하기 위하여 Rail 좌우 및 야드에 매설된 시설을 의미한다. **1**
> 5. 헤드블록(Head Block) : 스프레더를 달아매는 리프팅 빔으로서 아랫면에는 스프레더 소켓을 잡는 수동식 연결핀이 있으며 윗면은 스프레더 급전용 케이블이 연결되어 있다. **1**

② 트랜스퍼크레인 **5** : 갠트리크레인으로 하역을 마친 뒤 컨테이너는 야드라는 곳으로 이동하게 되는데, 이때 컨테이너 장치장에 컨테이너를 내리거나 올려주는 기능을 하며 화물을 보관하기 위해 사공된다.

③ 데릭(Derrick) : 상단이 지지된 마스트를 가지며 마스트 또는 붐(Boom) 위 끝에서 화물을 달아 올리는 지브(Jib)붙이 크레인이다. **1**

④ 윈치크레인(Winch Crane) : 차체를 이동 및 회전시키면서 컨테이너트럭이나 플랫 카(Flat Car)로부터 컨테이너를 하역하는 장비이다. **1**

⑤ 지브크레인(Jib Crane)

- 지브의 끝에서 화물을 매달아 올리는 지브붙이 크레인으로서 항만이나 선박에 부착하여 화물 및 해치를 운반하는 데 이용하는 기기이다.

－지브크레인은 고정식과 주행식이 있으며, 아파트 등의 건설공사에도 많이 쓰이고, 수평 방향으로 더 넓은 범위 안에서 작업할 수 있다. [1]

⑥ 천정크레인(Overhead Crane)
　－야드의 교량 형식의 구조물에 크레인을 설치하여 컨테이너를 적·양하하는 장비이며, 호이스트식 천정크레인, 로우프 트롤리식 천정크레인, 특수 천정크레인 등이 있다. [1]
　－크레인 본체가 천장을 주행하며 화물을 상하로 들어 올려 수평 이동하는 데 사용된다. [1]

⑦ 언로더(Unloader)
　－양륙 전용의 크레인으로 호퍼, 피이더, 컨베이어 등을 가진 것이다. 선박에서 화물을 적재할 때 전용으로 사용하는 크레인이다.

> **참조** 호퍼(Hopper) : 원료나 연료, 화물을 컨베이어나 기계로 이송하는 깔때기 모양의 장비 [1]

철광석, 석탄 및 석회석과 같은 벌크(Bulk) 화물을 하역하는 데 사용된다. [2]

　－철광석, 석탄 및 석회석과 같은 벌크(Bulk) 화물을 하역하는 데 사용된다. [2]

⑧ 지주크레인(Mobile Crane) : 지브크레인에 차륜, 크로울러를 구비하여 레일에 의하지 않고 스스로 주행할 수 있는 지브붙이크레인으로, 차륜식(트럭)과 크로울러식이 있다.

⑨ 케이블크레인(Container Crane) : 서로 마주보는 탑 사이에 건 로우프를 궤도로 하여 트롤리가 가로 주행하는 크레인으로, 고정크레인과 주행크레인이 있다.

> **참조** 데릭(Derrick) [1]

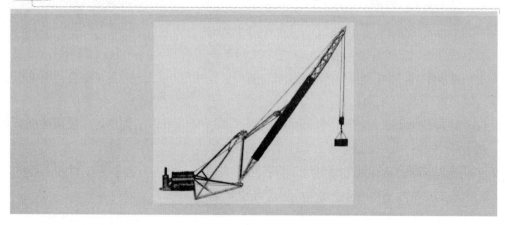

**1. RMQC(Rail Mounted Quayside Crane)**
컨테이너 하역용으로 특별 설계된 크레인을 말하며, 부두의 안벽에 설치되어 에이프런에서 선박과 평행하여 주행한다.

**2. RTGC(Rubber-Tired Grantry Crane) 1**
고무바퀴가 장착된 야드크레인으로 기동성이 뛰어나 적재장소가 산재해 있을 경우 이용하기 적당하다.

**3. RMGC(Rail-Mounted Grantry Crane) 1**
레일 위에 고정되어 있어 컨테이너의 적재블럭을 자유로이 바꿀 수가 없기 때문에 RTGC에 비해 작업의 탄력성은 떨어진다.

**4. OHBC(Over Head Bridge Crane) 1**
야드의 교량 형식의 구조물에 크레인을 설치하여 컨테이너를 양·적하하는 장비이다.

참조 ◇ 호이스트(Hoist)

**1. 개념**
화물의 권상, 권하, 횡방향 끌기 등의 목적을 위해 사용하는 장치의 총칭이다. 1

**2. 종류**
① 체인 레버 호이스트 1 : 레버의 반복 조작에 의해 화물의 권상, 권하, 견인 등을 하는 장치로 로드체인으로는 링크체인 또는 롤러체인이 사용된다.
② 체인블록 : 훅에 걸린 큰 하중을 도르래와 감속 기어 장치에 의해 체인을 통해 인력과 같은 작은 인장력으로 감아 올려 체인에서 손을 떼도 감아 올려진 하중이 그대로 유지되는 장치이다.
③ 와이어식 레버 호이스트 : 레버의 반복 조작에 의해 와이어로프를 사용해서 화물의 권상, 권하, 횡방향 끌기 등을 하는 장치이다. 수동 또는 동력에 의한 것이 있다.
④ 전기 체인블록 : 로드체인이 맞물고 있는 로드시브를 전동기로 감속 회전시켜 권상 및 권하를 하는 장치이다.
⑤ 전기 호이스트 : 와이어로프를 감고 있는 드럼을 전동기로 감속 회전시켜 화물의 권상 및 권하를 하는 장치이다.
⑥ 전동 윈치 : 와이어로프를 감고 있는 드럼을 전동기로 감속 회전시켜 화물의 권상, 권하, 횡방향 끌기 등을 하는 장치이다.
⑦ 공기체인 호이스트 : 로드체인이 맞물고 있는 로드시브를 에어모터로 감속 회전시켜 화물의 권상 및 권하를 하는 장치이다.

## 07 컨베이어(Conveyer)

### (1) 개요

#### ① 개념

물건을 연속적으로 이동·운반하는 띠 모양의 운반 장치이다.

#### ② 장점

- 좁은 장소에서 작업이 가능하다. **1**
- 중력을 이용한 운반이 가능하다. **1**
- 물품이 포장되어야 운반이 가능하다. **1**
- 다른 기기와 연계하여 사용이 가능하다. **1**
- 원격조정이나 자동제어가 가능하다. **1**
- 포장 안 된 물품도 운반이 가능하다. **1**
- 고정된 장소 간에 운반량이 많을 시에 적합하다. **1**
- 자동운반으로 운반인력이 불필요하다.
- 라인 중에도 검사 및 작업이 가능하다.

### (2) 컨베이어의 종류

① **벨트(Belt) 컨베이어** : 연속적으로 움직이는 벨트를 사용하여 벨트 위에 화물을 싣고 운반하는 기기이다. **1**

② **롤러(Roller) 컨베이어** : 롤러 및 휠을 운반 방향으로 병렬시켜 화물을 운반하는 기기이다. **1**

③ **스크루(Screw) 컨베이어** : 스크루상에 철판을 삽입하고 이를 회전시켜 액체화물 종류를 운반하는 기기이다. **1**

④ **진동(Vibrating) 컨베이어** : 철판의 진동을 통해 부품 등을 운반하는 기기이다. **1**

⑤ **플로(Flow) 컨베이어(Continuous Stream Conveyor)** **1** : 밀폐한 홈통 속에서 특수 형상의 어태치먼트를 단 체인에 의하여 가루 입자 간의 마찰을 발생시켜 연속적인 흐름으로서 운반하는 체인 컨베이어를 말한다.

⑥ **유체(Fluid) 컨베이어** : 파이프 속 유체를 매체로 이용하여 화물을 운반하는 기기이다. **1**

⑦ **체인 컨베이어** : 체인에 의하여 또는 체인에 슬랫, 버켓 등을 부착하여 화물을 운반하는 컨베이어로 시멘트, 골재. 토사의 운반에 사용된다.

    ㉠ **트롤리 컨베이어(Trolley Conveyor)** : 천정에 설치한 레일을 일정한 간격으로 배치하여 트롤리 사이를 체인으로 연결하고, 이것에 화물을 매다는 기구가 있는 트롤리를 매달고, 체인과 체인풀리에 의해 구동하여 트롤리를 순환시켜서 물품을 운반한다. **1**

ⓒ 슬랫 컨베이어(Slat Conveyor) : 체인에 부착된 폭이 좁은 금속 슬랫을 연속적으로 부착한 체인 컨베이어로 중량화물 운반 시 활용된다.

ⓒ 토우 컨베이어(Tow Conveyor) : 엔들리스 순환로 속을 움직이고 있는 체인에 목판차의 연결용 핀(tow pin)을 걸어서 이동시키는 목판차 운반 컨베이어를 말한다.

ⓒ 에이프런 컨베이어(Apron Conveyor) **1** : 두 줄의 엔드리스 체인을 평행으로 순환시키고 그 사이에 강판을 고정하여 지지면으로 한 컨베이어이며, 팬판 위에 벌크 물건, 상자물건 등의 운반물을 놓고 운반하는 컨베이어이다.

ⓒ 플래드 톱 컨베이어(Plat Top Conveyor) : 체인에 윗면이 평평한 어태치먼트를 붙인 체인 컨베이어이다.

ⓒ 팬 컨베이어(Pan Conveyor) : 에이프런 컨베이어의 에이프런 대신 팬을 부착한 체인 컨베이어이다.

⑧ 공기 컨베이어(Air Conveyor) : 공기를 매체로 하는 유체 컨베이어로서 주로 분립체를 운반하는 데 이용한다.

⑨ 엘리베이팅 컨베이어(Elevating Conveyor) : 급경사 또는 수직으로 화물을 운반하는 컨베이어로 시멘트, 골재의 운반에 사용한다.

## **08** 무인운반기기

### (1) 종류

① 무인반송차(AGV, Automatic Guided Vehicle, 무인운반차량)

- 차체에 수동 또는 자동으로 화물을 적재하고 지시된 장소까지 레이저로 유도되는 형태로 자동 주행하여 수동 또는 자동으로 이재 또는 적재하는 무궤도차량이다. **1**
- 고감도 센서로 사람, 장애물을 감지하고, 신속히 제동할 수 있는 장치를 갖춤으로써 물품을 운반할 수 있다. **1**
- 무인으로 물품 및 컨테이너를 이송하는 장비이다. **2**

② 무인견인차(Automatic Guided Tractor)

화물을 상하차하는 대차를 견인하여 지정된 장소까지 자동주행으로 작업을 하는 무궤도 차량을 말한다.

③ 무인지게차(Automatic Guided Fork Lift Truck)

포크 등에 화물을 자동 적재하여 지정된 장소까지 자동주행을 함으로써 자동 하역작업을 행하는 무궤도 차량이다.

## (2) 무인운반기기 유도 · 제어방식

① 광학식 인도방식(Optical Guidance Method) : 자동 주행하는 운반기기의 경로를 제어하는 방식으로 바닥에 테이프나 페인트 선을 그려 페인트와 테이프를 광학센서로 식별하여 진로를 결정하는 방식이다. **1**

② 자기 인도방식(Magnetic Guidance Method) : 인도용 동선이 바닥에 매설되어 있어서 저주파가 흐르는 동선을 따라 2개의 탐지용 코일로 탐지하여 자동 주행하는 방식이다. **1**

③ 레이저 스캐닝방식(Laser Scanning Method) : 상자에 붙어 있는 바코드 라벨을 정 위치에서 스캐너로 판독하고 컴퓨터에 정보를 전달하여 제어하는 방식이다. **1**

④ 자기 코딩방식(Magnetic Coding Method) : 트레이에 자기로 코드화한 철판을 붙이고 이를 자기 판독 헤드로 읽게 함으로써 컴퓨터에 정보를 전달하여 제어하는 방식이다. **1**

⑤ 전자기계 코딩방식(Electro Mechanical Coding Method) : 카드 삽입구에 행동지시용 카드를 먼저 삽입, 컴퓨터에 정보를 제공하여 제어하는 방식이다. **1**

⑥ 역반사 코딩방식(Re-Reflective Coding Method)

⑦ 무선제어방식(Radio Guidance Method)

⑧ 전기 스위치방식(Electronical Switching Method)

> **심화** 📎 기타 주요하역기기
>
> 1. 스태커 : 창고 등에서 마스트에 안내되어 승강하는 포크를 통해 하역하고 인력으로 운반하는 기기이다.
> 2. 도크레벨러 : 주로 트럭의 하대 높이와 홈의 높이 차이를 조절하여 적재함이나 포크 리프트 팔레트 트럭 등에서 용이하게 하역을 할 수 있도록 한 시설이다.
> 3. 리프트 게이트 : 배터리를 이용한 전동유압장치로서 차량에 부착되어 화물을 안전하고 간편하게 상하차시키기 위한 하역장비. 하역장에 도크가 설치되어 있지 않은 경우에 트럭이 자체적으로 화물을 승강시킬 수 있도록 차체에 부착하여 사용하는 장치이다.
> 4. 팔레트 트럭 : 창고 또는 공장, 플랫폼 등에서 팔레트 화물을 운송하거나 홈으로부터 화물을 트럭에 적재하는 운반기기로 수평이동만이 가능하며 상하이동은 할 수 없다.
> 5. 테이블 리프터 : 유압장치로 링크기를 장치하여 하대를 승강시키는 장치이다.

# CHAPTER 06 하역작업

## 01 항만하역

### (1) 개념

항만하역이란 항만에서 항만운송면허사업자가 화주나 선박운항업자로부터 위탁을 받아 선박에 의해 운송된 화물을 선박으로부터 인수받아 화주에게 인도하는 과정을 총칭한다. **1**

### (2) 항만하역작업

#### ① 선내작업

선내작업으로는 본선 내의 화물을 내리는 양하와 본선에 화물을 올리는 적하가 있다. **1**

#### ② 부선양적작업

㉠ 부선양륙작업 : 안벽에 계류된 부선에 적재되어 있는 화물을 양륙하여 운반기기 위에 운송 가능한 상태로 적치하는 작업이다.

㉡ 부선적재작업 : 운반구에 적재되어 있는 화물을 내려서 안벽에 계류되어 있는 부선에 운송 가능한 상태로 적재하는 작업이다.

#### ③ 육상작업

육상에서는 운반차량을 이용한 상차, 하차, 출고상차, 하차입고 등의 작업이 있다. **1**

#### ④ 하역작업구분

㉠ 산화물(Bulk Cargo)

주로 특수 설비를 갖춘 전용부두에서 하역이 이루어진다.

− 석탄 및 광석 : 전용 부두에 접안하여 언로더(Unloader)나 그래브(Grab), 컨베이어벨트를 통해 야적장에 야적되며, 스태커(Stacker) 또는 리클레이머(Reclaimer), 트랙호퍼(Track Hopper) 등을 이용하여 상차 및 반출된다. **1**

− 양곡 : 사일로(Silo)가 설치되어 있는 전용 부두에서 공기흡입장치(언로더)에 의해 화물을 흡입하여 컨베이어벨트에 연결한 후 사일로에 저장한다.

- 고철 : 고철은 크기 및 중량이 다양하므로 엑스카베이터(Excavator)를 통해 자석에 고철이 많이 붙을 수 있도록 장치하고, 전용 부두에서 육상 크레인을 설치하고 크레인 끈에 자석을 부착하여 하역한다.

ⓒ 컨테이너
  - 컨테이너 전용 부두의 경우 부두 내 CY/CFS에서 나온 컨테이너는 마샬링 야드(Marshalling Yard)에서 선적 대기하다가 선내작업을 할 수 있다. **1**
  - 일반 부두에서의 컨테이너 하역은 CY/CFS가 없으므로 Off-Dock CY에 반입 후, 직상차 되어 부두크레인을 통하여 선내작업을 한다.

## (3) 컨테이너터미널의 하역방식

① 새시방식(Chassis System)

  - 컨테이너를 새시 위에 적재한 상태로, 필요할 때 이송하는 방식이다. **1**
  - 컨테이너크레인(C/C) 로드트랙터와 로드새시를 조합하여 컨테이너를 직접 적하, 양하하는 방식이다. **1**
  - 별도 야드 장비가 필요 없어 비교적 단순하지만 컨테이너를 적재상태로 보관할 많은 수량의 로드새시가 필요하고 비어 있는 상태의 새시 보관장소도 필요하다.
  - 화물 취급량이 적은 소규모 항만이나 컨테이너 야드의 면적이 넓은 곳에 적절한 방식이다.

> **참조** 🔖 **야드트랙터와 로드트랙터**
>
> 1. 야드트랙터(Yard Tractor, Y/T)는 CY 내에서 트레일러를 이동하는 데 쓰이는 견인차량으로 새시와 연결 시 브레이크 및 정기장치가 없어 **도로주행은 불가능**하다. **1**
> 2. 도로주행이 가능한 트랙터는 로드트랙터라고 한다.

② 스트래들 캐리어방식(Straddle Carrier System)

  - 스트래들 캐리어(Straddle Carrier)는 컨테이너터미널에서 컨테이너를 마샬링 야드로부터 에이프런 또는 CY지역으로 운반 및 적재할 경우에 사용되는 장비이다. **3**
  - 컨테이너를 컨테이너선에서 크레인으로 에이프런에 직접 내리고 스트래들 캐리어로 운반하는 방식이다. **1**
  - 컨테이너를 스트래들 캐리어의 양다리 사이에 끼우고 자유로이 운반하는 방식이다. **1**

③ 트랜스테이너 방식(Transtainer System)

  - 야드 새시에 탑재한 컨테이너를 마셜링 야드로 이동시켜 장치하는 방식으로, 일정한 방향으로 이동하므로 전산화에 의한 자동화가 가능한 방식이며 좁은 면적의 야드를 가진 터미널에 가장 적합한 방식이다. **1**

해상하역방식 관련 용어

1. Float on-Float off : 부선에 컨테이너(Container)를 적재하고 부선에 설치되어 있는 크레인 또는 엘리베이터를 이용하여 하역하는 방식이다. **1**
2. Lift on-Lift off : 본선 또는 육상의 갠트리크레인(Gantry crane)을 사용하여 컨테이너를 본선에 수직으로 하역하는 방식이다. LO/LO 하역기기로는 **지브크레인, 천장크레인, 케이블크레인, 컨테이너크레인 등**이 있다. **1**
3. Roll on-Roll off : 선미나 선측, 경사판을 거쳐 견인차를 이용하여 수평으로 적재 또는 양륙하는 방식으로 페리(Ferry) 선박에서 전통적으로 사용해 온 방식이다. **1**

항만법 시행령 [별표5] 시설장비 정의

1. 갑문본체 : 상·하부 대차를 포함한다.
2. 갑문구동장치 : 동력전달장치를 포함한다.
3. 충수설비 : 충수문과 충수용 펌프설비를 말한다.
4. 취수·배수설비 : 취수·배수문과 구동장치를 말한다.
5. 컨테이너크레인(Container Crane) : 부두(안벽시설)에 설치되어 선박의 컨테이너를 부두의 육상 운송장비에 실어주거나 야드(선박에서 컨테이너가 내려져 잠시 보관되는 곳)로부터 운송되어 온 컨테이너를 선박에 실어주는 컨테이너 전용 크레인을 말하며, 타이어식 또는 레일식을 포함한다.
6. 트랜스퍼크레인(Transfer Crane) : 야드에 설치되어 컨테이너를 들어 올리고 내려서 다른 곳으로 옮기거나 야드 트랙터, 화물차 등에 싣거나 내려주는 크레인을 말한다.
7. 스트래들 캐리어(Straddle Carrier) : 안벽이나 야드에 적치된 컨테이너를 다른 장비의 도움 없이 야드 또는 안벽으로 직접 운반하는 데 사용되는 장비를 말한다.
8. 야드 트랙터(Yard Tractor) : 안벽과 야드 사이에서 야드 새시를 견인하여 컨테이너를 운반하는 장비를 말하며, 무인 트랜스포터(Automatic Guided Vehicle, Transporter : 수백 톤의 화물을 운반하는 무인 특수 장비)를 포함한다.
9. 리치 스태커(Reach Stacker) : 주로 야드에서 컨테이너를 운반·적재·반출하는 데 사용되는 장비로서 신축형 붐을 이용하여 높이를 조절할 수 있는 장비를 말한다.
10. 야드 새시(Yard Chassis) : 안벽과 야드 사이에서 야드 트랙터와 조합되어 컨테이너를 운반하는 장비를 말한다.
11. 십 로더(Ship Loader) : 육상이나 야드에 준비된 철광석, 석탄, 곡물 등 화물을 배에 싣는 장비를 말한다.
12. 십 언로더(Ship Unloader) : 배에 실린 철광석, 석탄, 곡물 등 화물을 육상이나 야드로 하역할 때 사용하는 장비를 말한다.
13. 스태커 리클레이머(Stacker Reclaimer) : 배에서 이송된 철광석, 석탄, 곡물 등 화물을 야드에 적치하거나 야드에 적치된 화물을 다시 외부로 반출할 때 사용하는 장비로서 스태커와 리클레이머 기능을 동시에 수행할 수 있는 장비를 말한다.
14. 벨트 컨베이어(Belt Conveyor) : 벨트에 석탄, 곡물 등 벌크화물을 올려 운송하는 장비로서 항만시설과 결합되어 있으며, 길이가 50미터 이상인 것을 말한다.
15. 다목적크레인(Multipurpose Crane) : 레벨러핑 크레인(Level Luffing Crane : 화물을 일정한 높이에서 수평으로 옮기는 크레인) 및 브리지타입 크레인(Bridge Type Crane : 화물을 들어올리거나 내리는 다리 모양 크레인)을 말한다.
16. 모빌하버크레인(Mobile Harbor Crane) : 주로 잡화의 하역 선적에 사용되는 장비로서 레일에 고정되어 있지 않아 자유롭게 이동이 가능한 것을 말한다.
17. 로딩 암(Loading Arm) : 유류, 가스의 하역·선적에 사용하는 장비를 말한다.
    ※ 로딩 암은 대량의 액체 및 기체제품을 운반선에 선적 또는 하역할 때 사용하는 굴절형 팔 형태의 항만 하역장비이다. **1**

18. 탑승교(Passenger Boarding Bridge)
19. 그 밖의 시설장비 : 제1호부터 제18호까지의 시설장비와 유사한 구조 및 기능을 가진 장비로서 항만에서의 하역작업을 위해 시설장비관리자가 필요에 따라 신고한 시설장비 중 지방해양수산청장 또는 시·도지사가 인정하는 시설장비를 말한다.

## 02 항공하역

### (1) 단위탑재수송용기

항공운송 시 신속한 작업, 화물 보호, 조업시간 단축을 통하여 항공기 가동률을 증가시키기 위해 사용하는 용기류를 의미한다.

#### ① 팔레트

- 항공팔레트는 1인치 이하의 알루미늄 합금으로 만들어진 평판이다. [1]
- 항공팔레트는 화물을 특정 항공기의 내부 모양과 일치하도록 탑재 후 망(net)이나 띠(strap)로 묶을 수 있도록 고안된 장비이다. [1]

#### ② 컨테이너

- 항공컨테이너는 별도의 보조장비 없이 항공기 화물실에 탑재 및 고정이 가능하도록 제작된 용기이다. [1]
- 항공컨테이너는 탑재된 화물의 하중을 견딜 수 있는 강도로 제작되고 기체에 손상을 주지 않아야 한다. [1]
- 항공컨테이너와 해상컨테이너는 호환 탑재가 불가능하다. [1]
- Certified Aircraft Container은 항공기 화물실 윤곽(Contour)에 맞게 제작되어 화물실 공간을 최대한 활용할 수 있도록 제작되어 있다. [1]

#### ③ 이글루(Igloo) [1]

이글루는 밑바닥이 없는 형태로 항공기 내부구조에 맞게 알루미늄과 유리섬유(Fiberglass)로 만들어진 항공화물을 넣는 특수한 덮개이다. [1]

### (2) 항공화물 탑재방식

#### ① 살화물 탑재방식

- 살화물 적재 방식은 인력에 의해 개별화물을 직접 화물실에 적재하는 방식이다.
- 살화물 탑재방식은 단시간에 집중적으로 작업해야 하는 화물 탑재에 적합한 방식이다. [1]

－살화물 탑재방식에서는 트랙터(Tractor)와 카고 카트(Cargo Cart)가 주로 사용된다. **1**

### ② 팔레트 탑재방식

기본적인 항공화물 취급 방법이며, 팔레트화된 화물을 이글루(Igloo)로 씌워서 탑재하는 방식이다. **1**

### ③ 컨테이너 탑재방식

항공기 내부구조에 적합한 컨테이너를 이용하여 탑재하는 방식이다. **1**

## (3) 항공화물의 팔레트 하역장비

① **팔레트 스케일(Pallet Scale) 1** : 팔레트에 적재가 끝난 후 팔레트를 계량하기 위하여 계량기를 랙 또는 트레일러에 조립시켜 놓은 계량장치이다.

② **달리(Dolly, 돌리) 4**

－적재작업이 완료된 항공화물의 단위탑재용기를 터미널에서 항공기까지 견인차에 연결하여 수평 이동하는 장비이다. **1**
－팔레트를 올려놓고 운반하기 위한 차대로서 자체구동력이 없으며 사방에 팔레트의 미끄럼 방지를 위한 스토퍼(Stopper)를 부착하고 있고, Tug Car에 연결되어 사용된다. **1**

③ **트랜스포터(Transporter) 5** : 하역작업이 완료된 단위적재용기를 터미널에서 항공기까지 수평이동하는 데 사용하는 장비로서, 팔레트를 올려놓은 차량에 엔진을 장착하여 자주식으로 운행되는 차량이다.

④ **리프트 로더(Lift Loader) 3** : 팔레트를 항공기 화물실 밑바닥 높이까지 들어 올려 기내에 탑재하기 위한 기기이다.

⑤ **팔레트 랙(Pallet Rack)** : 팔레트를 올려놓는 판, 즉 팔레트 설치 장소를 말한다.

⑥ **컨투어 게이지(Contour Gauge)** : 팔레트에 적재된 화물의 윤곽을 정리하기 위한 스케일(Scale)과 같은 것이다.

⑦ **터그 카(Tug Car) 3** : Dolly를 연결하여 이동하는 차량으로 Tractor라고 한다.

⑧ **하이 로더(High loader)** : 항공화물을 항공기 화물실에 적재하는 전용탑재기이다.

⑨ **셀프 프로펠드 컨베이어(Self propelled conveyor)** : 수하물 및 소형화물을 화물창에 낱개 단위로 탑재할 때 사용하는 장비이다.

⑩ **소터(Sorter)** : 비교적 소형화물을 행선지별, 인도지별로 구분하는 장치로서 통상 컨베이어와 제어장치 등으로 구성된다. **1**

① Deck : 항공기의 바닥이 2개 이상인 경우에는 Deck에 의해 항공기 내부공간을 Upper Deck, Main Deck, Lower Deck으로 구분한다. 승객이 탑승하는 Main Deck을 Cabin이라고 한다
② Hold : 천정과 바닥 및 격벽으로 구성되어 여객과 화물을 수송할 수 있는 내부공간으로 여러 개의 Compartment로 구성된다.
③ Compartment : Hold 내에 Station별로 지정된 공간을 말한다.
④ Section : Compartment 중 ULD를 탑재할 수 없는 공간의 세부적 구분을 의미한다.
⑤ BAY : Compartment 중 ULD를 탑재할 수 있는 공간의 세부적 구분을 의미한다.

## 03 유닛로드시스템

### (1) 유닛로드시스템(단위적재시스템, ULS, Unit Load System)

① 개념

- 운송, 보관, 하역 등의 물류활동을 합리적으로 처리하기 위하여 포장화물의 기계 취급에 적합하도록 단위화한 방식을 말한다. **1**
- 화물을 일정한 표준의 중량이나 부피로 단위화하여 기계적인 힘으로 일괄하역하거나 수송하는 물류시스템으로 제품의 종류가 다양해짐에 따라 그 중요성이 증가하고 있다. **1**
- 하역작업의 혁신을 통해 수송합리화를 도모하기 위한 방안 중 하나이다. **1**
- 유닛로드시스템화 방법으로는 팔레트화, 컨테이너화, 일관팔레트화, 하역의 기계화가 있다. **4**
- 화물을 일정한 중량 또는 용적으로 단위화하는 시스템으로 운송장비, 하역장비의 표준화가 선행되어야 한다. **1**
- 하역의 기계화를 통한 하역능력의 향상으로 운송수단의 회전율을 높일 수 있다. **1**
  ※ 낱포장은 유닛로드시스템화와 거리가 멀다. **1**

② 특징

- 호환성이 증대되어 다른 회사와 공동으로 팔레트를 사용하는 등 시스템 연계성을 높일 수 있다. **1**
- 화물 취급단위에 대한 단위화와 표준화를 통하여 기계하역을 용이하게 하며 하역능력 향상과 비용 절감의 이점이 있다. **2**
- 우리나라에서는 일관수송용 평팔레트에 관한 KS 규격이 제정되어 있다. **1**
- 단위적재시스템을 구축하기 위해서는 수송장비, 하역장비, 창고시설, 포장단위, 거래단위의 표준화가 선행되어야 한다. **1**

③ 장점

- 물류관리의 시스템화가 용이하여 하역과 수송의 일관화를 가능하게 한다. **1**
- 수송 및 보관업무의 효율적인 운영과 수송포장의 간이화를 가능하게 한다. **1**
- 하역작업의 혁신을 통해 수송합리화를 도모할 수 있다. **1**
- 호환성이 증대되어 다른 회사와 공동으로 팔레트를 사용하는 등 시스템 연계성을 높일 수 있다. **1**
- 시간과 비용이 절감되고, 도난 등의 피해가 감소하고 있다. **1**
- 팔레트를 비롯한 관련 시설 및 설비의 표준화로 제조비용이 절감된다.
  ※ 대규모 자본투자가 필요하고 유닛로드용의 자재를 관리하기가 어려워진다. **2**
- 하역의 기계화를 통한 신속한 적재로 운송수단의 회전율을 향상시킨다. **1**
- 화물처리 과정에서 발생할 수 있는 파손이나 실수를 줄일 수 있다. **2**
- 운송차량의 적재함과 창고 랙을 표준화된 단위규격을 사용하여 적재공간의 효율성을 향상시킨다. **1**
- 단위 포장용기의 사용으로 포장업무가 단순해지고 포장비가 절감된다. **1**

④ 유닛로드 종류 및 크기 결정 시 고려사항

- 적재화물의 형태, 무게 **1**
- 적재화물의 적재 형태 **1**
- 유닛로드의 운송수단 **1**
  ※ 유닛로드 치수를 표준화하는 데는 수송에 관계있는 트럭이나 컨테이너화차와의 정합성이 필요하다. **1**
- 하역장비의 종류와 특성 **1**

**(2) 일관팔레트화**

① 개념

㉠ 팔레트화(Palletization)
하역을 기계화하고 수송, 보관, 포장의 각 기능을 합리화하기 위한 수단으로 팔레트를 사용하는 것을 의미한다.

㉡ 일관팔레트화(Through Transit Palletization)
- 화물이 송화인으로부터 수화인에게 도착할 때까지 전 운송과정을 동일한 팔레트를 이용하여 운송하는 것을 의미한다. **2**
- 일관팔레트화에 적용되는 개념은 유닛로드를 컨테이너로 하였을 경우에도 그대로 적용될 수 있다. **1**
- 일관팔레트화는 팔레트 규격 통일 및 표준화가 선행되어야 한다. **1**

② 장점

　㉠ 비용, 시간, 인력절감

　　－물류비용이 저렴해진다. **1**

　　－기계화가 용이하여 운송과 하역 작업시간이 단축된다. **2**

　　－작업능률의 향상으로 인력이 절감된다. **2**

　　－작업의 기계화가 진행되어 노동환경이 개선된다. **1**

　　－포장의 간소화로 포장비, 운임 및 부대비용이 절감된다. **1**

　㉡ 작업효율성 증대

　　－화물 파손이 감소하고 제품의 과잉생산을 방지한다. **1**

　　－작업의 표준화, 기계화를 촉진한다. **1**

　　－제한된 공간을 최대한 이용할 수 있다. **1**

　　－팔레트 자체의 체적 및 중량만큼 적재량이 줄어든다. **1**

　　－기업 간 물류 시스템의 제휴가 가능해진다. **1**

　　－물류현장에서 하역작업의 혼잡을 줄일 수 있다. **1**

　　－창고에서 물품의 운반관리를 용이하게 수행할 수 있다. **1**

　　－팔레트에 적합한 운송수단의 사용으로 파손 및 손실을 줄일 수 있다. **1**

　　※ 일관팔레트화와 과잉생산 방지, 안정된 가동률 유지는 관련 없다.

## (3) 팔레트 풀 시스템(PPS, Pallet Pool System)

① 개념

　－팔레트의 규격을 표준화하여 상호교환성을 확보한 후 이를 서로 풀(Pool)로 연결하여 공동
　　화함으로써 기업의 물류를 합리화하는 시스템이다. **1**

　－표준화된 팔레트를 화주, 물류업자들이 공동으로 이용하는 제도로서 풀(Pool)조직이 팔레
　　트에 대한 납품, 회수관리, 수리를 담당한다. **1**

② 특징

　－표준 팔레트를 다량으로 보유하여 불특정 다수의 화주에게 팔레트를 공급한다. **1**

　－팔레트의 규격 표준화가 필요하다. **2**

　－전체적인 팔레트 수량이 줄어들어 사회자본이 줄고 물류기기, 시설의 규격화 및 표준화가 촉
　　진된다. **1**

③ 장단점

　㉠ 장점

　　－지역적, 계절적 수요에 효과적 대응이 가능하다. **2**

- 물류합리화와 물류비 절감이 가능하다. **1**
- 일관팔레트화를 실현하고, 팔레트에 대한 투자비용을 절감할 수 있다. **1**
- 팔레트 수송 후 회수가 <mark>불필요</mark>하여 공팔레트 회수문제를 해결할 수 있다. **2**
- 지역 간 수급 해결, 계절적 수요 대응, 설비자금 절감을 위하여 필요한 시스템이다. **1**
- 많은 기업에서는 팔레트를 일회용 소모품으로 생각하는 경우가 많은데 풀 시스템을 활용함으로써 친환경물류시스템 구축에도 도움이 된다. **1**

ⓒ 단점
- 팔레트 규격에 맞는 포장규격의 변경이 필요하다. **1**
- 자사의 필요규격을 임의로 선택하여 도입하기는 어렵다. **1**
- 지역 간에 이동하는 팔레트 수량에 균형이 맞지 않기 때문에 공팔레트를 재배치해야 하는 문제점이 발생한다. **1**

④ 운영방식

㉠ 즉시교환방식
- 팔레트를 동시에 교환하여 사용하는 것으로 언제나 교환에 응할 수 있도록 팔레트를 준비해 놓아야 하는 방식이다. **2**
- 유럽 각국의 국영철도에서 송화주가 국철에 Pallet Load 형태로 운송하면 국철에서는 이와 동수로 교환하는 방식이다. **2**
- 교환방식은 동일한 규격의 예비 팔레트 확보를 위하여 추가비용이 발생한다. **1**

㉡ 렌탈방식 : 팔레트 풀 회사에서 일정 규격의 팔레트를 필요에 따라 임대해 주는 방식이다.

> **참조** 🔷 렌탈방식의 단점
>
> - 렌탈회사 데포(Depot)에서 화주까지의 공팔레트 수송이 필요하다 **2**
> - 팔레트를 인도하고 반환할 때 다소 복잡한 사무처리가 필요하다. **1**
> - 일부 화주의 편재(쏠림현상) 등에 의하여 팔레트가 쌓이는 곳이 발생한다. **1**
> - 편재(쏠림현상)되어 쌓이는 팔레트는 렌탈회사 측면에서는 부담이 된다. **1**

㉢ 교환리스병용 : 교환방식과 렌탈방식의 결점을 보완한 방식으로 관리 운영상 어려움이 많아 활성화되지 못하고 있는 실정이다.

㉣ 대차결제 : 대차결재방식은 즉시교환방식의 단점을 개선하기 위해 고안된 방식으로 현장에서 즉시 팔레트를 교환하지 않고 일정 시간 내에 동일한 수량의 팔레트를 해당 철도역에 반환하도록 하는 방식이다. **3**

⑤ 팔레트 풀 시스템의 운송형태

운송형태로 기업단위 PPS, 업계단위 PPS, 개방적 PPS가 있다. **1**

㉠ 기업단위 팔레트 풀 시스템 : 기업이 자사 팔레트를 팔레트 대여 전문회사로부터 일괄 대여하여 자사 거래처의 유통단계까지 독점적으로 이용하는 것이다. **1**

㉡ 업계단위 팔레트 풀 시스템 : 각각 기업이 자사의 팔레트를 소유하되 업계가 일정한 규율하에 공동 이용하는 형태로서 팔레트 적재화물은 기업 간 공동 유통창고를 통해 소비단계까지 확대하여 이용하는 시스템으로 반송면에서 이점이 있다.

㉢ 개방적 팔레트 풀 시스템 : 가장 이상적인 형태로서 제3자가 소유하는 팔레트를 공동사업소에서 렌탈하여 공동으로 이용하기 때문에 팔레트의 유통범위가 극대화된다.

# CHAPTER 07 포장물류

## 01 개요

### (1) 개요

#### ① 개념

- 포장은 생산의 마지막 단계이며, 물류의 시작단계에 해당된다. **1**
- 포장은 물품의 가치를 높이거나 보호하는 것이 목적이며, 소비자들의 관심을 유발시키는 판매물류의 시작이다. **1**
- 적정포장의 목적은 상품의 품질보전, 취급의 편의성 등 포장물류 본연의 기능 최대화이므로 포장비용 또한 중요한 고려사항이다. **1**

#### ② 특징

- 포장의 간소화로 포장비를 절감할 수 있다. **1**
- 포장 디자인의 3요소는 선, 형, 색채이다. **1**
- 포장합리화의 시스템화 및 단위화 원칙은 물류의 모든 활동이 유기적으로 연결되도록 시스템화하며, 포장화물의 단위화를 통해 포장의 합리화를 추구하는 것이다. **1**

### (2) 포장의 분류

#### ① 형태별 분류 **1**

한국산업표준(KS)에 따르면 포장은 낱포장, 속포장, 겉포장으로 분류한다. **2**
- ㉠ 낱포장(Item Packaging) : 물품 개개의 포장이다. **1**
- ㉡ 속포장(Inner Packaging) : 포장 화물 내부의 포장이다. **1**
- ㉢ 겉포장(Outer Packaging) : 화물 외부의 포장이다. **2**

#### ② 기능별 분류 **2**

공업포장의 제1의 목적은 보호기능이며, 상업포장의 제1의 목적은 판매촉진기능이다. **1**

㉠ 공업포장(수송포장)

　　　　　－공업포장은 최소의 경비로 그 기능을 만족시키는 것을 목적으로 한다. **1**

　　　　　－공업포장은 물품의 보호기능과 취급의 편리성을 추구한다. **1**

　　　　　－**공업포장**은 상품의 파손을 방지하고, 물류비를 절감하는 데 초점을 두고 있다. **2**

　　　　　－대상물은 각종 원재료, 반제품, 부품, 완제품 등으로 구분되며 그 포장기법은 물품의 성
　　　　　　질과 유통환경에 따라 여러 가지 방법이 적용된다.

　　　㉡ 상업포장(소비포장)

　　　　　－상업포장의 기본 기능은 판매촉진기능이다. **2**

　　　　　－상업포장에서 판매를 촉진시킬 수 있다면 포장비용의 상승도 무방하다. **1**

　③ 적정포장

　　한국산업표준(KST 1001)의 포장일반용어에 의하면 **적정포장**이란 합리적이면서 공정한 포장
　을 의미하며, 수송포장에서는 유통과정에서의 진동, 충격, 압축, 수분, 온습도 등에 의해 물품
　의 가치, 상태의 저하를 가져오지 않는 유통 실태를 적용한 포장을 뜻하고, 소비자포장에서는
　과대 · 과잉 포장, 속임 포장 등을 시정하고 동시에 결함포장을 없애기 위해 보호성, 안전성,
　단위, 표시, 용적, 포장비, 폐기물 처리성 등에 대하여도 적절한 포장을 말한다. **1**

　④ 기타 포장의 분류

| 포장재료 재질에<br>따른 분류 | 강성포장 | 금속, 유리 등 강성재료를 이용한 포장이다. |
| | 반강성포장<br>(Semi-rigid<br>packaging) | 포장재료는 골판지상자, 접음상자, 플라스틱 보틀 등이다. **1** |
| | 유연포장 | 종이 등 유연성 있는 재료를 이용한 포장이다. |
| 중량에 의한 분류 | 경포장 | 내용물의 중량이 50kg 미만인 것 |
| | 중포장 | 내용물의 중량이 50kg 이상 200kg 이하인 것 |
| | 중포장 | 내용물의 중량이 200kg을 초과하는 것 |
| 내용 상태별 분류 | 포장된 물품의 상태에 의한 분류(액체포장, 분립체포장, 입체포장 등) | |
| 내용품별 분류 | 내용물에 따른 분류(의약품포장, 위험물포장 등) | |

## (3) 포장의 기능

　① 내용물의 보호 및 보존 기능 : 물류활동 중 발생할 수 있는 변질, 파손, 도난 및 기타 위험으로
　　부터 내용물을 안전하게 보호 및 보존하는 기능이다. **1**

　② 판매의 촉진성 기능 : 포장을 차별화시키고 상품의 이미지 가치를 상승시켜 소비자로부터 구
　　매의욕을 일으키게 하는 기능이다. **1**

③ **상품성 및 정보성 기능** : 제품 내용을 소비자에게 전달하기 위해 필요한 정보를 표시하는 기능이다. **1**

④ **사회성과 환경친화성 기능** : 공익성 및 환경 친화적인 요소를 고려하는 기능이다. **1**

⑤ **작업성 및 효율성 기능** : 포장작업 자동화화, 시스템화, 기계화 현상이 두드러지며 복합재료의 사용이 늘어나고 포장공정에서도 일관작업 및 자동화작업이 발달하고 있다.

⑥ **편리성 기능** : 물품의 이용·진열을 용이하게 하고, 수송·하역·보관작업이 용이하도록 해야 한다.

⑦ **수송성 기능** : 하역작업이 원활하고 능률적으로 이루어질 수 있도록 포장되어야 한다.

⑧ **정량성 및 하역성 기능** : 물품을 일정한 단위로 정리하는 기능이다.

⑨ **경제성 기능** : 포장은 물류를 위해 필요한 최소한도의 적정 포장을 통하여 비용을 최소할 수 있도록 해야 한다.

> **참조** 📎 **포장합리화**
>
> **1. 포장의 합리화 방안**
> ① 표준화·규격화 도모
> ② 팔레트 풀 시스템의 활용
> ③ 적정 포장 중시 풍조 정립
> ④ 포장라인의 자동화
> ⑤ 새로운 포장재료 및 포장제품 다양화
> ⑥ 포장설계 전산화 추진
>
> **2. 포장표준화 4대 요소** **1**
> (1) 개념
> 포장표준화는 치수, 강도, 재료, 기법의 표준화 등 4요소로 나누지만, 관리의 표준화를 추가하기도 한다. **1**
> ① 치수의 표준화
> ② 강도의 표준화
> ③ 기법의 표준화
> ④ 재료의 표준화
> ※ 포장치수가 다르면 포장강도도 달라지므로 포장치수 표준화 이후 포장강도의 표준화를 이루어지게 하는 것이 좋다.
> (2) 특징
> – 포장치수는 팔레트 및 컨테이너 치수에 정합하고, 수송, 보관, 하역의 기계화 및 자동화에 최적의 조건을 제공해야 한다. **1**
> – 포장표준화를 통해 포장비, 포장재료비, 포장작업비 등을 절감할 수 있다. **1**
>
> **3. 포장합리화의 원칙**
> ① 대량화 및 대형화의 원칙
> ② 집중화 및 집약화의 원칙
> ③ 규격화 및 표준화의 원칙
> ④ 사양변경의 원칙
> ⑤ 재질변경의 원칙
> ⑥ 시스템화 및 단위화의 원칙

## 02 포장기법

### (1) 포장기법의 종류

#### ① 방수방습포장

각종 제품을 유통과정의 수분과 습도로부터 지키는 포장기법이다. **3**

#### ② 방청포장

- 운송 중이나 보관 중에 제품을 발청이나 부식으로부터 방지하기 위한 포장기법이다. **1**
- 금속 표면의 녹이나 부식을 방지하기 위한 포장기법이며 일반적으로 방청제 도포나 가연성 플라스틱 도포가 사용된다. **2**

#### ③ 완충포장

- 완충포장은 외부로부터 전달되는 힘과 충격으로부터 상품의 내·외부를 보호하기 위함이다. **1**
- 생산 공장에서 최종 소비자까지 전달되는 유통과정에서 받는 외력에서 포장되어 있는 제품의 파손을 방지하고 안전하게 보호하는 포장기법이다. **1**
- 운송이나 하역 중에 발생되는 충격으로 인한 제품의 파손을 방지하기 위한 포장기법이다. **1**

#### ④ 진공포장

내용물의 활성화를 정지시키기 위하여 내부를 진공으로 밀봉하는 포장기법이다. **1**

#### ⑤ 가스치환포장 **3**

밀봉포장용기에서 공기를 흡인하여 탈기하고, 대신에 질소, 이산화탄소 같은 불활성 가스로 치환하여 물품의 변질 등을 방지하는 것을 목적으로 하는 포장이다.

#### ⑥ 기타 포장

- ㉠ 중량물 포장 : 주로 나무를 사용한 상자를 이용하며, 상자 포장설계기법을 KS규격으로 정비하여 보급한 결과 일정한 품질의 출하용기가 제작되고 있다. **1**
- ㉡ 위험물 포장 : 고도의 안정성을 확보하기 위해 국제기준을 적용한 위험물의 표시와 표찰이 사용되고 있다. **1**

> **참조** 위험물 포장 조건
>
> - 적합한 위험물 표시·표찰을 부착해야 한다. **1**
> - 포장재가 내용물과 반응하지 않도록 해야 한다. **1**
> - 충격에 민감한 위험물의 경우 완충포장이 필요하다. **1**
> - 동일 외장용기에 서로 다른 위험물의 포장을 금지해야 한다. **1**

ⓒ 집합포장 : 물류에 있어 하역, 수송, 보관 등의 각 단계에서는 복수의 물품 또는 수송 포장을 한데 모은 집합체를 취급하며, 이들 집합체가 충분히 보호될 수 있도록 하는 것이다.

## (2) 집합포장방법

① **밴드결속방법** : 종이, 플라스틱, 나일론 및 금속밴드를 이용하며, 코너 변형을 막기 위해 코너패드가 보호재로 사용된다. **2**

② **테이핑(Taping)** : 용기의 견고성을 유지하기 위해 용기의 표면에 접착테이프 등을 사용하며, 접착테이프 사용 시 용기 표면이 손상될 수 있다. **2**

③ **슬리브(Sleeve)** : 보통 필름으로 슬리브를 만들어 4개 측면을 감싸는 방법이다. **1**

④ **쉬링크(Shrink) 포장 2** : 열수축성 플라스틱 필름을 팔레트 화물에 씌우고 쉬링크 터널을 통과시킬 때 가열하여 필름을 수축시켜서 팔레트와 밀착시키는 방법이다.

⑤ **스트레치(Stretch)** : 스트레치 필름을 사용하여 필름의 접착성을 이용하는 것으로 대략 3겹 정도로 감싸는 방법이다. **1**

## ⑥ 기타 집합포장방법

ⓐ 접착 : 접착제로 풀이나 접착테이프를 이용한다.

ⓑ 꺽쇠 · 물림쇠 : 주로 칸막이 상자 등에서 상자가 고정되도록 사용하는 방법이다. **1**

ⓒ 틀 : 주로 수평이동을 위아래의 틀로 고정하는 방법이다.

※ 집합포장기기는 유닛로드를 구성하는 포장화물의 일체화와 화물무너짐 방지를 하기 위한 기기를 말한다. **1**

> **심화** 집합포장 시 팔레트화물 적재패턴
>
> ① 블록(Block)쌓기
>  – 블록쌓기는 아래에서 위까지 동일한 방식으로 쌓는 가장 단순한 방식으로 작업효율성이 높고 무너질 염려가 없어 안정성이 **높다.** **2**
>  – 각 단의 쌓아 올리는 모양과 방향이 모두 같은 일렬 적재방식이다. **1**
> ② 교호(Alternative)열쌓기
>  – 교호열쌓기는 블록쌓기의 짝수층과 홀수층을 90도 회전시켜 교대로 쌓는 방법으로 **정방형**의 팔레트에서만 적용할 수 있다. **2**
>  – 동일한 단내에서는 동일한 방향으로 물품을 나란히 쌓지만, 단별로는 방향을 직각(90도)으로 바꾸거나 교대로 겹쳐쌓는 적재방식이다. **1**
>  – 홀수단에서는 물품을 모두 같은 방향으로 나란히 정돈하여 쌓고, 짝수단에서는 방향을 90도 바꾸어 교대로 겹쳐 쌓은 방식이다. **1**
> ③ 벽돌(Brick)형 쌓기
>  – 동일한 단에서는 물품을 가로 · 세로로 조합해 쌓으며, 다음 단에서는 방향을 180° 바꾸어 교대로 겹쳐 쌓는 방법이다. **2**
>  – 벽돌을 쌓듯이 가로와 세로를 조합하여 배열하고, 이후부터는 홀수층과 짝수층을 180도 회전시켜 교대로 쌓는 방법을 말한다. **1**
> ④ 핀휠(Pinwheel)쌓기 : 팔레트 중앙부에 공간을 만드는 형태로 이 공간을 감싸듯 풍차형으로 화물을 적재하는 패턴이다. 통상은 홀수단과 짝수단의 방향을 바꾸어 적재한다.

⑤ 스플릿(Split)쌓기 : 벽돌쌓기의 변형으로 가로와 세로를 배열할 때 크기의 차이에서 오는 홀수층과 짝수층의 빈 공간이 서로 마주보게 쌓는 방법이다. **1**

※ 장방형 팔레트에는 블록쌓기, 벽돌쌓기 및 스플릿쌓기 방식이 적용된다. **1**

---

**참조** ✎ 주요 포장재료

**1. 개요**

포장재료는 플라스틱, 유리, 금속관, 목상자, 카본박스, 골판지 등이 있으며 여기에서는 목상자와 골판지만 공부하기로 한다.

**2. 목상자**

① 장점
- 견고성
- 사용목적 맞춤 제작 가능
- 재활용성

② 단점
- 목함 대량생산 불리하며 제작비용이 고가
- 목재의 수분취약성 및 옹이 발생
- 목함제조 경력자와 공구가 필요하여 노동력과 시간이 많이 필요함
- 개봉 후 처리에도 시간과 비용이 발생

**3. 골판지**

① 골(Flute)의 구분

㉠ A골 : 포장재로 사용되는 골판지의 골 규격 중 단위길이당 골의 수가 가장 적고 골의 높이가 가장 높아 비교적 가벼운 내용물의 포장에 사용된다. **1**

㉡ B골 : A골에 비해 완충성이 다소 떨어지나 평면장력이 강해서 통조림이나 병 등 내용물이 단단한 상품의 외포장에 적합하다.

㉢ C골 : 규격과 특성이 모두 A골과 B골의 중간 정도로서 국내서는 생산되고 있지 않다.

㉣ E골 : 골의 두께와 높이가 가장 가느다란 것으로 낱포장이나 속포장에 주로 사용되고 있다.

② 골판지의 종류

㉠ 편면(Single) 골판지 : 골심지 한 면에만 라이너지를 부착한 골판지이다.

㉡ 양면(Double) 골판지 : 골심지 양면에 라이너지를 부착한 골판지이다.

㉢ 이중양면(Double Wall) 골판지 : 양면 골판지의 한쪽 면에 편면 골판지를 접합한 형태로서 비교적 무겁고 손상되기 쉬운 제품 혹은 청과물과 같은 수분을 포함하고 있는 제품 포장에 적합한 골판지이다. **1**

㉣ 삼중(Triple Wall) 골판지 : 골이 세 개 있는 양면 골판지로 초중량물 수송용에 사용된다.

## 03 화인

### (1) 개요

#### ① 개념

- 화물작업의 편리성, 하역작업 시의 물품 손상 예방 등을 위해 포장에 확실히 표시하는 것을 말한다. **1**
- 기본화인, 정보화인, 취급주의 화인으로 구성되며, 포장화물의 외장에 표시한다. **1**

#### ② 화인표시의 종류

- ㉠ 주(화인)표시(Main Mark) : 화인 중 가장 중요한 표시로서 다른 상품과의 식별을 용이하게 하는 기호이다. **3**
- ㉡ 부(화인)표시(Counter Mark)
    - 내용물품의 직접생산자 또는 수출대행사 등이 주표시의 위쪽이나 밑쪽에 기재하며 생략하는 경우도 있다. **1**
    - 대조번호 화인으로서 생산자나 공급자의 약호를 붙여야 하는 경우에 표기한다. **1**
- ㉢ 품질표시(Quality Mark) : 내용품의 품질이나 등급 등을 표시하는 것으로 주표시의 위쪽이나 밑에 기재한다. **2**
- ㉣ 수량표시(Quantity Mark) : 단일포장이 아닌 2개 이상의 경우 번호를 붙여 몇 번째에 해당되는지를 표시한다. **1**
- ㉤ (취급)주의표시(Care Mark)
    - 취급상의 주의를 위하여 붉은색을 사용하여 표시하고 종류는 여러 가지이다. **1**
    - 화물의 취급, 운송, 적재요령을 나타내는 주의표시로서 일반화물 취급표시와 위험화물 경고표시로 구분된다. **2**
- ㉥ 목적지표시 : 최종 도착하게 되는 목적지를 표시하며 통상 해상운송의 경우 항구명이 기재된다.
    - ※ 항구표시(Port Mark) : 선적과 양하작업이 용이하도록 도착항을 표시
- ㉦ 품질표시 : 내용품의 품질이나 등급 등을 표시하여 송하인과 수하인 당사자만이 알 수 있도록 하기 위하여 사용하는 마크이다.
- ㉧ 원산지표시 : 정상적인 절차에 의해 선적되는 모든 수출품을 대상으로 관세법에 따라 원산지명을 표시한다. **1**

## (2) 화인표시방법

① 스탬핑(Stamping) : 고무인이나 프레스기를 사용하여 찍는 방법으로 종이상자, 골판지상자에 적용된다. **5**

② 태그(Tag) : 종이, 알루미늄, 플라스틱판에 표시내용을 기재한 다음 철사, 끈으로 적절히 매다는 방법이다. **5**

③ 스텐실(Stencil)

 － 시트에 문자를 파 두었다가 붓, 스프레이로 칠하는 방법으로 나무상자, 드럼에 적용된다. **2**

 － 기름기가 많은 무거운 종이나 셀룰로이드판, 플라스틱판 등의 시트에 문자를 파 두었다가 붓이나 스프레이를 사용하여 칠하는 방법이다. **2**

④ 레이블링(Labeling) : 종이나 직포에 필요한 내용을 미리 인쇄해 두었다가 일정한 위치에 붙이는 것으로 통조림, 유리병에 적용된다. **5**

⑤ 카빙(Carving, 엠보싱) : 금속제품에 사용하는 방법으로 주물을 주입할 때 미리 화인을 해 두어 완성 시 화인이 나타나도록 하는 방법이다. **3**

⑥ 스티커(Sticker) : 일정한 표시내용을 기재한 것을 못으로 박거나 혹은 특정 방법에 의해 고정시키는 방법이다. **1**

## (3) 일반화물의 취급표지

| 표시 | 표시내용 | 표시 | 표시내용 |
|---|---|---|---|
| | 운송포장 화물의 위 방향을 표시하여 반대, 가로쌓기를 하지 않을 것을 표시한다. | | 타기 쉬우므로 화기를 접근시켜서는 안 된다는 것을 표시한다. |
| | 하나의 적재 단위로 다루어질 운송포장 화물의 무게중심의 위치가 쉽게 보이도록 필요한 면에 표시한다 (Center of Gravity). **1** | | 운송포장 화물을 굴려서는 안 된다는 것을 표시한다. |
| | 운송포장 화물취급 시 갈고리를 사용하여서는 안 된다는 것을 표시한다. | | 포장화물의 내용물이 방사원으로부터 격리 또는 방지되어야 한다는 것을 표시한다. |
| | 운송포장 화물의 내용물이 깨지기 쉬우므로 주의하여 취급할 것을 표시한다. | (1) (2) (3) | 허용되는 온도범위 또는 최저, 최고 온도를 표시한다. |
| | 운송포장 화물이 직사광선 및 열로부터 차폐되어야 하는 것을 표시한다. | 15 | 겹쳐쌓을 수 있는 총단수를 표시한다. |

| 표시 | 표시내용 | 표시 | 표시내용 |
|---|---|---|---|
| | 운송포장 화물을 다룰 때 부호가 표시된 면에 손수레를 끼워서는 안 된다는 것을 표시한다. | kg max | 위에 쌓을 수 있는 최대 무게를 표시한다. |
| | 찍힘주의 표시이다. | 45 | 쓰러지기 쉬운 화물임을 표시한다. |
| | 운송포장 화물이 비에 젖지 않도록 보호할 것을 표시한다. | | 밟지 마시오 표시이다. |
| | 화물이 충격을 받지 않도록 조심스레 취급할 것을 표시한다. | | 슬링을 거는 위치를 표시한다. |

**예시** 화인 예시

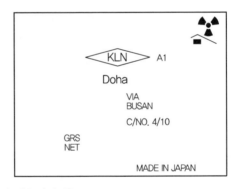

- 화물은 일본에서 생산된 제품이다.
- 부산을 거쳐서 도하(Doha)로 운송되는 화물이다.
- 상기 화인이 부착되어 있는 화물은 모두 10개이며, 그중에서 4번째에 해당하는 화물이다.
- 전체 중량이 얼마인지를 알 수 없는 화물이다.
- 방사원 방호표시가 있다.

MEMO

**MEMO**